Fernando Prieto ~~~~~~

DE TUMBAS, ÁRBOLES Y CONSTELACIONES

DELIBERACIÓN COMUNITARIA SOBRE LA HIPÓTESIS ANTROPOGÉNICA
DE FLORENTINO AMEGHINO (1875-1950)

COORDINACIÓN EDITORIAL
Agustina Issa

REVISIÓN DE ESTILO Y CORRECCIÓN
N. L. La Ferraro

COEDICIÓN INTERNACIONAL
Buenos Aires - México

Proto Gutiérrez, F.,

De tumbas, árboles y constelaciones: Deliberación comunitaria sobre la hipótesis antropogénica de Florentino Ameghino (1875-1950). Buenos Aires, México: Arkho Ediciones, Revista y Casa Editorial Analéctica, 2024. 453 pp.; 15.24 x 22.86 cm. −

ISBN: 979-830-34-1975-9
CDD: 120

Primera edición: diciembre de 2024
Distribución mundial

Arkho Ediciones – www.arkhoediciones.com
Casa Editorial y Revista Analéctica – www.analectica.org

ÍNDICE

Sección III

Abreviaturas

ap.	Apartado
c	caso
cap.; caps.	Capítulo; capítulos
Cfr. O *cf.*	Confer (compárese)
comp.; comps.	Compilador/a; compiladores
ed.; eds.	Editor/a; editores
etc.	Etcétera
fig.; figs.	Figura; figuras
Ibíd.	Ibidem o ibídem (en el mismo lugar)
id. O íd.	Idem o ídem (lo mismo)
N. T.	nota del traductor
N°	número
ob. Cit.	Obra citada
op. Cit.	Opere citato (en la obra citada)
p.; pp.	Página; páginas
r	rasgos
R	regla
s.; ss.	Siguiente; siguientes
t.	tomo
vol.; vols.	Volumen; volúmenes

Acrónimos

AAAS	Asociación Estadounidense para el Avance de la Ciencia
ADA	Adaptaciones
ADE	Adecuaciones
CCIA	Congreso Científico Internacional Americano
CIA	Congreso Internacional de Americanistas
D-EFG	Deliberación sobre edad de las formaciones geológicas
D-VAN	Deliberación sobre vestigios antropológicos
D-VAR	Deliberación sobre vestigios arqueológicos
HAA	Hipótesis Antropogénica Ameghiniana
EMSA	*Early Man in South America*
MFA	Método Filogenético Ameghiniano
OOS	*Origin of Species*

PRESENTACIÓN

De tumbas, árboles y constelaciones aborda el debate sobre la hipótesis antropogénica de Florentino Ameghino, quien postuló un origen sudamericano del ser humano en un período signado por intensas controversias científicas en el campo de los estudios en prehistoria. En este sentido, las historiografías relativas a la hipótesis ameghiniana se detienen, *o bien* con la muerte del sabio naturalista del Plata (1911), *o bien* con la publicación de Hrdlička *et al.* (1912), con lo que el inmediato período histórico posterior fue caracterizado como "vacío teórico" (González, 1991-92), "punto de inercia" (Madrazo, 1985) o "caos teórico" (Politis, 1988), en tanto "Ameghino falleció en 1911 desconociendo las discusiones que generó su estudio, las que continuaron sus sucesores y opositores" (Schávelzon, 2018, p.58) y que "hasta épocas recientes, los investigadores argentinos soslayaron" (Tonni, 2011, p.436).

Este libro, por consiguiente, tiene como objetivo *comprender la controversia comunitaria sobre el origen sudamericano del ser humano*, examinándose para ello el estado de consenso y disenso (*Cfr.* Bernstein, 2013, p.129) sobre las evidencias y argumentos ofrecidos en el período 1875-1950, así como el estado de arte en la materia. El marco teórico con el que se estructura la lectura historiográfica del caso incluye herramientas conceptuales propias del pluralismo falibilista comprometido de Richard Bernstein (1979, 1983, 2013)[1], *incrustándose* (Moulines, 2011) el método ameghiniano de reconstrucción filogenética de linajes humanos en el *modelo dinámico de Tuomi* (1979, 1981).

El "desacuerdo razonable" (Bernstein, 2018, p.260) de la

---

[1] Por su extensión, el marco teórico fue publicado en otro libro titulado *El pluralismo falibilista y comprometido de Richard Bernstein*, que sistematiza los aportes más relevantes del autor norteamericano, en vistas de pensar en la posibilidad reconstructiva de la historia de la ciencia desde una perspectiva tal que se desestimen las reducciones fundacionalistas.

comunidad de estudios en prehistoria suponía un estado controversial en el que el intercambio de evidencias y argumentos acontecía sin perspectiva privilegiada, ideales regulativos o petición de consenso final (Bernstein, 2013), de modo que las normas científicas se hallaban abiertas a revisión. La deliberación, similar a una lucha de poder que no excluía las intuiciones y los temperamentos, supuso una "refriega de las pretensiones en competencia" (Bernstein, 2013, p.134) que obedecía a intereses político-institucionales y personales. Con ello, se considera que la posición de Hrdlička *et al.* (1912) constituyó *una más* de las irreductibles diferencias de orientaciones y perspectivas, en una *constelación plural* de investigadores que apoyaba y rechazaba la hipótesis ameghiniana.

El estudio comprende que la deliberación crítico-*fronética* acerca de la hipótesis antropogénica ameghiniana, contemporánea a la llamada "guerra paleolítica" que tuviera lugar en los Estados Unidos (Meltzer, 2015), constituyó el capítulo sudamericano de una controversia continental, en la que la corrección de las temporalidades hiperbólicas propuestas por Hrdlička y Ameghino condujo a la comunidad de estudios en prehistoria a lograr, hacia 1947, un nuevo consenso (y desacuerdo) acerca de la existencia de un Paleoamericano.

El libro está organizado en secciones que *yuxtaponen el* análisis filosófico de argumentos a la reconstrucción de la historia interna y externa de la deliberación. En los capítulos iniciales, se reconstruyen los principios del método ameghiniano y su relación con el darwinismo, mientras que en las secciones intermedias se exploran las controversias sobre la datación de formaciones geológicas y los vestigios arqueológicos y antropológicos. Los capítulos finales aplican el marco teórico del pluralismo falibilista comprometido de Richard Bernstein para analizar cómo la comunidad científica sudamericana tramitó sus acuerdos y desacuerdos en torno a esta hipótesis.

El libro no solo se orienta hacia especialistas en historia y filosofía de la ciencia y antropología, sino también a lectores interesados en comprender las dinámicas de las controversias científicas y su impacto en la producción del conocimiento. A través de esta obra, se invita al lector a reflexionar sobre la interacción entre intereses políticos, nacionalistas e institucionales y la producción científica, tomando como caso paradigmático la hipótesis antropogénica de Florentino Ameghino y su trascendencia en el debate científico actual.

Agradecimientos

Este libro es el resultado de mi tesis doctoral en Epistemología e Historia de la Ciencia, realizada en la Universidad Nacional de Tres de Febrero. Fue iniciada en el año 2020, de modo que su realización posible ha supuesto la concatenación –ni causalística, ni necesaria– de distintivas *situaciones límite* acaecidas en términos sociohistóricos, como personales. Por ello, es *ciertamente* el resultado de un proceso de trabajo compartido que ha requerido de una red colectiva de deliberación crítica, apoyo político-material y afectivo.

La elucidación general del proyecto ha sido revisada de manera intensiva y extensiva por el Dr. Claudio Cormick, mientras que los contenidos nucleados en torno al problema paleoantropológico ameghiniano fueron corregidos por el Dr. Juan Carlos Fernicola.

El trabajo documental fue realizado conforme a las orientaciones ofrecidas en la Biblioteca Nacional Mariano Moreno, Biblioteca del Congreso de la Nación Argentina, Biblioteca Florentino Ameghino de la Facultad de Ciencias Naturales y Museo de la Universidad Nacional de La Plata, Biblioteca Popular Florentino Ameghino de Luján, Biblioteca Leopoldo Marechal de la Universidad Nacional de La Matanza, Fundación Miguel Lillo y Biblioteca Miguel Cervantes de la Universidad Nacional de Hurlingham. Se *subraya*, por tanto, la función *esencial* de estas instituciones públicas y a las políticas de Estado que las promocionan, como condición indispensable para el desarrollo de este estudio y la transferencia de sus resultados.

Las condiciones materiales de desarrollo de la investigación han sido posibles por el trabajo realizado en el Departamento de Ciencias de la Salud de la Universidad Nacional de La Matanza y en el Instituto de Salud Comunitaria de la Universidad Nacional de Hurlingham.

Por último, agradezco a mi familia y esposa, que han sabido comprender el tiempo destinado el estudio a través del silencio, la paciencia y la espera.

1. Introducción

Florentino Ameghino (Luján, 18 de septiembre de 1854, o bien, Moneglia (Génova), 19 de septiembre de 1853 – La Plata, 6 de agosto de 1911) fue un naturalista, paleontólogo y antropólogo ítalo-argentino, renombrado por sus decisivos aportes al estudio de la fauna de mamíferos fósiles de América del Sur y por su hipótesis antropogénica. De formación autodidacta, el "loco de los huesos" (Gabriel, 1940) realizó sus primeras investigaciones en Mercedes, orientadio por Giovanni Ramorino.

En 1878, viajó a Francia para participar en la Exposición Universal de París: allí, presentó sus primeros hallazgos y estableció una red de socialización científica con destacadas autoridades epistémicas de la época. A su regreso, en 1881, continuó con sus investigaciones y, por reconocimiento de sus colegas, asumió roles académicos y científicos de relevancia en La Plata y Córdoba.

Entre sus obras más destacadas se encuentran *La antigüedad del hombre en el Plata* (1880-1881), *Filogenia* (1884) y *Contribución al conocimiento de los mamíferos fósiles de la República Argentina* (1889), en las que desarrolló una clasificación darwinista del árbol sudamericano de la vida.

Falleció en La Plata a los 56 años, dejando un legado científico hasta hoy vigente. Sus publicaciones, recopiladas por Torcelli en 24 volúmenes, contienen clasificaciones y descripciones de más de 9.000 especies animales, muchas de ellas descubiertas por él.

En esta Introducción, se pretende comprender el lugar que ocupa la obra de Ameghino en el marco general de los estudios transformistas de la época y su incidencia en la postulación de un origen sudamericano del ser humano.

1.1. Cuestiones generales

Este Apartado se dividirá en dos momentos: 1.1.1., y 1.1.2., que presentan el modo de *incrustación* (Moulines, 2011)[2] de los estudios sobre prehistoria en el transformismo decimonónico, rector del sentido colectivo de reconstrucción del pasado de la vida en la tierra y determinante, a su vez, de la estructura general de la argumentación antropogénica ameghiniana. A continuación, en 1.2., y 1.3., se explicitan los objetivos e hipótesis, mientras que en 1.4., se detalla la estructura del libro.

---

[2] A diferencia de los esquemas metateóricos bivalentes propuestos por Kuhn, Lakatos y Laudan para interpretar la historia de la ciencia, Moulines (2011) presenta un esquema tetravalente de tipologías fundamentales para la lectura diacrónica de las ciencias empíricas, a saber: cristalización, evolución teórica, incrustación y suplantación con inconmensurabilidad (parcial). Estos tipos permiten ordenar el material histórico sin perder de vista que "habrá casos históricos concretos de difícil clasificación, o casos intermedios" (Moulines, 2011, p.13). La emergencia o cristalización se refiere a la fase inicial de una disciplina o al momento de quiebre con una teoría anterior; la evolución teórica supone la transformación en varios períodos de una red teórica de la que no se pierde el núcleo teórico básico; la incorporación o incrustación implica que "los modelos (actuales y potenciales) de una teoría previa se incorporan o incrustan (aproximadamente y quizás no completamente) en los modelos de una nueva teoría, más compleja, de modo que todas (o casi todas) las aplicaciones intencionales de la primera teoría, hayan sido exitosas o no, pasan a ser aplicaciones intencionales de la segunda" (Moulines, 2011, p.16); finalmente, la suplantación sugiere el reemplazo de una teoría por otra, ejemplificado ello por las revoluciones científicas kuhnianas. Por lo tanto, en este trabajo se comprende que Ameghino incorporó el método cuveriano de reconstrucción de fósiles al programa filogenético darwiniano: "Por eso, concluye Ameghino (1915[1884], p.274), pese a sus obvias limitaciones, 'el Principio de la Correlación de las Formas', siempre 'le será útil al paleontólogo'; aunque deba ser usado sólo dentro de 'límites restringidos' definidos por las relaciones de 'parentesco' de la forma estudiada" (Caponi, 2017, p.70). De este modo, la incrustación ameghiniana de las correlaciones cuverianas en el darwinismo suponía leer los fósiles hallados desde una perspectiva genealógico-filogenética.

1.1.1. Una comunidad (inter)nacional de investigadores en Prehistoria y la reconstrucción del pasado de la vida en la tierra

La hipótesis antropogénica ameghiniana (HAA) puede inscribirse en la "representación cronotípica" (Guber, 2009)[3] de un período signado por los debates locales e internacionales sobre la *institucionalización de la prehistoria* (Shepherd, 2017, p.13) (véase cap. VI) como nuevo campo problemático de conocimiento, centrado en interpretar "*todos* los restos materiales que las civilizaciones desaparecidas han dejado en la tierra" (Glyn, 1986, p.15), a partir de la triangulación interdisciplinar de métodos y datos. El pasado remoto de una humanidad *salvaje,* que habría convivido con bestias ahora fosilizadas y clasificadas en las galerías y depósitos de los museos según métodos comparativos y estadísticos, devenía hacia la segunda mitad del siglo XIX en objeto de indagación por parte de una arqueología prehistórica o geológica, que "se presentaba como un puente entre los remotos tiempos geológicos y los de la historia" (Podgorny, 2009, p.19): fragmentos de cerámica, huesos, fósiles e instrumentos de piedra o metal yacidos en las tumbas de los por entonces llamados "pueblos sin escritura", constituían los vestigios con los cuales forjar las teorías, hipótesis y argumentos que nutrían las controversias: "La tumba – donde los artefactos y los restos humanos se encuentran juntos– se transformó en la *unidad epistemológica* para establecer secuencias cronológicas y el corpus visual de la *cultura* de una época histórica

---

[3] Guber (2009) señala que el *cronotipo* "sugiere la existencia de 'modelos o patrones a través de los cuales el tiempo cobra sentido práctico o conceptual' (Bender & Wellbery, 1991:4). La discusión ya no reside en determinar si los pueblos están instalados en concepciones estancas o fluidas de tiempo, sino en cómo se configuran ciertas nociones de duración, continuidad y discontinuidad que marcan la vida política y social. Estas nociones integradas en cronotipos, aparecen como representaciones del pasado a través de procesos de historización –entendida ésta como actividad plural de selección, clasificación, registro y reconceptualización de la experiencia. El pasado se integra y recrea significativamente desde el presente, a través de prácticas y nociones socioculturalmente específicas de temporalidad, agencia y causalidad (p.5)

determinada" (Podgorny, 2009, p.19). La incipiente disciplina fue comprendida, entonces, como un *proceso de síntesis* (*Cfr.* Wheeler, 1954), a partir del cual la tarea del investigador de campo consistía en "recoger y ordenar un material que en parte no podrá ser tratado por él mismo en primera instancia. En ningún caso será suya la última palabra, y por esa razón, deberá publicar sus datos con minucioso detalle, de forma que otros puedan no sólo corroborar sus puntos de vista, sino aportar conclusiones y nuevas sugerencias" (Wolley, 1956, p.118). Esta caracterización es incompleta sin la apreciación en la que se advierte que "el excavador no desentierra *cosas* ... sino *gente*" (Wheeler, 1954, p.16).

La emergencia de los estudios en prehistoria se situó en un espacio lógico de convergencia interdisciplinar, que tuvo a bien la *comprensión* de formas de vida primitivas y de las que era necesaria su reconstrucción con apoyo en los restos hallados en distintos estratos geológicos; esta tarea suponía una "colaboración internacional" (Braidwood, 1960): "La consolidación de esta disciplina en el siglo XIX implicó la idea de un desarrollo histórico de la naturaleza y de la humanidad comparable en todo el mundo. Se trata de ciencias, como la geología y la paleontología, que proclaman su carácter global, donde los datos deben intrincarse con otros datos recogidos en geografías diferentes" (Podgorny, 2009, p.20). En este sentido, Caponi (2017) señala la estructura de dependencia ínsita de las prácticas de recolección y organización de materiales que caracterizaría a las arqueologías subalternas-periféricas, respecto de las agendas de investigación teórica establecidas y diseñadas en los países centrales: "El humilde y esforzado *científico periférico* ejecuta un programa que él no ha concebido y sobre cuyos fundamentos no precisa pensar demasiado" (Caponi, 2017, p.4). Pues, con independencia de la división internacional del trabajo científico, emplazado en las redes materiales de circulación de materiales y argumentos, los estudios en prehistoria han supuesto el establecimiento de una agenda compartida por una comunidad de investigadores que, pese a su proyección global, era pequeña: "Posiblemente existan tantas clases de arqueólogos como

16

de médicos, pero como el número total de los primeros será siempre inferior al de los segundos, las diferencias que puede haber entre dos arqueólogos parecerán siempre más extremas" (Glyn, 1971, p.17). En este marco controversial de debate interdisciplinar, las prácticas eran consolidadas en la *inconmensurabilidad* que suscitaba realizar trabajos de campo, describir y teorizar sobre los hallazgos en lengua materna "y la búsqueda de un lenguaje neutral y compartido, comprensible para una comunidad científica internacional. En esta paradoja, la lengua terminó por volverse tan invisible como la misma cultura y como las categorías que preexisten y condicionan cualquier acto de escritura o de comunicación" (Podgorny, 2009, p.20). Así pues, en el siglo XIX la prehistoria consignó la necesidad de:

a) Reconocer la antigüedad del ser humano y, en consecuencia

b) Formular un sistema de clasificación cronológico y filogenético que explicara los vestigios y ruinas de ese pasado remoto[4].

La articulación de a) y b) constituyó el punto de partida para la conformación de comunidades de ciencia, sostenidas "en una clasificación de la materia y la forma de las armas e instrumentos prehistóricos, y en las técnicas de su manufactura, e implicaba también una teoría de la evolución simple de un tipo a otro" (Piggot, 1965, p.4). En otras palabras, la interpretación sobre la prehistoria requería

---

[4] Según Sigfried Laet (1960): "Hay que llegar al siglo XIX (...) y al nacimiento de la Prehistoria como disciplina científica, para que la Arqueología encontrase al fin su propio campo, que es el de la búsqueda, el estudio y la interpretación histórica de *todas* las huellas, de *todos* los restos materiales que las civilizaciones desaparecidas han dejado en el suelo" (p.14). Raymond Bloch-Alain Hus (1974) afirma: "La arqueología tiene por objeto la búsqueda, la puesta al día y el estudio de todos los vestigios materiales dejados por el hombre. Su campo de aplicación es inmenso y se refiere a todos los lugares que han sido habitados y a todos los tiempos desde la aparición del ser humano" (p.5). En términos de localización, Juan Schobinger (1969) entiende que "Hacer prehistoria de una región implica integrarla conceptualmente en la prehistoria universal. La prehistoria (o 'subhistoria', como prefiere llamarla Eugenio d'Ors) es una parte -la más antigua- de la historia del hombre, más específicamente de la historia de la cultura, cuyo surgimiento y desarrollo intenta captar en un sentido ecuménico" (p.11)

17

identificar como productos de humanos *antediluvianos* los materiales arqueológicos hallados en las tumbas, "contextos intocados que, según la nueva geología, debían remontarse a tiempos verdaderamente antiguos" (Glyn, 1971, p.59). Era una tarea relevante clasificarlos, en consideración del uniformismo de Lyell (1830), por quien "no podían admitirse procesos del pasado que no ocurren en el presente y que fueron los cambios de los niveles de la tierra y mar, así como la influencia de los ríos, los responsables principales de los estratos, y no los desastres universales y las grandes inundaciones" (Glyn, 1971, p.86). Las consecuencias prácticas del postulado de Lyell implicaban que el registro estratigráfico de los materiales, hallados en grava intacta, debían pertenecer a pueblos prehistóricos; la admisión general de estos postulados era valiosa tanto para el trabajo de campo, como para la ordenación de los restos en las galerías y depósitos de los museos.

En 1819, las colecciones del Museo Nacional de Dinamarca fueron clasificadas a partir del "sistema de las Tres Edades"[5] formulado por su director, Christian Thomsen, sistema considerado por entonces como "piedra angular de la moderna arqueología" (Macalister, 1921, p.31), y transformado en 1865 en un "sistema de Cuatro Edades" por Lubbock, como referencia global para practicar la clasificación cronológica relativa. Uno de los ayudantes de Thomsen en el museo danés, Worsaae (1849), explicitaba en *The Primeval Antiquities of Denmark* "el reconocimiento inequívoco de la necesidad del sistema de las Tres Edades, la primera exposición de los principios de la excavación, las ventajas del método comparativo y la necesidad de interesar al público en los temas arqueológicos" (Glyn, 1971, p.97). La sistematización de las Edades de Piedra, Bronce y Hierro, aplicables según Lubbock sólo a Europa (Lubbock, 1865, p.3), inscritas en la lógica transición lineal desde el Paleolítico hacia el

---

[5] El "sistema de las Tres edades" hace referencia a la ordenación museística en función de las industrias tecnológicas de piedra, bronce y hierro. John Lubbock (1865) subdividiría la Edad de piedra en un momento Paleolítico (de piedra tallada) y Neolítico (de piedra pulida).

Neolítico y manifiesta en la tierra tanto como en los museos, se vio legitimada, además, por la publicación en 1859 de *On the Origin of Species* (OOS), pues: "Si el hombre había evolucionado gradualmente desde un ancestro prehumano sin cultura hasta la criatura culta de Egipto y Grecia, entonces *debían* existir huellas de su cultura primitiva en los niveles geológicos más recientes" (Glyn, 1971, p.112). Este núcleo de relación entre la datación cronológica relativa y el transformismo habría de sustentar el modo de resolución de los problemas relativos a las disciplinas que, desde la segunda mitad del siglo XIX, generaron diversas interpretaciones en torno a la prehistoria humana.

Glyn (1971) expone las controversias relativas al origen de la arqueología y de la antropología, entre quienes la atribuyen a la publicación de OOS y quienes afirman que el inicio "no se debía probablemente tanto a la famosa teoría de Darwin sobre la evolución como a los descubrimientos, ignorados o ridiculizados durante mucho tiempo, de vestigios de hombres del Paleolítico realizados por M. Boucher de Perthes" (Glyn, 1971, p.112). Así, el transformismo advino como una forma de legitimar hallazgos previos, que se ajustaran a las retrodicciones acerca de la posibilidad de encontrar un fósil terciario originario del linaje humano; de este modo, los estudios en prehistoria habían de *incrustarse* (Moulines, 2011) en el transformismo, por la potencia teórica de éste, susceptible de explicar las relaciones filogenéticas de las especies fósiles halladas. Los estudios sobre prehistoria se inscribían como subsidiarios de la agenda filogenética evolucionista (Caponi, 2017), con el propósito de abrir excavaciones que condujeran a reconstruir los diversos linajes del árbol de la vida "de las ramas hacia el tronco (…) cuyas ramas inferiores se hunden en las profundidades del tiempo pasado, de modo que una vez rehecho, siguiendo el desarrollo de ese árbol desde su tronco hasta la copa, debe presentar una evolución paralela a la disposición de la serie animal actual, paralela al desarrollo embriológico y senil y paralela al desarrollo paleontológico"

(Ameghino, 1915, p.502). La comunidad de arqueólogos, antropólogos y paleontólogos hallaba en las propuestas de Lamarck, Darwin, Wallace, Huxley, Haeckel, Gegenbaur o Lankester un marco que orientaba "la tarea de completar en lo posible una visión parcial de los hechos e intentar una reconstrucción histórica con materiales que con frecuencia no parecen muy prometedores" (Piggot, 1965, p.3). La agenda evolucionista ofrecía la posibilidad de establecer un sistema de clasificación filogenética sin la necesidad de abandonar las técnicas estratigráficas de seriación relativa empleadas por los estudios prehistóricos, pero complementándolas con la embriología comparada, por la que "la comunidad en estructura embrionaria revela comunidad de origen" (Gould, 1977, p.72), de acuerdo con la hipótesis de la recapitulación y la paleontología evolucionaria: (Haeckel, 1947, p.451) … también consideraba que los estudios filogenéticos debían recurrir a la Anatomía Comparada, a la Paleontología, y a la Embriología Comparada (cf. Dumont, 1873, p.87); pero pensaba que la 'Ontogenia comparada', vista a la luz del paralelismo entre ortogénesis y filogénesis, constituía la vía regia de la filogenia (…) sobre todo porque ella podía ver más que la Paleontología" (Caponi, 2017, p.31). Así, a esta primera comunidad de investigadores se sumaban anatomistas, zoólogos o botánicos, que contribuían a la interpretación de las correlaciones filogenéticas ínsitas a la estructuración de los caracteres de las especies, en escalas temporales observables a través del desarrollo embrionario y que podían eventualmente trasladarse al estudio de los fósiles. Ya desde la paleontología de Cuvier "que explícitamente, desde el Museo Nacional de Historia Natural de París y en los inicios del siglo XIX, llamó a la cooperación internacional de *savans et amateurs* para el desarrollo de la primera Paleontología" (Caponi, 2017, p.89), el trabajo comunitario consistía en integrar los fósiles en rompecabezas genealógicos a partir de correlaciones funcionales y constancias morfológicas. Por ello, con la irrupción de la paleontología evolucionaria era preciso esclarecer un cálculo que permitiera reconstruir filogenias: "El estudio matemático comparado de la organización de los seres vivos actuales, debe darnos por sí solo el conocimiento de los factores que los precedieron; y el descubrimiento de éstos en el seno de la tierra sólo servirá de contraprueba a la prueba" (Ameghino, 1915, p.9). Esta tarea requería del esfuerzo cooperativo de una comunidad de investigadores dispuestos a articular el rompecabezas de la fauna y de la humanidad prehistóricas, como parte de un trabajo que gozaba del prestigio que suponía, ante la opinión pública, la posibilidad de ofrecer una nueva visión de la historia del mundo y del origen del ser humano (Trigger, 1996): además, la implicación de los estudios sobre prehistoria en el transformismo, supuso participar también en las controversias que el evolucionismo mismo proponía[6].

El núcleo de relación entre las disciplinas de la prehistoria y el transformismo –en sus diferentes variantes –se mostró como un marco legitimador de las prácticas y fuerzas de trabajo determinadas por la lógica del capitalismo industrial (véase cap. VI), e inspiró "la creación de una explicación única que pretendía dar cuenta y justificar el sistema de clases europeo del siglo XIX, la discriminación de género y el colonialismo" (Trigger, 1996, p.173). La dicotomía centro-periferia, señalada por Caponi (2017), estructuraba las relaciones científicas y las modalidades de intercambio de datos, materiales y tareas, de la misma manera que le señalaba a los estudios prehistóricos la misión de generar (con Spencer y contra Darwin) pruebas acerca de la evolución o progreso cultural unilineal, desde la barbarie de los

---

[6] La excluyente adscripción de los estudios prehistóricos al evolucionismo darwinista debe ser leída de acuerdo con la revisión crítica formulada por Bowler (1980), para quien "los numerosos estudios publicados en esa época sobre la situación del darwinismo constituyen una prueba más de la incertidumbre existente en ese momento. Incluso una serie de biólogos favorables al mecanismo de la selección encontraron necesario detenerse a analizar la situación. Admitieron que existía un notable desacuerdo respecto a la dirección que seguiría la biología en el futuro" (Bowler, 1980, p.12). En este sentido, no existía consenso en la comunidad científica del siglo XIX y principios del siglo XX acerca de los mecanismos a partir de los cuales las especies evolucionan, de lo que se infiere que el darwinismo, en sí, no constituía una.

tiempos salvajes, hasta la civilización científica europea como modelo teleológico; no obstante, "el interés de las potencias europeas y de los Estados Unidos fue contestado y controlado por la arqueología nacionalista" (Díaz-Andreu, 2007, p.182), que articulaba sus esquemas de producción de evidencias y argumentos en conformidad con objetivos tanto científicos como políticos (véase cap. VI):

Se ofrecieron explicaciones raciales por el hecho de que otras sociedades no evolucionasen en la misma medida que las europeas. La explicación darwiniana de estas diferencias que popularizó Lubbock reforzó el racismo que había influido durante mucho tiempo en la interpretación de las pruebas arqueológicas prehistóricas en Estados Unidos y que desempeñó un papel importante en la configuración de la interpretación arqueológica en otras partes del mundo que experimentaron una importante colonización y explotación europeas (Trigger, 1996, p.207).

En *Danmarks Oldtid*, Worsaae (1843) explicitaba ya que la investigación sobre la antigüedad del hombre había de corresponderse con el interés de cualquier nación que debía "necesariamente dirigir su atención hacia tiempos pretéritos con el fin de averiguar el linaje original al que pertenece, en qué relaciones se encuentra con respecto a otras naciones, si su pueblo ha habitado en el país desde tiempos primitivos o sí, por el contrario, emigró allí en un período posterior" (Worsaae, 1849, p.B). La comunidad de investigadores en prehistoria llevaba a cabo, entonces, una agenda que, si bien global, fortalecía las prácticas del "nacionalismo racialista" (Moses, 2008, p.263), pues, con Lugones: "Los paleontólogos y antropólogos europeos y norteamericanos, parecen considerar con un motivo de orgullo patriótico la existencia del hombre fósil en los terrenos de sus respectivos países, oponiendo la exclusiva a todo descubrimiento verificado en otra parte. La ciencia padece también su comezón de imperialismo" (Lugones, 1915, p.68). Los estudios sobre prehistoria producían *hechos* utilizando las redes de tráfico de antigüedades y fósiles conformadas de acuerdo con la lógica de una división internacional del trabajo que situaba la producción teórica en las "grandes naciones científicas" y la recolección empírica en las remotas periferias; en este proceso de transformación de los objetos de la vida cotidiana en datos científicos que "deben abandonar la periferia de la conciencia científica colectiva para formar parte del ámbito propio de la investigación" (Rieznik, 2011, p.247), se articularon prácticas y lenguajes de agentes con trayectorias y propósitos diversos: aficionados, naturalistas, banqueros, saqueadores, terratenientes, maestros, dibujantes, políticos, curadores, charlatanes, sabios o anticuarios, etc., nucleados en torno al "montaje de una logística *cooperativa* y de alianzas, estructurada de manera transnacional para intercambiar objetos, imágenes e información y dilucidar el pasado de la Tierra y de los hombres" (Podgorny, 2009, p.20). La prehistoria propició la conformación de una comunidad científica signada por la falible actividad de reconstrucción del pasado remoto de la humanidad, con fundamento en la cooperación internacional y en la deliberación crítica respecto de las prácticas de campo realizadas, los argumentos postulados en el debate público y las pruebas con las que se pretendían trasladar los restos hallados, desde las tumbas, hasta los árboles filogenéticos de la vida.

1.1.2. La controversia comunitaria sobre el origen sudamericano del ser humano

En Argentina, las disputas sobre la antigüedad del ser humano fueron contemporáneas a la *institucionalización* de los estudios sobre prehistoria en Europa y los Estados Unidos, y por ello, se inscribieron en la lógica deliberativa llevada a cabo por una comunidad internacional de investigadores que indagaba acerca de la posible existencia de un hombre Paleolítico en Sudamérica: "W. H. Holmes (…) se oponía al esfuerzo de establecer en el Nuevo Mundo períodos arqueológicos paralelos a los tecnológicos de Europa occidental y negaba la existencia de un hombre paleolítico en este continente (…)

Los franceses observaron este debate con asombro, dado su carácter violento y algo extemporáneo" (Podgorny, 2009, p.107). Los estudios en la pampa bonaerense fueron pioneros "dentro del contexto de los estudios antropológicos en la República Argentina y en América del Sur" (Politis, 1988, p.59), de suerte que la comunidad local de investigadores ocupaba un sitial significativo en el trabajo de recolección de los materiales que contribuyeran a ajustar la reconstrucción del pasado, así como en los debates acerca de la eventual coexistencia americana entre fauna cuaternaria y seres humanos, que habilitaba a interrogar acerca de la edad de esos restos fósiles; en la segunda convocatoria del CIA:

> Se debatió la antigüedad del hombre en América y la terminología apropiada: "La calificación de hombre prehistórico que en Europa es el hombre ante diluviano, cuyos restos se buscan en las osamentas fósiles, en América es, por el contrario, el hombre ante colombiano, pues nuestra historia solo comienza en la época del descubrimiento del Nuevo Mundo". Mientras en Europa la distinción se basaba en la asociación con la fauna extinguida, en este continente se trataba de un acontecimiento histórico reciente. Por eso la expansión de la arqueología prehistórica hacia el Nuevo Mundo, empresa a la que se lanzó Ameghino, implicaba discutir este problema (Podgorny, 2021, p.27).

Madrazo (1985) señala a los "precursores" de esa comunidad de investigadores sobre prehistoria en Argentina, y con Garbulsky (2000), exhibe sus nombres: Estanislao Zeballos, Juan Bautista Ambrosetti, Salvador Debenedetti, Roberto Lehmann-Nitsche, Samuel Lafone Quevedo, Luis María Torres, Alfredo Castellanos, Florentino Ameghino y Francisco Moreno (se incluye en esta lista a Carlos Burmeister, como participante activo del debate):

> Al caracterizar la primera época de la antropología, Garbulsky y Madrazo coinciden en varios puntos: a) la contienda entre el evolucionismo, con su mayor, aunque no único, representante Ameghino, y el catastrofismo propiciado por Moreno desde el Museo de La Plata; b) la preeminencia de una visión peyorativa sobre el

mundo indígena de entonces, y la identificación con los propósitos "civilizatorios" del Estado nacional (salvando los casos de Ambrosetti, Ameghino y Lafone Quevedo); c) la homologación del indígena con el salvajismo y la prehistoria viviente (Madrazo 6) en vías de extinción; d) el modelo del sabio erudito y polifacético (11) operando a la vez como arqueólogo, etnohistoriador, folklorólogo, etnógrafo y antropólogo físico; e) un cierto esfuerzo en observar una perspectiva objetivista y eminentemente descriptiva al estilo naturalista, aunque sesgada por los prejuicios de la época y por el compromiso con el expansionismo territorial de la clase dominante (Ibid.); f) la creación de instituciones relativas al estudio del hombre prehistórico y los grupos indígenas (Museo de Ciencias Naturales de La Plata, Museo de Historia Natural de Tucumán, Museo de Ciencias Naturales de Buenos Aires, Museo Etnográfico de Buenos Aires, Academia de Ciencias de Córdoba, Sociedad Científica Argentina, Instituto Geográfico Argentino); g) una metodología inductiva sin contraparte deductiva (5) y con perspectiva documentalista, a veces tendiendo a "la comparación y a la clasificación sistemática o histórica (Guber, 2009, p.12).

Las dimensiones exhibidas por Guber (2009) son coincidentes con el marco general en el que se estructuraban los estudios sobre prehistoria en Europa y los Estados Unidos, y con el que se contribuía a *normalizar* los compromisos instrumentales y metodológicos de las disciplinas convergentes con el objeto de estudio; los consensos y las controversias constituían una muestra significativa de una práctica científica colectiva y, por ello pública, a la luz de los intereses nacionalistas de los Estados, en sus estrategias imperialistas de colonización territorial. La investigación de la prehistoria en Buenos Aires encontraría en las redes de intercambio propiciadas por el capitalismo colonialista decimonónico una forma de legitimarse y de insertarse en la comunidad internacional, en consonancia con los intereses político-económicos que "se tradujeron en urgencia por explorar 'las pampas' y por conocer a sus habitantes" (Boschin, 1991-92, p.115), del mismo modo que, en Norteamérica, parte del trabajo de Hrdlička en la *Smithsonian Institution* tenía como objeto "el estudio biológico integral de los muchos y diversos elementos raciales de la

25

nación estadounidense" (Spencer, 1979, p.248).

La hipótesis ameghiniana –en su versión final del siglo XX– se proponía demostrar la antigüedad terciaria del ser humano en el Plata, formular principios para clasificar los linajes e indicar su posición filogenética y estratigráfica: estos enfoques hubieron de permitirle construir el árbol filogenético del ser humano de acuerdo con un cálculo matemático preciso, correlacionado con la posición estratigráfica de los fósiles en las formaciones geológicas argentinas, cuando "toda la evidencia paleontológica que surgió a partir de los sesenta [del siglo XIX] y que refrendó el razonamiento hecho por Darwin en la dirección del origen africano del hombre no existía. En su lugar había una penumbra de confusión en el marco de la cual hasta la propia proximidad entre el hombre y el chimpancé podía llegar a ser considerada como menor a la existente entre el hombre y los gibones asiáticos" (Caponi, 2017, p.164). Ameghino postuló el origen sudamericano del ser humano en el entramado conflictivo de esas redes en que las tumbas devenían en inscripciones públicas, susceptibles de ser revisitadas innumerables veces en las galerías de los museos o en la prensa; en este contexto de producción, circulación y consumo de pruebas y argumentos, movilizados por el uso de los sistemas materiales de comunicación disponibles; en ese esquema establecido por el comercio capitalista; de acuerdo con esa lógica de trabajo colectivo y cooperativo que demandaba el diálogo con feriantes, políticos, saqueadores, charlatanes o sabios, Ameghino aventuró su hipótesis:

Los objetos utilizados para probar o refutar la remota antigüedad del hombre en América del Sur, lejos de constituir una fuente directa de datos, se transformaron en conocimiento arqueológico por distintas técnicas tendientes a la creación de *antigüedades portátiles* y el establecimiento de criterios para juzgar la confiabilidad de la prueba y generar la repetición de la observación, aun cuando la evidencia se destruyera por esos mismos procedimientos" (Podgorny, 2009, p.22)[7].

[7] Podgorny (2002) traduce las *antigüedades portátiles* de Petrie (1909) a partir de los "inmutables móviles" producidos en los "centros de cálculo" que describe

La hipótesis ameghiniana atravesó las excavaciones, las galerías y depósitos de los museos, la prensa, las bitácoras, ilustraciones y cartas que surcaban la correspondencia entre cada uno de los participantes –nacionales e internacionales– de la comunidad; en el período 1889-1911, la controversia respecto de la naturaleza de los hallazgos de Ameghino y de las *buenas razones* que los explicaban fue objeto de una deliberación tal que, debido al radical disenso, con Latour (1992), puso en cuestión el proceso de inscripción de *antigüedades portátiles*, el espacio mismo de la excavación, los instrumentos y las técnicas allí empleadas, pues: "La gente en desacuerdo abre cada vez más cajas negras y es arrastrada, por así decirlo, río arriba, cada vez más lejos, hacia las condiciones de producción de los enunciados" (Latour, 1992, p.30). En ese marco conversacional, los principales oponentes internacionales a una hominización sudamericana se hallaban en los Estados Unidos, donde el estudio de la antigüedad del ser humano adquirió su dimensión y relevancia en la segunda mitad del siglo XIX: la posición norteamericana fue explicitada en *Early Man in South America* (EMSA), obra en la que Hrdlička, Holmes & Willis (1912) concluyeron que "con respecto a la evidencia proporcionada no se logra establecer la afirmación de que en América del Sur se han descubierto *hasta ahora* rastros tangibles del hombre antiguo o de cualquier precursor de la raza humana" (Hrdlička *et al.* 1912, p.386) (La *cursiva* es nuestra)[8]. Si la controversia ponía en cuestión el contexto de excavación de tumbas y procedimientos, John Hatcher (1897, 1900) acusaba a Ameghino de "invertir las verdaderas relaciones

---

Latour: "La movilización de las cosas implica la creación de objetos que sean 'muebles', inmutables, legibles y combinables entre sí (los 'inmutable móviles'). En este sentido, parece necesaria la inscripción de estos objetos en un registro material de orden diferente al 'natural'" (Podgorny, 2002, p.31)

[8] Contra las historiografías que interpretan un rechazo categórico de Hrdlička (1912) a la posibilidad de un origen sudamericano del ser humano, la conclusión de EMSA deja la puerta abierta a nuevos descubrimientos.

estratigráficas existentes en la Patagonia [y] señalaba los dos aspectos que definían la conducta del geólogo profesional: *estar allí* y la publicación de mapas, perfiles y descripciones exactas, posibilidad de revisitar las localidades fosilíferas desde la distancia" (Podgorny, 2009, p.248)[9]. La controversia llegaba a lo profundo de las formaciones geológicas de las que la empresa ameghiniana extraía las piedras y los huesos, y ponía en cuestión la totalidad del trabajo realizado en el proceso de excavación, inscripción y teorización:

> Antes de su visita a la Argentina, junto con Holmes, Hrdlička se había dedicado a refutar toda evidencia que apoyara la idea de una gran antigüedad del poblamiento americano (e.g., el cráneo de Calaveras 1866-1907 - el hombre terciario de California, Vayson de Pradenne 1932). Estos autores rechazaron desde un principio la existencia de un Paleolítico Americano análogo al europeo, es decir, la hipótesis de la contemporaneidad entre el hombre y la megafauna cuaternaria (Willey y Sabloff 1974; Meltzer 1983). Los criterios científicos de certificación de los hallazgos en el campo, por parte de los investigadores, se establecían a partir de la publicación de *Early Man in South America*, donde Hrdlička (1912) planteaba la necesidad de que el propio investigador efectuara la recolección *in situ* de los datos y, por lo tanto, esta tarea no debía quedar en manos de aficionados, coleccionistas o naturalistas viajeros (Podgorny y Politis 2000). (Bonomo, 2002, p.75).

Pese al rechazo norteamericano, en Europa, Sergi (1909, 1911) y Vincenzo Giuffrida-Ruggeri (1908, 1909) apoyaban a Ameghino, de la misma manera que lo hacía, desde Brasil, Hermann von Ihering. En

---

[9] Con el criterio establecido es posible considerar a Carlos como un naturalista *amateur* hasta su primer viaje a Patagonia. A partir de esta fecha, tal como lo indica también Simpson (1955), Carlos se transforma en un naturalista de "alto impacto". En rigor: "Tan o más notable que su conocimiento paleontológico, fue su conocimiento geológico. Su conocimiento de primera mano de los lugares donde estuvo y lo significativo de sus aportes, lo ubican en un lugar privilegiado entre los pioneros de la geología patagónica. Cuando Carlos Ameghino partió hacia Patagonia, el conocimiento geológico de esa región era tan rudimentario como el paleontológico" (Bond, 1999, p.37) y además "Desde su primer viaje a la Patagonia (1887) Carlos Ameghino, con sus observaciones sobre la estratigrafía patagónica, va a modificar sustancialmente el conocimiento previo sobre el tema (p.37).

términos generales, había en Francia una cierta confianza con respecto al desarrollo de los estudios sobre prehistoria en América del Sur (Boule, 1894, p.744). No obstante, también en Europa, Friedemann (1910) von Luschan y Schwalbe (1910) objetaban la antropogenia ameghiniana y "estudiando las réplicas, concluyeron que se trataba de un error" (Podgorny, 2009, p.253). En Buenos Aires, "el Padre J. M. Blanco, desde la revista católica *Estudios* (Blanco, 1916, 1917) y a través de una serie de conferencias (Blanco, 1916) criticó de manera reiterada las propuestas de Ameghino, argumentando entre otras cuestiones, que su esquema evolutivo había sido formulado en forma previa a la obtención de la evidencia científica que luego lo sustentaría" (Bonomo, 2002, p.71):

> En la Argentina varios estudiosos se mantuvieron aferrados a las teorías de Ameghino, y aceptaron la autenticidad de algunos hallazgos hechos posteriormente a su muerte. Se trata sobre todo de bolas de boleadora pulimentadas sacadas a luz a partir de 1913, objetos óseos (arpones, etc.,) un fragmento mandibular con dos molares fósiles (1920), hallados en diversos puntos de las barrancas de la costa sur de la provincia de Buenos Aires (Schobinger, 1969, p.55).

Las historiografías relativas a la HAA se detienen, *o bien* con la muerte del naturalista, *o bien* con la publicación de Hrdlička, *et al.* (1912) (*Cfr.* Schávelzon, 2018, p.58; Tonni, 2011, p.436). De este modo, el estudio que se presenta constituye un aporte a la reconstrucción de la deliberación crítica sobre la HAA, en el período 1875-1950, a partir de las categorías ofrecidas por el marco conceptual del falibilismo pluralista comprometido de Richard Bernstein (1979, 1983, 2013).

1.2. Objetivo general y específicos

La pregunta que estructura este libro, por lo tanto, indaga: *¿Cómo practicó la comunidad de investigadores en prehistoria de Pampa-Patagonia la deliberación crítica relativa a la HAA, en el período*
29

1875-1950? Se presenta como objetivo general, por tanto, *comprender* esa *praxis* de deliberación crítica por medio de los siguientes objetivos específicos:

a) Reconstruir la HAA de acuerdo con un modelo arquitectural de *argumentación múltiple.*
b) Identificar las modalidades de *agenciamiento* de la *constelación* de investigadores en la controversia pública.
c) Especificar las *normas comunitarias* referenciales de prueba y validación de la teoría ameghiniana.

1.3. Hipótesis

Se propone como hipótesis que, en el período 1875-1950, la deliberación crítica sobre la HAA aconteció:

a) En un estado de "consenso-disenso equiprimordial" (Bernstein, 2013, p.129) entre la "constelación" (Bernstein, 1991) de adherentes y detractores a una hipótesis elaborada por medio de "argumentación múltiple" (Bernstein, 2013, p.42), que requirió ser, entonces, revisada en distintos órdenes (geológico, paleontológico y arqueológico), de los que la tesis antropogénica era sólo una de sus dimensiones.
b) El "desacuerdo razonable" (Bernstein, 2018, p.260) suponía un estado controversial en el que el intercambio de pruebas y argumentos acontecía sin perspectiva privilegiada, ideales regulativos o petición de consenso final (Bernstein, 2013), de modo que las normas científicas se hallaban abiertas a revisión.
c) Con la muerte de Ameghino (1911), la comunidad nacional de investigadores reconfiguró sus prácticas reorientándolas desde la competencia "agonística", reglada por el principio de autoridad taxonómica, a la cooperación de "estilo dialógico" (Bernstein, 2013, p.217): ello condujo a nuevas formas agenciamiento en posiciones "conflictivas y contradictorias"

(Bernstein, 1971, p.3).

d) La posición de Hrdlička (1912) constituyó *una más* de las irreductibles diferencias de orientaciones y perspectivas en la *constelación plural* de investigadores, en una disputa en la que el *locus* referencial de validación lo constituía la comunidad de ciencia europea.

De esta manera, en 1.4 se presenta la estructura argumentativa con la que se pretende contestar a la pregunta general y contrastar las hipótesis formuladas.

1.4. Estructura del libro

Este libro se organiza en seis Capítulos específicos, expuestos en una estructura de tres Secciones:

a) La Sección I, está conformada por los Capítulos I y II, en los que se aborda parcialmente el objetivo específico a) consistente en reconstruir la HAA. En primer lugar, se presenta la modalidad de inserción del cálculo retrodictivo de *Filogenia* (1884) en el transformismo darwinista decimonónico, con el que Ameghino dedujo los ancestros teóricos del ser humano. En segundo lugar, se reconstruye la argumentación ameghiniana sobre el origen sudamericano de la humanidad, a partir de un tratamiento exhaustivo de las *buenas razones* ofrecidas para creer en el origen austral de los mamíferos y, en consecuencia, de monos y humanos. Por ello, el cap. II incluye una ordenación de las evidencias (A y B) y argumentos producidos por los hermanos Ameghino y los ameghinianos/ameghinistas, en el período 1850-1950.

b) La Sección II, organiza la *yuxtaposición* (Bernstein, 2017, p.136) conflictiva de la deliberación comunitaria sobre: edad de las formaciones geológicas (D-EFG), en el cap. IV; vestigios arqueológicos, en el cap. V; vestigios antropológicos, en el cap. V. En este caso, se organiza la argumentación comunitaria a partir de un esquema de *argumentación múltiple* (Bernstein, 2013, p.42), que supone el estado de consenso-disenso equiprimordial (Bernstein, 2013, p.129) de la constelación de investigadores en prehistoria de Pampa-Patagonia. La Sección, permite identificar las normas y criterios con los que contestar al objetivo c), así como las modalidades de agenciamiento de los investigadores que responden al objetivo b), lo que determina la *inconmensurabilidad* en la disputa comunitaria sobre la hipótesis ameghiniana. Se subraya el hecho por el que la cronología de la deliberación, si bien difiere, encuentra espacios de encuentro y desencuentro con respecto a la hipótesis ameghiniana. No obstante, el tratamiento ofrecido es el que permite reconocer la unidad dialéctica de teoría, normas y *praxis,* con la que se toma en cuenta "las normas constitutivas de la investigación científica" (Bernstein, 2018, p.141).

c) La Sección III, comprende el cap. VI y las Conclusiones, pues, una vez reconstruidas las hipótesis ameghinianas e identificados los criterios de validación de pruebas y argumentos seleccionados por los diferentes participantes agenciados en la controversia, se aplican explícitamente las categorías del marco metateórico bernsteiniano para indicar el carácter falible de las prácticas de deliberación *fronética* de una comunidad plural de investigadores que, pese a la inconmensurabilidad de los criterios, participaba de un "desacuerdo razonable" (Bernstein 2018, p.260) sin *Aufhebung.*

Se comprende, finalmente, la posibilidad de historiar una disputa científica que conserva la *lucha, el conflicto y la diferencia,* esto es, la objetividad plural como parte de la *determinación negativa* (Bernstein, 1992, p.318) entre agentes que ofrecen, en primera persona, *buenas razones* con pretensión de verdad objetiva acerca de la (im)posibilidad de un origen sudamericano del ser humano.

Por lo tanto, se explicita que los objetivos específicos serán contestados en las Secciones I y II, mientras que, el objetivo general, en la Sección III. Se infiere, además, que las herramientas conceptuales del marco metateórico pragmatista contribuyen a estructurar una historización que enfatiza el carácter autocorrectivo de la investigación científica, así como la pluralidad de perspectivas y orientaciones, en atención a las hipótesis (a-d) propuestas, esto es, una historiografía sin marcos o metamarcos de conmesuración aprióricos que determinen modalidades normativas de *clausurar* la controversia.

En lo que respecta a la organización de la escritura del estudio, cada Capítulo y cada Apartado se encontrarán:

a) Precedidos por un epígrafe con una breve descripción de la estructura a seguir, y

b) Conclusiones parciales, que buscan articular la unidad coherente y cohesiva de las partes y momentos del trabajo. A su vez, las conclusiones finales recogen a las parciales, con sentido de integración de lo tratado de manera particular.

c) Se ha acudido a las *Obras completas* de Torcelli, editadas entre 1913-1936, aclarándose en el texto el año original de publicación de la obra. Además, se ha traducido al castellano la totalidad de la bibliografía en lengua extranjera.

d) Por último, se asume una licencia simple con respecto a la normativa de citación de las obras de Ameghino, en orden a exhibir la cronología de sus ideas a partir de la incorporación del año original de publicación de sus obras, entre corchetes. Por ejemplo: Ameghino ([1884]1915). Asimismo, con el fin de diferenciar las citas de Florentino y de Carlos Ameghino, se ha optado por citar las referidas al último del siguiente modo: (Ameghino, C. Año, p.)

SECCIÓN I

CAPÍTULO I – *INCRUSTACIÓN* DEL MÉTODO AMEGHINIANO DE RECONSTRUCCIÓN DE LINAJES HUMANOS, EN LA FASE 3 DEL MODELO DINÁMICO DE TUOMI (1979, 1981)

A1. La teoría de la selección natural en el *modelo dinámico de niveles múltiples*

La comprensión de la HAA a partir del marco teórico bernsteiniano requiere incorporar el *modelo dinámico de niveles múltiples* con el que Tuomi (1979, 1981) reconstruye la teoría de la selección natural, con el fin de *incrustar* (Moulines, 2011) el MFA en la fase 3 de la controversia comunitaria sobre simulaciones retrodictivas de los intermediarios y ancestro común del ser humano. De este modo, en A1.1., se presenta una introducción a la controversia sobre las clasificaciones de flora y fauna, que sirvió como preludio histórico a la deliberación sobre los mecanismos de cambio evolutivo. Así, en A1.2., se señala la reconstrucción de la teoría de la selección natural, a partir de los trabajos Tuomi (1979, 1981) y la elucidación conceptual practicada por Ginnobili (2018).

A1.1. Estado de consenso-disenso sobre métodos/sistemas de clasificación natural

En el siglo XVII, las controversias respecto a los métodos naturales o sistemas de clasificación de los seres vivos se encontraban signadas por la tradición clásica platónico-aristotélica, la cual proponía una *scala naturae* en la que se incluía a todas las formas inertes y vivientes, desde las más simples y rudimentarias hasta las más complejas y perfectas: la llamada "Gran Cadena del Ser" era "una metáfora poderosa y conveniente que unía a toda la creación en una serie única y continua que, mediante eslabones imperceptibles, abarcaba de la materia bruta hasta Dios, pasando por plantas, animales, hombre, querubines y ángeles" (Jordanova, 1990, p.32)[1]. La exploración de esta escala suponía la necesidad de consensuar criterios de ordenación que, en el caso de las plantas, se entrelazó con los saberes derivados de la farmacopea medieval: "La botánica ocupaba un lugar especial en la cultura del siglo XVII, coleccionar y estudiar plantas era un pasatiempo que ofrecía una combinación única de deleites estéticos e intelectuales" (Jordanova, 1990, p.46). El interés por las propiedades medicinales de las plantas cooperó con la edición de manuscritos y la proliferación de herbarios y jardines botánicos en Florencia, Bolonia, París y Montpellier, al finalizar el siglo XVI (Debus, 1985, p.90). La búsqueda de principios activos curativos, el descubrimiento de ejemplares exóticos y el incremento de los nombres en los catálogos llevaron a la necesidad de descripciones más satisfactorias, que revisaran la autoridad detentada por los cinco volúmenes clásicos de *Περί ὕλης ἰατρικῆς* (*Acerca de la materia medicinal*) de Dioscórides,

---

[1] Lovejoy (1961) proponía que la jerarquía podía inferirse a partir de:

  a) La *autosuficiencia* misma de la *Idea de Bien* platónica, cuya bondad había de imprimirse en el orden material: "El concepto de perfección autosuficiente, por una audaz inversión lógica (…) se convirtió en el concepto de una *fecundidad autotrascendente*. Un *Uno* intemporal e incorpóreo se convirtió en el fundamento lógico, así como en la fuente dinámica de la existencia de un universo temporal y material extremadamente múltiple y abigarrado" (p.49). Por esto, la *plenitud* del mundo natural creado llevaba a caracterizarlo como autosuficiente y continente de todos los seres actuales y posibles.

  b) Pero, según Lovejoy (1961), desde la perspectiva aristotélica: "Del principio platónico de plenitud se podría deducir directamente el principio de continuidad. Si entre dos especies naturales dadas hay un tipo intermedio teóricamente posible, éste debe realizarse -y así hasta el infinito-; de lo contrario, habría lagunas en el universo, la creación no sería tan plena como podría serlo, y esto implicaría la inadmisible consecuencia de que su Fuente o Autor no fuera bueno, en el sentido que ese adjetivo tiene en el *Timeo*" (p.58). Según Lovejoy (1961), el "principio de continuidad" aristotélico se constituye en condición para la estructuración de una *scala naturae* ordenada según el grado de perfección de los seres.

La "Gran Cadena del Ser" se conformaría, entonces, a partir de los principios de *autosuficiencia, plenitud, continuidad y gradación*: el mundo natural contendría a todos los seres actuales y posibles, mezclándose entre sí en una escala de perfección ascendente.

el escrito medieval más popular en la materia.

Las propuestas de clasificación taxonómica de plantas fueron debatidas por una comunidad de investigadores que esgrimía "argumentos complicados acerca de la clasificación, sobre todo en relación con la botánica; y el problema general de dar a los múltiples elementos de la naturaleza un marco coherente era aplicable asimismo a animales y minerales" (Jordanova, 1990, p.47). En 1629, por ejemplo, John Parkinson sugería clasificar las plantas según 17 categorías que incluían el aroma y las funciones. Jerome Bock clasificaba el material, con Aristóteles[2], según se tratara de hierbas, arbustos y árboles, mientras que Adam Zaluziansky "prescindió de los antiguos sistemas para ordenar su *Methodi herbariae* (1592) de un modo novedoso, partiendo de las formas más simples a las más complejas. Su obra tiene un interés adicional, pues sostenía que se debía separar a la botánica de la medicina" (Debus, 1985, p.101). Otros, como De Lobel, proponían una clasificación a partir de la forma de las hojas, y Andrea Cesalpino, en su *De plantis libri XVI* y *Appendix ad libros de plantis*, sugería recuperar la tradición aristotélica y emplear una clasificación que tuviera en cuenta los caracteres de las flores y de los frutos: "Gaspard Bauhin, influido en parte por la clasificación de Cesalpino, utilizó un sistema binario de nomenclatura para ordenar las plantas. Basándose en sus características comunes dividió el *Pinax* en doce libros, y a éstos, a su vez, los subdividió en secciones. Los primeros correspondían, aproximadamente, a nuestros *genera*; las últimas, a las *species*." (Debus, 1985, p.102). Tal y como lo hacía Zaluziansky, Bauhin "avanzaba de las formas más simples de la vida vegetal (hierbas) a las más complejas (árboles)" (Debus, 1985, p.102). Este esquema usual de clasificación obedecía al modelo greco-cristiano, fundamentado en la *scala naturae*, que describía la "Gran

---

[2] El interés de Aristóteles por las plantas no constituyó una parte sustantiva de su filosofía natural. Sin embargo "su discípulo Teofrasto (¿380?-287 a.C.) compuso una *Historia de las plantas"* (Debus 1985, p.83), que devendría en fuente de autoridad de la tradición aristotélica en la materia.

Cadena del Ser". En cada caso, la clasificación se subordinaba a la descripción de los caracteres externos de los organismos:

> La obra de Bauhin fue continuada por Joachim Jung (1587-1657) y John Ray (1627-1705). El último ordenó a las plantas y a los animales en grupos sistemáticos -vestigios de los cuales subsisten en la clasificación actual. Por tanto, si bien la obra de Karl von Linneo (1707-1778) es considerada actualmente como el fundamento de la clasificación moderna tanto de las plantas como de los animales, los problemas que presentaba ese gran cúmulo de tipos conocidos habían dado por resultado más de un siglo de intentos de sistematización, base sobre la cual fundó su propia obra (Debus, 1985, p.103).

En 1729, Linneo escribía *Praeludia sponsaliorum plantarum*, sobre la sexualidad de las plantas y, en 1735, basándose en los estudios de Rudolf Jakob Camerarius sobre los órganos reproductivos de las plantas (*De sexu plantarum epístola*, de 1694), publicaba *Systema naturæ, sive regna tria naturæ systematice proposita per classes, ordines, genera, & species*[3], en la que establecía un sistema de ordenación de la obra de Dios, jerarquizada según tres reinos: *Regnum animale, Regnum vegetabile* y *Regnum lapideum*. La clasificación del reino vegetal supuso la aplicación de un sistema[4] sexual, aplicado en la décima reedición de la obra, *Systema naturæ per regna tria naturæ, secundum classes, ordines, genera, species, cum characteribus, differentiis, synonymis, locis* (1758)[5], a la clasificación binominal[6] del reino animal: "Linneo tomó las partes reproductoras y dispuso las especies de acuerdo con el número, forma, proporción y posición de los estambres y los pistilos (los órganos 'masculino' y 'femenino'

---

[3] *Sistema natural, o los tres reinos de la naturaleza, según clases, órdenes, géneros y especies.*
[4] "Sistema" había de referirse a "los enfoques artificiales, llamándose 'métodos' a los que intentaban ser 'naturales'" (Jordanova, 1990, p.30)
[5] *Sistema natural, en tres reinos de la naturaleza, según clases, órdenes, géneros y especies, con características, diferencias, sinónimos, lugares*
[6] La nomenclatura binominal propone atribuir a cada especie un nombre único en latín, compuesto de dos términos: el nombre del género y el de la especie, por ejemplo: *Homo sapiens*.

respectivamente). Justificó el empleo de los órganos generadores subrayando su importancia funcional, pues expresaban la esencia de la planta" (Jordanova, 1990, p.30).

La nomenclatura binominal linneana contribuyó a lograr un consenso generalizado en la comunidad de naturalistas sobre la elucidación de los términos empleados en las clasificaciones, considerándose como el punto de partida de la taxonomía botánica y zoológica moderna. Sin embargo, en *Histoire naturelle, générale et particulière*, obra en 36 volúmenes, Georges-Luise Leclerc de Buffon consideró erróneo imponer un sistema artificial como el linneano al mundo natural:

> Rechazaba con apasionamiento el enfoque rígido de Linneo, con base en que, en la naturaleza, sólo hay individuos, que constituyen un *continuum* ininterrumpido, imposible de dividir en grupos definidos. Más que aprisionar a la naturaleza en un sistema artificial y arbitrario, afirmaba la necesidad de que la historia natural se adaptara a aquella (…) Buffon creía que todo conocimiento humano pertenecía a las relaciones, y no a las esencias, como opinaba Linneo" (Jordanova 1990, p.31).

Según Arnold (2003), Farber (2000), Kingsland (1985) y Mayr (1982) los aportes de Linneo y de Buffon contribuyeron a establecer un ordenamiento más satisfactorio del mundo natural en base a sus características observables y a un lenguaje taxonómico binominal común para la comunidad de naturalistas (Elórtegui Francioli, 2015, p.269). El estudio de las plantas era contemporáneo a los intentos por construir taxonomías de animales: "En este caso, como en el de las plantas, el entusiasmo por las nuevas formas de vida fue estimulado grandemente por los viajes que efectuaron los europeos a América y Asia (particularmente a las 'Indias Orientales')" (Debus, 1985, p.104). En 1793, a solicitud de Jean-Baptiste Lamarck[7], el *Jardin du Roi* –

---

[7] El proyecto de Lamarck, consistente en constituir una asamblea de catedráticos para la administración del establecimiento fue presentada a la Convención francesa,

39

principal centro de estudios en botánica de Francia –era organizado como *Musée d'Histoire Naturelle*, sumándose a éste el ejercicio de funciones docentes, a través de cátedras ocupadas por Lamarck mismo, a cargo del curso de insectos y gusanos; Barthélemy Faujas de Saint-Fond, que se dedicaría a la Geología; Étienne Geoffroy de Saint-Hilaire y Georges Cuvier, ambos, en disputa teórica, que se ocuparían de la zoología de vertebrados.

El descubrimiento de vestigios fósiles de plantas y de animales "parecía poner en cuestión la idea de la plenitud y la perfección de la Creación divina, al admitir que ciertas especies hubieran podido extinguirse. Los naturalistas del siglo XVIII, al dudar frecuentemente de la posibilidad de la extinción de las especies y no disponer de un conocimiento adecuado de la anatomía de los organismos actuales, se veían confrontados a graves dificultades en el estudio de los fósiles, a pesar del interés y de la importancia potencial que le otorgaban para la reconstrucción del pasado de la Tierra" (Buffetaut, 2008, p.2). Una clasificación zoológica que explicara la posición jerárquica y temporal de los restos fósiles se comprendía como un imperativo para los profesores del *Musée...* en orden a conservar la metáfora de la "Gran Cadena del Ser".

a) *Reconstrucción cuveriana de seres vivos*: Georges Cuvier centró sus trabajos en anatomía comparada: "Estaba convencido de que la estructura interna de un animal revelaba su función y, por consiguiente, su auténtica naturaleza" (Larson, 2007, p.21). En otras palabras, entendía que la función de la estructura animal determina su forma, de acuerdo con lo cual las similitudes estructurales entre los organismos debían responder a funciones comunes. En *Le Règne Animal* (1817), establecía el "principio de las condiciones de existencia", por el que "nada puede existir si no reúne las condiciones que tornan su existencia posible, las diferentes partes de cada ser

---

dominada por Jacobinos, el 31 de marzo de 1793 y aprobada al día siguiente por el presidente del Comité de Instrucción Pública, Lakanal (Miranda, 1959, p.103)

40

deben estar coordinadas de manera tal que posibiliten el ser total, no solamente en sí mismo, sino también con relación a aquellos seres que lo circundan" (Cuvier, 1817, p.6). Los organismos presentaban, de esta manera, una integración y coordinación armónica de cada una de sus partes, con la finalidad de lograr una funcionalidad completa, pues "todo ser organizado forma un conjunto, un sistema único y cerrado, en el cual todas las partes se corresponden mutuamente, y convergen a la misma acción definitiva por una reacción recíproca" (Cuvier, 1992, p. 97). El *principio de correlación de las partes* suponía la subordinación de las estructuras anatómicas a un punto de vista funcional, del que el sistema nervioso era considerado como el más relevante, pues:

> Todos los sistemas permanecen invariables en una especie, y esto se debe a que están subordinados funcionalmente a los requerimientos del sistema nervioso. Con base en este criterio, y tomando en cuenta al sistema nervioso, Cuvier propuso un sistema de clasificación basado en cuatro planes generales de clasificación o *embranchements*: vertebrados, moluscos, articulados y radiados (Ochoa, 2009, p.40).

Cuvier creía, entonces, en la posibilidad de reconstruir los organismos actuales y extintos a partir de una sola pieza, manifiesto ello en su famosa expresión "Dadme un hueso cualquiera del esqueleto y os daré el animal":

> Como la ecuación de una curva implica todas sus propiedades, y tomando separadamente cada propiedad para base de una ecuación particular se reencontraría la ecuación original y todas sus propiedades, al igual con las uñas, los omóplatos, los cóndilos, los fémures y todos los demás huesos, tomados separadamente, el que poseyera racionalmente las leyes de la economía orgánica podría reconstruir todo el animal (Cuvier 1992, p. 100).

La interdependencia de las partes sugería la posibilidad de deducir a las ausentes, con lo que, de la parte anatómica individual

41

podía inferirse la totalidad "permitiéndonos así el conocimiento y la eventual reconstrucción del mismo por la mediación de lo que Guillo (2003, p. 116) caracterizó como un cálculo fisiológico de caracteres" (Caponi, 2004, p.237)[8].

b) *Inmutabilidad de formas y catastrofismo*: la inmutabilidad de las especies, propuesta por Cuvier, se consustanciaba con el modelo linneano de formas fijas, aunque era evidente que los seres extintos y los actuales se encontraban "sometidos a las mismas leyes y principios generales (…) y eso permitía reconstruirlos y ubicarlos dentro de un espacio taxonómico común y ya conocido" (Caponi 2004, p.249). Caponi (2004) indica que Cuvier era un "uniformista metodológico", pues asumía que las leyes de organización estructural-funcional para reconstruir a organismos actuales y extintos eran idénticas, debido a que:

> Consideraba que cada fauna sucesiva, tal y como la conocía, era el resultado de una repoblación de la Tierra tras una gran catástrofe que había acabado con muchas especies anteriores. La última de estas catástrofes fue, por supuesto, el diluvio bíblico. En cuanto a la procedencia de las nuevas especies después de una catástrofe, Cuvier estaba seguro de que no evolucionaban a partir de especies más antiguas, pero por lo demás se mostraba indeciso" (Simpson, 1953, p.141).

El hallazgo progresivo de mamíferos fósiles obligó a Cuvier a anunciar, en 1796, la existencia de un mundo anterior al nuestro, destruido por catástrofes, de modo que los vestigios sepultados en la

---

[8] La anatomía comparada obtuvo consecuencias prácticas satisfactorias, pues le permitió a Cuvier reconstruir y nombrar, por ejemplo, a esa *gran bestia* hallada en 1787 por el fray Manuel Torres en la ribera del río Luján (Provincia de Buenos Aires), enviada al año siguiente al *Real Gabinete de Historia Natural de Madrid* e ilustrada por Juan Bautista Bru. En 1796, Cuvier la llamaba: *Megatherium americanum*. Según Este se constituyó en un hallazgo muy peculiar debido a que, pese a que el organismo se encontraba en un estado casi completo y a que Cuvier reconoce la complementariedad de partes, no las aplica exactamente a la taxonomía o sistemática de los restos, por lo que emplea universales comparados que, sin embargo, no le ofrecen una clasificación *inequívoca* o determinista.

tierra debían ser considerados como *antediluvianos*[9] [10], denominación que introducía en el debate el problema acerca del ser humano fósil:

> En una formulación prudente, Cuvier opuso una decidida resistencia a la existencia del hombre fósil. "No hay huesos humanos fósiles", escribió en 1812, una afirmación que se repitió constantemente en las distintas ediciones del *Discours sur les révolutions de la Surface du globe* (Cuvier, 1830:135). "Digo, precisó, que nunca se han encontrado huesos humanos entre los fósiles, es decir, en las capas regulares de la superficie del globo; porque en las ciénagas, en los depósitos aluviales, tanto como en los cementerios se pueden desenterrar huesos humanos, de caballos u otras especies vulgares, como también se pueden encontrar en hendiduras de la roca, en grutas o cuevas, y la estalactita se amontona sobre ellos. Pero, en los lechos que albergan las razas antiguas, entre los paleoterios, e incluso entre

---

[9] En una expedición auspiciada por el *Musée d'Histoire Naturelle*, Alcide d'Orbigny, discípulo de Cuvier, llegaba en 1926 a Sudamérica. Pese a no visitar personalmente la formación pampeana, adhería al informe que le solicitara a un testigo de su confianza, Narciso Parchappe:

> D'Orbigny no dudaría en leer los fenómenos de la corteza terrestre sudamericana con el mapa geológico de Élie de Beaumont y Dufrénoy. De esa manera, los bañados de Corrientes constituían un elemento de prueba más del carácter Terciario de los terrenos de esa zona. En los depósitos Terciarios d'Orbigny distinguió tres terrenos diferentes, pertenecientes a tres épocas sucesivas: terreno guaranítico (capas inferiores sin restos orgánicos), terreno patagónico (capas medias, de origen marino, con moluscos de especies extinguidas) y el limo pampeano (capa superior, con restos de mamíferos extinguidos) (…) D'Orbigny abogaría por acontecimientos "catastróficos" que modifican la distribución de las especies, no implicando con ello la necesidad de extinción generalizada. Siguiendo las ideas de Élie de Beaumont, el movimiento súbito del cauce marino habría inundado el continente y ahogado a los animales terrestres. Esa gran catástrofe habría sido la causante de la ausencia de estratificación de la Formación Pampeana (Podgorny, 2008, p.88).

Al intentar sistematizar el catastrofismo, D'Orbigny llegaba a la conclusión de que había habido 27 creaciones sucesivas.

[10] Cuvier mismo rechazó, en 1823, la edad antediluviana atribuida por Boué a un esqueleto hallado entre restos fósiles de mamíferos en la base loéssica de Lahr (cerca de Estrasburgo).

los elefantes y los rinocerontes, nunca se ha descubierto un solo hueso humano (*Ibid.*: 135-136). "Todo nos lleva pues a creer, concluye con cautela, que la especie humana no existía en los países donde se descubrieron los huesos fósiles, en la época de las revoluciones que enterraron estos huesos; porque no habría razón para que escapara enteramente de tales catástrofes generales, y para que sus restos no se encuentren hoy como los de otros animales" (*Ibid.*: 2142-143) (Laurent, 1989, p.109).

La reconstrucción del pasado de la vida en la tierra, a partir de la anatomía comparada cuveriana, implicaba la invariabilidad de las formas y, por tanto, la exclusión de toda forma de evolución orgánica: "Nunca pueden evolucionar nuevas especies a partir de las ya existentes" (Larson, 2007, p.38). Pero, pese a haberse convertido en una autoridad epistémica, la propuesta de Cuvier recibía críticas.

c) *El transformismo de Jean-Baptiste Lamarck*: el trabajo de Cuvier era sucedáneo a las investigaciones, también desde el *Musée*... de Lamarck, cuya teoría puede comprenderse como una exploración de la *scala naturae* clásica, a la vez que los niveles de complejidad y los grados de parentesco entre los organismos eran resultantes de cambios históricos en el tiempo: el *método naturalista* intentaba comprender la clasificación de los seres vivos, con independencia de la existencia de un Dios creador: "En sus técnicas de clasificación, Lamarck adoptó perspectivas de Linneo y Buffon, brindando con ello, a los especialistas en historia natural, un instrumento más satisfactorio" (Jordanova, 1990, p.33): una nomenclatura binaria a partir de la diferenciación sexual, así como un escepticismo con respecto al carácter artificial de los sistemas de clasificación[11]: "La ciencia natural

---

[11] Lamarck subordina la agrupación de especies a partir de la oposición de caracteres, en tanto propone una defensa pública de su método, apostando a que toda persona con una mínima instrucción podía clasificar plantas; la prueba se realizó en la Escuela de Botánica del *Musée*... y "con la ayuda ocasional de un desconocido Lamarck ganó esa prueba, que, hasta entonces, con los sistemas antiguos, sólo era del dominio de los especialistas" (Miranda, 1959, p.98). El éxito de la demostración resultó en la publicación en la imprenta real de *Flora francesa* (1778), bajo la

debe cimentarse, pensaba Lamarck, sobre leyes derivadas de fenómenos físicos observables" (Jordanova, 1990, p.34).

Lamarck desconfiaba de las partes anatómicas externas en contacto con el medio para establecer clasificaciones, atribuyéndole mayor relevancia a la organización interna, criterio que fuera empleado, desde entonces, por los naturalistas posteriores. El transformismo se fundamentaba en el carácter constante del cambio y en el desarrollo gradual –unas de otras– de las formas orgánicas, de tal que interpretara que la naturaleza produce seres cada vez más complejos: la formulación de series permitía advertir la cadena de complejidad creciente y decreciente de la naturaleza (*Cfr*. Lamarck, 1986, p.105): "La meta definitiva de Lamarck era comprender el plan seguido por la naturaleza y, en consecuencia, descubrir las leyes naturales uniformes y constantes" (Jordanova, 1990, p.108). La herencia de los caracteres adquiridos, en un esquema de cambio constante tendiente a grados mayores de complejidad, implicaba la adaptación como un fenómeno empírico integrado a la naturaleza de los organismos:

> Los estudios de *Filosofía zoológica* eran impresionantes por la amplitud de su alcance, pues abarcaban la naturaleza de la materia y de la vida, el papel de los fluidos en los cuerpos vivos y los inertes, y la distribución y clasificación de animales. Lamarck subraya continuamente que la naturaleza se toma su tiempo en sus producciones, y era incapaz de hacer las cosas de golpe; predicó el transformismo mediante un sistema por el que la complejidad crecía mediante agregados partiendo de una base sencilla. (Jordanova, 1990, p.119).

Lamarck trabajó en clasificación de plantas, labor habitual de los naturalistas modernos, a la vez que se dedicó al estudio de moluscos y crustáceos, específicamente, de conchas fósiles[12]. Pero, a diferencia de

---

protección de Buffon.

[12] La elección del objeto de estudio estuvo subordinada a necesidades políticas, pues al momento de designarse los catedráticos de zoología del *Museé...*, los zoólogos

Cuvier, creía que el pasado de la vida en la tierra no estaba signado por eventos catastróficos, pues "Desde su punto de vista, que descansaba sobre la creencia de que las leyes naturales actuaban lenta, regular y gradualmente -manteniendo a la naturaleza en un estado de equilibrio- las revoluciones súbitas en el orden natural eran inherentemente imposibles" (Jordanova, 1990, p.57). Fue precisamente ese trabajo de Lamarck con conchas fósiles, iniciado en 1790, lo que le llevó a proponer, en *Hydrogéologie* (1802), que los cambios producidos en la Tierra habían de ser leídos según la lentitud con la que acontecen. En *Système des animaux sans vertèbres* (1801), *Recherches sur l'organisation des corps vivans* (1802), y, especialmente, en *Philosophie zoologique, ou, Exposition des considérations relative à l'histoire naturelle des animaux* (1809), presentaba una nueva clasificación del reino animal fundamentada en el transformismo. *Histoire naturelle des animaux sans vertèbres présentant les caractères généraux et particuliers de ces animaux, leur distribution, leurs genres, et la citation des principales espèces qui s'y rapportent*, (1812-1815) constituye uno de los aportes más significativos al estudio de los invertebrados, al establecer que los organismos fósiles se diferenciaban de los actuales por efecto de la transformación orgánica y de las condiciones ambientales[13]. Lamarck

---

posibles no eran admisibles en función de las circunstancias, por lo que Geoffroy Saint-Hilaire, que había estudiado minerología, se hizo cargo de los vertebrados, y Lamarck, con sus antecedentes en la clasificación de la flora francesa "tuvo que aceptar ese conglomerado amorfo, ese caos, ese océanos sin orillas, que era el mundo de los invertebrados" (Miranda, 1959, p.103)

[13] El catastrofismo de Cuvier y el transformismo encontraron en los animales momificados obtenidos por la expedición de Napoleón en Egipto, una posibilidad de contrastar sus posiciones: "Al examinárselos, se descubrió que eran morfológicamente idénticos a los especímenes vivos. Lamarck afirmó que eso era exactamente lo que él había esperado, tomando en cuenta que las condiciones ambientales habían permanecido constantes, y que cuatro mil años eran un lapso breve respecto a la historia de la tierra. Otros, los partidarios de la extinción, llegaron a la conclusión contraria. En esos cuatro mil años no habían ocurrido cambios porque las especies eran inmutables, incapaces de experimentar la transformación que Lamarck tenía en mente" (Jordanova, 1990, p.59)

distinguía, así, entre el orden de lo inerte y de lo vivo[14] y establecía, a su vez, la división entre animales con columna vertebral e invertebrados (moluscos, crustáceos, arácnidos, insectos, gusanos, radiados y pólipos), suponiendo un incremento gradual de complejidad. En este sentido, empleaba a los seres humanos como norma o medida para establecer una clasificación que exhibiera la degradación de la naturaleza hasta las formas más sencillas: el origen de la vida se debía a *generación espontánea* y los organismos se hallaban sujetos a cuatro leyes:

I.   La vida, por sus propias fuerzas, tiende continuamente a aumentar el volumen de todos los cuerpos que la poseen, a extender las dimensiones de sus partes, hasta el límite que le es propio.

II.   La producción de un nuevo órgano en un cuerpo animal resulta de una nueva necesidad, que se hace sentir de manera continua, y de un nuevo movimiento que crea y conserva esa necesidad.

III. El desarrollo de los órganos y su fuerza de acción resultan constantemente del empleo de esos órganos.

IV.   Todo lo que se ha adquirido, trazado o modificado en la organización de los individuos, durante el curso de su vida, es conservado por la generación y transmitido a los nuevos individuos que provienen de quienes han ensayado esos cambios.

Es la tercera ley la que presuponía el mecanismo del uso-desuso para explicar la modificación de los organismos a partir del hábito - *les habitudes forment une seconde nature* (Lamarck, 1809, p.236), lo

---

[14] Desde esta perspectiva, los "compuestos" que carecen de vida tienden hacia la destrucción, mientras que los seres vivos, por asimilación de su propia substancia, pueden evadirse temporariamente de esa tendencia destructora. Pero: "Hacia el final de su propia existencia esta contraposición aparece como bajo el control de un 'modo de acción', de origen puramente físico, que es característico de la vida misma (…) Todos los movimientos que ejecutan los seres vivos se deben a una causa fundamental: el calor" (Miranda, 1959, p.116)

que permitía constituir respuestas adaptativas a necesidades, impulsos o estímulos: el uso-desuso formó parte de las explicaciones del cambio biológico hasta fines del siglo XIX[15], así como la herencia de los caracteres adquiridos, un mecanismo explicativo del cambio integrado a la naturaleza de los organismos.

En la sesión inaugural del curso sobre invertebrados en el *Musée...* del año 1800, Lamarck proponía la teoría sobre la mutabilidad de las especies, la que se cristalizaría en *Philosophie zoologique ou exposition des considérations relatives à l'histoire naturelle des animaux,* de 1809 : "Su teoría descansaba en las proposiciones siguientes: nada es constante en la naturaleza; las formas orgánicas se desarrollan gradualmente unas de otras, y no se las creó ya en su forma presente; todas las ciencias naturales deben reconocer que la naturaleza tiene historia, y que las leyes que rigen a los seres vivos han ido produciendo formas cada vez más complejas durante períodos inmensos" (Jordanova 1990, p.105). La filosofía de Lamarck ponía en entredicho las clasificaciones de Linneo y de Cuvier, debido a que indicaba un sitio de relevancia para el medio ambiente como modelador de las modificaciones constantes de las especies, fijadas a partir de la herencia: "Este punto es crucial. Si ello era cierto, toda la ciencia debía reverse. Cuvier, como jefe de la escuela fijista, consideró las conclusiones de su colega del *Jardin des Plantes* como una especie de injuria personal, especialmente cuando Lamarck explicaba el *philum* humano como resultado de la evolución de los simios superiores a través de los hombres fósiles" (Márquez Miranda, 1959, p.125).

Lamarck murió el 18 de diciembre de 1829. Al año siguiente, en la *Académie des sciences* de París, Cuvier y Étienne Geoffroy protagonizarían una disputa[16] sobre la forma-función de los organismos, con fundamento en la distinción entre "analogía" y

---

[15] Es preciso subrayar que el uso-desuso constituía una ley independiente, irreductible a las otras y, en particular, a la concepción subyacente de cambio constante de las especies.

[16] Sucedidas el 15 de febrero y 19 de junio de 1830 en la *Académie des sciences*.

"homología". Cuvier postulaba, como se ha dicho, un abordaje funcionalista sostenido en las *condiciones de existencia, correlación de partes* y *subordinación de caracteres:* "Para que la anatomía deductiva supuesta en la paleontología cuvieriana fuese posible, era necesario pensar que las estructuras y funciones del organismo se articulan y determinan las unas con las otras en virtud de una necesidad sistémica interna y relativamente autónoma en relación a los avatares del ambiente" (Caponi 2004, p.242). La relación de estructura entre organismos actuales y extintos se debía, con esto, a la existencia de funciones similares, explicadas a partir de analogías funcionales.

Geoffroy de Saint-Hilaire (1807, 1998), por su parte, indicaba que los seres vivos se habían conformado con los mismos materiales, por lo que debía elucidarse una perspectiva formalista a partir de la cual inferir una *unidad de composición orgánica*. Así también, el *principio de conexión de las partes* conducía a explicar las transformaciones funcionales de las partes, a partir de un modelo arquetípico invariable:

> En 1807, Geoffroy anuncia la puesta en marcha de un nuevo programa de investigación en anatomía comparada, al cual llama "anatomía filosófica" (Appel 1987). Dicho programa tendría como objetivo determinar las analogías en todos los animales, siguiendo el principio de conexión de las partes, principalmente en el desarrollo embrionario, ya que el feto sirve como una guía bastante fiable para su determinación en los adultos. La idea era que todos los vertebrados deberían estar formados a partir del mismo plan, el cual pudiera seguirse en todos los vertebrados, desde mamíferos hasta peces (Ochoa, 2009, p.44).

La existencia de un modelo que explicara la *unidad de composición* era suficiente para indicar la semejanza morfológica de los organismos acorde a la noción de *homología*, pues, esto implicaba un origen formal común en todos los animales que compartieran estructuran similares. La rivalidad entre Cuvier y Geoffroy fue relevante para la interpretación darwinista de la *homología* como categoría explicativa de la identidad de estructuras en organismos diferentes, derivados de un ancestro común; en tanto, el término *analogía* señalaba la similitud de formas debido a un origen funcional común. De acuerdo con ello, "Darwin tomó una visión funcionalista, en la cual las estructuras son susceptibles de modificación por la selección natural" (Ochoa, 2009, p.38). Geoffroy mostró afinidades con la idea por la cual la anatomía comparada permitiría demostrar, por unidad de composición, que los organismos del reino animal eran modificaciones de un modelo anatómico simple.

El 13 de mayo de 1832 fallecía Cuvier, antes de poder leer un ofensivo panegírico en la *Académie...*, que fuera finalmente publicado el 26 de noviembre de ese mismo año. Si bien Cuvier elogiaba la taxonomía de Lamarck, rechazaba el transformismo por carecer de base empírica: "Cuvier intentaba que su 'panegírico' de Lamarck fuera una advertencia para quienes deseaban permitirse la especulación científica en cuestiones tales como la mutabilidad de las especies. Se ha sugerido que su blanco real era Étienne Geoffroy Saint-Hilaire, quien simpatizaba con las ideas de Lamarck, compartía muchos de sus puntos de vista y creía en la posibilidad del cambio evolutivo como resultado de cambios ambientales directos y súbitos, que actuaban sobre el desarrollo fetal" (Jordanova, 1990, p.146). La crítica de Cuvier determinó la recepción de Lamarck en Lyell[17]: meses después de la polémica con Geoffroy "y cuando Cuvier podía regocijarse de haber dado un golpe que inutilizaba por largo tiempo a sus adversarios" (Márquez Miranda, 1959, p.138), eran publicados los *Principles of Geology* (1830), en los que el catastrofismo cuveriano era rechazado, en igual medida que la variabilidad de las especies.

---

[17] Lyell (1830-33), indicaba: "Debo interrumpir aquí el argumento del autor, observando que no se cita ningún hecho positivo para ejemplificar la sustitución de algún sentido, facultad u órgano completamente nuevo, en lugar de algún otro suprimido como inútil. Todos los ejemplos aducidos sirven únicamente para probar que las dimensiones y la fuerza de los miembros y la perfección de ciertos atributos pueden, en una larga sucesión de generaciones, disminuir y debilitarse por el desuso; o, por el contrario, ser madurado y aumentado por el esfuerzo activo (p.571).

d) *El uniformismo actualista de Lyell*: según Bonney (1895), en 1827, las ideas que el geólogo escocés publicaría en *The Principles*... ya se encontraban preconfiguradas, tiempo atrás. En efecto, Lyell le escribía al Dr. Gideon A. Mantell (cirujano, residente en Lewes):

> que ha estado leyendo a Lamarck, y que no le convencen las teorías de este autor sobre el desarrollo de las especies, 'que demostrarían que los hombres pueden proceder del orangután', aunque admite lo siguiente: "Después de todo, ¡qué cambios puede sufrir realmente una especie! ¡Qué imposible será distinguir y establecer una línea, más allá de la cual algunas de las llamadas especies extinguidas nunca han pasado a las recientes!" La siguiente frase es significativa: "Que la tierra es tan antigua como él [Lamarck] supone, ha sido durante mucho tiempo mi creencia, y trataré antes de que pasen seis meses de convertir a los lectores de la revista *Quarterly* a esta opinión heterodoxa". Unas líneas más adelante vienen algunas frases que indican que la idea principal de los "Principios" flotaba ya en su mente. "Voy a escribir para confirmar que las causas del pasado han sido las mismas que las actuales, y para demostrar que las plantas y los animales que sabemos que se conservan no son los mismos que antes" (Bonney, 1895, p.31).

El uniformismo [18] de Lyell (1830, p.71) presuponía la posibilidad de comparar los estratos geológicos actuales respecto de aquellos sepultados en el "tiempo profundo" de James Hutton (1789), de lo que se infería, también, que los organismos actuales habían de guardar alguna cierta relación de analogía (funcional o estructural) con los vestigios fósiles: *el presente, se convertía en la clave para*

---

[18] Hacía referencia a la teoría propuesta por James Hutton, que el 7 de Marzo y el 4 de Abril de 1785 leía en la *Royal Sociey of Edimburgo* la disertación sobre el *Sistema de la Tierra, su duración y estabilidad*: "Si esta parte de la tierra que ahora habitamos se ha producido, en el curso del tiempo, de una tierra anterior, en el examen de nuestra tierra deberíamos encontrar datos a partir de los cuales razonar sobre la naturaleza de ese mundo, el cual había existido durante el período de tiempo en el que se estaba formando la tierra actual" (Hutton, 1789, p.155). Hutton concluye en que el tiempo de formación de la Tierra pasada, actual y futura, es indefinido.

51

comprender el pasado. Lyell rechazaba la transformación gradual lamarckiana debido a la inconsistencia manifiesta del principio de continuidad en la "Gran Cadena del Ser":

> Cuando se supuso que todos los órdenes superiores de plantas y animales eran comparativamente modernos, y que se habían derivado en una larga serie de generaciones de aquellos de conformación más simple, se hizo indispensable alguna hipótesis adicional, para explicar por qué, después de un lapso indefinido de edades, había todavía tantos seres de la estructura más simple. ¿Por qué la mayoría de las criaturas existentes han permanecido estacionarias a lo largo de esta larga sucesión de épocas, mientras que otras han hecho avances tan prodigiosos? ¿Por qué hay tanta multitud de infusorios y pólipos, o de confervas y otras plantas criptogámicas? ¿Por qué, además, el proceso de desarrollo ha actuado con una fuerza tan desigual e irregular sobre aquellas clases de seres que han sido grandemente perfeccionados, de modo que hay grandes abismos en la serie; brechas tan enormes, que Lamarck admite con justicia que nunca podemos esperar llenarlas con descubrimientos futuros? (Lyell, 1830, p.574).

¿Cómo podía explicarse la transformación de un pequeño cuerpo gelatinoso en un roble o en un mono "pasando de inmediato al último gran paso en el esquema progresivo, por el cual el orangután, habiendo ya evolucionado a partir de una mónada, lentamente alcanza los atributos y la dignidad del hombre"? (Lyell, 1830, p.575). Las diferencias de Lyell con Lamarck no impedirían que su enfoque geológico contribuyera al desarrollo de la propuesta evolucionista, pues, cuando el 27 de diciembre de 1831 Charles Darwin zarpaba en el HMS Beagle, llevaba consigo los *Principles...* de Lyell, con quien trabaría una amistad a su regreso.

El viaje duró alrededor de 5 años, en los que Darwin quedó, según afirma, impresionado vivamente por "la observación de ciertos hechos referentes a la distribución de la población nativa de América del Sur y, en particular, por las relaciones geológicas existentes entre la fauna actual y la extinguida de aquel continente" (Darwin, 2007, p.5). La referencia a la distribución geográfica de las especies era significativa, ya que remitía directamente a los trabajos de Alfred Wallace sobre la biogeografía del archipiélago malayo. En efecto, en su autobiografía, Wallace indicaba haber pensado en la idea de la selección natural en un estado febril en la isla de Ternate, en donde había recordado la obra de Malthus (1798) acerca de la incidencia de eventos de crisis para el crecimiento de la población humana. Wallace se convencía de haber hallado la ley que explicaba el origen de las especies, interrogándose sobre las deficiencias de la teoría de Lamarck. En febrero de 1858, tras una extensa correspondencia, le remitía a Darwin un ensayo titulado *On the tendency of Varieties to Depart Indefinetely From the Original Type*, solicitándole una revisión para, entonces, enviárselo a Lyell. Darwin quedó asombrado por la similitud de sus ideas con las de Wallace y discutió con Lyell y Hooker sobre la prioridad en la autoría. Finalmente, decidieron presentar, el 1 de julio de 1858, en la *Linnean Society,* extractos de un ensayo de Darwin escrito en 1847 a Hooker, otra carta a Asa Gray de 1857 y el ensayo de Wallace, éste último en forma inconsulta. En 1859, Darwin publicaría *On the Origin of Species by Means of Natural Selection, or the Preservation of Favoured Races in the Struggle for Life*[19].

---

[19] Al año siguiente, el obispo Samuel Wilberforce "provocó un auténtico escándalo, pero sirvió para sentar el derecho del darwinismo a ser considerado con seriedad" (Ochoa, 2017, p.12).

A1.2. Reconstrucción de la teoría de la selección natural darwinista

La teoría de la selección natural ha sido reconstruida por Kitcher (1981, 1993), Skipper *et al.* (2005), Brandon (1990), Endler (1986), Tuomi (1979, 1981) y Sober (1993), entre otros, tanto desde exégesis históricas como ahistóricas. En este Apartado, se pretende señalar la reconstrucción de la teoría de la selección natural, a partir de la elucidación conceptual practicada por Ginnobili (2018) y los trabajos de Tuomi (1979, 1981).

A1.2.1. Reconstrucción de Ginnobili (2018)

La reconstrucción de la teoría de la evolución darwiniana propuesta por Ginnobili (2018) se remite a la frase que abre el capítulo final de OOS, en el que Darwin afirma que el libro se trata de "una sola y larga argumentación" (Darwin, 2022, p.434)[20], sin que se detecte en forma explícita el *explanandum* (Gould, 2004, p.82): "Es posible encontrar en la literatura acerca de la selección natural un desacuerdo importante con respecto a su naturaleza; para algunos reviste un carácter narrativo o histórico, para otros no. También existe un desacuerdo importante sobre qué es lo que esta teoría pretende explicar" (Ginnobili, 2014, p.23). Tuomi (1979, 1981), indica que, la inexactitud de los argumentos de Darwin sobre la selección natural llevó a varias interpretaciones, entre ellas, la de Simpson (1953), para quien:

> el concepto darwiniano original de la selección es que entre todos los individuos producidos en la naturaleza algunos mueren antes mientras que otros sobreviven más tiempo, y la selección natural opera por medio de la mortalidad diferencial. Huxley (1963) ha

---

[20] La cita textual es: "Como toda esta obra es una larga argumentación, puede ser conveniente para el lector tener brevemente recapitulados los hechos y las deducciones principales. No niego que puedan hacerse muchas y graves objeciones a la teoría de la descendencia con modificación por medio de la variación y de la selección natural… (Darwin, 2022, p.434).

sugerido la misma interpretación de la "selección darwiniana". Afirmó que esta "selección darwiniana" producirá cambios evolutivos porque la mayoría de los individuos que sobreviven hasta la madurez dejarán descendencia y porque gran parte de la varianza fenotípica que promueve la supervivencia tiene una base genética (Tuomi, 1981, p.26).

Ginnobili (2018) indica, por tanto, que la teoría de la selección natural se ofrecía como mecanismo evolutivo, en una época en que, sin embargo, Darwin disponía de numerosas explicaciones sobre la transformación de los seres vivos: "Darwin había propuesto a la selección natural, no como el único, pero sí como el principal agente causal de ese proceso. Pero muchos naturalistas no se convencieron de esa preeminencia de la selección natural; y menos todavía de su posible suficiencia. Así, sin cuestionar la tesis de la filiación común, no pocos de ellos comenzaron a postular otros factores de cambio y divergencia" (Caponi, 2017, p.36). Buffetaut (1998, p.83), señala que la comunidad de naturalistas evolucionistas era ecléctica y pluralista con respecto a los mecanismos evolutivos; en efecto, "Darwin mantuvo el argumento lamarckiano que sostenía que la estructura sobrevivía o se deterioraba a través del uso o el desuso y que los caracteres adquiridos de esta manera podrían ser heredados. Como mecanismo novedoso propuso una alternativa más aceptable, la selección natural" (Onaha 2018, p.415). Ginnobili (2018) subraya que el evolucionismo darwinista empleaba el hábito, uso-desuso o la herencia de caracteres adquiridos como mecanismos para explicar las *adecuaciones* de los organismos al medio ambiente y a la selección natural como causa de adquisición en los organismos de "perfección de estructura y coadaptación" (Darwin, 2007, p.7). En este sentido, Darwin:

y otros naturalistas conocían diversos mecanismos evolutivos. Sin embargo, ninguno tenía la capacidad de explicar la amplitud de las adecuaciones de los organismos al ambiente. El uso y el desuso podrá, según Darwin, dar cuenta de algunas, pero no de todas. La referencia a la inutilidad del hábito para explicar las adecuaciones del muérdago con otros seres vivos es justamente una muestra de los límites del uso y desuso en conjunto con la herencia de caracteres adquiridos para comprender el origen de todas las adecuaciones (Ginnobili, 2018, p.28).

Ginnobili (2018) distingue entre los términos *adaptación* y *adecuación* para explicar la diferencia entre lo que los mecanismos evolutivos intentan explicar:

Propongo retener "adaptación" y el correspondiente adjetivo "adaptado" para los rasgos cuya presencia en una población se debe a la selección natural, y "adecuación" y su adjetivo "adecuado" para lo que se pretende explicar con la selección natural. Es decir, una *adecuación* es un rasgo ajustado al ambiente de un modo que más adelante se tratará de explicar. Decir que cierto rasgo es una adaptación implica que se ha desarrollado por selección natural. Puede ser que ambos conceptos tengan la misma extensión, tan como sostienen algunos (Dawkins, 1983), pero incluso si así fuera, esto no implicaría que sean el mismo concepto. De hecho, como vimos, si bien Darwin consideraba la selección natural como el mecanismo más importante, también aceptaba otros, como el uso y el desuso en conjunto con la herencia de los caracteres adquiridos. Es decir, en desacuerdo con Richard Dawkins, no toda *adecuación* constituía para él una *adaptación* (Ginnobili, 2018, p.29).

Darwin disponía, por tanto, de diversos mecanismos evolutivos, pero requería de uno que explicara la "perfección de estructura y de coadaptación", tornándose en el principal "por la extensión del fenómeno de la adecuación en el ámbito de la naturaleza" (Ginnobili, 2010, p.23). La distinción establecida por Ginnobili (2010, 2018) sugiere que las *adecuaciones* (ADE) son susceptibles de caracterizarse en forma independiente a la teoría de la evolución por selección natural, mientras que las *adaptaciones* (ADA) constituyen términos teóricos de la teoría darwiniana: "Las adecuaciones ... se podrían caracterizar de manera independiente de la teoría de la selección natural" (Ginnobili, 2018, p.31)[21].

La deliberación comunitaria entre ADA y ADE constituirá parte sustantiva del estado de consenso-disenso equiprimordial (*Cfr.* Bernstein, 2013, p.129) que caracteriza a la fase 1 de Tuomi (1979, 1981), en el marco de la *yuxtaposición* de controversias respecto de los mecanismos evolutivos, así como de los compromisos instrumentales y metodológicos que contribuirían a reconstruir el árbol de la vida, a partir de la *unidad de tipo por filiación común* (UTFC) como orientación programática.

A1.2.2. Reconstrucción de Tuomi (1979, 1981)

Según Onaha y Etchegoyen (2008), Tuomi (1979) propone un modelo dinámico de niveles múltiples para interpretar "las relaciones entre el Principio de la Selección Natural y los demás componentes de la

---

[21] Ginnobili *et al.* (2017) indica, además, las dificultadas planteadas por Popper (1957) en torno a la posibilidad de estructurar leyes científicas en biología evolutiva, como consecuencia del carácter histórico-contingente de los eventos irrepetibles y únicos que constituyen el curso metamórfico de las especies. Por este motivo, distingue entre:

a) La teoría de la selección natural histórica, que describe "a la selección natural como un proceso que involucra muchas generaciones, con el objetivo de explicar el origen de las adaptaciones, es decir, para explicar cómo ciertas poblaciones de organismos han adquirido rasgos altamente especializados, que les permiten sobrevivir y reproducirse de manera altamente efectiva en el ambiente en el que viven (Ginnobili *et al.* 2017, p.44).

b) La teoría de la selección natural ahistórica, presentada a partir de una ley o principio fundamental "que afirma que las diferencias en la posesión de un cierto rasgo llevan a diferencias en el éxito reproductivo de sus organismos poseedores" (Ginnobili *et al.* 2017, p.45).

Las explicaciones históricas (que involucran a muchas generaciones) incluyen en su núcleo el principio elucidado por el abordaje ahistórico (que incluye sólo a dos generaciones), de modo tal que la fijación de los rasgos adaptativos es explicada por las diferencias en el éxito reproductivo a lo largo de muchas generaciones: "De este modo, tanto el *explanandum* como el *explanans* de las explicaciones selectivas ahistóricas son parte del *explanans* de las explicaciones adaptativas históricas" (Ginnobili *et al.* 2017, p.45).

Teoría de la evolución darwiniana" (Onaha y Etchegoyen, 2008: 418). Este modelo involucra:

a) El *modelo reticulado* de Beckner (1968), Ruse (1973) y Caplan (1978), que supone el carácter complejo y flexible de la teoría darwiniana, conformada por subteorías interconectadas lógicamente, con posibilidad de contrastación parcial: "La teoría Darwiniana cubre el dominio general de la Biología. La Biología evolutiva se divide en diferentes subdominios o ramas (genética de poblaciones, paleontología, y otros.) Y así la teoría Darwiniana se divide en subteorías. Las subteorías cubren uno de los varios dominios de la realidad biológica y resumen aquellas teorías específicas y modelos teóricos relacionados con estos dominios" (Onaha 2018, p.419). De esta manera, el modelo se constituye, en términos deductivo-inferenciales, a partir de:

   I.   Una *metateoría* (*Tg*: la selección natural), entendiéndose como la abstracción fundamental de la teoría darwiniana (Tuomi, 1981, p.23)

   II.   *Subteorías* (*ST*: correlacionadas a dominios de la realidad biológica), pues, "la división de la biología en diferentes ramas da lugar a la división de la teoría darwiniana en diferentes subteorías. Una subteoría abarca uno o varios dominios de la realidad biológica y resume aquellas teorías y modelos teóricos específicos relativos a estos dominios" (Tuomi, 1981, p.24)

   III.   Un *nivel empírico de contrastación* (*E*), con relación inductiva respecto de los elementos de orden superior.

b) El modelo *jerárquico de niveles múltiples*, de Tuomi (1979), en el que:

   I.   La *metateoría* (*Tg*: selección natural individual y de grupo) puede relacionarse con supuestos auxiliares, que contribuyen a formular:

   II.   *Teorías específicas* (*Ts*) del cambio evolutivo (por ejemplo, *Tg.*, y la genética mendeliana): "Más adelante, la estructura teórica, que consiste en una teoría específica y los modelos teóricos que descienden de esa teoría específica, se denomina programa de investigación (véase también Lakatos, 1970; Popper, 1974)" (Tuomi, 1981, p.24).

III.   Los *modelos teóricos* (*M*) constituyen derivaciones de *Ts*, por introducción de supuestos auxiliares: "Estos modelos generan predicciones y evalúan las consecuencias de teorías específicas alternativas. Estos modelos afirman que una clase determinada de cambio ocurre cuando condiciones específicas (por ejemplo, de variación, herencia, ambiente) asumidos por los modelos prevalecen en el nivel empírico. Estas afirmaciones son las predicciones de los modelos" (Onaha, 2018, p.421). Tuomi (1979, 1981) los considera simulaciones de cambios evolutivos hipotéticos, que contribuyen a formular predicciones y prueban lógicamente las consecuencias de las teorías específicas:

> En principio, estas simulaciones teóricas son (o, al menos, deberían ser) repetibles a nivel empírico. Los modelos afirman que un tipo específico de cambio tiene lugar cuando las condiciones específicas (de variación, herencia y/o entorno) presupuestas por los modelos prevalecen a nivel empírico. Estas afirmaciones son las predicciones o las implicaciones de prueba de los modelos. El tipo de resultado predicho debería ser también el resultado en los experimentos de laboratorio y en las poblaciones naturales cuando las condiciones empíricas satisfacen las condiciones teóricas presupuestas por los modelos (Tuomi, 1981, p.24).

c) El *modelo dinámico de niveles múltiples* co-implica a los dos modelos anteriores, por lo que supone el carácter reticular y jerárquico de la teoría darwiniana y asume que hay diferentes teorías específicas del cambio evolutivo en competencia, lo que puede relacionarse con los Cortes R y S de Gould (2004, p.42): "La principal ventaja del modelo es su carácter comprensivo de la evolución biológica. Esto es, sirve como base para sintetizar las ideas y teorías evolutivas diferentes dentro de la misma estructura teórica" (Onaha, 2018, p.422)

En este caso, el principio de la selección natural (PSN) opera también como *metateoría*, *M1* constituyen *teorías específicas*, *M1js* son los *modelos*, *P1j*, las *predicciones* y *E*, la *experiencia*. Con Colless (1969), Tuomi (1979, 1981) indica que la metateoría *per se* no predice ni explica ningún fenómeno evolutivo, pues, pese a que "la afirmación de la evolución por selección natural implica que ciertas filogenias desconocidas son ciertas. Esta afirmación no es suficiente para predecir que dos especies concretas han tenido el mismo ancestro. Las filogenias específicas sólo pueden construirse cuando la metateoría está lógicamente vinculada con información específica sobre la similitud interespecífica de las especies y con otra información empírica" (Tuomi, 1981, p.25). De esta suerte, la capacidad predictiva de la teoría de la selección natural se sostiene en la contrastación empírica de los supuestos auxiliares y en los modelos teóricos, que relacionan la lógica de la metateoría con los supuestos específicos. El carácter dinámico del modelo de Tuomi (1979, 1981) obedece a la posibilidad que éste ofrece de identificar distintas fases de desarrollo histórico de la teoría, las que pueden yuxtaponerse temporalmente:

I.   Consiste en la formulación de la abstracción metateórica, a partir de la síntesis de observaciones empíricas y conjunción de ideas teóricas.

II.   Se refiere a la deducción de implicaciones lógicas de la metateoría, con la introducción de supuestos auxiliares y formulación de teorías específicas, que contribuyen a la división del estudio de la teoría a partir de diferentes programas de investigación: "El papel que asume un programa de investigación depende de los supuestos auxiliares específicos que presupone la teoría específica correspondiente. Dependiendo de los supuestos auxiliares, las teorías específicas pueden generar diferentes implicaciones teóricas y empíricas, aunque se basen lógicamente en el mismo marco metateórico" (Tuomi, 1981, p.26)

III. Se caracteriza por el análisis teórico de las consecuencias de las distintas teorías específicas a partir de la formulación de modelos teóricos, así como por la contrastación empírica de estos:

> Durante esta fase, el interés del estudio se centra en los problemas evolutivos específicos y la metateoría sólo tiene una importancia secundaria para la teorización. Más importante es la teoría específica y los supuestos específicos que presuponen la teoría específica y los modelos teóricos. La teoría específica actúa como paradigma de un programa de investigación a la hora de formular modelos teóricos. Por ello, la estructura jerárquica idealizada de la teoría darwiniana descrita anteriormente (…) no se realiza en su totalidad. En la segunda fase, la estructura jerárquica se extiende desde el nivel metateórico hasta las teorías específicas y durante la tercera fase se extiende de la teoría específica a los modelos teóricos en cada programa de investigación exitoso (Tuomi, 1981, p.26).

IV. Es la formulación de síntesis entre distintos programas de investigación, aplicados al estudio de diferentes dominios de la biología evolutiva, por lo que la estructura de la teoría, que en las fases 1-3 era jerárquica, ahora se torna reticulada.

V. Hace referencia a la comparación de las subsíntesis intraparadigmáticas de los diferentes programas de investigación: "El resultado de la comparación puede ser una síntesis general de la teoría darwiniana que puede provocar una revisión de la abstracción metateórica, que lleve a una revisión de los niveles teóricos inferiores. El punto más importante es que la teoría sintética es principalmente una subsíntesis intraparadigmática del programa microevolutivo neodarwiniano" (Tuomi, 1981, p.28).

Él modelo *dinámico multinivel* ofrece la posibilidad de asumir inconsistencias y contradicciones entre las teorías específicas, los modelos teóricos y los datos empíricos, de lo que se deducen cambios dinámicos que, como señala Gould (2004), pueden llevar a cortes K, R o S de la teoría[22].

---

[22] Gould (2004) utiliza la figura de un coral -ilustrada en una edición latina de *La vana speculazione distingannata dal censo*, de Agostino Scilla (1747)-, para metaforizar el "trípode" sobre el cual se sostendría la reconstrucción de la teoría de la evolución: "El tronco central – la teoría de la selección natural – no puede seccionarse, pues la criatura moriría. (Las raíces, si se quiere, representan fuentes de evidencia; cualquiera de ellas puede escindirse si se demuestra incorrecta. Siempre que el resto mantenga la estructura bien anclada). Este tronco central se divide luego en un número de ramas principales, los puntales básicos -las tres ramas de la esencia darwiniana-, tan indispensables que la escisión de cualquiera de ellos compromete tan seriamente la teoría entera, si no lo arruina todo, que es obligado rebautizar la nueva estructura básica" (Gould, 2004, p.40). En este orden interpretativo, Gould (2004) inscribe la historia del pensamiento evolucionista caracterizada a partir de las controversias dadas en torno a la revisión o refutación de los principios básicos:

Para sintetizar mis opiniones sobre la utilidad de este modelo esencialista de la lógica darwiniana, indicaré tres niveles de cortes o escisiones potenciales en este coral orgánico (y lógico) que es la estructura de la teoría de la evolución, tal como la formuló originalmente Darwin en *El origen de las especies* y con las revisiones falconerianas pertinentes de que ha sido objeto en las últimas décadas. Los cortes más fundamentales, que llamaré cortes K (de *killers*,

A1.2.2.1. Teoría específica de la descendencia humana y retrodicciones de la escuela evolucionista

La introducción del *principio pithecometra* (Huxley, 1863) en la fase 2 (Tuomi, 1979, 1981) de la escuela darwinista fue determinante para la estructuración de los modelos retrodictivos de fase 3, cuya finalidad consistía en el cálculo de la filogenia humana. Así, en el prólogo a la segunda edición de *The Descent of Man, and Selection in Relation to Sex*, contra sus críticos, Darwin (1871) esclarecía que los cambios de estructura corporal y facultades mentales no obedecían exclusivamente a la selección natural, ya que, incluso en la primera edición de OOS "sostenía claramente que debía atribuirse gran importancia a los efectos hereditarios del uso y desuso, tanto respecto al cuerpo como al entendimiento. Atribuía también cierta parte de la modificación a la acción prolongada y directa del cambio de condiciones de vida. Algo que debe concederse también a las reversiones ocasionales de estructuras; y no debe olvidarse lo que he llamado 'crecimiento correlativo'" (Darwin, 1871, p.X). En el siglo

---

asesinos), escinden al menos uno de los tres principios centrales de la lógica darwiniana, y al hacerlo destruyen la teoría *tout court*. Los cortes en un segundo nivel menos básico, que llamaré cortes R (revisores), eliminan lo bastante de la forma original en alguna de las tres ramas centrales para asegurar que la nueva (y más fuerte o más arborescente) rama que rebrota edificará una teoría cuyo fundamento darwiniano seguirá intacto, pero cuya forma general se habrá expandido, revisado o reconstruido lo bastante para que su estructura explicativa general sea diferente en algún aspecto interesante (...) Finalmente, los cortes al tercer nivel, que llamaré cortes S (subsidiarios), afectan sólo a una subrama de una de las tres ramas principales, reformulando la teoría general de maneras también interesantes, pero dejando intacta la estructura explicativa básica (la interpretación alternativa de Darwin) (Gould ,2004, p.42).

El esquema de Gould (2004) sugiere que los principios básicos han sido objeto de cortes R, en los términos en que la teoría ha sido revisada (regenerándose en forma substancial, como si se tratara de un reinjerto), y obstaculizando así el éxito de los cortes K.

XIX, parece entonces más apropiado emplear la distinción establecida por Ginnobili (2018) entre ADA y ADE, para diferenciar entre los naturalistas que:

a) Adoptaron la selección natural como mecanismo principal (en especial, naturalistas de campo).

b) Aceptaron la idea general de la evolución, proponían reconstrucciones genealógicas y árboles evolucionistas a partir de los aportes de la paleontología, la anatomía comparada y la embriología y suponían leyes de divergencia y especialización.

La fase 1 propuesta por Tuomi (1979, 1981) debe comprender, por tanto, una posición pluralista de consenso-disenso equiprimordial (*Cfr.* Bernstein, 2013, p.129) de la comunidad de investigadores con respecto a los mecanismos evolutivos (*explanans*)[23], así como un consenso parcial en torno a la modalidad *o bien darwinista* (por divergencia y especialización) *o bien lamarckiana* (lineal u ortogenética) del cambio evolutivo (*explanandum*). En este caso, la distinción de Ginnobili (2010, 2018) parece ser satisfactoria para elucidar la relación lógica constitutiva de la *metateoría* (Tuomi 1979, 1981), a partir del par: *selección natural* (SN) - otros mecanismos (-SN)/adaptación, o con Ginnobili (2010, 2018), entre ADA y ADE:

---

[23] Según Ochoa (2017), a finales del siglo XIX la idea de la selección natural tuvo éxito en Inglaterra, por el apoyo de Wallace, Edward Poulton, Edwin Ray Lankester; en Alemania, por August Weismann: "A pesar del relativo éxito de las ideas de Darwin, a finales del siglo XIX y principios del XX, la teoría de la selección natural no era muy aceptada por la mayoría de los evolucionistas. De hecho, Vernon L. Kellogg (1907), Peter J. Bowler (1983) y Stephen J. Gould (2004) identificaron tres teorías contrarias o auxiliares al darwinismo durante ese periodo: el neolamarckismo (o teoría de la herencia de caracteres adquiridos), el saltacionismo y la ortogénesis" (Ochoa, 2017, p.16).

$$\text{Metateoría} = \frac{\text{SN}}{\text{ADA}} \quad \Bigg| \quad \frac{\text{-SN}}{\text{ADE}}$$

La *metateoría* supone, por tanto, que la fase 1 del desarrollo histórico de la teoría evolucionista se vio caracterizada por pluralidad de mecanismos explicativos, aunque, de suyo, éstos fueran insuficientes para predecir por sí mismos los fenómenos evolutivos.

En la fase 2, el abordaje evolucionista involucró la posibilidad de estructurar teorías específicas con modelos predictivos o retrodictivos sobre el origen de las especies, a partir de la introducción de supuestos auxiliares que contribuyeran a conformar un programa de investigación. En este sentido, según Caponi (2017), el mayor logro de OOS consistió en la unificación teórica de las evidencias arrojadas por la biogeografía, la paleontología y la anatomía o embriología comparadas, a partir de la asociación entre UTFC: así, el disenso sobre los mecanismos explicativos del cambio evolutivo no interfería en el desarrollo de lo que Caponi (2017) llama "Programa filogenético", esto es, un modelo de trabajo orientado a trazar las relaciones de parentesco de todos los taxones producidos por la evolución (Caponi, 2017, p.24), y cuya articulación aunó los esfuerzos de la comunidad de investigadores en Historia Natural, a fin de reconstruir el árbol de la vida; como observó Bernard Balan (1979):

> durante mucho tiempo, los naturalistas comprometidos en el desarrollo de lo que aquí vengo denominando *Programa Filogenético*, pudieron «permanecer relativamente ajenos a las discusiones técnicas sobre la validez de los procesos de variación y de selección»; por eso: «no hay sorprenderse, ni indignarse, por el hecho de que ellos mezclen sin mayores escrúpulos los mecanismos lamarckianos de herencia de los caracteres adquiridos (la herencia progresiva de Haeckel) y la selección natural de variaciones contingentes» (Caponi, 2018, p.165).

En efecto, la reconstrucción de filogenias a partir del registro fósil disponible, escaso y fragmentario (Bowler, 1986; Podgorny, 2015), llevó a la reintroducción de un concepto lineal de evolución, por medio del lamarckismo y de la ortogénesis, o bien, a la utilización de pruebas indirectas en la reconstrucción del pasado de la vida. Por ejemplo, a través de la "ley biogenética": "La *Generelle Morphologie* de Haeckel (1866) puso de relieve que el darwinismo podía absorber la morfología existente identificando la forma típica de un grupo con su antepasado común, generando inmediatamente predicciones sobre filogenia" (Bowler, 1983, p.54) Según Haeckel, existía una sola forma ancestral para cada grupo, la que podía ser deducida a partir del proceso embriogenético, si el registro fósil era insuficiente.

> Los descubrimientos de fósiles sólo ilustraban lentamente los vínculos evolucionistas fundamentales entre las clases y los fila, y las especulaciones sustituyeron a los datos. Haeckel y los más entusiastas de los primeros darwinistas construyeron los árboles genealógicos de los reinos animal y vegetal, postulando una serie de intermedios fundamentales para los que no poseían pruebas sólidas. Inevitablemente, surgieron controversias sobre la interpretación de los fundamentos y como los datos disponibles impedían alcanzar una conclusión definitiva, se consideró todo el proceso como una vergonzosa especulación (Bowler, 1983, p.52).

La UTFC, de fase 2, introdujo a la reconstrucción de las relaciones de parentesco el *principio pithecometra* como supuesto auxiliar que contribuyó a especificar una teoría evolucionista sobre el origen del ser humano. Así, Huxley (1863) ofrecía pruebas, en *Evidence as to Man's Place in Nature,* acerca de la evolución de los seres humanos y de los simios a partir de un ancestro común: "La cuestión de las cuestiones para la humanidad —el problema que subyace a todos los demás, y es más profundamente interesante que cualquier otro— es la determinación del lugar que el Hombre ocupa en la naturaleza y de sus relaciones con el universo de las cosas" (Huxley, 1863, p.71). Es entonces que postulaba el llamado *principio pithecometra,* por el que:

Hay un gran significado filogenético en la perfecta concordancia que encontramos entre el hombre y los simios antropoides en estas importantes características de la circulación embrionaria y la construcción especial de la placenta y el cordón umbilical. Debemos inferir de ello una estrecha relación sanguínea entre el hombre y los simios antropomorfos, una descendencia común de un mismo grupo extinto de simios inferiores. El "principio de pithecometra" de Huxley se aplica a estas características ontogenéticas tanto como a cualquier otra relación morfológica: "Las diferencias de construcción de cualquier parte del cuerpo son menores entre el hombre y los simios antropoides que entre éstos y los simios inferiores. Esta importante ley de Huxley, cuya principal consecuencia es "el descenso del hombre del mono", ha sido confirmada últimamente de manera interesante e inesperada desde el punto de vista experimental (Haeckel, 1912).

En la fase 3, caracterizada por la evaluación de las consecuencias de las teorías específicas a partir de modelos teóricos, esto es, de las simulaciones de cambios evolutivos hipotéticos que "generan predicciones y prueban lógicamente las consecuencias de las teorías específicas alternativas" (Tuomi, 1981, p.24), fueron reunidas también las implicaciones de prueba empírica útiles como contrastación de las predicciones. En esta fase, el disenso sobre los mecanismos explicativos que determinan la metaestructura tuvo una relevancia secundaria y no alteró la realización efectiva del programa, operativo a través de un trabajo científico comunitario no exento de controversias. En este sentido, si en la fase 2 el *principio pithecometra* (Huxley, 1863) delimitaba la aplicación de la UTFC a la reconstrucción de las relaciones de parentesco de una teoría específica sobre el origen del ser humano, en la fase 3 esta teoría contribuía a formular los modelos teóricos y predicciones a ser contrastadas con implicaciones de pruebas empíricas.

Con Caponi (2017), el logro de OOS consistió no sólo en la unificación teórica de distintas disciplinas convergentes con el estudio de la prehistoria humana, sino también en la resignificación del trabajo empírico producido hasta entonces. El evolucionismo permitía atribuirles significado teórico a los vestigios de fósiles de humanos antediluvianos, sin categoría lógica en el marco del catastrofismo cuveriano. Así, fue Charles Lyell (1863) en *Geological Evidences of the Antiquity of Man*, el que recapituló los descubrimientos arqueológicos realizados por investigadores británicos entre 1858-59, y quien extendió, con Lubbock (1865) el horizonte temporal de la arqueología más allá de la antigüedad clásica, para incluir en el estudio de la prehistoria al hombre fósil. Por su parte, en *Natürliche Schöpfungsgeschichte*, Haeckel (1868) deducía, a partir del *principio pithecometra*, la geografía específica en el que había de ser posible hallar a los precursores de humanos:

> Ninguno de todos los monos que todavía viven, y, en consecuencia, ninguno de los llamados monos parecidos al hombre, puede ser el progenitor de la Raza Humana. Esta opinión, de hecho, nunca ha sido sostenida por los seguidores racionales de la Teoría de la Descendencia, pero se la han asignado sus irreflexivos oponentes. Los progenitores simiescos de la raza humana se extinguieron hace mucho tiempo. Es posible que todavía encontremos sus huesos fósiles en las rocas terciarias del sur de Asia o África. En cualquier caso, en el sistema zoológico, tendrán que ser clasificados en el grupo de simios de nariz estrecha sin cola (Catarrhini Lipocerci o Anthropoides) (Haeckel, 1887, p.277).

Las fases establecidas por Tuomi (1979, 1981) se yuxtaponen, una a la otra, de modo que el *consenso-disenso* sobre los mecanismos evolutivos (fase 1), coexistía junto con las disputas en torno al trabajo de reconstrucción filogenética (fase 2), y a la producción de modelos retrodictivos y recolección de evidencias (fase 3). Ciertamente, Caponi (2011) señala que OOS presentaba a la selección natural como explicación de la diversificación de la vida a partir de un ancestro común, lo que implicaba la posibilidad de construcción de árboles monofiléticos por parte de una escuela de investigadores en prehistoria comprometida con la tesis de la filiación común, lo que fuera analizado por Bowler (1996):

> En la fase más temprana de la investigación filogenética, las cuestiones

críticas se centraban en el uso de parecidos estructurales como pista de las relaciones evolutivas. Cuando se disponía de fósiles, podían ordenarse en secuencias filogenéticas plausibles y buscarse "eslabones perdidos" entre los nuevos descubrimientos. Pero la estructura de los animales vivos también podía utilizarse como guía de sus relaciones. La teoría de la descendencia común alentaba la esperanza de que los biólogos fueran capaces de ofrecer una reconstrucción completa del árbol de la vida, determinando dónde se separaba cada uno del reino animal (Bowler, 1996, p.40).

Tabla N°1. Fases yuxtapuestas de la controversia darwinista

Fase	Estructura de la teoría	Contenido teórico		Descripción
Fase 1	Metateoría =	SN	-SN	[Selección natural] o [uso-desuso, herencia de caracteres adquiridos, cambio de condiciones de vida, crecimiento correlativo, ortogénesis]
		ADA	ADE	[Adaptación] o [adecuación] (Ginnobili, 2010, 2018)
Fase 2	Teoría específica	Principio pithecometra		Relación del problema sobre el origen del ser humano con la UTFC.
Fase 3	Modelos teóricos	Predicciones (o retrodicciones)		Sobre los atributos de los ancestros y geografía de los hallazgos
		Implicaciones de prueba empírica		Evidencias aportadas por la arqueología, antropología, biogeografía, anatomía comparada, anatomía, geología y paleontología

Fuente: elaboración propia (2023)

Como se verá, la estructura de este libro sigue las fases propuestas por Tuomi (1979, 1981), en los términos en que, con independencia de las controversias de las fases 1 y 2:

a) En B1., del cap. I, se *incrusta* (Moulines, 2011) el MFA en la fase 3 de Tuomi (1979, 1981).

b) En el cap. II, se reconstruye la HAA y, además, se sistematizan las implicaciones de prueba empírica, a partir del listado de las evidencias recolectadas por los hermanos Ameghino y los ameghinistas para probar el origen sudamericano del ser humano.

En efecto, el trabajo de reconstrucción del árbol sudamericano de la vida debía ser comprendido de acuerdo con la UTFC darwinista como orientación general del sentido de los estudios ameghinianos/ameghinistas en prehistoria, en una comunidad plural y crítica.

B1. Método retrodictivo de filogenia humana ameghiniano

En este Apartado, se pretende *incrustar* el MFA en la fase 3 del *modelo dinámico multinivel* de Tuomi (1979, 1981), tomándose como presupuesto la *yuxtaposición* de fases en la deliberación histórica acerca de la teoría de la selección natural, o con Bowler (1983), el "eclipse del darwinismo". Dicha *incrustación*, justifica la necesidad de una relectura pragmatista de la disputa sobre las causas del cambio evolutivo, que considere al falibilismo y pluralismo comunitario como compromisos ordenadores de la historización. En este sentido, la formulación de la abstracción metateórica (fase 1), referida a la deliberación sobre los mecanismos evolutivos (Ginnobili, 2005, 2018) se hallaba en estado de consenso-disenso equipromordial (*Cfr.* Bernstein, 2013, p.129), en el mismo período de producción de la antropogénesis ameghiniana. Por esto, en un marco de pugna entre escuelas rivales: "Las primeras etapas de desarrollo de la mayoría de las ciencias se han caracterizado por una competencia continua entre una serie de concepciones distintas de la naturaleza, cada una de las cuales se derivaba parcialmente de la observación y del método científico y, hasta cierto punto, todas eran compatibles con ellos" (Kuhn 2004, p.25). Con todo, es posible subrayar que los inicios de los estudios sobre prehistoria se vieron determinados por dos controversias:

a) En la fase 1 (Tuomi, 1981), la crisis del paradigma catastrofista-cuveriano fue decisiva para la gradual decadencia del fijismo por la *conversión racional* de los miembros de la comunidad a diferentes escuelas transformistas que ofrecían, al menos, dos problemas que debían resolverse a través de la investigación comunitaria: I) la elección de los mecanismos de cambio evolutivo y II) los instrumentos metodológicos para probar la transformación de las especies. En la fase 1 (Tuomi, 1981), por tanto, la *conversión racional* de investigadores al transformismo no excluía la deliberación entre las escuelas darwinistas y (neo)lamarckianas, acerca del problema I.

b) Pero, las fases 2 y 3 fueron relativamente ajenas a esa disputa. Por esto, la retrodicción y búsqueda de precursores teóricos y ancestros comunes, en los modelos o en las tumbas, se redujo a la premisa que sustantivaba la descendencia con modificación como orientación para un trabajo que, sin embargo, requería consensuar los criterios más apropiados para la determinación o reinterpretación de los hallazgos en la clasificación de una nueva Historia Natural (problema II).

Por lo visto, la selección natural como metateoría (Tuomi, 1981, p.25) rivalizaba con otros mecanismos para explicar las *adecuaciones* (Ginnobili, 2018, p.28), aunque, fuera la que fuese la causa que explicara la transformación de las especies, las *metodologías* por medio de las cuales producir implicaciones de prueba que contribuyeran a precisar la tarea reconstructiva de los linajes, se encontraban también en disputa. En otras palabras, la comunidad de darwinistas se hallaba en competencia con otras escuelas y, además, no todos los miembros estaban persuadidos con respecto a la exclusividad de la *selección natural* como mecanismo explicativo preferencial de la evolución o de los métodos más apropiados para reconstruir los linajes.

Según Caponi (2017), UTFC "se transformó en el supuesto rector e incuestionado de lo que cabe llamar 'Programa Filogenético'" (Caponi, 2011, p.4) y, de este modo, el MFA puede considerarse como un aporte metodológico en el proceso de ajuste de la teoría específica (Tuomi, 1981, p.26) de la descendencia de mamíferos y de su posible aplicación para geosituar su origen en América del Sur. No obstante, en este estudio la UTFC no es considerada, de suyo y por sí misma, suficiente para contribuir a la constitución de un *paradigma darwinista en fase normal*, debido a que, desde el enfoque kuhniano, no es posible sustantivar la existencia de verdadera ciencia mientras persistan disputas entre diferentes escuelas y no haya un único paradigma dominante. Así, de la misma manera que en la fase 1 se debatían los mecanismos de cambio evolutivo, en las fases 2 y 3 (Tuomi, 1981) los investigadores carecían de consenso acerca de los instrumentos y métodos más apropiados para un funcionamiento *normal*:

> La existencia de esta sólida red de compromisos —conceptuales, teóricos, instrumentales y metodológicos— es una fuente principal de la metáfora que relaciona a la ciencia normal con la resolución de enigmas. Debido a que proporciona reglas que dicen, a quien practica una especialidad madura, cómo son el mundo y su ciencia, el científico puede concentrarse con seguridad en los problemas esotéricos que le definen esas reglas y los conocimientos existentes. Entonces, lo que constituye un reto para él es cómo llegar a resolver el enigma residual (Kuhn, 2004, p.78).

Por tanto, los investigadores practicaban la ciencia en ausencia de compromisos instrumentales y metodológicos claros o comunes, lo que obraba –en términos kuhnianos– como índice de una suerte de *inmadurez* de los estudios en prehistoria, que llevaba a los miembros de la comunidad a proponer, cada vez, innovaciones metodológicas diferentes, en orden a resolver los problemas ofrecidos por el darwinismo. Según Kuhn (2004):

> La ciencia normal puede seguir adelante sin reglas sólo en tanto la comunidad científica pertinente acepte sin discusión las soluciones de los problemas particulares que ya se hayan llevado a cabo. Por consiguiente, las reglas deben hacerse importantes y desaparecer la despreocupación característica hacia ellas, siempre que se sienta que los paradigmas o modelos son inseguros. Además, es eso lo que sucede exactamente. El periodo anterior al paradigma sobre todo, está marcado regularmente por debates frecuentes y profundos sobre métodos, problemas y normas de soluciones aceptables, aun cuando esas discusiones sirven más para formar escuelas que para producir acuerdos (Kuhn 2004, p.86).

Si en las fases 2 y 3 (Tuomi, 1981), la UTFC requería de implicaciones de prueba producidas por la Biogeografía, Arqueología,

Antropología, Anatomía Comparada o la Geología, entre otras, esto llevaba a exhibir la *yuxtaposición* de disputas al interior de cada una de las disciplinas (y sus respectivas escuelas) sobre los métodos e instrumentos más satisfactorios para producir clasificaciones válidas, con lo que la deliberación sobre las normas de excavación, inscripción y publicación era sucedánea a los debates sobre criterios de datación estratigráfica, medición craneométrica, condiciones de dispersión paleográficas, etc. Estos elementos son los que conducen, con Kuhn (2004), a determinar el estado de *inmadurez* de los estudios en prehistoria, en que "Había numerosas escuelas y subescuelas competidoras" (Kuhn, 2004, p.36). Pues, al eclecticismo de los mecanismos evolutivos (Caponi, 2017, p.40), había de añadirse la pluralidad de métodos y técnicas que signaban el disenso en medio del cual se desarrollaba el evolucionismo decimonónico.

Además, la apertura a crítica de los criterios y normas de validación demandaba una permanente *corrección* comunitaria. Pero, si Kuhn (2004) establecía que, en fase *normal* la ciencia no corrige, sino que articula y ajusta el alcance del paradigma:

> Dado un paradigma, la interpretación de datos es crucial para la empresa de explorarlo. Pero esta empresa de interpretación (…) sólo puede articular un paradigma, no corregirlo. Los paradigmas no pueden ser corregidos por la ciencia normal. En cambio, como ya hemos visto, la ciencia normal conduce sólo, en último análisis, al reconocimiento de anomalías y a crisis. Y éstas se terminan, no mediante deliberación o interpretación, sino por un suceso relativamente repentino y no estructurado, como el cambio de forma (Gestalt) (Kuhn, 2004, p.192).

La lectura kuhniana revela el estado de *inmadurez* del darwinismo, así como de las disciplinas conversas a él. Sin embargo, como se ha dicho, en este libro se pretende una interpretación pragmatista, más allá de las distinciones entre *ciencia inmadura-ciencia normal* (véase cap. VI). De este modo, la aplicación de un marco epistémico bernsteiniano debiera permitir atender al estado de consenso-disenso equipromordial (*Cfr.* Bernstein, 2013, p.129) respecto de los mecanismos evolutivos (fase 1 de Tuomi), así como de los compromisos metodológicos e instrumentales (fase 3), con arreglo a dar cuenta acerca del carácter falible de la *corrección* practicada por una constelación plural de investigadores en prehistoria sudamericana. Pues, a diferencia del abordaje kuhniano, en que se privilegian los consensos comunitarios en fase de ciencia normal para determinar la existencia de ciencia *en sentido estricto*, en este estudio es considerado posible un trabajo de ajuste y precisión –orientado por la UTFC– (similar al practicado en fases de ciencia normal) al interior de cada una de las escuelas científicas, *yuxtapuesto* a un estado general de disputa sobre los problemas I y II, en fases 1, 2 y 3.

De este modo, en este Apartado, se propone comprender la *Filogenia* de Ameghino (1884) como un método de cálculo retrodictivo para la clasificación transformista de especies, propio de la fase 3 del esquema reconstructivo de Tuomi (1979, 1981). Para ello, se considera referencial la lectura de Caponi (2017), en la que se elucidan los propósitos ameghinianos, en clave darwinista.

B1.1. Lecturas lamarckianas de *Filogenia*

Las historiografías coinciden en caracterizar a *Filogenia*, publicada en 1884, como la máxima obra teórica de Ameghino: "Por lo que refiere a los fundamentos teóricos y conceptuales de sus análisis morfológicos y taxonómicos" (Casinos, 2012, p.87). Según Cabrera (1944) "puede asegurarse que los días en la 'Librería del Gliptodon' son los que marcan una franca orientación de Ameghino hacia la paleontología, sin que eso significase un abandono completo de la prehistoria, y en la misma época es cuando se revelan de un modo bien definido sus ideas transformistas" (p.17). La obra fue interpretada como subsidiaria de la teoría lamarckiana, a partir de la generalización historiográfica hecha por Cabrera (1944), para quien Ameghino "desconocía las nociones más básicas del darwinismo. Ciertamente, casi no existen referencias a esa u otra obra de Darwin en sus trabajos. ¿Cómo puede explicarse tamaña omisión, tratándose de uno de los primeros evolucionistas de Argentina, sin duda el más importante de ellos?" (Salgado, 2011, p.121) y también, que "En su *Filogenia* no hay nada de selección natural, ni de lucha por la vida; todo es a base de adaptación y de herencia de modificaciones somáticas. Después de recorrer sus páginas, el lector no puede menos de preguntarse si el autor conocía realmente los fundamentos del transformismo de Darwin y de Wallace" (Cabrera, 1944, p.31)[24].

La lectura de Cabrera (1944) ha sido profusamente extendida en la historiografía; al respecto, Caponi (2017) señala que se trata de "Una apreciación, la de Cabrera, que pese a expresar una clara incomprensión de la obra de Ameghino, y de su contexto, ha sido muy aceptada y reiteradamente ratificada" (p.33), de suerte que fuera Márquez Miranda (1951, p.136) quien recuperara la cita haciéndola suya "sin el más mínimo cuestionamiento, llegando a sugerir que Ameghino no discriminaba entre lamarckismo y darwinismo (Márquez Miranda, 1951, p.81). Fue de ahí que la retomó Oscar Terán (2000, p.96 n20) para advertirnos sobre lo poco riguroso que habría sido el darwinismo de Ameghino" (Caponi, 2017, p.33). Salgado

---

[24] En efecto, en *Filogenia* no hay mención alguna a la selección natural, pero la "lucha por la supervivencia" es mencionada en tres ocasiones:

   a) Para indicar la inferioridad de las especies que perecen frente a formas que se disputan recursos (Ameghino, [1884]1915a, p.49).
   b) Al concluir que la desaparición de descendientes de desdentados se debió a que su gigantismo fue desventajoso en la "lucha por la vida" (Ameghino, [1884]1915a, p.141).
   c) Al considerar que los caracteres anatómicos no deben comprenderse como criterio de comparación para determinar clasificaciones jerárquicas, de modo que entiende que "los diferentes grupos de animales son perfectos en sí mismos siempre que su organización les permita sostener con ventaja la lucha por la existencia" (Ameghino, [1884]1915a, p.256).

Esto significa que Ameghino, si bien no participa de la deliberación sobre los mecanismos evolutivos, aplica ya no la *selección natural,* sino la "lucha por la supervivencia", según la interpretación de Simpson (1953), esto es, como un *mecanismo de mortalidad diferencial.*

(2011), por su parte, entiende que la obra de Ameghino se halló sujeta al llamado "eclipse del darwinismo" (Bowler, 1985), de modo que "no es tanto que ignorara o no comprendiera la obra del inglés, sino que seguramente no encontró en ella ideas que le fueran útiles para su principal propósito: la clasificación sistemática y la reconstrucción filogenética" (Salgado, 2011, p.122). A su vez, indica que Ameghino no fue un lamarckista puro, si bien es probable que haya estado influenciado por el uso extendido que las leyes 2-4 tuvieron hasta inicios del siglo XX, cuando fueron probablemente abandonadas[25].

Con respecto a la tendencia hacia la complejidad, ínsita a la naturaleza de las especies, Salgado (2011) afirma que es *probable* que Ameghino haya creído en ella "ya que nunca lo planteó en esos términos" (Salgado, 2011, p.122), mientras que, en relación con la herencia de los caracteres adquiridos, advierte el uso dado por Ameghino en una de sus obras truncas, *Origen y persistencia de la vida (la materia, la vida, la muerte y la inmortalidad),* en que el ser vivo imprime a sus óvulos todos los caracteres que adquirió a lo largo de su vida, transmitiéndoselos a su descendencia: "El (acotado) lamarckismo de Ameghino se extendió hasta prácticamente su muerte, como lo demuestran varias de las obras que dejó sin terminar. Allí leemos, por ejemplo, que el 'demasiado bienestar' era la causa de la decadencia de las especies (Ameghino en Torcelli, 1935, p. 548), y que la sustitución de la mano del hombre por herramientas y el uso de máquinas e instrumentos traían un grave riesgo de degeneración" (Salgado, 2011, p.123). Salgado (2011) concluye en que los *caracteres de adaptación* ameghinianos responden, específicamente, a las leyes 2 y 4 de Lamarck (sobre uso-desuso de órganos y herencia de los caracteres adquiridos): "El lamarckismo le resultó apropiado para

---

[25] Así, de los tres caracteres establecidos por Ameghino, "entendió que el uso-herencia daba origen y forma sólo a los caracteres de adaptación; era altamente improbable que el esfuerzo y el uso tuvieran algo que ver con la evolución de los caracteres de 'organización' o de 'progresión' (aunque ciertos caracteres progresivos fuesen en definitiva 'favorables' o 'ventajosos', hoy diríamos, adaptaciones)" (Salgado, 2011, p.122).

explicar el desarrollo de ciertos caracteres, los adaptativos (como los rebordes supraorbitales, o el origen del lenguaje articulado); la ortogénesis le permitió dar cuenta de las tendencias evolutivas más sobresalientes (como la expansión del cerebro homínido)" (p.134).

Otros autores, establecen distintas filiaciones epistémicas enlazadas a la obra de Ameghino. Por ejemplo, Pro (1960) entiende que: "Toda la obra de Ameghino tiene aire haeckeliano. Su principal libro se llama *Filogenia*, palabra, si mal no recuerdo forjada por Haeckel. También se ocupó de Cosmología. Sus ideas filosóficas están esbozadas en un trabajo titulado *Mi Credo*, el cual es un ingenuo compuesto haeckeliano" (Pro, 1960). Ingenieros (1951), en tanto, afirma que "Indeciso en Lamarck e incompleto en Saint-Hilaire, adquirió con Darwin un valor más demostrativo, al ser fundado sobre observaciones que la experiencia ulterior ha corroborado en diversos dominios de las ciencias biológicas" (p.62). En los debates acerca del positivismo decimonónico en Argentina, Martínez de Codes (1988) señala que: "El científico que mejor representa la línea evolucionista del positivismo, en opinión de Farré, es Florentino Ameghino. La lectura de *Los primeros principios*, de Herbert Spencer, influyó fuertemente en su concepción del mundo. Contrariamente a la tendencia de muchos científicos de la época, apunta Farré, explicó la perduración de las leyes naturales, sin admitir su eternidad e inmutabilidad" (p.216); y en relación con la influencia de Spencer, Lértora Mendoza (2001) comprende que, ciertos supuestos epistemológicos y ontológicos de Ameghino:

Podrían conectarse con *Los primeros principios* de Spencer: su interpretación del principio y fin del universo en *Mi credo*. Pero si bien en ese sentido habría que considerar asumido el evolucionismo spenceriano, está claro que no fue esa teoría la base de sus elaboraciones científicas relevantes, y que esa declaración inicial sobre el universo es de muy escaso interés filosófico porque no está desarrollada. En ciencia, suele adscribírselo al darwinismo (algo bastante diferente del spencerismo), pero la cuestión de la influencia de Darwin o de Lamarck en su paleontología no es pacífica. Hay que reconocer en los recientes estudios de Julio Orione una clara advertencia sobre la imposibilidad de explicar las teorías específicamente científicas de Ameghino sólo desde Darwin, y que no puede omitirse a Lamarck. Si la labor científica de Ameghino fue lamarckiana o no, es un debate en el que no voy a entrar aquí. Pero no hay un lamarckismo específicamente filosófico. Por tanto, la "filosofía" de Ameghino no puede ser lamarckiana. ¿Qué es, si la hay? Creo que, en este caso, como en la mayoría de los otros, hay ideas filosóficas sueltas y no desarrolladas, que para ser expuestas como "filosofía" deben ser reconstituidas histórico-críticamente (Lértora Mendoza, 2001, pp.31-32).

Por su parte, Orione (1987) concluye que, pese al uso generalizado de ideas darwinistas y del uso del transformismo en el contexto cultural y científico argentino, Ameghino no incorporó la "selección natural", y sus explicaciones se hallaban vinculadas al adaptacionismo lamarckiano (Orione, 1987, pp.447-471).

Caponi (2017), menciona el error historiográfico consistente en identificar la obra ameghiniana con Lamarck, por la relevancia concedida a la herencia de los caracteres adquiridos:

Este error se hace más evidente cuando consideramos que la teoría transformista de Lamarck no concebía la construcción de filogenias, porque el mecanismo en el que se basa es la marcha de la naturaleza en busca de mayor complejidad, no teniendo sentido el establecimiento de relaciones genealógicas, es decir, filogenéticas. Otro factor que pone de manifiesto este error historiográfico es que la propuesta contenida en la 'Filogenia' era metodológica y no teórica, ya que su autor no estaba interesado en explicaciones causales que pudieran dilucidar los mecanismos evolutivos" (Faria, 2019, p.130)[26].

---

[26] En este sentido, si no importan a Ameghino los mecanismos, es preciso admitir, con Caponi (2018) que el "Eclipse del darwinismo" se constituyó como una construcción que los arquitectos de la *Nueva Síntesis* llevaron a cabo, a fin de dar cuenta acerca del consenso generalizado en torno a sus propias contribuciones, frente a la situación de confusión y caos que habría tenido lugar durante la última década del siglo XIX y primera del siglo XX, respecto de los mecanismos primarios del cambio evolutivo.

El lamarckismo de Ameghino debe situarse en una época en la que "prácticamente nadie dudaba de la herencia de los caracteres adquiridos (cuarta 'ley de la variación de las especies' de Lamarck). Sin embargo, había en tiempos de Ameghino diferentes explicaciones sobre cómo esa adquisición y su legado a la próxima generación podían llegar a darse" (Salgado, 2011, p.122): Caponi (2018) caracteriza a Ameghino –con respecto a los mecanismos evolutivos– por ser "tan ecléctico y pluralista como la mayoría de sus contemporáneos [...] entre los cuales, además, el llamado 'neolamarckismo' fue muy corriente (Buffetaut, 1998: 83). Eso vale sobre todo para *Filogenia* que, habiendo sido concluida en 1882, fue publicada en 1884: el año posterior al de la primera publicación de Weissman cuestionando la transmisión hereditaria de los caracteres adquiridos" (p.164).

Al considerar la lectura controversial sobe el carácter *o bien* darwinista, *o bien* lamarckiano de la obra de Ameghino, se torna conveniente *incrustar* la *Filogenia* (1884) en la fase 3 (Tuomi, 1981) orientada por la UTFC (Caponi, 2017), en la que la tarea de reconstrucción del árbol de la vida se producía con cierta independencia con respecto al consenso-disenso sobre los mecanismos evolutivos, esto es, en la que el uso-herencia (leyes 2 y 4, como condición explicativa de los *caracteres adaptativos*) se yuxtaponía a la pangénesis darwiniana, y en la que los mecanismos "no eran relevantes y pertinentes a las reconstrucciones filogenéticas. Ya lo señalaron Adriana Novoa y Alex Levine (2010: 98): para situar debidamente este asunto del lamarckismo de Ameghino, 'debe tenerse en cuenta que, a finales del Siglo XIX, no había, hablando estrictamente, una teoría darwiniana de la herencia; y que Ameghino, 'como paleontólogo interesado en una taxonomía filogenéticamente orientada', 'no estaba espacialmente interesado en la herencia *per se*'" (Caponi, 2018, p.165). Con Caponi (2017), es preciso incrustar la antropogenia ameghiniana en la agenda de la escuela darwinista decimonónica, pues, ya en el subtítulo de *Filogenia* se explicitaban los "principios de clasificación transformista basados sobre leyes naturales y proporciones matemáticas" (Ameghino, 1884)[27], que contribuirían al desarrollo de una paleontología evolucionista, con base en el hecho de que "toda clasificación natural debe ser genealógica" (Podgorny, 2005, p.253): "El estudio matemático comparado de la organización de los seres actuales, debe darnos por sí sólo el conocimiento de los factores que los precedieron; y el descubrimiento de éstos en el seno de la tierra sólo servirá de contraprueba a la prueba" (Ameghino [1884]1915a, p.10). Por tanto, el objetivo de clasificación filogenética de la propuesta ameghiniana, tiene para Caponi (2017) valor, si se corrigen las versiones historiográficas formuladas por Cabrera (1944) y Reig (1961):

> Se llega a la conclusión de que Filogenia es una lúcida y ambiciosa propuesta destinada a la realización de los objetivos epistémicos que Darwin (1859) propuso para la Historia Natural en *On the origin of species*. Poner en duda –como Cabrera lo hizo– que Ameghino haya conocido los fundamentos del darwinismo, sólo puede indicar que no se ha comprendido cabalmente, ni cuáles eran los presupuestos y los objetivos teóricos que norteaban la primera Biología Evolucionaria, ni tampoco cuáles eran los presupuestos y los objetivos teóricos a los que responde la redacción de Filogenia. Porque, si se atiende a esos objetivos, los razonamientos 'neolamarckianos' en los que Ameghino (1915a, p.257) pudo haber llegado a incurrir en esas páginas para explicar la adaptación, aparecen como algo meramente secundario y lateral. Y lo mismo vale para ese recurso a la teoría spenceriana de la equilibración directa que Ameghino (1917[1906], p.233) hace en *Mi credo* (Caponi, 2017, p.34).

La *Filogenia* contribuía a ampliar las aplicaciones de la escuela darwinista en paleontología, al intentar dar cuenta de clasificaciones congruentes "según relaciones de filiación en las cuales la relación ancestro-descendiente siempre respetase la misma secuencia de estados primitivos y estados derivados de los caracteres considerados" (Caponi, 2017, p.27), y si bien Ameghino señalaba en el "Prólogo" no

---

[27] El epígrafe general de la obra reza: *Facta, non verba.*

haberse podido procurar de la obra de Haeckel en Buenos Aires (*Cfr.* Ameghino, [1884]1915a, p.13), según Ingenieros[28], el objetivo central de *Filogenia* consistía precisamente en "hacer con la Paleontología lo que había realizado Ernst Haeckel con la Embriología" (Ingenieros, 1951, p.76)[29]. Pues, con esto, la corroboración de la teoría de Darwin requería de la restauración del "árbol roto, destrozado y dispersado en el tiempo y en el espacio" de la vida (Ameghino, [1884]1915a, p.502-3), por medio del trazado de filogenias amplias y congruentes, sistematizadas por un cálculo que permitiera insertar a los fósiles en una clasificación relacional de los seres vivos actuales y pasados.

B1.1.2. Reconstrucción morfofuncional ameghiniana

Ameghino, ([1884]1915a) estudió la morfología de los vertebrados teniendo en cuenta los datos arrojados por la osteología comparada, la embriología y paleontología. Así es que distinguió entre *caracteres de adaptación* (explicados por uso-desuso), de *progresión* y de

---

[28] Ingenieros (1951) apunta que *Filogenia* coincide, en sus resultados, con la homónima obra de Haeckel: "Esta convergencia de un embriólogo y un paleontólogo acerca del más importante problema de la filosofía de la Naturaleza, tiene grandísimo valor, dada la absoluta diversidad de caminos que siguieron para llegar a la confirmación del transformismo" (p.82). No obstante, le propuesta de Haeckel había de tener la pretensión de ser aplicada a la reconstrucción de toda la filogenia animal, mientras que el método de seriación ameghiniano se restringía a los mamíferos.

[29] Con Gaudry (1868, 1878), Ameghino comprendía que el modo de construcción de esas clasificaciones debía ser sostenido por una paleontología evolucionista, frente a la propuesta de una embriología comparada fundamentada en la "ley biogenética" de Haeckel: "La Embriología Comparada, si se quiere, podía avanzar más rápido que la Paleontología, y la obra de Haeckel era una prueba de ello; pero debía aguardar por la legitimación final que sólo la Paleontología podía dar" (Caponi, 2017, p.31). A fin de diferenciarse de Haeckel, Ameghino indicaba que éste "es el único que intentó un plan de clasificación transformista" (Ameghino, [1884]1915a, p.12), pues, muchos han retrocedido ante una tarea que "de conjunto es superior a las fuerzas de un solo hombre. Debe hacerse por partes. Que cada especialista haga en bosquejo la reconstrucción del árbol genealógico del grupo que estudia con más predilección y luego podrán mejorar sucesivamente esos ensayos según lo exijan nuevos descubrimientos paleontológicos y anatómicos" (Ameghino, [1884]1915a, p.13).

organización, lo que le permitió establecer un procedimiento de seriación para reconstruir filogenias. Además, atribuyó *unidad de tipo* a los vertebrados y pretendía que ésta fuera extensiva al resto de las especies, las que responderían a un plan único de composición (en acuerdo con Saint-Hilaire). A continuación, se indican los principios del cálculo filogenético ameghiniano, como condición para comprender la retrodicción sobre los caracteres ancestrales del género humano y de sus precursores.

B1.1.2.1. Filogenia de correlaciones cuverianas

Caponi (2017) da cuenta acerca del modo en que las correlaciones cuverianas fueron interpretadas por Ameghino en clave darwinista. Pues, según Cuvier "la correcta armonía entre los órganos que actúan los unos sobre los otros es una *condición* necesaria de *existencia* del ser al cual ellos pertenecen" (Cuvier, 1805, p.47), de suerte que la coherencia *funcional* interna o correlación de las estructuras orgánicas contribuía a exhibir la unidad sistémica y cerrada de los individuos vivos, en los que cada una de las partes "tomada separadamente, indica y da todas las otras" (Cuvier, 1992, p.97).

Esta comprensión internalista de Cuvier, en la que la función determinaba la estructura correlacional de los órganos, requería de una unidad fisiológica coherente que desestimara la intervención de factores ecológicos para ser interpretada, de acuerdo con lo que la reconstrucción taxonómica podía ser realizada "suponiendo ciertas correlaciones funcionales entre las partes orgánicas, que se cumplían regularmente en diferentes especies y que él gustaba de presentar como genuinas leyes" (Caponi, 2017, p.61). La anatomía comparada debía ofrecer, entonces, leyes que describieran la "correlación de formas" entre los individuos pertenecientes a la misma especie, para que ello permitiera reconocer e inferir el conjunto de un animal, a partir de un único hueso, y viceversa:

Como la ecuación de una curva implica todas sus propiedades, y tomando separadamente cada propiedad para base de una ecuación particular se reencontraría la ecuación original y todas sus propiedades, al igual con las uñas, los omóplatos, los cóndilos, los fémures y todos los demás huesos, tomados separadamente, el que poseyera racionalmente las leyes de la economía orgánica podría reconstruir todo el animal (Cuvier, 1992, p.100).

La relación matemática presentada por Cuvier (1812) es significativa, pues Ameghino utilizaba un razonamiento análogo, en conformidad con la tentativa de construir un cálculo filogenético que resignificara la *unidad de tipo* y las *condiciones de existencia*, en clave transformista:

Todo resultado conoce una causa, tiene sus factores. Si conocemos el resultado y uno o más factores ¿Cómo no podemos descubrir los demás? En aritmética, conociendo el resultado, se determinan los factores. En zoología, conocemos el resultado, que es el admirable conjunto de los seres actuales, y conocemos un sinfín de factores, que son los extinguidos. Con ayuda de unos y otros ¿Cómo no hemos de poder arribar a un resultado satisfactorio? (Ameghino, [1884]1915a, pp.10-11).

Con Cuvier (1812), la reconstrucción de la *unidad de tipo* se infería a partir de las unidades anatómicas individuales, mientras que en Ameghino "las correlaciones cuverianas tenían que ser consideradas bajo la perspectiva filogenética" (Caponi, 2017, p.67). Pues la "correlación de formas" revelaría ya no la coherencia funcional de las estructuras orgánicas, sino el grado de parentesco sujeto a una evolución gradual y azarosa "en la que la regla son las formas funcionalmente intermediarias y no los tipos funcionalmente puros que podrían corroborar las correlaciones estrictas previstas por Cuvier" (p.71)[30].

---

[30] A ello, es preciso añadir la posición de Geoffroy Saint Hilaire (1829), quien sustantivaba la *posición relativa* de los órganos en estructuras que, contra Cuvier, no constituían formas novedosas de la naturaleza, sino resultados de transformaciones que ésta asume adaptando los materiales ya existentes de acuerdo con nuevos requerimientos: "Mientras la *ley de Cuvier* postula que las correlaciones

Es entonces que la UTFC se constituyó en el punto de partida para la reconstrucción de fósiles, de modo tal que la similitud morfológica era en sí misma primaria frente a la posible convergencia funcional de una estructura:

> El principio de la correlación de las formas no nos permite tampoco restaurar un animal desconocido, por cualquiera de sus partes tomadas por separado como lo pretendía Cuvier. Esto es una de las grandes exageraciones que se han hecho en la aplicación de este principio, habiéndose cometido guiados por él errores descomunales (Ameghino, [1884]1915a, p.268).

La resignificación darwinista de la controversia Cuvier-Geoffroy condujo a Ameghino a establecer una de las bases de *Filogenia,* a saber, que hay semejanza estructural o *unidad de tipo* por filiación común, así como diferenciación morfo-funcional de estructuras a partir de un ancestro común: "A medida que descendemos hacia los vertebrados inferiores, las vértebras de las diferentes regiones, incluso las del cráneo, se parecen más entre sí que en los animales superiores, acercándose así a ese tipo único y primitivo a que reduce el estudio de los homólogos" (Ameghino, [1884]1915a, p.290). Por esto, el ancestro común estaría constituido a partir de un

---

de órganos dentro de cada tipo de ser vivo estaban estrictamente ajustadas a requerimientos de integración funcional, el principio de Geoffroy postulaba una coexistencia de materiales unilateralmente ajustada a posiciones relativas, o conexiones, constantes" (Caponi, 2017, p.75), de modo tal que las estructuras orgánicas se posicionarían a partir de un patrón natural constante, apelándose a la anatomía y a la embriología comparada para dar cuenta, por medio de homologías, acerca del modo en que las estructuras compuestas por idénticos materiales y posición relativa, están presentes en distintos animales: la primacía de la *posición relativa* de los materiales orgánicos se ajustaba a la exigencia sustantiva y primaria de una pauta morfológica para reconstruir fósiles, con independencia de las correlaciones funcionales cuverianas, sostenidas en analogías. Con el advenimiento del darwinismo, las homologías fueron resignificadas al ser consideradas "indicadores de las relaciones de filiación cuya identificación (…) se erigió en el principal objetivo teórico de la Historia Natural de los seres vivientes" (Caponi, 2017, p.82), mientras que las exigencias funcionales cuverianas devinieron en "contingencias de la lucha por la existencia" (Caponi, 2017, p.83).

número limitado de piezas y modificado evolutivamente a partir de exigencias funcionales diversas (*Cfr.* Caponi, 2017, p.86): Ameghino comprendía, así, la posibilidad de un cálculo filogenético con fundamento en el supuesto por el que la evolución tiende hacia una mayor diferenciación de los elementos morfológicos, a partir de la descendencia con modificación de piezas homogéneas; esta condición es la que determinó la producción de sus principios de seriación.

B1.1.2.2. Leyes retrodictivas ameghinianas

Si la paleontología predarwiniana apelaba a la reconstrucción de fósiles según determinaciones morfológicas que conducían a una clasificación taxonómica sostenida en las *correlaciones funcionales* cuvierianas, Ameghino pretendía leyes de seriación evolutivas que permitieran ordenar filogenéticamente a los individuos: "Del mismo modo en que Cuvier decía 'dadme un hueso cualquiera del esqueleto y os daré el animal' (Ameghino, [1884]1915a, p.69), Ameghino procuraba poder decir, 'dadme al acaso dos formas distintas de mamíferos y os restauraré los intermediarios" (Caponi, 2017, p.95). En ello, Ameghino (1884) esperaba hallar retrodicciones, a partir de:

> Un procedimiento exacto, fijo, constante, que nos permite, aún sin conocer los fósiles que pueden demostrarlo, determinar la época en que ha desaparecido cada órgano o carácter zoológico, la época en que ha desaparecido, las especies que presenciaron su principio y su término, o en las que apareció y desapareció y hasta determinar la existencia de ciertos caracteres en antecesores de animales actuales, que no han dejado en sus descendientes absolutamente ningún rastro de su antigua existencia (Ameghino, [1884]1915a, p.387).

El cálculo de seriación filogenética ameghiniano debía contribuir a la ordenación paleontológica de grupos de especies en un árbol que, retrospectivamente, indicara el posible aspecto morfo-funcional del ancestro común; la clasificación genealógica de las especies, como seriación que permitiera determinar la sucesión cronológica de transformación, requería establecer las leyes que Ameghino había de proponer en *Filogenia*, a fin de incrustar la paleontología en la escuela darwinista: "¿Qué tipo de representación del árbol sostiene Ameghino? A diferencia del árbol genealógico de Haeckel, el árbol de Ameghino no es jerárquico[31]. La copa es muy ramificada, y las ramas que llegan a la parte superior son las especies actuales y están todas a un mismo nivel. Las ramas cortadas son las especies extinguidas que no dejaron descendencia" (Torreblanca, 2014, p.100).

Según Caponi (2017), las leyes de seriación filogenética ameghinianas tenían como finalidad producir "retrodicciones":

> Decir que las generalizaciones a las que alude Ameghino pretenden proveer conocimiento *estrictamente retrodictivo* significa, entonces, que ellas no quieren habilitarnos a conocer procesos evolutivos futuros; sino a inferir la ocurrencia de eventos, estados de cosas, y procesos pasados o presentes, e incluso a inferir la existencia en el pasado o en presente de entidades sobre las cuales carecemos de cualquier conocimiento directo" (Caponi, 2017, p.99).

Las retrodicciones situaban a la paleontología en una función similar a la usualmente practicada por la astronomía (*Cfr*. Ameghino, [1884]1932d, p.319) y escoltaban la reconstrucción de seriaciones filogenéticas: "La única clasificación que puede tener derecho al título de natural será la que disponga los seres actuales y extinguidos en series que correspondan al orden geológico en el que se han sucedido en el tiempo las distintas formas transitorias de una misma rama"

---

[31] Ameghino ([1884]1915a, p.59) revisaba las clasificaciones existentes para determinar la distinción entre aquellas que, propias de los primeros naturalistas (entre ellos, Bahun), atendían a los caracteres externos o aparentes "como el color, la talla, el número de dedos y su disposición, el número y forma de los dientes, la forma exterior del individuo, etc.; pero sus sucesores agregaron bien pronto los caracteres que proporcionan los órganos internos, especialmente los huesos en los animales provistos por ellos" (Ameghino, 1915a, p.16). De este modo, proponía criterios de: a) Semejanza y desemejanza b) Subordinación de caracteres; c) Agrupación y colocación zoológica; d) Término de comparación.

(Ameghino, [1884]1932d, p.12). Asimismo, suponía no tan solo la continuidad de las especies, "que no son más que formas derivadas de otras preexistentes que a su vez tuvieron origen en otras formas anteriores" (Ameghino, [1884]1915a, p.133), sino también una forma irreversible de la evolución, en tanto "las especies aparecen una sola vez en la eternidad de los tiempos" (p.121), aunque "muchas especies y géneros de animales han desaparecido no por trasformación, sino por extinción sin dejar descendencia; son las ramas secas del árbol [y] todos los animales actuales deben tener predecesores en las épocas geológicas pasadas" (Onaha, 2020, p.605). Las retrodicciones, sostenidas sobre el supuesto de una evolución continua e irreversible "además de permitirnos reconstruir el ancestro común del cual debían derivarse un conjunto de especies ya conocidas, esas inferencias también podrían llegar a indicarnos la existencia y configuración de tipos intermedios entre ese ancestro y las formas derivadas conocidas" (Caponi, 2017, p.102).

Caponi (2017) señala que, en Ameghino, las leyes filogenéticas se refieren a procesos en los que hay inscritos patrones constantes sin mención de la causa originaria: "Las *leyes de Ameghino* aún podrían ser consideradas como semejantes a las leyes de Kepler en un aspecto muy significativo: unas y otras aluden a patrones constantes en la secuencia con la que se daban ciertos procesos" (Caponi, 2017, p.108). Así descritas como *leyes de sucesión*, la formulación ameghiniana supondría cierta relación con una forma de evolución ortogenética que "proponía que las transformaciones evolutivas eran unidireccionales, y provocadas por causas internas, desvinculadas del ambiente exterior, de aquellas 'causas accidentales' que postulaba Ameghino … Los 'caracteres de progresión constante' (al menos en el caso del aumento del cerebro) evolucionaban ortogenéticamente, movidos por un 'primer impulso', una 'propiedad de los organismos animales' (Ameghino, 1884, p. 334)" (Salgado, 2011, p.126). Pero, contra Salgado (2011), Caponi (2017, 2019) considera como muy poco probable que los principios ameghinianos fueran ortogenéticos, debido al carácter retrodictivo de esas leyes que "pretendían permitirnos saber dónde debía arrancar una secuencia de cambios evolutivos cuyo resultado ya hubiésemos constatado, y cuáles pudieron ser las etapas intermedias que llevaron a él" (Caponi, 2017, p.112), sin teleología supuesta y, por ello, sin posibilidad de formular predicciones sobre la eventual finalidad intrínseca de la evolución: las leyes no habían de registrarse en todos los linajes y describían tendencias evolutivas que, pese a ser irreversibles, podían detenerse.

Las *leyes de sucesión* permitían describir un proceso transformista irreversible y reconstruir filogenias por medio de retrodicciones que exhibieran especies intermedias, en dirección hacia el ancestro común de la familia. Para este propósito, debía tenerse en cuenta la inserción de las *unidades de tipo* y de las correlaciones cuverianas en las seriaciones, seleccionando con especialmente atención los *caracteres de adaptación, organización y progresión*[32]. Pues, Ameghino formuló una seriación filogenética por la que suponía que "No son los caracteres los que deben crear los grupos zoológicos, son los grupos zoológicos los que ... deben indicarnos cuáles son los caracteres que los distinguen" (Ameghino, [1884]1932d, p.340), teniendo en cuenta, además, la datación estratigráfica para determinar la antigüedad geológica de los fósiles hallados. De esta manera, la conjunción de las leyes retrodictivas y el *principio pithecometra* de Huxley (1863) le permitirían a Ameghino proponer un método aplicado a calcular la filogenia humana y los atributos del ancestro común.

B1.1.2.3. Método retrodictivo ameghiniano de fase 3 (Tuomi, 1981) con *principio pithecometra*

---

[32] Los *caracteres de adaptación* describen las variaciones de tamaño o forma de un órgano en la seriación filogenética de los vertebrados, los *caracteres de organización* se refieren al número de piezas osteológicas de cada animal, mientras que los *caracteres de progresión* "parecen seguir en su desarrollo una progresión que tiende a alejarlos constantemente de su punto de partida" (Ameghino, [1884]1915a, p.231), al exhibir el carácter unidireccional de las transformaciones que "no retroceden y siempre terminan retomando su camino evolutivo" (p.234).

89

El "Capítulo XVI" de *Filogenia* fue central en la comprensión antropogénica general de Ameghino (1884) pues, se proponía una serie de hipotéticos hominidios, ancestros sucesivos de *Homo,* a saber: *Prothomo; Diprothomo; Triprothomo; Tetraprothomo*, a partir del procedimiento de seriación filogenética.

Ameghino (1884) aplicaba su propio método en la seriación del chimpancé-orangután, gibón y ser humano, a partir de los caracteres de progresión y de organización. Con ello, deducía que "el hombre y los antropomorfos actuales derivan de un antecesor común o tronco primitivo, del cual se desprendieron a intervalos diferentes, antecesor cuyos caracteres es preciso restaurar para reconstruir la genealogía de sus descendientes actuales" (Ameghino, [1884]1915a, p.365). En este sentido, debía esclarecerse la existencia de un *Ancestro A* e intermediarios *a, b, c* y *d* (p.367) y afirmaba que el orangután no podía descender ni del gorila ni del chimpancé, ni éstos del orangután, en el que se daba una situación análoga a la acontecida con el gibón, en cuanto a la existencia de dos grupos que no presentaban similar organización:

a) *Simia*: poseía, según el naturalista, los 5 dedos de cada miembro desarrollados y con uñas.

b) *Metasimia*, el pulgar del pie atrofiado y sin uña.

Esto lo llevaba a restaurar deductivamente intermediarios, en atención a la progresión de las vértebras, de lo que infería un antecesor *c* para el orangután, que debió haberse desprenderse de la rama que dió origen al ser humano y al gibón, antes de la aparición del antecesor *e*, el cual tenía las piezas del esternón reunidas en un solo hueso.

Finalmente, con respecto al gorila y chimpancé, establecía la inexistencia de una relación de precedencia entre ambos, ya que el chimpancé había de tener un cerebro menos evolucionado, sin que ello denotara mayor inteligencia en el gorila. Por su parte, el gorila no podía descender del chimpancé, debido a la posición menos avanzada en dirección a la posición vertical de su columna. Así es que, ambos: "O descienden de un antecesor común que se desprendió más o menos directamente de la línea ascendente que conduce al hombre, al gibón y al orangután, o se han desprendido por separado de dicha línea ascendente, evolucionando igualmente por separado" (Ameghino, [1884]1915a, p.380). Ameghino afirmaba poder admitir la última posibilidad, si los caracteres de organización entre ambos fueran notables, y, sin embargo, ello no sucedía. De aquí es que, según las seriaciones, descendieran de un ancestro común inmediato *a*, con un intermediario *b*, precedido por *c*, y éste último relacionado directamente con *A*:

> *A* es así el antecesor común del hombre y de los cuatro antropomorfos actuales cuyos caracteres generales reúne; y tomó a su vez origen de otro antecesor B caracterizado por presentar separados los seis huesos del esternón que siguen al manubrio, el maxilar distinto de los maxilares y el *sacrum* compuesto de 3 o 4 vértebras, como en la mayoría de los monos catarrinos o del antiguo continente, los que se separaron de un antecesor más lejano antes que B; y así podríamos seguir hasta ligar el hombre a todos los demás primatos y al resto de los mamíferos. Una vez restaurada la genealogía del hombre y de los antropomorfos existentes, podemos designar igualmente con nombres genéricos propios a cada uno de los antecesores restaurados [...] indicando los principales caracteres distintivos de cada una de las formas restauradas. (Ameghino, [1884]1915a, p.375).

La antropogenia ameghiniana deducía así a los precursores de seres humanos, gibones, gorilas y chimpancés, con:

1. *Proanthropomorphus* o precursor del *Anthropomorphus*, como punto de partida.

2. *Anthropomorphus* se constituía como antecedente tanto del ser humano como de los antropomorfos actuales, y era a partir de éste que si iniciaban dos líneas evolutivas paralelas:

A1. a. *Triprotroglodytes* (tercer antecesor del gorila y chimpancé), entre cuyos intermediarios Ameghino mencionaba a b. *Diprotroglodytes* (segundo antecesor) y c. *Protroglodytes* (primer antecesor);

A2. a. *Coristernum*, se presentaba como antecesor común del hombre, gibón y orangután. La línea, que partía de *Coristernum* y alcanzaba al orangután (*Simia* y *Metasimia*), presentaba como intermediarios a. *Triprotosimia* (tercer antecesor del orangután), b. *Diprotosimia* (o segundo antecesor del orangután) y c. *Protosimia* o primer antecesor del orangután.

B. *Collensternum*, procedía de *Coristernum* y era deducido como antecesor común del hombre y del gibón:

B1. Desde *Collensternum*, Ameghino proponía sólo un intermediario con el gibón, a saber, a. *Prothylobates*, del que se deducían los dos grupos sobre los que ya había teorizado: *Hylobates* y *Methylobates*.

B2. La línea evolutiva humana, también desde B., deducía cuatro antecesores: a. *Tetraprothomo*, b. *Triprothomo*, c. *Diprothomo* y d. *Prothomo* [33].

En la conclusión a *Filogenia,* Ameghino (1884) advertía que la seriación aplicada al ser humano había sido hecha a grandes rasgos, a fin de ser empleada como ejemplo práctico y "en el que pueden haberse deslizado algunos errores, pues no hemos entrado en los detalles, ni hemos aprovechado las indicaciones preciosas que nos ofrecen una multitud de otros caracteres, ya constantes, ya anómalos

---

[33] La forma craneana horizontal revela inferioridad evidente, mientras que la elevación vertical y curvatura, son las que contribuyen a observar un mayor grado de desarrollo intelectual, con cráneos esféricos como el humano (*Cfr.* Ameghino, [1884]1915a, p.179). Salgado *et al.* (2004) centra sus preocupaciones en torno al carácter *primitivo* del cráneo dolicocefálico, y a la ambigüedad acerca de si el poseedor de éste constituiría una especie *inferior:* "En *Filogenia*, a diferencia de lo que se lee en *La antigüedad del hombre en el Plata*, el hombre americano en su conjunto posee un mismo grado evolutivo; no se habla en esta obra de vestigios viviente de razas inferiores en nuestro continente" (p.786).

o reversivos, que a menudo se presentan tanto en el hombre como en los antropomorfos" (Ameghino, [1884]1915a, p.388). En este sentido, Ingenieros (1951), entendía que las leyes no están a cubierto de objeciones "por eso los primeros resultados fueron imperfectos, ya que varias de las clasificaciones presentadas como ejemplos fueron posteriormente rectificadas por Ameghino, malgrado su notoria inclinación a insistir sobre ciertas series de tipos intermedios determinados hipotéticamente" (p.106).

B1.2. Conclusiones parciales de Capítulo

Filogenia se constituyó en el método de seriación transformista sostenido en *caracteres de adaptación* (con fundamento lamarckiano) *organización* y *progresión*, con los que Ameghino formuló "leyes" a partir de las cuales deducir los intermediarios entre los vertebrados mamíferos actuales y sus ancestros: el método le permitió retropredecir cuatro antecesores humanos (*Tetraprothomo, Triprothomo, Diprothomo* y *Prothomo*), y una relación próxima de parentesco con los gibones, a través de un ancestro común (*Collesternum*), derivado de una forma común a gorilas y chimpancés (*Coristenum*), que procedería de *Antropomorphus* y, éste, a su vez, de *Proantropomorphus*.

Si continuáramos el mismo examen encontraríamos que los más próximos parientes zoológicos de los antropomorfos son los monos del antiguo continente o catarrinos; y si restauráramos la genealogía de éstos, encontraríamos que descienden igualmente de un antecesor común *x* cuyo más próximo pariente sería el *Proanthropomorphus*; pero entre ambos sería necesario intercalar otros intermediarios para unirlos a otro antecesor común más lejano. Continuando el mismo examen encontraríamos que seguirían a esos monos los del nuevo continente o platirrinos, a éstos los *Arctopithecus* (también del nuevo mundo), a estos últimos los africanos lemúridos, a los cuales les seguiría el anómalo *Cheiromys* del mismo continente. (Ameghino, [1884]1915a, p.389).

Por *Filogenia*, Ameghino conservaría tres enunciados elementales, que se convertirían en sustento metodológico para el abordaje de toda seriación que produjera, desde 1884, a saber:

a) El carácter primitivo de los cráneos dolicocefálicos, de los que pretendía hacer evolucionar a los braquicefálicos.

b) El acelerado proceso de osificación, por el que cesaría en los antropomorfos la expansión cerebral (a lo que desde 1902 llamaría *bestialización*)

c) Los atributos de los intermediarios y ancestro común de humanos y antropomorfos.

En el Capítulo II, se reconstruyen las distintas argumentaciones ameghinianas referidas a las hipótesis sobre el origen sudamericano del ser humano, subrayándose la aplicación que hizo el sabio naturalista de su método de seriación filogenética, a partir la reconstrucción de las distintas relaciones de parentesco entre los mamíferos fósiles de Pampa-Patagonia, en el período 1889-1910.

Capítulo II – Reconstrucción de argumentaciones ameghinianas sobre el origen y dispersión del ser humano (1889-1910)

En este Capítulo, se intenta reconstruir el conjunto de las argumentaciones elaboradas por Ameghino en el período 1889-1910, a partir de las evidencias recolectadas en Pampa-Patagonia. En este sentido, se presupone que el MFA contribuyó (aunque no de manera excluyente, debido a que poseía también genealogía sin grandes hiatos y secuencia cronológica/continua) a establecer las sucesiones faunísticas con las cuales el sabio naturalista abdujo la hipótesis sobre el origen sudamericano de los mamíferos, la que es tratada en el Apartado I. Enseguida, se interpreta que dicha abducción se constituyó en condición de posibilidad para la deducción de implicaciones de prueba que contrastaran la hipótesis sobre el origen sudamericano del ser humano, ordenadas en el Apartado II, en el que se sistematizan:

a) Las evidencias (A) producidas por Florentino y Carlos, entre 1889-1910, así como:

b) Las evidencias (B), hechas por la comunidad de adherentes y detractores, entre 1912-1932.

Por último, en el Apartado III se intenta una reconstrucción general de la argumentación propuesta por Ameghino, a partir de los vestigios, abducciones y deducciones realizadas.

2.1. Apartado I – Retroducción ameghiniana sobre el origen sudamericano de los mamíferos

En Tuomi (1979, 1981), la fase 4 se corresponde con las implicaciones de prueba con las cuales habrían de probarse los modelos (retro)predictivos propuestos en la fase 3; así, las implicaciones contrastadoras de las hipótesis retrodictivas sobre los árboles filogenéticos simulados se relacionaban *directamente* con las teorías específicas propuestas en fase 2, (en este caso, con una teoría de la

95

descendencia humana restringida por el *principio pithecometra* y orientada por la UTFC) e *indirectamente*, con la deliberación sobre los mecanismos de cambio evolutivo. Sin embargo, la antropogénesis ameghiniana no sólo fue deducida a partir de la *retrodicción* de los atributos de los precursores humanos hecha en *Filogenia* (1884) (fase 3), sino también a partir de la *retroducción* acerca del origen austral y dispersión de los mamíferos sudamericanos. En este Apartado, entonces, se propone reconstruir la abducción dispersalista ameghiniana.

2.1.1. Abducción dispersalista ameghiniana

La abducción puede ser comprendida en el marco de una *lógica del descubrimiento* por la cual "en la sugerencia inicial de una hipótesis es muy frecuente un asunto razonable. No viene afectada tan a menudo por la intuición, la penetración, las corazonadas u otros imponderables como sugieren muchos biógrafos o científicos" (Hanson, 1977, p.165). En esta línea, el pragmatismo peircianos se propuso un método de conocimiento conformado por tres inferencias interrelacionadas: abducción, deducción e inducción[1], entendidas como momentos de indagación o "llave" de la lógica, en los que la abducción se muestra útil a los fines de sugerir hipótesis provisionales, cuyas consecuencias se obtienen por deducción y son contrastadas por inducción.

La retroducción de hipótesis es, de esta manera, la única clase de argumento que origina ideas nuevas, en tanto juicio abductivo que supone la interpretatividad conjetural del juicio perceptual. Por esto,

---

a) [1] Abducción: interpreta los rasgos (r) a partir de una regla (R) que los transforma en casos (c) propios: R+r→c. En la abducción o hipótesis, la conclusión se obtiene por mediación de una regla formulada a partir del reconocimiento de cierto patrón observable en los fenómenos estudiados.

b) Deducción: constituye un tipo de inferencia en la que se afirma una regla (R) y un caso (c), obteniéndose con ello un rasgo o resultado (r) que la regla enuncia: R+c→r.

c) Inducción: generaliza una regla (R) a partir de ciertos rasgos (r) presentes en los casos (c) observados: c+r→R.

no se exime el hecho por el que las hipótesis propuestas sean erróneas, lo que promueve su carácter falibilista al estar abiertas a revisión comunitaria. Por otro lado, sobre la producción de hipótesis, Samaja (1993) apela a la analogía para indicar que las reglas (R) del razonamiento abductivo pueden ser formuladas a partir de otras ya disponibles, y a la vez, ser extrapoladas para explicar el caso (c): esto presupone la existencia de criterios previos para la selección de hipótesis, con lo que se rechaza el azar en su formulación: "La percepción de una semejanza con algo muy conocido nos empuja a derivar que nuestro rasgo se explica por una Regla como la que está empotrada en nuestro caso familiar [...] de manera que la abducción que pone la explicación al alcance de nuestra mente ha sido posible gracias a que la analogía ha reducido drásticamente el campo de búsqueda y le confiere el fundamento que emana de la eficacia de la propia *praxis* humana" (Samaja, 2002, p. 187).

La (R) analógica determina condiciones de posibilidad para la producción de la (R) propia del fenómeno que se intenta comprender, en especial, cuando se trata de:

a) Abducciones de segundo tipo, en las que "la ley mediadora a emplear para inferir el caso del resultado se encuentra por selección en la enciclopedia disponible" (Bonfantini et al, 1989, p. 183), lo que es concordante con la práctica de la ciencia, en períodos kuhnianos normales.

b) En tanto, las abducciones de tercer tipo infieren el caso (c) del resultado (r) a partir de una regla (R) *ex novo*, inventada, que se correspondería con los períodos de ciencia kuhniana revolucionaria[2]. Esta (R) *ex novo* es similar a la abducción creativa propuesta por Eco (1989), la cual lleva a practicar una meta-abducción que consiste en "poner a prueba la abducción creativa efectuada. Esto se debe a que, en éstas, la regla o ley

---

[2] Eco (1989) designa una forma de abducción hipercodificada similar a la forma de primer tipo de Bonfantini *et al.* (1989), en la que la regla viene dada de forma automática o semiautomática.

inventada no está, a diferencia de lo que sucede con los dos primeros tipos de abducción, establecida o reconocida como válida. Por eso, cuando una hipótesis creativa resulta corroborada, da lugar a cambios revolucionarios" (Eco, 1989, pp. 276-277).

Pues, dado que, con Ramundo (2010) se ha optado por evitar la distinción entre *ciencia inmadura/normal/revolucionaria*, se hace preciso caracterizar la retroducción dispersalista ameghiniana como una hipótesis de segundo tipo (Bonfantini *et al.* 1989, p. 183), que disponía de reglas análogas (R) para explicar el hallazgo de vestigios de mamíferos fósiles en horizontes asociados al Cretáceo patagónico (r), así como criterios plausibles para su selección. En efecto:

Pocos años después de la publicación de *On the origin of species* (Darwin, 1859), Wallace (1876) publicó *The geographical distribution of animals*. Esta obra representa el punto de partida del paradigma dispersalista, que habrá de culminar en la primera mitad del siglo XX con la "escuela zoogeográfica de Nueva York" (Nelson y Ladiges, 2001; Morrone, 2003, 2009), integrada por William Diller Matthew, George Sprague Myers, George Gaylord Simpson, Philip J. Darlington Jr. y Ernst Mayr entre otros. Se han formulado numerosas teorías biogeográficas dentro del marco dispersalista, que ponen en evidencia lo heterogéneo que es este paradigma (Morrone, 2002). Una de éstas fue desarrollada por Florentino Ameghino para explicar el origen y distribución de los mamíferos sudamericanos (Morrone, 2011, p.81).

La hipótesis biogeográfica sobre el origen y dispersión de los mamíferos sudamericanos fue propuesta por Ameghino ante el hallazgo de fósiles de asociaciones faunísticas de mamíferos en horizontes cretácicos que determinaban su coexistencia con dinosauros en Patagonia. Si bien puede considerarse que Ameghino practicó una inducción incompleta, en la medida en que se sostuvo en una muestra insuficiente, poco exhaustiva y diversa de casos[3], es

---

[3] En concordancia con Podgorny (2015) y Bowler (1986), para quienes la

preciso distinguir que:

a) Los principios de seriación filogenética propuestos en *Filogenia* (1884) fueron aplicados en la determinación de las *sucesiones faunísticas* de Pampa-Patagonia (véase en ap. II: (C-II.1), (C-II.2) y (C-II.3)), mientras que:

b) La hipótesis paleográfica, ciertamente, se *abdujo* a partir de la asociación entre mamíferos y dinosaurios en el Cretáceo patagónico.

La enunciación del razonamiento abductivo dispersalista ameghiniano b), puede expresarse del siguiente modo:

R) Regla: Si los mamíferos actuales se originaron y dispersaron en y desde América del Sur, entonces deberían encontrarse restos de mamíferos fósiles antiguos en esa región.

r) Resultado: Se encuentran restos de mamíferos fósiles antiguos en esa región, en horizontes cretácicos de Patagonia asociados a la existencia de dinosaurios.

c) Caso: Los mamíferos actuales se originaron y dispersaron en y desde América del Sur.

En este sentido, los restos de mamíferos, como indicios (r), fueron interpretados a partir de la proposición de una regla (R), obtenida por analogía desde "la enciclopedia disponible" (Bonfantini *et al.* 1989, p. 183), a consecuencia del ejemplo dispersalista ofrecido por Darwin/Wallace, para concluir el caso (c).

2.1.2. Buenas razones para creer en (c)

La abducción dispersalista fue ajustada por Ameghino en 1891, 1893, 1894, 1897, 1902, 1900-1903, 1906 y 1907. En *Doctrinas y descubrimientos* (1915b), se sintetizaba la última versión de la retroducción, en la que el sabio naturalista señalaba las *buenas razones*

---

reconstrucción filogenética, en el siglo XIX, fue realizada a partir de un registro fósil escaso y controversial.

para creer en la hipótesis, a saber:

> De los antiguos mamíferos de la Patagonia se originaron los mamíferos que han habitado o habitan toda la superficie de la tierra, a partir del cretáceo superior (fines de la era secundaria o mesozoica). Después de descubierta la fauna de *"Pyrotherium"* y la del *"Astraponotus"*, la más antigua del *"Notostylops"* y la más antigua todavía del *"Proteodidelphys"*, es imposible sostener que los mamíferos de Patagonia desciendan de los de Norte América.
>
> Quedarán dos explicaciones:
>
> 1°. Los mamíferos antiguos de Patagonia son de origen independiente; sus semejanzas con las faunas de otros continentes son un resultado del azar o de adaptaciones a condiciones semejantes. Esta explicación es demasiado simple e implica un retroceso a la antigua teoría de las creaciones sucesivas e independientes.
>
> 2°. Los diversos grupos de los antiguos mamíferos de Patagonia tienen un origen común con los grupos similares del resto de la tierra; sus semejanzas son el resultado del parentesco o de la unidad de origen. Esta explicación es esencialmente evolutiva y transformista, obligando a reconstruir su filogenia sobre los datos de la paleontología comparada (Ameghino 1915b, p.193)[4].

Así pues, la argumentación (A) para obtener (R), supone que:

1. Si los mamíferos antiguos de América del Sur *son similares* a los de otras regiones del planeta, entonces *o bien* unos y otros tienen orígenes independientes y convergieron en características similares, *o bien* están emparentados. (Premisa)

2. Los mamíferos antiguos de América del Sur son de hecho similares a los

---

[4] Se subraya que el capítulo "Origen y emigraciones de la especie humana", publicado en *Doctrinas y descubrimientos*, según consta en la edición original de 1915, aparecieron primeramente en la *Revista de Filosofía*, con la siguiente nota de su director "Son la ordenación de fragmentos que me señaló personalmente Ameghino, en 1910, para publicarlos en su forma actual en los 'Anales de la Sociedad de Psicología', que yo dirigía, y que dejaron de publicarse durante mi ausencia del país. "La redacción original ha sido respetada al copiarlos o traducirlos, sin más correcciones que las de forma y estilo. Al publicarlos después de su muerte, y por un justo escrúpulo de fidelidad, he pedido a Carlos Ameghino el favor de que revisara los dos artículos, seguro de que nadie podría hacerlo con más autoridad" (Ameghino, 1915b, p.185)

de otras regiones del planeta. (Premisa)

Por lo tanto,

3. *O bien* unos y otros tienen orígenes independientes y convergieron en características similares, *o bien* están emparentados (Conclusión de (1) y (2) por *modus ponens*)

4. No es el caso que unos y otros tengan orígenes independientes. (Premisa)

Por tanto,

5. Los mamíferos antiguos de América del Sur están emparentados con los de otras regiones del planeta. (Conclusión de (3) y (4) por *silogismo disyuntivo*)

6. Si los mamíferos antiguos de América del Sur están emparentados con los de otras regiones del planeta, entonces *o bien* los de América del Sur descienden de los de otras regiones del planeta, *o bien* los de otras regiones del planeta descienden de los de América del Sur. (Premisa)

7. *O bien* los mamíferos de América del Sur descienden de los de otras regiones del planeta, *o bien* los mamíferos de otras regiones del planeta descienden de los de América del Sur. (Conclusión de (5) y (6) por *modus ponens*)

8. *Si* los mamíferos de América del Sur descienden de los de otras regiones del planeta, *entonces* tendrían que descender, específicamente, de los de Norteamérica. (Premisa) [Esta sería la primera de las dos generalizaciones]

9. *Si* los mamíferos de América del Sur descienden de los de Norteamérica, entonces no pueden ser *más* antiguos que los de Norteamérica. (Premisa)

10. Las asociaciones faunísticas de mamíferos son más antiguas que (todos) los de Norteamérica (es decir, *no existen* mamíferos norteamericanos aún desconocidos que sean más antiguos que los de estos cuatro géneros). (Premisa)

11. Si asociaciones faunísticas de mamíferos son más antiguas que *los* de Norteamérica, entonces los mamíferos de América del Sur, *en su conjunto,* son más antiguos que (todos) los de Norteamérica. (Premisa)

Por tanto,

12. Los mamíferos de América del Sur, *en su conjunto,* son más antiguos que (todos) los de Norteamérica. (Conclusión de (10) y (11) por *modus ponens*)

Pero esto implica, dada la condición establecida en (9) sobre la relación entre "ser más antiguo que" y "descender de", que

13. Los mamíferos de América del Sur no descienden de los de Norteamérica. (Conclusión de (9) y (12), por *modus tollens*)

Y, a su vez, dada la generalización que vinculaba en 8 a Norteamérica con otras regiones del planeta, esta conclusión parcial implica que:

14. Los mamíferos de América del Sur no descienden de los de otras regiones

del planeta. (Conclusión de (8) y (13), por *modus tollens*)

Pero, dado (7) (*o bien* los mamíferos de América del Sur descienden de los de otras regiones del planeta, *o bien* los mamíferos de otras regiones del planeta descienden de los de América del Sur), y descartada (4), sobre la posibilidad de orígenes independientes. Entonces, se rechaza que los mamíferos sudamericanos desciendan de los de otras regiones o tengan orígenes independientes, por lo que:

15. Los mamíferos de otras regiones del planeta descienden de los de América del Sur. (Conclusión de (7) y (14) por *silogismo disyuntivo*).

Con ello, interpretaba como *buenas razones* para creer en la abducción dispersalista de mamíferos sudamericanos:

a) La imposibilidad de:
1. La descendencia de mamíferos sudamericanos a partir de los norteamericanos (A.13) y de otras regiones del planeta (A.14)
2. El origen independiente de los mamíferos (A.4), en rechazo a la evolución polifilética.

b) La necesidad de:
1. La unidad de origen por filiación común como explicación transformista (por el rechazo de A.4), lo que requería del cálculo filogenético aplicado a la paleontología comparada, en apoyo a una evolución monofilética.
2. La teoría de los puentes de tierra como hipótesis *ad hoc* de la dispersión de mamíferos[5]: En rigor, suponía las

---

[5] El 12 de enero de 1890, Ameghino iniciaba un intercambio postal con el biólogo alemán Hermann von Ihering, quien residía en Brasil desde la década de 1880 y se convertiría en Director del *Museu Paulista* desde 1894: esta asociación fue bautizada por Gaudry como "Ameghino, von Ihering & Co., [y] trabajaba de la siguiente manera: en San Pablo, von Ihering clasificaba la fauna de invertebrados que permitía datar las formaciones patagónicas; en el campo, Carlos coleccionaba fósiles, observando y registrando los estratos, y en La Plata, Florentino establecía la secuencia geológica, clasificaba y determinaba los mamíferos provistos por las excursiones de Carlos" (Podgorny, 2009, p.235)[5].

siguientes vías:

I. Emigración cretácea a Australia[6].
II. Emigración cretáceo-eocena a África.
III. Emigración Oligo-miocena a África.
IV. Emigración mioceno-plioceno-cuaternaria a América del Norte[7].
3. La datación estratigráfica con criterio paleontológico, aplicada a la cronología de (A.12), (A.13) y (A.14).

Según Ameghino (1900-1903), la distribución geológica y geográfica propuesta constituía una prueba con completa evidencia de que el punto de partida de los mamíferos "fue América del Sud, que de aquí pasaron a África, de allá a Euroasia y de Euroasia a América del Norte, de donde algunos descendieron hacia el Sur, volviendo otra vez a su punto de partida, aunque completamente cambiados. Tracé por primera vez en 1897 el camino recorrido por esta antigua emigración" (Ameghino, 1900-1903, p.321)[8] [9].

2.1.2.1. Deducción ameghiniana de implicaciones de prueba

---

[6] Ingenieros (1951) enfatiza que, por ello "No hubo emigración en sentido contrario, es decir, de Australia a Patagonia" (p.121)

[7] Ocurría con la emigración de mamíferos sudamericanos a Norte América, a través del surgimiento de una superficie territorial en la región actual del golfo de Panamá y el Mar Caribe.

[8] Mercante (1911) indica que la obra de Ameghino "fue por su método, por sus descripciones, por sus inducciones, por sus descubrimientos, por sus teorías, reveladora de la fauna casi desconocida de un continente, del que se tenían grandes ejemplares, pero no los pequeños, y derrumba el edificio que en Europa y América, durante cien años se venía construyendo acerca del origen e irradiación de los mamíferos" (p.112)

[9] En apoyo de esta "no poco atrevidas y paradojales" ideas, Ameghino (1900-1903) señala el acuerdo que con ellas tienen "naturalistas como Tullberg, que se ha ocupado con especialidad del estudio de la distribución geográfica de los mamíferos, admite la existencia de antiguas migraciones de América del Sud a África. Paleontólogos como Osborn, que no ha mucho consideraba todavía a América del Norte como centro de dispersión de los mamíferos, hoy cree que África ha sido el centro de dispersión de mamíferos que pasaron sucesivamente a Euroasia y a América del Norte, llegando algunos de ellos hasta América del Sud. Solo le falta reconocer la antigua migración de América del Sur a África" (p.323).

La abducción dispersalista ameghiniana (c), reconstruida en el ap. I, sugería que:

a) Primera afirmación de (c): Los mamíferos actuales se originaron en América del Sur.

b) Segunda afirmación de (c): Los mamíferos fósiles se dispersaron desde América del Sur.

Los dos enunciados forman una conjunción lógica y constituyen el (c) de la retroducción, en la que se asume que ambas proposiciones son verdaderas en conjunto.

Si se considera sólo la primera afirmación de (c), es posible deducir las siguientes implicaciones contrastadoras:

I. Se observa una mayor antigüedad de los mamíferos fósiles en Patagonia que en otras regiones del mundo.

II. Se observa una relación de parentesco continua entre los rasgos morfológicos de los mamíferos fósiles y los mamíferos actuales.

Así pues, mientras que (c) es comprendida como hipótesis de la abducción dispersalista obtenida a partir de (r) y (R), en este caso, se presenta como la premisa para la deducción de nuevas implicaciones de prueba, en particular, filogenéticas. Por otro lado (II), es susceptible de convertirse, también, en implicación contrastadora de los modelos retrodictivos de fase 3 (Tuomi, 1981). De aquí que, la ancestralidad de los mamíferos sudamericanos ofreciera a Ameghino, como consecuencias prácticas, la posibilidad de *aplicar* los principios de seriación filogenética a la reconstrucción de los linajes de vertebrados, así como la de deducir una hominización local. Ameghino (1915b) establecía que:

1°. La mayor antigüedad de la fauna de mamíferos fósiles en Sud América, incluyendo los más antiguos monos fósiles conocidos, prueba que los remotos antepasados del hombre evolucionaron en este continente; la existencia de antiquísimos restos fósiles humanos y de industrias primitivas corrobora esa hipótesis.

2°. Las emigraciones de los mamíferos sudamericanos para poblar los otros continentes, siguiendo las vías admitidas por la paleografía, se han acompañado de las emigraciones del hombre o de sus precursores inmediatos.

Se comprende, entonces, que para comprender las hipótesis antropogénicas deben tenerse presentes las conclusiones más generales de la paleontología argentina, en cuanto se refiere a la antigüedad de los mamíferos sudamericanos y a sus diversas emigraciones (Ameghino, 1915b, p.192).

La elucidación de la argumentación (B) hace ver que:

1. Si la fauna de mamíferos fósiles en América del Sur es más antigua que en otros continentes, y si se encuentran en América del Sur los más antiguos monos fósiles conocidos, entonces los remotos antepasados del hombre evolucionaron en este continente. (Premisa)
2. La fauna de mamíferos fósiles en América del Sur es más antigua que en otros continentes. (Premisa)
3. Se encuentran en América del Sur los más antiguos monos fósiles conocidos. (Premisa)
4. La fauna de mamíferos fósiles en Sudamérica es más antigua que en otros continentes y se encuentran en Sudamérica los más antiguos monos fósiles conocidos. (*Introducción de la conjunción* de (2) y (3));
   Por lo tanto,
5. *Los remotos antepasados del hombre evolucionaron en este continente.* (Conclusión de (1) y (4) por *modus ponens*).
6. Si los remotos antepasados del hombre evolucionaron en este continente, y si se encuentran antiquísimos restos fósiles de humanos, prehumanos y de industrias primitivas en los horizontes terciarios del Pampeano, entonces el hombre se originó en América del Sur. (Premisa)
7. Se encuentran antiquísimos restos fósiles de humanos, prehumanos y de industrias primitivas en los horizontes terciarios del Pampeano. (Premisa)
8. Los remotos antepasados del hombre evolucionaron en este continente y se encuentran antiquísimos restos fósiles de humanos, prehumanos y de industrias primitivas en los horizontes terciarios del Pampeano. (*Introducción de la conjunción* de (6) y (7))
   Por tanto,
9. *El hombre se originó en América del Sur.* (Conclusión de (6) y (8) por

modus ponens)[10]

Por afinidad temática, la argumentación (B), se subdivide en (B-I), en la que se incluye la hipótesis dispersalista ameghiniana:

Argumentación (B-I)
1. Si los mamíferos sudamericanos emigraron para poblar los otros continentes, siguiendo las vías admitidas por la paleografía, entonces también emigraron el hombre o sus precursores inmediatos. (Premisa)
2. Los mamíferos sudamericanos emigraron para poblar los otros continentes, siguiendo las vías admitidas por la paleografía. (Premisa)
3. Los mamíferos sudamericanos emigraron para poblar los otros continentes, siguiendo las vías admitidas por la paleografía, y también emigraron el hombre o sus precursores inmediatos. (Introducción de la conjunción de (1) y (2))
   Por tanto,
4. *También emigraron el hombre o sus precursores inmediatos.* (Conclusión de (1) y (3) por *modus ponens*)[11]

De esta manera, es posible determinar que, en tanto estructura de época y tomando en cuenta la secuencia completa y la filogenética:

a) (B.2) funciona, también, como implicación contrastadora de la primera afirmación de la abducción (c) "Los mamíferos actuales se originaron en América del Sur", en tanto puede apoyarse en la implicación contrastadora (I). Esto es equivalente a afirmar que: encontrarse con que los mamíferos fósiles (incluidos los monos fósiles) de Patagonia son más antiguos que los de otros continentes, probaría tanto el carácter ancestral de los mamíferos sudamericanos, como la posibilidad de una evolución humana en este continente. Así, la contrastación de (B.2) equivalía a hacerlo también con (II), a

---

[10] La argumentación se estructura, en general, a partir del *modus ponens*, para concluir que los remotos antepasados del ser humano evolucionaron en América del Sur (paso 5) y que el hombre se originó en América del Sur (paso 9).
[11] La estructura argumentativa emplea el *modus ponens* (paso 4) para concluir que el hombre o sus precursores inmediatos emigraron para poblar otros continentes.

partir del cálculo retrodictivo propuesto en *Filogenia* (1884), como trabajo para la paleontología o la anatomía comparada.

b) (B-I.2) funciona, en tanto, como implicación contrastadora de la segunda afirmación de (c): Los mamíferos fósiles se dispersaron desde América del Sur.

c) (B.5) debía contrastarse a partir del hallazgo de vestigios de humanos, precursores de humanos e industrias primitivas asociadas, en este continente. En este caso, la hipótesis respondía a un trabajo arqueo-antropológico.

d) La emigración del ser humano y de sus precursores (B-I.4), requería definir las vías de dispersión admitidas por la hipótesis *ad hoc* de los puentes de tierra, lo que obedecía a estudios en paleografía o biogeografía.

En efecto, en el siguiente Apartado se pretende identificar el modo en que Ameghino sometió a prueba empírica las implicaciones contrastadoras, a la vez que producía nuevas hipótesis de trabajo.

2.2. Apartado II – Abducción y retrodicción de evidencias de monos (B3), humanos, precursores e industrias (1889-1932)

2.2.1. Evidencias (A): origen y dispersión de los monos fósiles del eoceno patagónico

En *Los Monos fósiles del Eoceno de la República Argentina*[12], Ameghino ([1891]1918b) anunciaba que el hallazgo de restos de monos fósiles en los terrenos eocenos de la Patagonia austral (B3), constituía uno de los descubrimientos de mayor alcance para la paleontología argentina: "Este descubrimiento lo comuniqué a Europa en el mes de Mayo último en carta particular que le escribí al distinguido naturalista E. Trouessart y lo publiqué en el número del 1° de agosto de esta *Revista*, llamando a uno de esos animales *Homunculus patagonicus*" (Ameghino, [1891]1918b, p.369)[13].

El hallazgo de los monos fósiles (EVI30) lo llevó a realizar una serie de "Observaciones generales", al entender que los descubrimientos venían "a cambiar las ideas que hasta ahora teníamos sobre la posible mayor antigüedad geológica del hombre y de los monos, como también sobre su punto de origen primitivo" (p.381). De esta manera, afirmaba que la remota antigüedad de los monos fósiles

---

[12] Obra original publicada en 1891.

[13] Ameghino (1918b) admite haberse sentido sorprendido por la publicación de un folleto del Museo de La Plata, distribuido en octubre, en el que Mercerat anunciaba la presencia de restos de monos en el Eoceno patagónico "como un hecho completamente nuevo, del que todavía no se hubiera hecho mención; verdad es que el trabajo lleva al pie la fecha 20 de Julio de 1891, como hubiera podido llevar cualquier otra" (p.369). Los restos propuestos por Mercerat fueron encontrados en la colección del Museo..., asignándolos a un nuevo género y especie llamada *Ecphantondon ceboides*. Pese a la mención, Casinos (2012) subraya el carácter diplomático de Carlos en el sur, pues, si bien Mercerat había sido el sustituto de Florentino en el Museo de la Plata, Carlos entabla con él una relación cordial en viaje a Santa Cruz: "Incluso consigue tirarle de la lengua, y saber que está completamente desengañado de Moreno y que tiene en buena consideración al mayor de los Ameghino. Añade algunos chismorreos sobre las meteduras de pata científicas del director del Museo de La Plata, como que haya confundido una vértebra de dinosaurio con un diente de elefante" (Casinos, 2012, p.156).

era correlativa con la ausencia de carnívoros placentarios y ungulados modernos: "Por la fauna y las condiciones del yacimiento es indudable que proceden de la base del período eoceno; son, por consiguiente, los vestigios de verdaderos monos más antiguos que se conocen" (p.381). Con esto, establecía que el hallazgo ameritaba trasladar los debates sobre el precursor del hombre desde el Viejo Mundo a América del Sur, en vistas de que los monos europeos más antiguos se remontaban al oligoceno superior (*Dryopithecus*) y, por lo tanto: "La consecuencia natural es que son de origen sudamericano y que pasaron al continente euroasiático durante la época oligocena conjuntamente con otros tipos de mamíferos sudamericanos (*Didelphydae*), roedores histricomorfos, *Chalicotheridae, Toxodonia,* etc., que en esa época invadieron el Viejo Mundo" (p.382) (B11).

En lo que respecta a las relaciones filogenéticas (II), Ameghino ([1891]1918b) interpretaba que, de acuerdo con el número de dientes, transición de incisivos a molares, poco desarrollo canino, talla pequeña, etc., los géneros *Homunculus* y *Anthropops:*

> Se encuentran en las condiciones necesarias para ser los antecesores de todos los demás monos, sin que las partes conocidas hasta ahora manifiesten ningún carácter de alta especialización que permita suponer que son ramas laterales extinguidas sin descendientes modificados. Por otra parte, los monos eocenos de Patagonia considerados en conjunto, por sus relaciones con los *Protypotheridae* [...] prueban que todos ellos son íntimamente aliados y que los caracteres del grupo antecesor de los *Simioidea,* los *Protypotheridae* y los *Lemuroidea* deben realmente ser como los restauré al fundar el orden teórico de los *Atava* (Ameghino, [1891]1918b, p.382).

La existencia de monos en el eoceno patagónico, junto con *Protypotheridae,* y la existencia de lemúridos en Europa y Norteamérica, demostraba para Ameghino que la separación y constitución del grupo de los monos tenía que remontarse "a las épocas geológicas pasadas hasta los últimos tiempos de la época secundaria" (p.382) [14].

La formalización de la argumentación (C), respecto del hallazgo de monos fósiles, puede agrupar –por afinidad temática– los siguientes razonamientos:

Argumentación (C-I)

1. Si los monos fósiles de Patagonia son los más antiguos que se conocen, entonces son los antecesores de todos los demás monos. (Premisa)
2. Los monos fósiles de Patagonia son los más antiguos que se conocen. (Premisa)
   Por lo tanto,
3. *Los monos fósiles de Patagonia son los antecesores de todos los demás monos. (Conclusión de (1) y (2) por modus ponens)*[15]

Argumentación (C-II)

1. Si los monos fósiles de Patagonia son ramas laterales extinguidas sin descendientes modificados, entonces tienen algún carácter de alta especialización. (Premisa)
2. Los monos fósiles de Patagonia no tienen ningún carácter de alta especialización. (Premisa)
   Por tanto,
3. *Los monos fósiles de Patagonia no son ramas laterales extinguidas sin descendientes modificados.* (Conclusión de (1) y (2) por *modus tollens)*[16]

---

[14] Ingenieros (1919) sintetiza la revisión que realiza Ameghino a la deducción de intermediarios propuesta en *Filogenia*: "De un grupo de antiquísimos *precursores comunes* se desprenden tres órdenes. El de los *Anthropoidea* (comprendiendo los precursores directos del hombre y de los monos antropomorfos); el de los *Simioidea*, que comprendía a los demás monos, con excepción de los lemúridos; formaban éstos el tercer orden, el de los *Promiae*. Al principio de esos órdenes los subdividía, a su vez, en dos familias: los *Hominidae* (rama originaria del hombre, con posición vertical, miembros anteriores corto y cerebro sumamente grande), y los *Anthropomorphidae* (rama originaria de los antropomorfos, con posición oblicua, miembros anteriores largos y cerebro por lo menos una mitad menor)" (Ingenieros, 1951, p.139).
[15] La argumentación emplea el *modus ponens* (paso 3) para concluir que los monos fósiles de Patagonia son los antecesores de todos los demás monos.
[16] El *modus tollens*, en el paso 3, se utiliza para concluir que los monos fósiles de Patagonia no son ramas laterales extinguidas sin descendientes modificados. La

Argumentación (C-III)

1. Si hay monos en el eoceno patagónico y hay lemúridos en Europa y Norteamérica, entonces la separación y constitución del grupo de los monos tiene que remontarse a los últimos tiempos de la época secundaria. (Premisa)
2. Hay monos en el eoceno patagónico y hay lemúridos en Europa y Norteamérica. (Premisa)
Por tanto,
3. *La separación y constitución del grupo de los monos tiene que remontarse a los últimos tiempos de la época secundaria.* (Conclusión de (1) y (2) por *modus ponens*)[17]

La conclusión de (C-I.3) es similar a la premisa afirmativa (B.3), con lo que, comprobado el carácter ancestral de los monos sudamericanos y (B.2), a través de (c), podía afirmarse (B.4), esto es, que "Los remotos antepasados del hombre evolucionaron en América del Sur". Así, el hallazgo de monos en el Eoceno de Patagonia constituía una *buena razón* para creer en un proceso de hominización local, sin excluir la adhesión ameghiniana al monofiletismo (véase Anexo II)[18].

El hallazgo de monos fósiles llevó a Ameghino a revisar las relaciones de parentesco propuestas en *Filogenia* (1884). Según Ingenieros (1919):

En 1889, Ameghino reconstruye el *phylum*: "de un grupo de

---

argumentación establece una relación condicional en la premisa 1, y al negar la consecuencia de esa relación en la premisa 2, se llega a la conclusión de que la condición inicial (que los monos fósiles de Patagonia son ramas laterales extinguidas sin descendientes modificados) es falsa. El modus tollens se utiliza para inferir la negación del antecedente a partir de la negación de la consecuente.

[17] El *modus ponens*, en el paso 3, se emplea para concluir que la separación y constitución del grupo de los monos tiene que remontarse a los últimos tiempos de la época secundaria.

[18] Este aspecto es sustantivo, ya que de no tener la secuencia filogenética completa puede hacer referencia a un puente de migración.

antiquísimos *precursores comunes* se desprenden tres órdenes. El de los *Anthropoidea* (comprendiendo los precursores directos del hombre y de los monos antropomorfos); el de los *Simioidea*, que comprendía a los demás monos, con excepción de los lemúridos; formaban éstos el tercer orden, de los *Promiae*. Al principio de esos órdenes lo subdividía, a su vez, en dos familias: *Hominidae* (rama originaria del hombre, con posición vertical, miembros anteriores cortos y cerebro sumamente grande, y los *Anthropomorphidae* (rama originaria de los antropomorfos, con posición oblicua, miembros anteriores largos y cerebro por lo menos una mitad menor (Ingenieros, 1919, p.141).

En 1897, Ameghino pronunciaba en el *Instituto Geográfico Argentino* una conferencia titulada *Mammifères crétacés de l'Argentine*, en la que reafirmaba (A15) "como es evidente que ella es la más antigua fauna que se conoce de mamíferos placentarios, ha de encontrarse que es lógico que yo considere a los tipos del cretáceo de la Argentina como a los antepasados de todos los grupos que gradualmente se han desarrollado más tarde en los demás continentes" (Ameghino, [1897]1921b, p.319). Por otro lado, advertía que aquello que llamaba la atención de los naturalistas era la presencia de vestigios de simios que "aparecen como los antecesores de los lemúridos extinguidos de Europa y Norte América y de los existentes en el mediodía de Asia y África, mientras que otra rama conduce a los *Homunculidios* (*Homuncuilus, Anthropops, Pitheculus*, etcétera) del Terciario de nuestro suelo, que son los antecesores de los monos de ambos mundos y por consiguiente del Hombre" (Ameghino, [1897]1921b, p.265). De esta manera, estratificaba los hallazgos de primates según:

a. Grupos *Anthropoides*, en los pisos pliocenos de las formaciones del Pampeano inferior, superior, lacustre y actual.

b. *Simoidea,* en los pisos de la formación actual aluvial.

b. *Prosimia* en los pisos cretácicos de la formación guaranítica y santacruceña del eoceno superior (Ameghino, [1897]1921b, p.286).

Formaciones sedimentarias del Cretáceo superior y Terciario de la Patagonia (1906) constituye una obra de síntesis en la que, según

Ingenieros (1951): "Estudiando las faunas de mamíferos del Cretáceo superior y del Terciario patagónico, en comparación con las faunas de los otros continentes, estableció en 1906, las relaciones filogenéticas generales del hombre con los antropomorfos y los demás Primatos, y de éstos con los sarcoboros y los ungulados" (p.139). A partir de la EVI30 de *Los Monos fósiles...* (1891) y tal como lo hiciera en la *Contribución...* (1889), Ameghino subrayaba la relevancia de los prosimios del Cretáceo superior de la Patagonia, que habrían llegado a existir hasta el Terciario, aunque "es muy difícil establecer la relación exacta de los prosimios del Eoceno, con los del Cretácico [...] En la Patagonia inferior, están representados por el género *Clenialites* (Ameghino, [1884]1932a, p.422). Así, reiteraba que, debido a la naturaleza primitiva de los *caracteres de organización y de progresión*, era observable que *Clenialites* debía ser considerado como "antecesor de *Microsyopidae, Plesiadapidae, Anaptomorphidae* y todo el resto de los prosimios conocidos," (p.423). Por su parte, en la formación santacruceña, del eoceno patagónico, el hallazgo de los géneros *Homocentrus* y *Eudiastatus*, referidos también a los prosimios, era relevante ya que, desde un punto de vista filogenético "prueban, no sólo que los prosimios son de origen sudamericano, sino también que son estos prosimios de la Patagonia los que dieron origen a los simios" (p.423). Los debates en torno a la precedencia de los restos sudamericanos, en todo caso, debía tener en cuenta "el estado actual de nuestro conocimiento" (p.424), por el que Ameghino advertía la diversidad y abundancia de restos de monos europeos ya constituidos, sólo en el Mioceno del Terciario del Viejo Mundo, interrogándose:

> ¿De dónde vienen ellos? También se evidencia que de Sudamérica, donde se encuentran desde la base del Eoceno (*Homunculites, Fitheculites*); en el Eoceno Superior se encuentran representados por géneros no sólo muy variados sino también de bastante alta evolución (*Anthropops, Homunculus, Pithecidus*). Los monos también deben hacerlo. por lo tanto, debe ubicarse entre los mamíferos que a fines del Oligoceno o principios del Mioceno

pasaron de América del Sur a África, y de aquí a Europa y Asia" (Ameghino, [1902]1932a, p.424).

Tras establecer el carácter ancestral de los mamíferos (c), y por extensión, de los monos sudamericanos (B.3; C-I.3) y su dispersión desde Patagonia a través de puentes de tierra, Ameghino generaba las condiciones paleográficas para postular la posible existencia y emigración de un precursor humano en la región austral de América del Sur (B-I.4).

2.2.2. Evidencias (B): restos fósiles de humanos, precursores e industrias

2.2.2.1. Vestigios (1889)

En *Contribución al conocimiento de los mamíferos fósiles de la República Argentina*[19], Ameghino (1916d, p.89) explicitaba una *diagnosis* detallada de la estratigrafía de los vestigios arqueo-antropológicos asociados a presencia humana descubiertos hasta el momento (véase Anexo I). Con la estructuración de los horizontes geológicos y la antigüedad asignada a ellos (véase cap. III), presentaba "una clasificación de la prehistoria local siguiendo las categorías propuestas por Lubbock y las formas y asociaciones definidas para los yacimientos de Francia. Al mismo tiempo incorporaba –como los franceses– una época Eolítica, correspondiente al Terciario superior o Plioceno" (Podgorny, 2021, p.204) e incluía, en el apartado "Mammalia" (Ameghino, [1889]1916d, p.86), un resumen de los conocimientos actuales sobre la prehistoria del hombre fósil argentino, confeccionado a partir de los trabajos realizados por la comunidad de investigadores en prehistoria sudamericana.

Las evidencias (Ameghino, [1889]1916d, pp.90-131) eran clasificadas según las épocas y horizontes geológicos de los hallazgos

---

[19] Obra original publicada en 1889.

y le permitirían a Ameghino revisar las retrodicciones propuestas para calcular los atributos de los intermediarios de la filogenia humana, especialmente por los vestigios encontrados en la formación araucana de Monte Hermoso, asignada al Mioceno (véase Anexo I)

2.2.2.1.1. Abducción de (r): vestigios cuaternarios

Los vestigios cuaternarios (véase Anexo I: 17-29) llevaban a Ameghino a retroducir que:

a) Regla: Si hubo coexistencia entre humanos paleolíticos y megafauna en Buenos Aires, entonces se han encontrado vestigios de humanos asociados a megafauna extinta en horizontes geológicos cuaternarios de la formación pampeana.

b) Caso: Se han realizado excavaciones arqueológicas en la formación pampeana de Buenos Aires y se han encontrado vestigios de humanos asociados a megafauna extinta en horizontes geológicos cuaternarios (17-29).

c) Resultado: Hubo coexistencia entre humanos paleolíticos y megafauna en Buenos Aires.

En este razonamiento abductivo, (r) se obtiene a partir de la combinación de (R) y (c). (R) describe la coexistencia propuesta de humanos paleolíticos y megafauna en Buenos Aires, mientras que (c) proporciona evidencia (17-29) concreta de vestigios arqueológicos y fósiles que se ajustan a (R). Además, Ameghino (1889) practicaba un reajuste de la colocación temporal de la EVI29[20].

---

[20] En este sentido, Ameghino ([1891]1916d) desestimaba la antigüedad atribuida a los restos humanos hallados por Peter Lund (A30), en Lagoa Santa (1843), con fundamento en las condiciones estructurales de la caverna, cuyos vestigios, entendía, pudieron haber sido alterados por la penetración de aguas procedentes de un lago aledaño, lo que hacía que "todas las probabilidades tienden a que se opine que datan de una época relativamente reciente" (Ameghino, [1891]1916d, p.144). Así, les asignaba una edad coincidente con el *piso platense* de la época mesolítica de la cuenca bonaerense, y al reducir su antigüedad, abría camino para incrementar la edad de los restos hallados en el territorio argentino.

Con respecto a EVI24, afirmaba que los restos extraídos en un paradero Mesolítico de Córdoba debían pertenecer a una raza dolicocefálica[21]. Pues, desde esta perspectiva, las "razas" actuales de América del Sur eran clasificadas como braquicefálicas o subraquicefálicas, mientras que los cráneos del Río Negro de Patagonia como dolicocefálicos, por su aspecto primitivo, lo que demostraría el parentesco con el tipo *Neanderthal* y con los cráneos de Lund de Somidouro:

> Desde ahora podemos afirmar que el hombre que habitaba la República Argentina durante los últimos tiempos de la época cuaternaria, era dolicocéfalo, aunque de dos ó más tipos distintos, uno *Neanderthal*oide, parecido al del hombre cuaternario europeo, y que parece ser el más antiguo y hoy extinguido; mientras el otro es simplemente hypsistenocéfalo como el de las cavernas del Brasil, más moderno, y que todavía se conserva más ó ménos modificado en algunas pequeñas tribus aisladas del Norte y de Sud-América, pero especialmente del Brasil" (Ameghino, [1889]1916d, p.146).

Así es que proponía una abducción de la EVI24, en la que:

a) Regla: Si los restos extraídos en un paradero Mesolítico de Córdoba pertenecen a una raza dolicocefálica, entonces se encontrarán fragmentos de cráneos con deformación similar a la aimará.

b) Caso: Se han realizado excavaciones en un paradero Mesolítico en Córdoba, Argentina, y se han encontrado fragmentos de cráneos que parecen representar ligeros vestigios de una deformación similar a la conocida por aimará, que es una variedad de raza dolicocefálica (EVI24)

---

[21] Las características de esta raza consistirían en un "cráneo extraordinariamente espeso, frente deprimida y arcos superciliares muy desarrollados, representando en algo el famoso tipo de *Neanderthal*, característico del cuaternario inferior y cuaternario medio de Europa, en donde desaparece en el cuaternario superior, mientras que parece se propaga entonces, aunque ya algo modificado, en la América del Sud, en donde está representado por algunos cráneos descubiertos en el Brasil, y por un cierto número de cráneos antiguos del valle del rio Negro, recogidos por Moreno y reconocidos por el Dr.Topinard como de una raza extinguida dolicocéfala, de caracteres *neanderthaloides* (Ameghino, [1891]1916d, p.146).

c) Resultado: Los fragmentos de cráneos encontrados en el paradero Mesolítico de Córdoba parecen representar ligeros vestigios de una deformación similar a la conocida por aimará, una variedad de raza dolicocefálica.

La lectura ameghiniana sobre los restos cuaternarios perseguía tres finalidades:

a) Subrayar la antigüedad del hombre en el Plata y clausurar, de esta suerte, la disputa local sobre el problema, abierta en 1875.
b) Rejuvenecer los vestigios brasileros de Lund, para envejecer los argentinos, y por esto,
c) Junto con la postulación de un Paleolítico sudamericano, incluir también una Época Eolítica (Terciario Superior o Plioceno), en Argentina.

2.2.2.1.2. Abducción de (r): vestigios terciarios

Según Ameghino (1889), la presencia posible del ser humano, que era tan discutida en Europa "se está resolviendo en Sud-América, con menos ruido, pero con resultados más positivos" (Ameghino, [1889],1916d, p.110). Así, afirmaba: "Nadie puede poner en duda su existencia durante esta época, pues las pruebas que de ello poseemos son de naturaleza que no dejan lugar á incertidumbre y han sido recogidas por distintas personas, casi todas de una competencia especial indiscutible" (p.99). De esta manera, sometía la posibilidad de existencia de actividad humana al desarrollo de investigaciones geológicas y paleontológicas que prometieran representar los terrenos de la formación pampeana como pertenecientes al Plioceno del hemisferio boreal.

En este debate, algunos "asustados", afirmaba, habían seccionado la formación en un horizonte cuaternario, con vestigios humanos, y otro más antiguo, sin presencia de éstos: "Pero es que ahora, también se tienen pruebas indiscutibles dé la existencia del hombre en el Pampeano inferior, y si todavía no fuese suficiente, agregaré que se han encontrado vestigios de acción del hombre, en terrenos todavía más antiguos que la división inferior del Pampeano, y con una fauna completamente diferente" (p.110). De este modo, el argumento (D), implicaba establecer que:

1. Si el hombre existió en la época eolítica o pliocena de Buenos Aires, hay pruebas indiscutibles de la existencia del hombre en el Pampeano inferior y en terrenos más antiguos.
2. Hay pruebas indiscutibles de la existencia del hombre en el Pampeano inferior y en terrenos más antiguos (EVI1-16) (B6).
   Por lo tanto,
3. El hombre existió en la época eolítica o pliocena de Buenos Aires (Conclusión de (1) y (2) por *falacia de afirmación del consecuente*).[22]

Se subraya, en este caso, que (D.3) se identifica, necesariamente, con la premisa (B.8), con lo que Ameghino ([1889]1916d) daba por hecho la existencia del hombre terciario en el Plata "al abrigo de toda crítica, porque los vestigios que aquí ha dejado son más convincentes que los que se han descubierto en los terrenos Pliocenos y miocenos del antiguo continente" (p.110). Aún más, enfatizaba que los habitantes terciarios de Europa, teorizados por de Mortillet, se hallaban "en la infancia del arte de tallar la piedra", mientras que, en la formación pampeana, los hombres trabajaban ya la piedra y los huesos para producir toscos y groseros instrumentos. Así, la actividad humana en el Terciario debía ser registrada por Ameghino a partir de vestigios (D.2) hallados en los horizontes geológicos pliocénicos y miocénicos.[23]

---

[22] La conclusión no se sigue lógicamente de las premisas dadas, pues se concluye que el hombre existió en la época eolítica o pliocena por haber pruebas de su existencia en el pampeano inferior y terrenos más antiguos, por medio de una inferencia inválida.

[23] EVI12-16. En el *lujanense* o pampeano lacustre, los restos del hombre fósil eran abundantes.
EVI6-11. En el *bonaerense*, los vestigios, sin ser escasos, no se hallaban en yacimientos de gran extensión y estaban, en su mayor parte, en depósitos aislados, con altas probabilidades de ser arrastrados por las aguas una vez descubiertos.

A diferencia de las deducciones filogenéticas practicadas con los vestigios de monos fósiles en 1891 y ss., en 1889 los restos antropológicos de precursores e industrias eran tratados por Ameghino a partir de una abducción que ya suponía la conclusión (B.9), como (R): "El hombre se originó en América del Sur"[24]:

a) Regla: Si el hombre se originó en América del Sur (B.9), entonces se hallarán vestigios de precursores de seres humanos en el Mioceno de Monte Hermoso.

b) Resultado: Se hallaron vestigios de precursores de seres humanos en el Mioceno de Monte Hermoso (EVI1-3) (B.7)

c) Caso: Los vestigios de Monte Hermoso pertenecen a los precursores de los seres humanos que se originaron en América del Sur.

Esta abducción es significativa, ya que es realizada por Ameghino ([1889]1916d) en la *Contribución...* esto es, dos años antes de ocurrir el descubrimiento de los monos fósiles del eoceno (B.3), con lo que el trabajo de prospección arqueológica era el que confirmaba, antes que la paleontología, la conclusión (B.9). En la publicación, además, Ameghino ([1889]1916d) confesaba que, en 1877, ignoraba estar ya en posesión de restos óseos de ese hombre contemporáneo del *Typotherium;* se trataba de piezas que había recogido en las toscas del fondo del Río de la Plata (EVI2), al lado de una usina de gas:

Un cierto número de fósiles de varios géneros de mamíferos, y entre ellos algunos dientes, particularmente incisivos de un carácter particular, algo semejantes á los del hombre, mezclados con dientes de otros animales, y particularmente, dientes y huesos de pescados. Al querer determinar csos dientes, no sospechando que pudieran ser humanos, por cuanto estaba léjos de suponer la existencia del

EVI4-5. En el *belgranense*, el material era escaso, dado que la llanura no se encontraba en condiciones de habitabilidad, por el ingreso del océano al territorio.

[24] El razonamiento de Ameghino, por tanto, puede ser leído como una falacia de afirmación del consecuente, o bien, como una inferencia abductiva.

hombre en capas de época tan remota, encontré sus mayores analogías con los monos, y como Lund había mencionado un género de monos guidos de gran talla (*Protopithecus*), supuse que podía proceder de una especie del mismo género. En el catálogo de los mamíferos fósiles sudamericanos que publiqué en 1880 en colaboración con el Dr. Gervais inscribimos esos restos, aunque provisoriamente, como de un *Protopithecus bonaerensis*, y poco tiempo después, su parecido con la dentadura humana me preocupaba tanto, que al presentar mis publicaciones en una reunión ordinaria de la Sociedad de Antropología de París, manifesté la probabilidad de que entre los restos fósiles de primatos de la América del Sur hubiera representantes del grupo de los antropomorfos, refiriéndome á los dientes en cuestión. Mas tarde, cuando se encontraron otros vestigios que establecían de una manera indubitable la presencia del hombre en las capas inferiores de la formación pampeana, procedí á la comparación directa de esas piezas con las similares del hombre, y pude entonces determinar con toda precisión que se trataba de incisivos y caninos de la primera dentición de un individuo ciertamente del género *Homo*. A lo ménos, en este caso no se podrá decir que el descubrimiento haya sido hecho con la idea preconcebida de encontrar el hombre fósil (Ameghino, [1889]1916d, p.127).

Y, junto con las evidencias ofrecidas en favor de la presencia del hombre terciario en las pampas, reconocía (Ameghino, [1889]1916d, p.134) la posibilidad de haber hallado indicios de actividad inteligente de un antecesor del ser humano (EVI1) en terrenos asociados a fauna mastológica, muy diferente de la registrada en las capas inferiores de la formación pampeana. Así es que reseñaba la excursión realizada en 1887 a Monte Hermoso[25], en donde más de una vez había encontrado fragmentos que "excitaron su curiosidad", y que, pese a considerarlos pampeanos, no podía vincularlos con ninguna de las industrias

---

[25] Fruto de este trabajo, publicó en 1887: *Monte Hermoso; Apuntes preliminares sobre algunos mamíferos extinguidos del yacimiento de Monte Hermoso* (1887); *El yacimiento de Monte Hermoso y su relación con las formaciones cenozoicas que lo han precedido y sucedido*; y en 1888: *Lista de las especies de mamíferos fósiles del Mioceno superior de Monte Hermoso, hasta ahora conocidas*.

características. De esta manera, interpretaba al Hermosense como una formación más antigua, perteneciente a la *formación araucana* y, por ello, de edad miocena:

> Ocupábame de la extracción de parte del esqueleto de una *Macrauchenia antigua*, cuando fui sorprendido por una cuarcita rojo-amarillenta que salió de entre los huesos. Recogíla, y reconocí inmediatamente que se trataba de un casco irregular de cuarcita, con doble concoide en hueco y en relieve, superficie de percusión y rasgadura del concoide, caracteres que atestiguaban de una manera irrefutable que me encontraba en presencia de un objeto de piedra tallado por un ser inteligente durante la época miocena. Continué mis trabajos, y pronto me encontré en presencia de varios objetos parecidos. La duda ya no era posible, y ese mismo día, el 4 de Marzo de 1887, comunicaba á *La Nación* el descubrimiento de objetos evidentemente tallados por un sér inteligente, en las capas miocenas de la República Argentina. Posteriormente, á instigación mía, el Museo de La Plata enviaba al mismo punto con el objeto de coleccionar fósiles al preparador Santiago Pozzi, y este encontraba objetos parecidos en contacto con los restos de un *Doedicuirus antiquus*. (Ameghino, [1889]1916d, p.136).

Señalaba, también, que la existencia de un antecesor del ser humano del Mioceno era "sumamente discutida" en Europa, ya que la mayoría rechazaba que los pedernales toscos hallados en Francia o Portugal fueran vestigios en los que se advirtiera actividad intencional "pero, esa mayoría la componen personas que solo conocen los instrumentos de piedra de una manera sumamente superficial. La minoría, que afirma que tales pedernales presentan realmente trazas de un trabajo intencional, la forman personas especialistas que conocen los instrumentos de piedra de todas las formas y de todas las épocas, que han pasado la mayor parte de su existencia estudiando la antigua industria del pedernal bajo todos sus aspectos" (Ameghino, [1889]1916d, p.136). Ameghino se colocaba a sí mismo entre éstos últimos e interpretaba que los pedernales europeos de Tajes y de Aurillac, así como los de Monte Hermoso, debían leerse como obra de

121

un ser inteligente:

> He dicho, hace un instante, que la cuestión de la existencia del
> hombre ó de su precursor directo durante los tiempos miocenos
> preocupa desde hace años al mundo científico, siendo fuertemente
> combatida por unos y sostenida por otros, fundados en pruebas
> materiales más ó ménos convincentes. Sin embargo, nadie ha tocado
> hasta ahora la cuestión bajo el punto de vista puramente teórico, la
> posibilidad ó no posibilidad dé la existencia del hombre mioceno.
> Claro está que no me refiero acá á las condiciones físicas de la tierra
> en esa época, cuestión resuelta ya desde hace tiempo en el sentido
> de que eran favorables á la existencia del hombre, sino á las leyes
> generales que en biología rigen la distribución y aparición sucesiva
> de los grupos, y su evolución y encadenamiento natural que nos
> permite restaurar sin discontinuidad el eslabonamiento de los séres
> actuales con los que los precedieron en épocas pasadas. El hombre
> no escapa á la aplicación de estas leyes, pues forma parte del mundo
> viviente, y está ligado á él por vínculos de parentesco que han
> impreso en su morfología general un sello de procedencia indeleble,
> que se trasmitirá por las generaciones dé las generaciones, sean
> cuales sean las transformaciones que estén destinadas á sufrir en lo
> futuro (Ameghino, [1889]1916d, p.137).

Concluía, así, con que debía admitirse la presencia humana o de
su precursor hasta, al menos, el Oligoceno y que, por ello "á nadie
debe sorprender el hallazgo de vestigios dejados por un ser inteligente,
antecesor del hombre, en los terrenos de Monte-Hermoso, que, como
época geológica, remontan tan solo al Mioceno superior" (Ameghino,
[1889]1916d, p.136)[26].

---

[26] Respecto de los pedernales, que fueran hallados en las capas de la época miocena,
y a los que algunos lo atribuían al ser humano y otros, a su precursor, Ameghino
afirmaba:

    a)   Con De Mortillet, la noción transformista según la cual las especies actuales
        estaban representadas, en otras épocas, por tipos diferentes hoy extintos, de
        tal que el hombre no había de ser la excepción a la regla: "Por consiguiente,
        siguiendo las leyes de la paleontología, todavía no podía haber hecho su
        aparición en esta época, en la que debía estar representado por un sér más
        imperfecto y más parecido al tipo de los monos, sér hipotético que se
        hadado en llamar el *precursor del hombre*" (Ameghino, [1889]1916d,

La argumentación propuesta por Florentino suponía situar a este "ser desconocido que talló los pedernales y encendió los fogones que se encuentran sepultados en los estratos de Monte Hermoso" (p.154), en idéntico debate, a propósito de su condición o humana, o de antecesor:

> En Monte Hermoso no se encuentra una sola especie de mamífero todavía existente; hay más: no hay ninguna que haya alcanzado hasta el cuaternario, ninguna que haya llegado hasta el Pampeano ó Plioceno medio ó superior. De los géneros actuales apenas habían aparecido uno que otro, y todos del grupo de los roedores que entre los mamíferos es sabido son aquellos de formas más persistentes. En estas condiciones, ¿es posible la existencia del hombre en Monte Hermoso? Lo mismo que en Europa, examinando la cuestión bajo el punto de vista de las leyes de la sucesión paleontológica, podemos contestar, no; el hombre no había hecho aún su aparición. Luego, los pedernales que se encuentran en los terrenos de esa época no fueron tallados por el hombre, sino por un precursor más ó ménos inmediato. Pero, surge entonces acá otra cuestión: ¿quién era ese precursor? ¿Acaso era idéntico con el *Antropopithecus*? (Ameghino, [1889]1916d, p.155).

Ameghino sostenía que la mayor parte de los géneros del antiguo continente eran diferentes a los de Sudamérica, con lo que el precursor de los seres humanos de la época miocena debía ser también distinto, aunque, por restricción monogenista:

> Puede ser que este ó aquel no sea el precursor directo, pues un

---

p.153).

b) Con Gaudry, que no hubo durante el Mioceno ninguna especie de mamífero idéntica a la actual, por lo que los pedernales del calcáreo debieron haber sido tallados por el *Dryopithecus*, mono antropomorfo parecido al hombre y hoy extinguido: "No participa en un todo de esta opinión el profesor De Mortillet, quien crée que los pedernales fueron tallados por un precursor del hombre, más imperfecto que este, pero más avanzado que los monos antropomorfos, ser hipotético al que dá el nombre genérico de *Anthropopithecus*" (Ameghino, [1889]1916d, p.154).

género que se extiende sobre grandes superficies presenta siempre un considerable número de formas distintas llamadas especies, que siguiendo en su evolución divergente, se separan luego aún más para dar origen á géneros ó sub-géneros: luego, si durante el Mioceno hubo varias especies de *Antropopithecus*, es claro que solo una es la antecesora de la humanidad actual, el verdadero precursor directo, mientras que las otras serían precursores indirectos que se extinguieron en el curso de las épocas geológicas sin llegar hasta nosotros (Ameghino, [1889]1916d, p.155).

La extinción de distintas especies de *Antropopithecus*, así como de los que formaron parte de la familia de los *Hominidae* y que no habían dejado descendencia, debía ser leída a partir del transformismo evolucionista, por lo que se hacía indudable la existencia de un ancestro común (*Antropomorphus*) –e intermediarios–, entre el ser humano y los antropomorfos actuales:

Este *Anthropomorphus* ha evolucionado en común como tronco antecesor de los primates superiores, hasta que se separó la rama que conduce al hombre actual; los caracteres restaurados de ese sér de donde se separó esta rama, eran tan diferentes de los del hombre actual, que tiene que haber pasado por tres ó cuatro formas distintas, tan diferentes unas de otras, que tienen claramente un valor genérico, y son otros tantos *Anthropopitecus* o precursores del hombre (Ameghino, [1889]1916d, p.156).

Con el hallazgo de los monos fósiles del Eoceno patagónico (B.3), Ameghino podía trabajar en la producción de (II), esto es, en trazar una filogenia que revelara, a partir del MFA de 1884, un proceso sudamericano de hominización.

2.2.2.2. Vestigios (1906-1910)

Visto que Ameghino concluía que:

a) (B.5): "Los remotos antepasados del hombre evolucionaron en este continente", teniendo en cuenta el hallazgo de la más antigua fauna de mamíferos y de monos fósiles conocida (por ejemplo, EVI30). De aquí que contrastar (B.5), como se ha dicho, también probara la abducción (c), respecto del carácter ancestral de los mamíferos fósiles sudamericanos.

b) La hipótesis (B6) era probada por el hallazgo de vestigios de humanos terciarios, precursores de humanos (EVII1-3) e industrias asociadas (pedernales, fogones, huesos rayados, etc.)

Desde *Las formaciones...* (1906), la preocupación de Ameghino consistió en *aplicar* el MFA para la reconstrucción de la filogenia humana sudamericana (II) y su dispersión a otros continentes (lo que contribuía a contestar B-I.4). No obstante, es preciso subrayar que, mientras en la abducción la causa suficiente es la regla, ya que es la que permite inferir el resultado a partir del caso, en la retrodicción la causa necesaria es el resultado, ya que es el que permite inferir la regla del caso. Así, dado un resultado (un organismo fósil) con ciertos caracteres (de organización, progresión y adaptación) ¿Era posible inferir una regla que *describiera* cómo se produjo ese resultado?

> Esa retrodicción, según sostenía Ameghino ([1884]1915a, p.68), podía dar otros rendimientos: además de permitirnos reconstruir el ancestro común del cual debían derivarse un conjunto de especies ya conocidas, esas inferencias también podrían llegar a indicarnos la existencia y la configuración de tipos intermedios entre ese ancestro y las formas derivadas conocidas que nos sirvieron como punto de partida de nuestro análisis. Es decir, las leyes filogenéticas deben permitirnos "no sólo reconstruir los tipos primitivos de donde derivaron las formas actualmente existentes, sino también, por medio de simples cálculos, predecir el descubrimiento de nuevas formas" (Ameghino, [1884]1915a, p.68) (Caponi, 2017, p.102).

Las retrodicciones filogenéticas ameghinianas, siguiendo el curso de las condiciones necesarias (resultados: vestigios fósiles) y de los casos (caracteres), permitía inferir reglas que *describieran* el cambio evolutivo, desde el presente hasta el ancestro común: estas leyes eran irreversibles, aunque pudieran describir movimientos evolutivos con efectos retardatarios. Por ejemplo:

Si un retardo en el desarrollo del cerebro, seguido de un excesivo desarrollo de las partes óseas del cráneo, trae inevitablemente la reunión de un cierto número de piezas sobre la línea mediana de las crestas temporales para formar la cresta sagital, un desarrollo excesivo del cerebro puede producir hasta cierto punto efectos opuestos, retardando la unión de ciertos huesos, apartando más de la línea mediana las crestas temporales, atenuando otras crestas y dándole a la entera base del cráneo una forma más globular, como sucede con los monos y sobre todo con el hombre, en el cual generalmente las crestas temporales son poco aparentes y la superficie general del cráneo es relativamente lisa, habiendo desaparecido casi por completo la cresta occipital. Entre los monos que más se parecen al hombre, el gorila forma una notable excepción por presentar sobre la línea mediana del cráneo una enorme cresta sagital formada por la reunión de las crestas temporales, pero lejos de ser éste, como generalmente se cree, un carácter que haya sido propio de alguno de nuestros antepasados directos, es en el mismo gorila un carácter de adquisición relativamente reciente, que tiene que haber sido producido, como en los casos precedentemente citados, Por una paralización en el desarrollo del cerebro, que quedó estacionario en el mismo volumen que ahora tiene desde hace un espacio de tiempo considerable, mientras que continuaron y continúan probablemente aumentando el espesor y el tamaño de los huesos, soldándose varios de ellos y aumentando el tamaño del cráneo (Ameghino, [1884]1915a, p.169).

El efecto retardatario en el proceso de organización y progresión, descrito en *Filogenia* (1884), era utilizado por Ameghino en 1906 para establecer la clasificación o "colocación zoológica" de los precursores de humanos y precursores de humanos, a partir de la *bestialización/humanización* (R) como procesos inferidos de los caracteres de organización y progresión de los organismos fósiles y actuales (r), que determinaban formas de parentesco en línea (c):

a) Ascendente directa.
b) Ascendente divergente.
c) Descendente divergente.

Desde esta perspectiva, la *bestialización/humanización* se presentaban como reglas retrodictivas para *describir* (ya no *explicar*) el cambio evolutivo y restaurar los atributos probables de los precursores de seres humanos.

> Si echamos un vistazo a las principales características craneales que distinguen a los antropomorfos del hombre, entre los primeros encontramos: la gran extensión del hocico al frente; los fuertes arcos supraorbitales; el fuerte desarrollo de las crestas sagitales, occipitales y temporales; la unión en un ángulo mayor o menos agudo de los parietales con el occipital; la dirección hacia atrás más o menos acentuada del foramen magnum; el fuerte desarrollo de caninos y los diastemas que los acompañan; el tamaño del último molar inferior en relación al penúltimo; y muchos otros personajes que tomaría mucho tiempo enumerar [...] Los personajes que nosotros llamados pitecoides o simios, no son en absoluto caracteres primitivos como generalmente se los considera. En los monos antropomórficos, y también en todos los simios del Antiguo Continente, estos caracteres se encuentran en una etapa de evolución más avanzada que la del hombre. Esto se debe a que la evolución puede terminar tanto en la humanización como en la bestialización. (Ameghino, [1906]1932b, p. 442).

De este modo, la inexistencia de un antepasado directo del ser humano con crestas sobresalientes era valorada para determinar la mayor semejanza de los hombres actuales con respecto a sus antecesores, que habían transitado por un proceso evolutivo "hacia la humanización":

> De este tallo o línea directa que de los *Clenialitidae* lleva a los *Homunculidae* y de éstos al hombre, sucesivamente y en distintas épocas, se han separado líneas laterales. En estas líneas divergentes,

ha habido un proceso continuo hacia una mayor osificación del cráneo en correlación con un mayor desarrollo de los caninos y molares, lo que ha dado lugar al alargamiento del rostro y la formación de fuertes crestas temporales, occipitales y crestas sagitales, grandes crestas superficiales orbitales, etc. En los Primates, es el proceso evolutivo que denominaré 'hacia la bestialización' (Ameghino, [1906]1932b, p.445).

Las entidades bestializadas eran definidas como aquellas que habrían experimentado un proceso evolutivo más extenso, y por el que Ameghino (1906) subrayaba la necesidad de comprender que el hombre no era, de esta suerte, un "mono perfeccionado", sino, por el contrario, el que los monos eran "hombres bestializados". En esta línea, los restos de simios fósiles europeos, así como el *Pithecanthropus* hallado por Eugene Dubois y el *Neanderthal*, se encontrarían en camino "hacia la bestialización":

También se sigue que es absolutamente imposible que cualquiera de los Monos que ahora viven en los dos mundos pueda convertirse en hombres porque su evolución ha tomado un camino divergente que los lleva a la bestialidad y los aleja cada vez más del hombre. Todos los simios fósiles conocidos del Viejo Mundo también pertenecen a seres que estaban en el camino de la bestialidad. Es claro que en el mismo caso se encuentran no sólo los famosos *Pithecanthropus* de Java, sino también el hombre de *Neanderthal*; ambos representan líneas divergentes extinguidas que se desprendieron del tallo central en tiempos muy recientes. Las características del cráneo de Neandertal no son las de un ser en proceso de humanización sino las de un hombre que ha emprendido el camino de la bestialidad. El profesor Senet, en sus memorias recientes sobre las cuestiones de la antropogenia, llega a la misma conclusión sobre este tema. (Ameghino, [1906]1932b, p. 445).

Ameghino (1932b) establecía que, el de los homúnculos, constituía el grupo de los parientes más cercanos al hombre "en línea ascendente directa" (p.446); los *saimiris* lo eran en la línea ascendente divergente, mientras que los antropomorfos debían ser comprendidos como "los parientes más cercanos del hombre en el extremo opuesto, en la línea descendente que conduce a la bestialización" (p.446):

> Estos nuevos puntos de vista son muy importantes para la cuestión
> del origen del hombre. En efecto, es todavía en Argentina donde por
> el momento se conocen los restos óseos más antiguos pertenecientes
> al hombre, y también los que ofrecen los caracteres más primitivos.
> El hombre del período cuaternario ... no parece diferir del del período
> actual, pero sus restos son muy interesantes porque parecen indicar
> que es el resultado de una evolución que ha tenido lugar en este
> mismo continente. (Ameghino, [1906]1932b, p. 447).

Para determinar la precedencia de los humanos sudamericanos
sugería que el cráneo más antiguo en términos geológicos era el
hallado en Miramar, correspondiente al Plioceno inferior, pues, en éste
no se observaban protuberancias supraoribitales y, por su frente
retraída, superaba al cráneo de *Neanderthal*:

> También parece diferir de él por la parte posterior más desarrollada
> en sentido vertical y menos prolongada hacia atrás [...] Este cráneo,
> que se diferencia del *Homo primigenius* o *Neanderthal* por la
> glabela que no sobresale y la ausencia de almohadillas
> supraorbitales; que se aleja de la de Homo sapiens por poseer una
> frente con mayor retroceso que el de los Homunculidae ... y que
> algunos de los simios vivos ... no puede pertenecer a la misma
> especie que el hombre actual; representa una especie extinta a la
> que llamo *Homo pampaeus*. (Ameghino, [1906]1932b, p. 449).

Así también, una "vértebra cervical de dimensiones muy
reducidas" (p.450), hallada en Monte Hermoso, era susceptible de ser
interpretada por los hallazgos de una industria muy rudimentaria
circundante, como la de un precursor del hombre. Pero, añadía que:

> Como todo confluye para demostrar que las relaciones entre África
> y América del Sur son anteriores al Mioceno Superior, concluimos
> que es el precursor del hombre, es decir el *Homosimius* que, durante
> el Mioceno Inferior o el Oligoceno Superior, pasó desde
> Sudamérica hasta el Viejo Continente junto con Cercopithecidae.

Los antropomorfos no aparecieron hasta más tarde; se separaron de los Homínidos tomando el camino de la bestialidad; esta separación tuvo lugar en el Viejo Continente. Habiendo vivido los precursores del hombre en ambos continentes desde principios del Mioceno, también es posible que el hombre se originara de forma independiente en los dos continentes a través de la evolución y transformación de dos o más precursores (Ameghino, [1906]1932b, p. 450)

La argumentación (E) supone premisas construidas a partir del MFA, por lo que ofrece *buenas razones* filogenéticas para creer en el origen sudamericano del ser humano; la argumentación se subdivide en cuatro partes: E-I, delibera sobre el *principio pithecometra*; E-II Y E-III deducen una posible clasificación filogenética; E-IV, esclarece la descendencia humana a partir de *Homo pampeaus*:

Argumentación (E-I)

1. Si los caracteres craneales que distinguen a los antropomorfos del ser humano incluyen la gran extensión del hocico al frente, los fuertes arcos supraorbitales, el fuerte desarrollo de crestas sagitales, occipitales y temporales, entre otros, entonces o bien los antropomorfos tienen orígenes independientes y convergieron en características similares al ser humano, o bien están emparentados con el ser humano. (Premisa)
2. Los caracteres craneales que distinguen a los antropomorfos del ser humano incluyen la gran extensión del hocico al frente, los fuertes arcos supraorbitales, el fuerte desarrollo de crestas sagitales, occipitales y temporales, entre otros. (Premisa)
   Por lo tanto,
3. O bien los antropomorfos tienen orígenes independientes y convergieron en características similares al ser humano, o bien están emparentados con el ser humano. (Conclusión de (1) y (2) por *modus ponens*)
4. No es el caso que los antropomorfos tengan orígenes independientes. (Premisa)
   Por tanto,
5. Los antropomorfos están emparentados con el ser humano. (Conclusión de (3) y (4) por *silogismo disyuntivo*)
6. Si los antropomorfos están emparentados con el ser humano, entonces, o bien los antropomorfos descienden del ser humano, o bien el ser humano

desciende de los antropomorfos. (Premisa)

7. O bien los antropomorfos descienden del ser humano, o bien el ser humano desciende de los antropomorfos. (Conclusión de (5) y (6) por *modus ponens*).

Argumentación (E-II)

1. Si las entidades pitecoides o simios no presentan caracteres primitivos, sino que están en una etapa de evolución más avanzada que el ser humano, en vías de bestialización, entonces los simios fósiles conocidos del Viejo Mundo y los restos de *Pithecanthropus* y *Neanderthal* representan líneas divergentes extinguidas que se desprendieron del tallo central en tiempos muy recientes y se encuentran en camino hacia la bestialización. (Premisa)

2. Las entidades pitecoides o simios no presentan caracteres primitivos, sino que están en una etapa de evolución más avanzada que el ser humano, en vías de bestialización. (Premisa)
Por lo tanto,

3. Los simios fósiles conocidos del Viejo Mundo y los restos de *Pithecanthropus* y *Neanderthal* representan líneas divergentes extinguidas que se desprendieron del tallo central en tiempos muy recientes y se encuentran en camino hacia la bestialización. (Conclusión de (1) y (2) por *modus ponens*)

4. Si los simios fósiles conocidos del Viejo Mundo y los restos de *Pithecanthropus* y *Neanderthal* representan líneas divergentes extinguidas que se desprendieron del tallo central en tiempos muy recientes y se encuentran en camino hacia la bestialización, entonces los simios fósiles conocidos del Viejo Mundo, *Pithecanthropus* y *Neanderthal* representan seres en proceso de bestialización, no de humanización. (Premisa)
Por lo tanto,

5. Los simios fósiles conocidos del Viejo Mundo, Pithecanthropus y Neanderthal representan seres en proceso de bestialización, no de humanización. (Conclusión de (3) y (4) por *modus ponens*)

Argumentación (E-III)

1. Si existe una evolución hacia la humanización y otra hacia la bestialización, donde los simios se alejan cada vez más del ser humano, entonces los homúnculos constituyen el grupo de los parientes más cercanos al ser humano en línea ascendente directa, los *saimiris* lo son en la línea ascendente divergente mientras que los antropomorfos son los parientes más cercanos del ser humano en la línea descendente que conduce a la bestialización. (Premisa)

2. Existe una evolución hacia la humanización y otra hacia la bestialización, donde los simios se alejan cada vez más del ser humano. (Premisa)
   Por lo tanto,

3. Los homúnculos constituyen el grupo de los parientes más cercanos al ser humano en línea ascendente directa, los *saimiris* lo son en la línea ascendente divergente mientras que los antropomorfos son los parientes más cercanos del ser humano en la línea descendente que conduce a la bestialización. (Conclusión de (1) y (2) por *modus ponens*)

4. Si los homúnculos constituyen el grupo de los parientes más cercanos al ser humano en línea ascendente directa, los *saimiris* lo son en la línea ascendente divergente mientras que los antropomorfos son los parientes más cercanos del ser humano en la línea descendente que conduce a la bestialización, entonces los restos de simios fósiles europeos y homúnculos sugieren que los monos son "humanos bestializados". (Premisa)
   Por lo tanto,

5. Los restos de simios fósiles europeos y homúnculos sugieren que los monos son "humanos bestializados". (Conclusión de (3) y (4) por *modus ponens*)

Argumentación (E-IV)

1. Si el *Homo pampeaus* (representado por el cráneo de Miramar) representa una especie extinta que podría ser un precursor del ser humano, entonces o bien el *Homo pampeaus* desciende del ser humano, o bien el ser humano desciende del *Homo pampeaus*. (Premisa)

2. El *Homo pampeaus* representa una especie extinta que podría ser un precursor del ser humano. (Premisa)
   Por lo tanto,

3. O bien el *Homo pampeaus* desciende del ser humano, o bien el ser humano desciende del *Homo pampeaus*. (Conclusión de (1) y (2) por *modus ponens*)

4. No es el caso que el *Homo pampeaus* descienda del ser humano. (Premisa)
   Por tanto,

5. El ser humano desciende del *Homo pampeaus*. (Conclusión de (3) y (4) por *silogismo disyuntivo*)

Es preciso indicar que (E-IV.2) no constituye una abducción hecha a partir del cráneo de Miramar, pues, se trata de una *retrodicción* obtenida por la aplicación del cálculo filogenético (R) a la lectura del vestigio (r) y de sus rasgos (c). Además, el razonamiento, en su conjunto, contrasta la implicación (II), debido a que traza la relación de parentesco del linaje humano sudamericano.

Por otro lado, Ameghino (1906) definía que: "El ser humano pudo haberse originado de forma independiente en ambos continentes a través de la evolución y transformación de dos o más precursores" (Ameghino, [1906]1932b, p.450). Pese a afirmar que: "En el camino de su perfeccionamiento, el transformismo acoge y renueva problemas antropogénicos otrora mal planteados. El antiguo poligenismo de las razas humanas reaparece ahora como poligenismo en la evolución general de las especies vivas" (Ameghino, [1884]1915b, p.200), es preciso inferir que la antropogénesis ameghiniana es *monogenista* y, por tanto, al igual que en la argumentación (A.4), deben negarse orígenes humanos independientes. Para ello, es posible presentar una argumentación (F):

1. Si el ser humano se originó de forma independiente en ambos continentes a través de la evolución y transformación de dos o más precursores, entonces o bien hay diferencias filogenéticas significativas entre las poblaciones humanas de ambos continentes, o bien hay similitudes morfológicas y fisiológicas entre el ser humano y los *Cercopithecidae*. (Premisa)
2. El ser humano se originó de forma independiente en ambos continentes a través de la evolución y transformación de dos o más precursores. (Premisa) Por lo tanto,
3. O bien hay diferencias filogenéticas significativas entre las poblaciones humanas de ambos continentes, o bien hay similitudes morfológicas y fisiológicas entre el ser humano y los *Cercopithecidae*. (Conclusión de (1) y (2) por *modus ponens*)
4. No es el caso que haya diferencias filogenéticas significativas entre las

poblaciones humanas de ambos continentes. (Premisa)
Por tanto,

5. *Hay similitudes morfológicas y fisiológicas entre el ser humano y los Cercopithecidae. (Conclusión de (3) y (4) por silogismo disyuntivo)*

6. Si hay similitudes morfológicas y fisiológicas entre el ser humano y los *Cercopithecidae*, entonces o bien el precursor del ser humano, *Homosimius*, emigró desde América del Sur hasta el Viejo Continente junto con *Cercopithecidae*, o bien el precursor del ser humano, *Homosimius*, se originó en el Viejo Continente junto con *Cercopithecidae*. (Premisa)

7. O bien el precursor del ser humano, *Homosimius*, emigró desde América del Sur hasta el Viejo Continente junto con *Cercopithecidae*, o bien el precursor del ser humano, *Homosimius*, se originó en el Viejo Continente junto con *Cercopithecidae*. (Conclusión de (5) y (6) por *modus ponens*)

8. Si el precursor del ser humano, *Homosimius*, emigró desde América del Sur hasta el Viejo Continente junto con *Cercopithecidae*, entonces tendría que haber evidencias fósiles de *Homosimius* en América del Sur. (Premisa) [Esta sería la primera de las dos generalizaciones]

9. Si el precursor del ser humano, *Homosimius*, se originó en el Viejo Continente junto con *Cercopithecidae*, entonces tendría que haber evidencias fósiles de *Homosimius* en el Viejo Continente. (Premisa)

10. Hay evidencias fósiles de *Homosimius* en América del Sur, pero no en el Viejo Continente. (Premisa)

11. Si hay evidencias fósiles de *Homosimius* en América del Sur, pero no en el Viejo Continente, entonces el precursor del ser humano, *Homosimius*, emigró desde América del Sur hasta el Viejo Continente junto con *Cercopithecidae*, pero no se originó en el Viejo Continente junto con *Cercopithecidae*. (Premisa) Por tanto,

12. El precursor del ser humano, *Homosimius*, emigró desde América del Sur hasta el Viejo Continente junto con *Cercopithecidae*, pero no se originó en el Viejo Continente junto con *Cercopithecidae*. (Conclusión de (10) y (11) por *modus ponens*) Pero esto implica, dada la condición establecida en (9) sobre la relación entre "tener evidencias fósiles" y "originarse", que

13. El precursor del ser humano, *Homosimius*, no se originó en el Viejo Continente junto con *Cercopithecidae*. (Conclusión de (9) y (12), por *modus tollens*) Y, a su vez, dada la generalización que vinculaba en 8 a América del Sur con el Viejo Continente, esta conclusión parcial implica que:

14. El precursor del ser humano, *Homosimius*, emigró desde América del Sur hasta el Viejo Continente junto con *Cercopithecidae*. (Conclusión de (8) y (13), por *modus tollens*)

Pero, dado (7) (o bien el precursor del ser humano, *Homosimius*, emigró desde América del Sur hasta el Viejo Continente junto con *Cercopithecidae*, o bien el precursor del ser humano, *Homosimius*, se originó en el Viejo Continente junto con *Cercopithecidae*), y descartada la posibilidad de orígenes independientes por la premisa 4. Entonces, se rechaza que el ser humano se originó de forma independiente en ambos continentes a través de la evolución y transformación de dos o más precursores, por lo que:

15. *El ser humano se originó en* América del Sur *y luego emigró al Viejo Continente junto con otros primates.* (Conclusión de (7) y (14) por *silogismo disyuntivo*).

De este modo, la negación de evoluciones independientes permitía a Ameghino (1906) probar (I) y (II), esto es, la mayor antigüedad de los mamíferos fósiles y, a su vez, una relación de parentesco continua entre los rasgos morfológicos de los mamíferos sudamericanos (F.5). Ello establecía, por medio de un cálculo filogenético, la concordancia entre (F.15) y las conclusiones:

a) (B.5) Sobre la evolución humana en América del Sur.
b) (B.9) Sobre el origen sudamericano del ser humano.
c) (B-I.4) Sobre la emigración de humanos y precursores a otros continentes.
d) (E-IV.5) Sobre la descendencia del ser humano a partir del *Homo pampeaus*.

De este modo, las conclusiones de Ameghino coincidían con:
a) El acuerdo de la comunidad de investigadores argentinos sobre (c) la coexistencia de dinosaurios y mamíferos en el cretáceo patagónico.
b) La hipótesis paleográfica *ad hoc* sobre los puentes de tierra (por adhesión al monofiletismo/monogenismo)
c) El cálculo retrodictivo transformista.
d) El *principio pithecometra* (de fase 2), que requería de entidades pitecoides como condición para una hominización sudamericana.

A la lectura del cráneo de Miramar, le sucedieron los hallazgos del fémur y vértebra del *Tetraprothomo argentinus* y la calota del *Diprothomo platensis*, lo que llevó a Ameghino a proponer las últimas revisiones a la filogenia humana, antes de su muerte en 1911 (véase Anexo II)

2.2.2.3. Vestigios arqueológicos (1909-1910) (B.7; D.2)

En el *4to Congreso Científico (Primero Pan Americano)* de Santiago de Chile, Ameghino ([1909]1934h) brindó una conferencia[27] sobre *Productos píricos de origen antrópico en las formaciones neógenas de la República Argentina*, la que iniciaba con una afirmación categórica: "Es cosa muy sabida desde hace bastantes años, que en Sud América el Hombre es sumamente antiguo, pues fue contemporáneo de los grandes Mamíferos extinguidos de la fauna Pampeana" (p.538), y agregaba que, después de 38 años de haber iniciado sus investigaciones sobre el hombre fósil en Argentina, poco a poco se hacían presente los materiales que probaban su existencia en la formación pampeana, con referencia explícita a (B.7): "Se encuentran antiquísimos restos fósiles de humanos, prehumanos y de industrias primitivas en los horizontes terciarios del Pampeano":

> Los materiales que sirven de fundamento para establecer la existencia del Hombre en la formación Pampeana y de su precursor en la formación Araucana son de tres clases distintas:
> 1. Los propios huesos del Hombre y de su precursor que quedaron sepultados en esos terrenos.
> 2. Los vestigios de la acción intencional del Hombre en forma de pedernales tallados, huesos partidos, rayados, pulidos, etc.
> 3. Los vestigios de fogones, generalmente destruidos, revelados por fragmentos de tierra cocida, escorias y huesos quemados, a veces, aunque muy raramente, intactos o casi intactos e *in situ* (Ameghino, [1909]1934h, p.538)

---

[27] Publicada en 1909.

2.2.2.3.1. Abducción de (r): industria de la piedra hendida

Respecto de 2., Ameghino (1910) presentaba una "Hachitacuña", a la que atribuía a lo que llamó "industria de la piedra hendida", con lo cual practicaba una abducción:

a) Regla: Si el hombre prehistórico encontraba un material adecuado para fabricar instrumentos, lo aprovechaba empleando un procedimiento simple de fabricación.

b) Caso: El hombre prehistórico encontró en la costa atlántica guijarros que podía hendir con yunques y percutores, obteniendo hachitas en forma de cuña y otros instrumentos aprovechando los cascos.

c) Resultado: El hombre prehistórico aprovechó estos guijarros para la fabricación de instrumentos, dando origen a una industria, que se denomina "Industria de la piedra hendida".

2.2.2.3.2. Abducción de (r): industria de la piedra quebrada

De la misma manera, indicaba el hallazgo[28] de cuarcitas quebradas en Monte Hermoso (1934p):

a) Regla: Si el hombre prehistórico o sus antecesores encontraban un material adecuado para fabricar instrumentos, lo aprovechaban empleando un procedimiento simple.

b) Caso: El hombre prehistórico o sus antecesores encontraron en Monte Hermoso cuarcitas que podía quebrar con percusiones, obteniendo fragmentos que podía usar como instrumentos.

c) Resultado: Los fragmentos de cuarcitas quebradas son obra del ser humano o de uno de sus predecesores, dando origen a una industria más antigua y más primitiva que la de la piedra hendida, llamada "Industria de la piedra quebrada".

La abducción de ambos tipos de industrias era relevante, en apoyo a (B.7), (D.2) y, en particular, de (E-IV.5): "El ser humano

---

[28] En obra original de 1910.

desciende del *Homo pampeaus"*, ya que Ameghino "sostuvo que, debido su contexto geológico, la 'industria de la piedra hendida' se asociaba con los esqueletos humanos de Homo pampæus Ameghino recuperados en la faja de médanos cercana al arroyo La Tigra y en Necochea" (Politis *et al.* 2011, p.110).

2.2.2.4. Vestigios (1912-1932)

Tras la muerte de Ameghino (1911), las investigaciones sobre el origen sudamericano del ser humano se concentraron en el litoral marítimo bonaerense, de acuerdo con la producción de sucesivos hallazgos de vestigios arqueológicos en Miramar. En este sentido, en 1913, Luis María Torres (profesor de la Universidad de la Plata) y Carlos Ameghino (entonces jefe de la Sección de Paleontología del Museo Nacional de Buenos Aires) publicaron un *Informe preliminar sobre la investigaciones geológicas y antropológicas en el Litoral Marítimo Sur de la Provincia de Buenos Aires*[29]. En el documento, Torres informaba que las excursiones al sur de Buenos Aires habían sido convenidas con Carlos Ameghino desde 1912, con el fin de considerar el problema sobre la antigüedad del hombre en Argentina, como ya se había hecho en investigaciones arqueológicas en 1910: "En vistas de estas manifestaciones y de las seguridades ofrecidas para realizar estos estudios en colaboración, por parte del director del Museo Nacional de Buenos Aires doctor Ángel Gallardo" (Torres *et al.* 1913, p.154), Herrero Ducloux proponía que la expedición incluyera un trabajo geológico a ser realizado por Carlos Ameghino. La expedición abría lugar a un estilo *dialógico* entre los investigadores, con el compromiso de dar respuesta al "problema de los problemas".

---

[29] El informe, acompañado por mapas y fotografías de los sitios de los hallazgos, se encontraba dirigido al director del Museo de la Universidad Nacional de La Plata, Lafone Quevedo, y describía el trabajo de colaboración con el Museo Nacional, a partir de la prospección realizada en General Alvarado, Lobería, Necochea y Tres Arroyos.

Las excursiones se iniciaron en Miramar, sobre una costa de acantilados con barrancas cubiertas por arenas movedizas que, en tanto, se constituían en medanales en Necochea; la descripción geológica suponía las observaciones que   Florentino Ameghino formulara en *Las formaciones sedimentarias de la región litoral de Mar del Plata y Chapalmalán*, junto con otras nuevas logradas por Carlos Ameghino que "explicarán con mayor amplitud y fundamentos, las clasificaciones, nomenclaturas y cronología que estableciera su extinto hermano" (Torres *et al.* 1913, p.155). El aspecto geológico más relevante que Torres (1913) enfatizaba, se refería a la disposición de los pisos de la serie pampeana, pues en la región de desembocadura de los arroyos La Tigra y Malacara se comprendía un orden de sucesión regular entre el Ensenadense basal, Intersenadense y Ensenadense cuspidal, hecho que no se replicaba en la estratigrafía de la cuenca del Plata: "Con respecto al Bonaerense, o piso superior de la serie pampeana, no se presenta allí, según las numerosísimas observaciones y comparaciones verificadas, lo que puede atribuirse a enérgicas y persistentes erosiones" (p.155).

Las nuevas comprobaciones, afirmaba Torres, habían de modificar la estratigrafía de Florentino Ameghino, en una región que, de acuerdo con la abundancia de restos hallados, fue presumiblemente de las más habitadas en tiempos prehistóricos: montículos o túmulos sepulcrales, talleres de industria lítica, restos fósiles humanos mezclados con megafauna extinta, huesos quemados y partidos, etc., se constituían en pruebas de restos que "corresponden en absoluto a los instrumentos descriptos por el doctor Ameghino, en su monografía, *Une nouvelle industrie litgique, l'industrie de la Pierre fendue, dans le tertiaire de la región littorale au sud de Mar del Plata*" (p.158). Torres recapitulaba la tesis de Ameghino que atribuía los restos al *Homo pampeaus* del Pampeano inferior (Ensenadense), especialmente "la piedra hendida, percutores, yunques, morterios, raspadores, cuchillos, puntas de jabalina, boleadoras, puntas de flecha y otras formas indefinidas. La cerámica puede considerarse ausente en absoluto" (p.158), y subrayaba que la posición *in situ* de los restos en las barrancas o mesetas superficiales debía correlacionarse con el piso inferior de la formación pampeana, esto es, al Ensenadense del Plioceno ameghiniano:

> Reconsiderando las cuestiones sobre los caracteres generales de la cultura de la 'piedra hendida' para satisfacer a las primeras preguntas, que a su vez deben ser los puntos importantes del presente informe, estimo –de acuerdo con el señor Ameghino – que se trata de una de las industrias de técnica más primitiva que se haya descubierto en territorio bonaerense, con sobradados caracteres de fijeza o estabilidad, lo que afirma su valor arcaico, pero que en punto a su antigüedad geológica no puede ser atribuida a la que atribuyera el doctor Florentino Ameghino, pues según todas las pruebas logradas en el terreno y su lógica articulación, la comprendería en la época de los constructores del túmulo del arroyo Malacara, posiblemente hacia los más remotos, pero en manera alguna hacia los más modernos (Torres *et al.* 1913, p.161).

En el informe, Torres (1913) señalaba el hallazgo, en médanos con vegetación de Necochea, de materiales con similitudes a la industria de la piedra de los indígenas modernos y mediterráneos de Buenos Aires, pues se trataría de yacimientos modernos relacionados con elementos étnicos de patagones prehistóricos, como la posición en cuclillas recostada de los esqueletos. Torres indicaba que Lorenzo Parodi sería el encargado de continuar con las exploraciones en ausencia de expertos "siéndole prohibido proceder a la explotación de los yacimientos sin la debida intervención del señor Ameghino, que por sus funciones especiales en el Museo Nacional puede trasladarse inmediatamente al terreno" (p.164). Fue Parodi mismo quien comunicara a Carlos Ameghino el descubrimiento de restos humanos en una hondonada.

Carlos había invitado a Ambrosetti, Lehmann-Nitsche, Roth, Outes, Debenedetti, Maupas, Juan José Nájera y Senillosa, con el objetivo de que apreciaran las características estratigráficas y la situación de los restos:

Llegados al punto del hallazgo, en compañía de los señores Nájara y Senillosa, estudiantes de los cursos superiores de la Facultad de Ciencias Naturales de la Universidad de Buenos Aires, se constató que, en una de las recordadas hondonadas o desplayados, inhumados en la arcilla roja, característica del recordado piso Ensenadense, se encontraban enfilados, rumbo norte a sur, los restos de cuatro individuos, cuyos cráneos o fragmentos craneales habían sido retirados, con anterioridad, por el señor Ameghino (Torres *et al.* 1913, p.165).

Torres (1913) subrayaba la relevancia del hallazgo, al recordar la antigüedad del piso Ensenadense y al hecho de haber retirado, en puntos inmediatos a la tumba, restos de faunas fósiles. A su vez, estimaba de utilidad el procedimiento de comparación formulado por Florentino Ameghino para establecer la presencia, en Malacara, del *Homo sinemento.*

Sin este plan de estudios metódicos no me sería dado encarar con seguridad el estudio del primero entre los temas de paleoantropología argentina y dominar, respectivamente, las nociones que deben servir de base para la interpretación científica de las clasificaciones cronológicas, afinidades y filiaciones, en sus aplicaciones a la antropología sudamericana.
Siempre he considerado a los estudios en el terreno, en todas sus fases, como procedimientos que deben realizarse en persona, sin prejuicios ni premuras, y hoy lo afirmo con mayor convencimiento después de estas provechosas jornadas que representan para mí una experiencia irremplazable.
Para lograr mayores beneficios no podía contar con colaboración más eficaz que la del geólogo señor Carlos Ameghino, que a su práctica e ilustración reúne un criterio amplio y ecuánime. (Torres *et al.* 1913, p.167).

En 1915, los museos nacionales de La Plata y de Buenos Aires publicaron *Nuevas investigaciones geológicas y antropológicas en el Litoral Marítimo de la Provincia de Buenos Aires*, en un informe que recapitulaba las expediciones realizadas en 1912 por Torres y Carlos Ameghino: "Algunas diferencias importantes comprobadas en los caracteres estratigráficos de varios yacimientos arqueológicos hicieron pensar, a la dirección de los estudios, que convenía pedir, para ciertos casos, el concurso de especialistas geólogos, pues era necesario documentar debidamente todos esos hallazgos excepcionales, con la mayor amplitud y escrupulosidad" (Roth *et al.* 1915, p.418), y contribuir a los fines de satisfacer las exigencias de una arqueología sistemática con la participación de investigadores ajenos a la expedición; en este sentido, se subrayaba que la comunicación que se publicaría:

> No suele ser común en publicaciones científicas, certifica sobre la verdad de una serie de hechos generales que todos los subscriptos han presenciado y dilucidado y, que el doctor Santiago Roth, a pedido de los firmantes, ha descripto con toda fidelidad, no queriendo significar otra cosa que la exactitud del documento de procedencia que, como es de rigor en estos hallazgos, debe acompañar a las piezas de referencia. Los señores que firman el acta mantienen, pues, toda su independencia para interpretar y correlacionar unos hechos con otros y particularmente, en todo lo referente a nomenclaturas, orígenes, sucesiones y antigüedad. Se acompaña, para su mayor difusión en el extranjero, una traducción del acta al francés, lo más fiel posible, que no ha sido revisada por los firmantes quienes solo conocen el original en castellano. (Roth *et al.* 1915, p.418).

La comisión científica documentó los hallazgos a partir de la firma de un *Acta de los hechos más importantes del descubrimiento de objetos, instrumentos y armas de piedra, realizado en las barrancas de la costa de Miramar, partido de General Alvarado, Provincia de Buenos Aires,* de la que formaron parte Santiago Roth (Museo de La Plata), Lutz Witte (Dirección de Geología y Minas de la Provincia de Buenos Aires), Walther Schiller (Museo de La Plata) y Moisés Kantor (Museo de La Plata), quienes habían sido invitados por Luis María Torres y Carlos Ameghino a Miramar, sitio en el que Lorenzo Parodi había sido encargado por el Museo de La Plata y de Buenos Aires. El motivo de la invitación consistía en establecer, por concurso de los geólogos:

a) La posición *in situ* de los materiales "es decir, si habían sido cubiertos en el tiempo en que se depositaron las respectivas capas, o si existía algún motivo que pudiera dar lugar a duda, o que ellos hayan sido enterrados por distintas causas en el sitio en tiempo posterior a la formación de los respectivos depósitos" (Roth *et al.* 1915, p.419),

b) La estratigrafía en la que se hallaron los materiales, es decir, si se encontraban en el Hermosense de F. Ameghino, "o si los respetivos sedimentos han sido depositados contra una antigua barranca de un valle de erosión o de cualquiera otra depresión de terreno que corresponda a algún piso de los horizontes más superiores de la serie pampeana" (Roth *et al.* 1915, p.419),

En Miramar se representaban los cuatro pisos de la formación pampeana: Eopampeano (Hermosense y Chapalmalense), Mesopampeano (Ensenadense), Neopampeano (Bonaerense y Lujanense) y Postpampeano (Platense). Por las condiciones del terreno, que consistían en la presencia de un banco de *loess* con estratificaciones de capas de rodados de tosquilla, se observaban imposibles fenómenos de rellenamiento posterior: "Carlos Ameghino, Schiller y Roth están de acuerdo en que el banco de que se trata corresponde al piso Ensenadense de la subdivisión de la formación pampeana hecha por Florentino Ameghino" (Roth *et al.* 1915, p.420). De la formación eopampeana y mesopampeana, el informe describía la extracción, por parte de Torres, Ameghino y Doello Jurado, de artefactos de sílex en forma de boleadoras:

> Parodi determinó la presencia de una piedra redonda y un cuchillo de sílex, que dejó enterrados, según las instrucciones que se le dieran, para ser extraídos en presencia de geólogos. Esta comisión ... despúes de examinar el sitio en que se hallaban los artefactos en cuestión, opinaron unánimemente que, si los sedimentos hubieran sido removidos en tiempo posterior a haberse depositado, se habrían encontrado algunas alteraciones en la textura de la capa, pero nada de eso se pudo constatar (Roth *et al.* 1915, p.422).

Se enfatizaba, en cursiva, y en respuesta a la posición *in situ* de los materiales, que la inspección ocular del sitio *"no ha dado motivo*

143

para suponer que éstos hayan sido enterrados por una ú otra circunstancia en tiempo posterior a la formación de la capa; que se encontraban en posición primaria y que por lo tanto deben considerarse como objetos de industria humana, contemporáneos al piso geológico en que se hallaron depositados" (Roth *et al.* 1915, p.422). El informe señalaba que el "peritaje" pudo constatar, en relación con la estratigrafía de los materiales, *"que las condiciones estratigráficas son en este lugar tan claras que no presentan ninguna dificultad para resolver el problema"* (p.422), de modo que la comisión acordó que los objetos de industria humana se encontraban en depósitos con *loess* característico del horizonte Eopampeano y que, en ese contexto, no se detectaba yuxtaposición estratigráfica: "Cavando con el pico en el mismo sitio se encontró en presencia de la comisión otra piedra plana, que los indios usan para hacer fuego" (p.423).

Los vestigios de Miramar contribuían a apoyar (B.7), esto es, la presencia de "antiquísimos restos fósiles de humanos, prehumanos y de industrias primitivas en horizontes terciarios del Pampeano", con la cual probar la hipótesis sobre el origen sudamericano del ser humano, así como (D.1), con la que Ameghino creía confirmar que "El hombre existió en la época Eolítica o Pliocena de Buenos Aires". La probable *insuficiencia* de la evidencia para demostrar la antropogenia ameghiniana, se veía compensada por la instrumentación de los medios necesarios para atribuirle credibilidad a los hallazgos, concentrados en:

El científico presente en el campo, una exigencia metodológica consolidada en los inicios del siglo XX. La afirmación de Leroi-Gourhan sobre prehistoria moderna debe entenderse en ese sentido: "la mayor parte de la investigación tiene lugar en el trabajo de campo" (…) De allí surgirá un personaje compuesto por el conocimiento del hombre de letras, la mente del ingeniero y la autoridad del juez, testigo de los hechos. Lo acompañará la famosa figura del "sabio de gabinete", usada para desprestigiar el estudio basado en la evidencia recolectada por corresponsales y comisiones especiales (Podgorny, 2008, p.170).

En este contexto, en el mismo Tomo XXI de los Anales del Museo Nacional, Carlos Ameghino publicaba *El fémur de Miramar: una prueba más de la presencia del hombre en el Terciario de la República Argentina*, que iniciaba con un epígrafe de Boule (1911):

> Esta cuestión, como tantas otras importantes planteadas por la obra de Ameghino, sigue todavía abierta. La muerte del eminente naturalista argentino será probablemente el punto de partida de nuevas investigaciones. Es de esperar que se olviden las discusiones apasionadas de los últimos años, que desaparezcan las antinomias personales y que un nuevo espíritu, libre de toda atadura anterior, se ponga al servicio de la solución de los interesantísimos problemas que se plantean en América del Sur" (Boule 1911). Carlos relaciones su informe con las *Nuevas investigaciones...* que lo anteceden, para dar a conocer "el sorprendente descubrimiento realizado en el Terciario del Miramar, de un fémur de Toxodonte, cuyo trocánter presenta enclavada una punta de cuarcita tallada por el hombre que vivió en aquella remota época" (Ameghino, C. 1915a, p.433).

Carlos indicaba haber encontrado el objeto personalmente, el que fuera extraído por Lorenzo Parodi de una barranca, luego de finalizada la expedición encomendada por los museos nacionales y en un contexto geográfico similar al descripto en el *Acta...* A su vez, relacionaba los restos con la *industria de la piedra quebrada* descritos por su hermano: "Todo esto parecería demostrar que la industria lítica que Florentino Ameghino señaló también en el piso puelchense de Monte Hermoso y que denominó de la 'piedra quebrada', sería la misma industria de la 'piedra hendida', y que las diferencias, más que aparentes que reales, que ambas presentan entre sí, consistirían únicamente en la distinta naturaleza del material empleado" (Ameghino, C. 1915a, p.440).

En términos conclusivos, respecto de la relevancia del hallazgo y de la contribución a la disputa, Carlos explicaba que:

> Con estos antecedentes, entregamos al público científico, bajo

nuestra exclusiva responsabilidad, lo que vacilamos en calificar como uno de los documentos paleoantropológicos más valiosos y decisivos conocidos hasta la fecha; pero al mismo tiempo nos apresuramos a declarar que lo hacemos sin la menor presunción de nuestra parte, antes bien cumpliendo lo que consideramos un compromiso contraído, por hallarnos en posesión de una prueba de tal magnitud. Nuestras aficiones, en efecto, nos han inclinado más bien siempre al campo de la geología y de la paleontología estratigráficas y no podemos por lo tanto considerarnos autoridad en materia antropológica; pero, sin embargo, creemos que nuestra experiencia en esta clase de hallazgos y sobre todo la evidencia de los hechos nos habilitan para poder dar una opinión al respecto. Pero sí, a pesar de todo, la crítica sana y razonada llegase a mostrársenos adversa en este punto, no por ello sería capaz de modificar nuestras convicciones, pues que los hechos como tales no sólo subsistirán, sino que tenemos la seguridad de que otros nuevos se les agregarán. Para esto contamos con el concurso colaborador más poderoso, el mar mismo, que día a día pone al descubierto una nueva porción de los milenarios acantilados de Chapalmalán (Ameghino, C. 1915a, p.441).

Además, advertía que el esqueleto del *Toxodón* había sido encontrado *in situ:* el tamaño menor respecto de otras especies del género revelaría que se trataba de un antecesor, teniendo en cuenta las líneas filogenéticas conocidas y las sucesiones geológicas del territorio. Al evaluar el aspecto geológico, determinaba la edad terciaria de la formación araucana, conformada por el piso Chapalmalense y una parte de la formación pampeana superpuesta, reconocida en su edad por Florentino, Doering y Roth, al considerarla del Mioceno; en tanto, Steinmann, Wilckens, Ihering y Rovereto la comprendían terciaria, aunque del Plioceno. Carlos agregaba, contra las observaciones hechas en EMSA:

Hay que tener en cuenta que estas cuestiones no pueden ser resueltas por medio de simples afirmaciones que nada prueban, sino con el testimonio de hechos pacientemente observados en el terreno durante largos lapsos de tiempo, lo cual, si se exceptúa a F. Ameghino y S. Roth nadie ha estado en condiciones de poder hacer. De modo, pues, que aún debe tenerse a estos dos autores como los mejores conocedores de nuestras formaciones cenozoicas, pues las estudiaron con auxilio de la paleontología, que es lo único que en estos casos puede proporcionar una documentación fidedigna.

No queremos silenciar la más reciente de las obras de conjunto publicadas acerca de estas cuestiones, a saber, la de Ales Hrdlička y sus colaboradores (*Early Man in South America,* Washington, 1912). Esta obra, aparentemente imparcial y detenida, es por el contrario, especialmente en lo que se refiere al hombre fósil de esta parte de América, reveladora de las ideas preconcebidas de su autor. Además de esto, no han dispuesto los autores del tiempo materialmente necesario para poder reunir los elementos de juicio en el terreno mismo, como hemos podido comprobarlo personalmente, pues nos cupo el honor de acompañarlos en varias de sus excursiones. Sin desconocer el mérito ni la parte de verdad que esta obra puede contener, tenemos la convicción de que las conclusiones generales a que llega el señor Hrdlička son completamente exageradas. Y la mejor prueba de ello es el *Acta* de la comisión de geólogos a que ya nos hemos referido. Como no es nuestra intención entrar en polémica sobre una cuestión tan discutida, no nos detenemos más en este punto (Ameghino, C. 1915a, p.447).

El fémur de *Toxodón* flechado de Miramar llevaba a Carlos a comprobar (B7), esto es que "la cuna del género humano parece ser efectivamente la parte austral del continente sudamericano y que por lo menos desde la época de Chapalmalán, o sea, en el mioceno superior, existía en este territorio el propio género *Homo* ya perfectamente constituido y, lo que es aún más sorprendente, con un grado de adelante y de cultura tan solo comparable al de los indígenas prehistóricos más recientes de la misma comarca" (Ameghino, C. 1915a, p.449) (véase Anexo III)

En el *Congreso de Ciencias Naturales* de 1916, Carlos daba a conocer, además, un arma de piedra hallada en Río Hondo por Carlos Díaz, quien la remitiera al Museo Nacional de Buenos Aires para ser examinada. Ameghino (1916) mencionaba la serie de descubrimientos de esqueletos humanos de pequeña estatura y cráneos dolicocefálicos hecha en la región por E. de Carlés, que Florentino asignara a la raza de Ovejero y que interpretaba como un *substratum* paleoamericano equivalente a la raza de Lagoa Santa, de las cavernas del Brasil" (Sociedad Argentina de Ciencias Naturales, 1916, p.158). Por otro lado, una segunda raza "está representada, por el contrario, por restos de un tipo humano de gran estatura y de poderoso desarrollo esquelético, de cráneo voluminoso y grosero, sólo comparable al tipo patagón del sur de la república" (p.158). Así, el arma de piedra hallada por Díaz era atribuida a la llamada raza de Ovejero, situada estratigráficamente por Carlos en terrenos cuaternarios que se correspondían con el Post-pampeano bonaerense: el artefacto era comprendido como una punta de lanza, similar a las halladas en Buenos Aires y Patagonia: "De modo que nos es dado inferir que las agrupaciones humanas que poblaron durante el Cuaternario el norte del país, ayudadas probablemente por un medio físico más favorable evolucionaron más precozmente y llegaron a desarrollar aptitudes que en el sur recién alcanzaron los patagones en los últimos tiempos prehistóricos y quizá más tarde todavía" (p.159). La pieza, según Carlos, coincidía con las encontradas en el Paleolítico europeo[30].

---

[30] En *La cuestión del hombre Terciario en la Argentina, resumen de los principales descubrimientos hechos después del fallecimiento de Florentino Ameghino,* Carlos realizaba un resumen a la memoria de su hermano, quien habría generado "sentidos recuerdos y espontáneas demostraciones" en el curso de las deliberaciones llevadas a cabo en el Congreso... "que me colocan en el grato deber de recoger y de agradecer, como hermano del hombre arrebatado prematuramente al país, a la ciencia ya nuestras caras afecciones". En tanto, advertía que el trabajo de Florentino consistía en resolver el "problema de los problemas", y que lo había llevado a hundir con "pruebas fehacientes" la profundidad geológica del hombre hasta las capas milenarias del Hermosense y Araucanense, que consideraba de edad miocena y época terciaria:

Con todo, justo es confesar que sus convicciones sobre la presencia del hombre en estos últimos horizontes fueron más bien frutos de la inducción que el testimonio que pueden ofrecer los hechos materiales y tangibles, que siempre deben exigirse en este género de especulaciones y disciplinas de la mente, como pruebas irrecusables de premisas ya sentadas. Pero hoy, felizmente, y para descargo de la

En la sesión del 23 de febrero de 1918 de *Physis,* Enrique de Carlés publicaba *Los vestigios industriales de la presencia del hombre*

ciencia argentina, puedo deciros que estos hechos y estas pruebas que faltaban, acaban de surgir a la luz del día, y que me complazco en anunciaros la buena nueva y los nuevos hechos, que comprueban irrefragablemente, las doctrinas sustentadas por el sabio fallecido; las que, a mi entender, cierran y sellan definitivamente este primer ciclo de tanteos y de hipótesis más o menos avanzadas, que fueron necesarias en su tiempo, para facilitar y llegar a la conclusión de un problema semejante. (Sociedad Argentina de Ciencias Naturales, 1916, p.162).

Carlos señalaba que, muerto Florentino, le cupo a él la tarea de hallar los hechos y pruebas materiales que faltaban, hallándolas en Miramar, sitio en que Lorenzo Parodi encontrara un yacimiento de artefactos líticos en el horizonte Chapalmalense, visitado por una comisión integrada por "los más ilustres geólogos residentes en el país, quienes pudieron presenciar la extracción de otros objetos de piedra y labraron un acta que fue firmada por todos los presentes, en que dejaron constancia explícita y terminante de sus impresiones favorables, al atestiguar los detalles y as condiciones de yacimiento" (Sociedad Argentina de Ciencias Naturales 1916, p.163). Tras ello, Carlos narra el hallazgo en Miramar del "célebre" fémur flechado del Toxodonte, así como el descubrimiento, en 1916, de "una porción de columna vertebral de un gran mamífero extinguido con dos puntas de cuarcita clavadas igualmente entre los huesos y que se conserva aún en un gran bloque de *loess* en que los fósiles yacían" (Ameghino, 1915-1916, p.164). En ocasión de este nuevo hallazgo, es invitado el director de la Sección de geología de la división de minas de la Nación, Keidel, con el fin de presenciar la extracción de la pieza y realizar el examen geológico.

Después de todo lo expuesto, en presencia de todos los hechos y observaciones acumuladas, en tanto diferentes tiempos y por tan distintas personas, creo que ya no es posible abrigar la más mínima duda sobre la autenticidad y la exactitud de los hechos observados, y creo que debemos considerar el problema del hombre fósil, como resuelto en sentido afirmativo (…) Tales son, señores, en este asunto, los hechos más culminantes y las más recientes conclusiones que el doctor Florentino Ameghino ya había columbrado, y que, desgraciadamente, no pudo ver alcanzar a ver comprobadas, pero que a otros más afortunados les cupo la suerte de poder hacerlo (Sociedad Argentina de Ciencias Naturales, 1916, p.165).

Al concluir así, Carlos solicita permiso al presidente y a los presentes a ponerse de pie en memoria de su hermano, y en homenaje al país y a la ciencia nacional.

149

terciario en Miramar, y narraba la excursión que realizara junto a Carlos Ameghino a la zona del marítimo y los hallazgos hechos desde entonces: el fémur de *Toxodón* flechado, bolas, cuchillos, etc., las discutidas escorias y otros objetos:

> Todos los que fueron motivo de examen sobre el terreno y de juicios favorables de varias comisiones de hombres de ciencia y estudiosos. Nunca formé parte de aquellas cruzadas de observadores, pero invitado ahora por D. Carlos Ameghino a visitar la interesante localidad, he podido apreciar sobre el terreno la diferenciación de los horizontes Chapalmalense y Ensenadense; su discordancia cierta señalada ya por Florentino Ameghino, su descubridor, es evidente, y yaciendo el Ensenadense en las barrancas al norte de Miramar sobre el Chapalmalense en hondonadas que, al rellenarse, han nivelado el suelo de la meseta, se ven ahora, al recorrer aquélla, trechos de uno u otro horizonte con sus fósiles respectivos y asimismo las toscas características de aquellos pisos de las que ya Ameghino (ibid. pág. 370), hizo notar su diferenciación (De Carlés 1918-19, p.125).

De Carlés acordaba con la antigüedad de las toscas del horizonte, pampeanas y araucanas "¡Y esas tierras fueron indudablemente en aquél remoto geológico habitadas por el hombre!" (De Carlés, 1918-19, p.126). A su vez, coincidía en que los fogones, establecidos en pequeñas superficies con restos de animales extinguidos y material vegetal, habían sido obra del hombre terciario (D.2); señalaba que Carlos Ameghino había cavado y recolectado las materiales *in situ* y en su presencia, con lo que no dudaba sobre la existencia del hombre en el piso Chapalmalense:

> Ahora queda en discusión la época a que pertenece el terreno donde se han hecho tan singulares hallazgos. Según mi entender, habría que admitir a priori, que el hombre ha debido llegar a su evolución como tal, en alguno o algunos puntos de la tierra en donde haya hallado condiciones favorables para su existencia. No veo inconveniente para que esto fuese aquí, puesto que sabemos que el continente sudamericano ha sido ya tal en el Mioceno superior, cuando Europa era aún una región en parte insular (De Carlés, 1918-19, p.127).

En mayo de 1918, también en *Physis,* Carlos publicaba *Los yacimientos arqueolíticos y osteolíticos de Miramar: las recientes investigaciones y resultados referentes al hombre fósil,* en agradecimiento por la designación por la Sociedad… como miembro honorario y para dar cuenta de nuevos hallazgos realizados en julio de 1917, en Miramar. El hallazgo presentaba relevancia por la presencia de lo que Carlos entendía, se trataba de una industria osteológica de huesos trabajados, con el fin de producir armas pulimentadas o afiladas. Tal como hiciera en la *Reunión…* de Tucumán, Carlos reiteraba que el cúmulo de materiales hallados, comprobaciones y observaciones hechas por distintos observadores en distintos tiempos, no habrían de poner en duda los descubrimientos:

> Lo que a lo sumo puede objetarse es que ellos están en contradicción con lo que respecto a esto mismo se sabe de otras partes del mundo. Pero mi concepto es que, precisamente por eso, el hecho debe ser para nosotros un incentivo que nos induzca a trabajar para procurar explicárnoslo y hallar su concordancia. Y si esto último no fuera posible, será menester por lo menos, que la tendencia contraria tenga la hidalguía de reconocer que una buena parte de lo que se ha hecho en otras partes del mundo puede ser susceptible de interpretarse de otra manera que como se interpreta (Ameghino, 1918-19, p.18).

Tras encontrar, en un primer momento, una bola de hueso fosilizado, Carlos referenciaba en su comunicación el descubrimiento hecho por Augusto Tapia, miembro de la Dirección General de Minas y Geología de la Nación, que en los meses de noviembre y diciembre de 1917 había recorrido la costa de Miramar para, entonces, coleccionar fósiles de distintos horizontes geológicos, de los que Carlos mencionaba a aquellos relacionados con el hombre fósil y que presentaban la novedad científica de constituir una industria especial de hueso u oesteolítica, desconocida todavía en el país.

Ameghino (1918-19) concluía con la descripción de otro hallazgo excepcional, a saber, un pedazo de vasija procedente del

Chapalmalense y cercano al sitio en que fuera descubierto el fémur flechado de *Toxodón*, extraído de los fogones y escoriales que Florentino había considerado de origen antrópico: "Ya en distintas ocasiones el Dr. Roth había señalado la presencia de alfarería en los diversos niveles de la formación Pampeana; pero este hecho resultó muy poco creído y hasta fué considerado como algo inverosímil. Confieso paladinamente que he militado entre quienes lo creían así. Ahora, el hecho no puede menos que imponerse con toda evidencia, dadas las circunstancias insospechables que rodearon al hallazgo, presenciado también por el mismo Dr. Roth, invitado al efecto, que, por cierto, experimentó una grande y natural satisfacción al ver comprobadas y justificadas sus reiteradas afirmaciones al respecto" (p.25)[31]. Además, recordaba las palabras proferidas en 1915, en ocasión de la publicación de *El fémur de Miramar, una prueba más de la presencia del hombre en el Terciario de la República Argentina*, en la que apelaba a una crítica sana y razonada "adversa"; en este sentido, indicaba que el cúmulo de nuevos hallazgos le permitían concluir que:

Cualquiera que sea en definitiva la edad que las investigaciones futuras asignen a estos terrenos, quedará siempre en pie, junto al hecho, la verdad, y ésta consiste en que, mientras Europa estaba habitada por una raza inferior pitecoide —que es la de *Neanderthal* — este continente estaba poblado desde antes de entonces o por los mismos tiempos, por una raza de hombres que a juzgar por las manifestaciones psíquicas que nos han dejado en los artefactos de Miramar, sólo son comparables al Homo sapiens. Quede ello dicho, no porque intente hacer gala de excepcionales conocimientos, que harto sé que no poseo, sino porque creo que mi actuación de cerca de cuarenta años, empleados ininterrumpidamente en este género de trabajos prácticos y directos, hechos sobre el terreno, me da el derecho y me impone el deber de sostener mi absoluta convicción (Ameghino,

---

[31] Carlos recordaba que el desarrollo de las investigaciones en Miramar se debía a Luis María Torres, en tanto que el descubrimiento de los yacimientos, a Lorenzo Parodi, quien a pocos días de redactar el informe que presentaba, le informaba sobre el hallazgo de una astilla, procedente del lacustre, trabajada por frotamiento, con una punta aguda que habría servido para punción "y que ha estado sepultada en los sedimentos durante tiempos geológicos milenarios" (Ameghino, 1918, p.26).

En la edición de *Physis* de 1918-19, Carlos se refería al hallazgo de una nueva pieza de hueso fósil esferoidal perforada, comprendida como plomada para línea de pesca, y para confirmar ello, presentaba en la sesión de la *Sociedad*... un anzuelo labrado en estado de fosilización, descubierto en el mismo yacimiento por Cavazzutti: "Para terminar, agregó que estos hechos sorprendentes, sumados a muchos otros, por él ya dados a conocer, indican que en una época remotísima, durante la cual Europa estaba todavía sumergida en la barbarie primitiva, esta parte del continente sud- americano estaba habitada por una raza humana superior, cuyos altos exponentes culturales están plasmados en los admirables objetos que acababa de presentar" (Ameghino, 1918-19, p.563).

En 1922, Vignati comunicaba en la *Sociedad Physis*, (en lugar de Carlos Ameghino, quien no había podido asistir por motivos de salud) la descripción de unas muelas encontradas en tierras cocidas del piso Chapalmalense, en estado de mineralización: "La edad del Chapadmalense es muy discutida, pero, en conjunto, las opiniones están contestes en atribuirla al Terciario. Florentino Ameghino y Santiago Roth, por el porcentaje de las faunas mamalógicas extinguidas, lo colocan en el mioceno, mientras otros autores lo estiman correspondiente al Plioceno" (Vignati, 1922, p.216). El autor determinaba que las muelas tenían caracteres pitecoides y tomaba como referencia para ello el artículo *The jaw of the Piltdown Man*, de Smith Miller (1915). Indicaba que las muelas eran más grandes que las de los hombres actuales y que de los aborígenes argentinos, sólo comparándose en tamaño con la de australianos: "La observación radiográfica de las muelas de Miramar permite ver igual mezcla de caracteres simiescos o de hombre primitivo, con algunos detalles que las aproximan a conocidas razas fósiles del viejo mundo" (Vignati, 1922, p.220), especialmente, por la semejanza con el hombre de *Neanderthal* y de Heidelberg. De aquí es que los restos, afirmaba, guardaban semejanza con los monos y con los fósiles humanos

153

europeos y razas primitivas, así como con la raza *Neanderthal* y aborígenes argentinos.

Vignati (1922) excluía la posibilidad de que no se tratara de muelas humanas (por lo que no se correspondían con las de un antecesor), e indicaba que la semejanza con muelas de indígenas modernos eran mínimas:

> Difícil sería, sin embargo, establecer si deben atribuirse a *Homo sapiens*, en el concepto que hoy tenemos de esta especie, pero si por hombre se entiende al ser viviente dotado de inteligencia, capaz de utilizar los elementos de la naturaleza para hacerlos servir a su voluntad y con conciencia para comprender y reproducir sus actos anteriores, el poseedor de estas muelas era un hombre en el pleno sentido de la palabra. Su inteligencia y su conciencia nos son revelados por la utilización del fuego que evidencian los restos de fogones (Vignati, 1922, p.222).

En otra comunicación en *Physis*, Vignati (1922) publicaba una comunicación sobre los anzuelos de Necochea, a los que definía como restos propios del *Homo pampeaus*, con lo que apoyaba la conclusión (E-IV.5): "El ser humano desciende del *Homo pampeaus*". En la reunión mensual del 15 de julio de 1922, Vignati presentaba *Contribución al estudio de la litotecnia Chapalmalense*, en que mencionaba el hallazgo de artefactos en Miramar, en ocasión de la visita de Ihering y, el 23 de septiembre comunicaba el hallazgo de nuevos objetos trabajados en hueso en el Ensenadense, en especial, un anzuelo pulido, puntas de lanzas, y piezas trabajadas por frotamiento:

> Reuniendo estos hallazgos de objetos de hueso con los ya encontrados por la comisión de geólogos del año 1914, los de Carlos Ameghino y los de Frenguelli, se podría formar un lote bastante apreciable que revelaría la existencia de una cultura con características propias, debido al material utilizado y a las técnicas de trabajo empleadas. Esta cultura local podría denominarse "miramarense" correspondiendo al piso Ensenadense de la región de Miramar. A diferencia del chapadmalense de la misma región, que presenta una industria rica en artefactos líticos, el Ensenadense es

pobre en objetos de piedra, distinguiéndose como hemos dicho, por su industria ósea. Vignati afirma que varias veces se ha pretendido encontrar una similitud entre esta industria de Miramar y los materiales de los aborígenes pre y post colombinos que habitaron el territorio. Nuestro autor dice que toda tentativa resulta fallida pues la "diferencia de material, de forma y de técnica" excluyen toda posibilidad de confusión (Daino, 1979, p.60).

Por último, en 1920 Frenguelli realizó una expedición a los yacimientos en disputa y, pese a no hallar restos esqueléticos de humanos, indicaba haber encontrado un artefacto lítico en el Chapalmalense de Ameghino: se trataba de una pieza tallada por pocos golpes que no encontraban relación con ningún otro tipo de industria antes descrita: "Por su hechura que demuestra, hasta para los más escépticos, responder a un trabajo intencional de una voluntad bien dirigida y de una mano bien experta, se aparta de una manera terminante de todos los diversos tipos de los tan discutidos eolitos Terciarios" (Frenguelli, 1920, p.440). El autor refería que los hallazgos de artefactos hechos por Carlos Ameghino (1916) podían relacionarse con una industria lítica musteriense primitiva, esto es, que los restos del horizonte inferior de Miramar serían anteriores a los europeos, debido a que el Preensenadense no podía correlacionarse temporalmente con el más reciente *Günziense*:

Nos hace la impresión que el chelense y el prechelense europeo, en el estado actual, constituyen una especie de desván donde se refugian todos aquellos restos del hombre o de sus industrias que no tienen cabida en horizontes más recientes. Examinando serenamente las críticas de los varios autores nos parece que solamente mediante una lógica algo estirada se alcanza a rejuvenecer algunos restos que realmente, aún entrando bien en los límites lógicos del Cuaternario, parecen muy antiguos. Pensamos que esto es una consecuencia de viejos prejuicios, de los cuales todavía no logramos librarnos completamente, sobre el origen del hombre y sobre el límite inferior del Pleistoceno (Frenguelli, 1920, p.442)

La naturaleza del artefacto, que demostraba la existencia de una tecnología evolucionada localmente o importada de otras más antiguas relacionadas con el primer pluvio-glaciar del Preensenadense – equivalente al Hermosense en el que se hallaron atlas humanos– "justifica, en cierto modo, la gran antigüedad del hombre en las regiones del Plata, ya sostenida por F. Ameghino; pero esta antigüedad, según nuestras investigaciones, no remonta más allá que la época de la incisión de la superficie del Araucano" (Frenguelli, 1920, p.443). Además, el examen de la pieza sugería que los hombres que la utilizaron tenían una estatura pequeña, hecho que guardaba relación con los restos de humanos de Monte Hermoso:

> De estos hombres se supuso hubiesen descendido los precursores del gigantesco *Homo* de Heidelberg; pero hasta ahora los datos demuestran que el hombre sudamericano, cuyos restos provengan realmente de las capas pampeanas, desde el *Preensenadense* hasta el *Bonaerense*, nunca alcanzaron una talla gigantesca, sino que permanecieron gráciles y pequeños. Esto hace suponer que en la Pampa el hombre haya seguido su desarrollo autóctono, conservando una estatura enana, característica de la raza de Ovejero, y que más tarde se mezcló con tipos más grandes sin duda inmigrados (Frenguelli, 1920, p.444).

Los vestigios del litoral marítimo bonaerense con los que se buscaba probar la antigüedad terciaria del hombre en el Plata y, en efecto, la antropogenia ameghiniana, fueron objeto de deliberación comunitaria, desde 1918 hasta 1932 (véase cap. IV), período en el que se debatió la autenticidad y la posición (primaria o secundaria) de los materiales: "en medio de un ambiente de fuertes polémicas y marcadas rivalidades. El debate se centraba en la adscripción temporal y la autenticidad de los nuevos descubrimientos arqueológicos de las barrancas marinas de los alrededores de Miramar (partido de General Alvarado)" (Bonomo, 2005, p.25).

2.4. Conclusiones parciales de Capítulo

Es posible indicar que Ameghino obtiene (c) "Los mamíferos actuales se originaron y dispersaron en y desde América del Sur" por abducción, a partir de (r) "restos de mamíferos fósiles antiguos en horizontes cretácicos de Patagonia asociados a la existencia de dinosaurios". De este modo, (c) es, a la vez, conclusión de un argumento abductivo, cuyas afirmaciones pueden presentarse como la premisa para la obtención de las implicaciones contrastadoras (I) y (II): Así es que, si:

a) (I) y (II), entonces (B.5): r ∧ s → v
b) (c) y (B.4) y (C-I.3), entonces (B.5) y (B.9): p ∧ u ∧ z → v ∧ y
c) (B.1), entonces (c): t → p
d) (D.2) = (B.6), entonces (B.7): u ↔ w → x

Por tanto:

$$((r \land s \to v) \land (p \land u \land z \to v \land y) \land (t \to p) \land (u \leftrightarrow w \to x)) \to ((p \land v \land y \land x) \lor \neg(p \lor v \lor y \lor x))$$

La argumentación (G), puede subdividirse en tres partes, de las que G-I propone el origen sudamericano de los mamíferos; G-II, el origen, evolución y dispersión de los seres humanos en y desde América del Sur; y G-III, la existencia de vestigios industriales de esa humanidad originaria:

Argumentación (G-I)
1. Si se observa una mayor antigüedad de los mamíferos fósiles en Patagonia que en otras regiones del mundo, y se observa una relación de parentesco continua entre los rasgos morfológicos de los mamíferos fósiles y los mamíferos actuales, entonces los mamíferos actuales se originaron y dispersaron en y desde América del Sur. (Premisa)
2. Se observa una mayor antigüedad de los mamíferos fósiles en Patagonia que en otras regiones del mundo. (Premisa)
3. Se observa una relación de parentesco continua entre los rasgos morfológicos de los mamíferos fósiles y los mamíferos actuales. (Premisa), Por lo tanto,
4. *Los mamíferos actuales se originaron y dispersaron en y desde América*

del Sur (Conclusión por *modus ponens*, a partir de (1) (2) y (3))

Argumentación (G-II)

1. Si se encuentran en América del Sur los más antiguos monos fósiles conocidos, entonces los remotos antepasados del hombre evolucionaron en este continente. (Premisa)
2. Se encuentran en América del Sur los más antiguos monos fósiles conocidos. (Premisa)
    Por lo tanto,
3. *Los remotos antepasados del hombre evolucionaron en este continente* (Conclusión por *modus ponens*, a partir de (1) y (2))
4. Si los remotos antepasados del hombre evolucionaron en este continente, entonces el ser humano se originó y dispersó en y desde América del Sur. (Premisa)
5. *El ser humano se originó y dispersó en y desde* América del Sur. (Conclusión por *modus ponens*, a partir de (3) y (4))

Argumentación (G-III)

1. Si hay pruebas indiscutibles de la existencia del hombre en el Pampeano inferior y en terrenos más antiguos, entonces se encuentran antiquísimos restos fósiles de humanos, prehumanos y de industrias primitivas en los horizontes terciarios del Pampeano. (Premisa)
2. Hay pruebas indiscutibles de la existencia del hombre en el Pampeano inferior y en terrenos más antiguos. (Premisa),
    Por lo tanto,
3. Se encuentran antiquísimos restos fósiles de humanos, prehumanos y de industrias primitivas en los horizontes terciarios del Pampeano (Conclusión por *modus ponens*, a partir de (1) y (2))

En el cap. VI se advierte, que pese a comprender a la "investigación como un proceso autocorrectivo que no tiene puntos de inicio o fin absolutos y en el que cualquier afirmación está sujeta a crítica racional, aunque no podemos cuestionar todas las afirmaciones a la vez" (Bernstein, 1971, p.175), las *buenas razones* ofrecidas por Ameghino fueron revisadas en forma parcial en un período de deliberación racional de 72 años (1875-1947), desde los primeros escritos de Ameghino, hasta el *logro* de un consenso comunitario sobre la existencia del Paleoamericano. Así, dadas las conclusiones

(G-I.4), (G-II.3), (G-II.5) y (G-III.3), es posible dar cuenta acerca de la siguiente estructura de capítulos/deliberaciones:

a) Cap. III: Deliberación comunitaria sobre edad terciaria/cuaternaria del Pampeano (D-EFG).

b) Cap. IV: Deliberación comunitarias sobre vestigios arqueológicos (D-VAR).

c) Cap. V: Deliberación comunitaria sobre vestigios antropológicos (D-VAN).

Las tres deliberaciones se *yuxtapusieron* en el tiempo, en tanto los investigadores participantes de las constelaciones modificaron sus posiciones, en un marco de *inconmensurabilidad* acerca de las normas y criterios para determinar la validez de los hallazgos (véase ap. III del cap. VI). La clausura de las polémicas es tratada en el ap. III del cap. VI, según es indicado al finalizar cada uno de los Capítulos.

SECCIÓN II

CAPÍTULO III – DELIBERACIÓN COMUNITARIA SOBRE EDAD DE LAS FORMACIONES GEOLÓGICAS

La deliberación sobre la edad de las formaciones geológicas de Pampa-Patagonia (D-EFG) fue independiente respecto de la *praxis fronética* acerca de la edad de los vestigios comprendidos como implicaciones de prueba de la HAA, pero la verdad de (B.1), (B6) y (D.1), dependía del posible consenso alcanzado por la D-EFG. En este sentido, es posible distinguir tres fases sustantivas de la disputa geológica:

a) 1882-1949: en la que se delibera acerca de (r), esto es, el hallazgo de mamíferos en horizontes cretácicos de Patagonia asociados a la existencia de dinosaurios.
b) 1842-1889: en la que se establecen dos modelos directrices sobre la edad y origen de las formaciones pampeana y patagónica.
c) 1910-1945: cuando la comunidad de investigadores argentinos asociada directamente la D-EFG al problema sobre el origen del ser humano, a partir de los vestigios sucesivamente hallados en Monte Hermoso y Miramar ("Evidencias (B): vestigios 1912-1932").

A propósito de la controversia, Daino (1979) indica:

En torno a la prehistoria pampeana se planteó, desde principios de siglo, una polémica cuya intensidad y duración fueron poco frecuentes. La diversidad de opiniones se debió, en parte, al desconocimiento casi absoluto del territorio. No hacía mucho que se había completado la "conquista del desierto". Algunos viajeros, como Darwin y D'Orbrigny habían dado ciertas opiniones precoces sobre los aspectos naturales, pero todo era aún muy incierto. La incertidumbre geológica quitó una base de apoyo fundamental a la cronología arqueológica. Como es sabido, los hallazgos arqueológicos pueden ser estimados como más o menos antiguos según su posición estratigráfica. Es decir, su edad será la de la capa de terreno que los contenga, a menos que hayan ocurrido alteraciones por obra del hombre o de la naturaleza (Daino, 1979, p.3).

Sin embargo, al considerar las tres fases explicitadas, es posible advertir un trabajo comunitario que, durante aproximadamente 103 años (1842-1945), permaneció en estado de consenso-disenso (*Cfr.* Bernstein, 2013, p.129) y en los que la "incertidumbre geológica" no se debía tanto al "desconocimiento casi absoluto del territorio" (Daino, 1979, p.3), sino a la *inconmensurabilidad* de criterios y normas para determinar la edad de las formaciones sedimentarias argentinas (véase ap. II del cap. VI).

Tanto la controversia pampeana como la patagónica se *yuxtapusieron* en el tiempo y constituyeron parte de los argumentos a los que acudieron los proponentes y detractores de (B.9). Este capítulo, por tanto, se estructura a partir de dos Apartados, el primero de los cuales presenta la controversia patagónica (1882-1949), mientras que el segundo se concentra en la deliberación sobre la edad de la formación pampeana (1842-1932) y las consecuencias asociadas con la HAA.

3.1. Apartado I – La controversia patagónica

3.1.1. Deliberación comunitaria sobre abducción dispersalista ameghiniana

La revisión crítica de la comunidad de investigadores deliberaría acerca de:
   a) El criterio paleontológico, utilizado para determinar la edad del cretáceo patagónico y, como consecuencia de ello:
   b) (r), esto es, la validez de la asociación entre mamíferos y dinosaurios en el cretáceo patagónico:

Ingenieros (1919) determinaba el estado de consenso-disenso comunitario con respecto a la hipótesis dispersalista:

Las ideas de Ameghino sobre *paleografía general* -a pesar de pequeñas divergencias- son las corrientes en los tratados de geología. En cuanto respecta a la formación primitiva de los continentes y océanos, son aproximadamente concordantes con las admitidas (Suess, Neumayr, Arldt, Laparent, Haug, Kossmat, Frech, Osborn, Matthew, Ihering, Van der Broeck, Kayser etc.); el elemento de juicio introducido por él, a partir del cretáceo, es el estudio comparativo entre las faunas de mamíferos sudamericanos y las de otros continentes. Se funda en que ellos son originarios de Sud América, por no haber sido encontrados en terrenos más antiguos o sincrónicos de otras regiones (Ingenieros, 1919, p.31).

Además, la adhesión y rechazos a la hipótesis dispersalista ameghiniana era practicada con independencia de la disputa acerca de problemas asociados a la evolución monofilética/polifilética.

a) *Aplicación de criterio paleontológico*: en los meses de abril, mayo y junio de 1879, Doering -químico, zoólogo y geólogo, incorporado a la Academia Nacional de Ciencias de Córdoba[1]- integró el Comité Científico que acompañó a Julio A. Roca en el genocidio indígena perpetrado en la llamada "Campaña del Desierto". Fruto de la expedición, publicaba, en el *Informe oficial de la Comisión científica agregada al Estado Mayor general de la expedición al Rio Negro (Patagonia)*, un apartado sobre geología argentina en el que agrupaba los depósitos sedimentarios superficiales en 7 formaciones y 14 horizontes geológicos. La ordenación de Doering fue interpretada por Ameghino (1889) como el "golpe de gracia" (Castellanos, 1916, p.397) contra el viejo y erróneo sistema de clasificación; viejo porque:

> Doering y Ameghino empezaron a postular que, durante el Mioceno y el Plioceno, el continente sudamericano había tenido una extensión similar a la actual y que todas las formaciones terciarias neógenas eran de origen terrestre o subaéreo. Burmeister, siguiendo las interpretaciones geológicas del paisaje europeo, aceptaba en

---

[1] Organizada por Burmeister en 1870, por encargo de Sarmiento.

cambio una transgresión marina relativamente reciente. Y aunque las idea de Burmeister estaban muy lejos de eso, la polémica se planteó como una cuestión entre ciencia y religión, como si el término *Diluvium* se hubiese referido a la tradición bíblica acerca del origen del hombre o la historicidad del Diluvio (Podgorny, 2021, p.92).

La estratigrafía de Doering (1882) elevaba el número de especies de mamíferos fósiles halladas a más de 500, como consecuencia de un trabajo de prospección, excavación, inscripción y clasificación comunitaria, a la vez que establecía un límite Cretáceo-Terciario (Doering, 1882, pp.429-454), en medio de la formación guaranítica:

> Según este autor, dicha formación correspondería a las capas inferior y media del «Tertiaire guaranien» de D'Orbigny, tales como este último las observó en Corrientes, y podría dividirse en dos pisos; el más antiguo, al que llamó «piso guaranítico», sería el «guaranien» más inferior de D'Orbigny, y cronológicamente representaría aquí el Supracretáceo, o estratos de Laramie, de Norte América; el más reciente, «piso Pehuenche o Huilliche», vendría a ser el «guaranien moyen» de D'Orbigny; pero de la descripción que hace Doering, refiriéndose sobre todo a la región de Fresno Menoco, hoy General Roca, y confluencia del Neuquén y el Limay, resulta ser lo que comúnmente llamamos areniscas con dinosaurios, formación que nada tiene que ver con aquélla (Cabrera, 1936, p.5).

La esquematización geológica de Ameghino fue presentada en un "Resumen geológico" (1917, p.38) de la *Contribución*..., y revisaba la estratigrafía propuesta por Doering (1881), tras advertir que los medios para la determinación de la edad de los horizontes precisan de la estratigrafía y *del hallazgo de los restos orgánicos que estos contienen*: "Es un hecho que ya nadie discute, que los animales fósiles que se encuentran sepultados en un punto dado de las entrañas de la tierra son tanto más diferentes de los que en la actualidad pueblan la misma comarca" (Ameghino, C. 1917, p.38). De acuerdo con ello, explicitaba la estratificación de los pisos geológicos[2], en tanto el *piso pehuenche*, atribuido al Eoceno inferior por Doering, era trasladado por Ameghino al "Palaeoceno", debido al hallazgo de restos de dinosaurios, acompañados de cocodrilos y edentados, lo que era indicativo de su intermediación entre el Cretáceo superior y el Eoceno inferior (y, por tanto, de la asociación de mamíferos y dinosaurios)

En 1889 Ameghino aceptó el piso Pehuenche tal como lo definió Doering, pero refiriendo a él, además de los restos de dinosaurios y *Macropristis*, los de *Pyrotherium* y otros mamíferos, y retrotrayéndolo ligeramente en el tiempo. «Esta mezcla singular - son sus palabras demuestra que se trata de un yacimiento de caracteres intermediarios, que se interpone entre la parte superior del Cretáceo y la inferior del Eoceno; es decir, corresponde precisamente al horizonte Larámico de los norteamericanos, que constituye la base del Palaeoceno». Teniendo en cuenta que los estratos de Laramie están hoy reconocidos como Cretáceo superior, las capas con *Pyrotherium* señalarían el fin del Cretáceo, de acuerdo con esta primitiva opinión de Ameghino (Cabrera, 1936, p.6).

Por los restos de *Pyrotherium,* Ameghino podía establecer (A.12), que "Los mamíferos de América del Sur, *en su conjunto,* son

---

[2] Época Eógena: formada por terrenos asociados a fauna de moluscos extintos, que comprende a los períodos Paleoceno, Eoceno y Oligoceno.
Época Neógena: formada por fauna de especies extintas y actuales de moluscos, incluye los períodos Mioceno y Plioceno.
Época Plioneogena: moderna, contiene moluscos que existen sin excepción hasta la actualidad, repartiéndose en los períodos cuaternario y reciente[2].
En efecto, Ameghino (1889) incorporaba a la estratigrafía de Doering (1881):
La formación santacruceña, de origen marino (entre la guaranítica y la patagónica) con los horizontes subpatagónico (que en Doering se refiere a areniscas rojas) y "santacruzeño".
El horizonte hermósico en la formación araucana, subyacente al piso pehuelche (puelche de Doering): "El descubrimiento del yacimiento de Monte-Hermoso, hacía ingresar un nuevo horizonte de formación de agua dulce o subaérea a la nomenclatura geológica, con una fauna también nueva" (Castellanos, 1916, p.399).
El Ensenadense (pamp. Inferior de Doering), Belgranense (pamp. med.), Bonaerense (o pamp. sup., es presumiblemente el "eolítico" de Doering) Lujanense (pamp. lacustre).

más antiguos que (todos) los de Norteamérica". Sin embargo, la datación estratigráfica estuvo sujeta a continuas revisiones: en la disertación pronunciada en el acto de inauguración de la Universidad de La Plata, el 18 de abril de 1897, ofrecía una nueva revisión de las formaciones geológicos y de sus horizontes[3]. En 1898, incluía en el Cretáceo argentino a las formaciones Chubutense (cretáceo inferior) y Guaranítica (Cretáceo superior): el seccionamiento de los horizontes cretácicos fue formulado "sin muchas y muy lógicas dudas sobre la verdadera posición estratigráfica de *Pyrotherium* (1894, pág. 262, y 1895, pág. 605), llegó Ameghino principalmente como resultado de las afirmaciones de Romero, Mercerat y Roth, quienes aseguraban haber hallado reunidos restos de dinosaurios y mamíferos. Posteriormente, nuevos descubrimientos le obligaron a descomponer su Piroteriense, que denominó «formación Guaraniana», en varios horizontes distintos, de los cuales el más moderno, o Piroteriense propiamente dicho, sería allí más reciente que el Sehuense, pero todavía Cretáceo" (Cabrera, 1936, p.6).

b) *Deliberación sobre (r) coexistencia de mamíferos y dinosaurios en el cretáceo patagónico:* en la formulación más definitiva de *Las formaciones*..., Ameghino (1906) establecía que el piso más inferior del Terciario (en el Eoceno) lo constituía la formación patagónica, representada en su base por el Camaronense marino y el Tequense terrestre. Obteniéndose la estratigrafía a partir de un criterio paleontológico, según el cual creía que el cretáceo de la formación

---

[3] Reubicaba el piso y formación tehuelche, de modo provisorio, (señalado con "?" en el original) e indicaba el estado controversial en el que se encontraba: "Dice el Dr. Doering, respecto a esto, lo siguiente: 'Este piso, más tarde, fué atribuido erróneamente por Ameghino a una capa terciaria marina o confundida tal vez con otro estrato de rodados más antiguos'" (Castellanos, 1916, p.408):

   a) Unía el pampeano medio (Belgranense) al pampeano inferior (Ensenadense)
   b) Estratificaba la formación araucana, antes establecida en el Mioceno, y la colocada ahora, con mayor precisión, en el Mioceno medio y superior.
   c) Incorporaba la formación entrerriana al Oligoceno, incluyendo los horizontes paranense y mesopotámico.

Guaraniana poseía restos de dinosaurios *y de mamíferos*: "Lógicamente, pues [Ameghino] hubo de considerar el Patagoniano como Eoceno; pero, además, lo creía así atendiendo a los caracteres de su fauna marina, al estado de evolución de la fauna terrestre y al hecho de que ésta indica un clima cálido, comparable al de los países tropicales" (Cabrera, 1936, p.7). Mercerat (1896, 1897), en coincidencia con Ameghino, consideraba las capas del Patagónico inferior (con *Pyrotherium*) como el horizonte más moderno del Mesozoico, y entendía que, inmediatamente sobre éste, se depositaba el eoceno, representado por las capas de las ostras gigantes. En este sentido:

> Con ligeras variantes, esta idea de que los primeros horizontes con mamíferos, en la Argentina, correspondían al Cretáceo, fué defendida por la mayoría de nuestros paleontólogos, siempre a base de supuestos hallazgos de dichos mamíferos en los mismos estratos que contienen restos de dinosaurios, o en estratos aún más antiguos. Refiriéndose a esta opinión, tal como la dejara sentada Ameghino, Roth (1899, pág. 382) no se decidió a aceptarla por lo que respecta a las capas con *Pyrotherium*, pero afirmó, de un modo positivo, haber encontrado en el Chubut, «en una toba de color rojo, restos de mamíferos mezclados con restos de megalosaurios»; y a orillas del río Chubut mismo, un yacimiento de mamíferos en una cuarcita «que se encuentra debajo de la formación de toba cretácea de dinosaurios» (Cabrera, 1936, p.8).

Hacia fines del siglo XIX[4], la comunidad de paleontólogos argentinos acordaba sobre la existencia de mamíferos en los mismos horizontes cretáceos en los que se hallaban dinosaurios. Pero, la revisión de la estratigrafía de los depósitos marinos cenozoicos del sur de la Patagonia y la fauna típica correspondiente a cada horizonte constituyó un capítulo sustantivo en la "controversia patagónica", de

---

[4] Según Podgorny (2009), para 1900, los Ameghino y von Ihering "habían interpretado la geología y la fauna fósil de América del Sur en términos de una historia de diferenciación, distribución de los organismos y de las rutas seguidas en sus migraciones" (Podgorny, 2009, p.235).

la que tomaron parte teóricos y naturalistas extranjeros como Hatcher[5], Ortman y Otto Wilckens. Según Ingenieros (1919):

> La totalidad de los paleontólogos negóse a aceptar la legitimidad de los hechos enunciados por Ameghino, oponiéndosele como argumento fundamental que los terrenos poblados por esa fauna no corresponden al cretáceo, sino a períodos posteriores. Pero Ameghino se funda en un hecho que, a su juicio, excluye toda controversia: esa fauna coexiste con la de los *Dinosauria*, habiéndose encontrado numerosos restos de esos grandes reptiles, algunos de dimensiones enormes. Los mamíferos sudamericanos vivieron, pues, en la misma era llamada mesozoica y caracterizada por los grandes reptiles; eso obligaría a reconocer que el origen de los mamíferos placentarios es más antiguo de lo que generalmente se admitía. La base geológica en que Ameghino se funda está "paleontológicamente" justificada: sólo podría objetársela suponiendo que los grandes reptiles han vivido en Patagonia más tarde que lo generalmente admitido para el resto del mundo. Esto último ¿puede aceptarse verosímilmente o traduce un propósito de corregir los hechos para salvar las opiniones, mientras lo natural es corregir las opiniones en homenaje a los hechos" (Ingenieros, 1919, p.93).

Hatcher (1897, 1900, 1903) coincidía con D'Orbigny (1842), Darwin (1845) y Bravard (1857) al considerar que la formación patagónica tenía una edad parcialmente eocena. Por su parte, interpretaba que los lechos marinos, tales como el Juliense y el Leonense, formaban parte de la misma formación geológica, debido a que compartían la misma fauna, aunque en distintas facies. Además, aunque Hatcher (1897) reconocía una diferencia entre ellos, rechazaba las relaciones estratigráficas ameghinianas entre los lechos marinos (Superpatagónico) y los terrestres (Santacruzense).

Según Cabrera (1936), Hatcher (1897) fue el primero en cuestionar (r):

> Si bien al tratar de establecer la cronología estratigráfica de Patagonia

---

[5] En *La edad de las formaciones...* (1900-1903)

incurrió en graves errores, como el de considerar las capas con *Pyrotherium* más modernas que la molasa patagónica, de donde resultaría que aquel mamífero «no debería colocarse en la escala geológica más abajo del Mioceno». De acuerdo con su manera de ver las cosas, las areniscas rojas con dinosaurios, a las que conserva el nombre de capas guaraníticas (*Guaranitic beds*), corresponderían al Cretáceo superior, y la molasa patagónica sería eocena. Más tarde, sin embargo (1900, pág. 86), el mismo autor se corrigió en este último punto, asignando a esta formación marina con ostras gigantes una edad oligocena superior y miocena inferior (Cabrera 1936, p.8)

Tras la muerte de Ameghino (1911), la polémica continuó: Scott (1913) y Loomis (1914) indicaron que las capas con *Pyrotherium* pertenecerían al Oligoceno, mientras afirmaban que las formaciones con mamíferos anteriores a la transgresión patagónica *eran posteriores al Cretáceo*. Tal y como las nombrara Simpson (1954), los autores "adoptaron para las formaciones con *Notostylops* y *Pyrotherium*, respectivamente, los nombres de formación de Casamayor y formación del Deseado, propuestos años antes por Gaudry y modificados luego en Casamayorense y Deseadense. La opinión de dichos autores norteamericanos ha sido, en general, aceptada por todos los investigadores que vinieron tras ellos, aunque con ligeras modificaciones" (Cabrera, 1936, p.9). En este sentido, Simpson (1954) elogiaba el trabajo de Carlos Ameghino en el desciframiento de la sucesión del Terciario inferior y medio de Patagonia, aseverando que la mayor parte de la estratigrafía propuesta era correcta, al no hallar "error positivo importante", excepto que:

Hay errores en los datos publicados y existe un importante error sistemático que persiste a través de todos ellos: la aseveración de que las formaciones terrestres desde la de Casamayor hasta la de Deseado inclusive (en la terminología moderna) contienen dinosaurios o son contemporáneas con los estratos que los llevan. Relacionado con esto se halla la pretendida interdigitación y contemporaneidad de Casamayor y Salamanca. Ahora, realmente no hay ninguna duda en absoluto de que éstos son errores definidos y fundamentales, y Carlos los aceptó como establecidos. Éste fué un error de juicio muy natural de su parte pero no fueron errores en sus observaciones de campaña. Los errores surgieron de la aceptación sin crítica de observaciones erróneas de otros, de falsas identificaciones de unos pocos ejemplares y de inferencias injustificadas basadas, pero no lógicamente requeridas, sobre las observaciones de Carlos, Él conoció e indicó que, según lo que había visto en el campo, Casamayor cubría Salamanca, donde ambos se presentaban y que había hallado dinosaurios únicamente en niveles aún más bajos, donde el nivel relativo podía ser determinado objetivamente (Simpson, 1954, p.76).

La crítica de Scott (1913) y Loomis (1914) –contemporánea a la publicación de EMSA (1912)–, revisaba el consenso de la comunidad de paleontólogos argentinos (r), con lo que modificaba las expectativas respecto de lo racionalmente esperable de hallar en las formaciones cenozoicas y mesozoicas. En apoyo a la crítica de Hatcher (1897), Tournouer (1903) comprobaba que la fauna de transgresión patagónica pertenecía al mioceno u oligoceno, por lo que las capas con *Notostylops* y *Pyrotherium* no debían ser más recientes que el oligoceno superior; la relevancia de estas capas estribaba en que "la supuesta coexistencia de restos de mamíferos y de dinosaurios en los mismos horizontes, puesta en duda por la mayoría de los autores, aunque insistentemente aseverada por Ameghino y Roth. Esta coexistencia fué en un tiempo admitida para las capas con *Notostylops* por Windhausen (1918, pp.27 y 51), quien las consideraba sin embargo como oligocenas, opinando que la asociación de dinosaurios y mamíferos podría interpretarse aceptando que algún grupo de aquellos reptiles, como los *Theropoda*, persistió todavía en el Terciario" (Cabrera, 1936, p.9).

3.1.1.1 Objeción a (R), (r) y (c)

Según Cabrera (1936), los exámenes de Von Huene (1929) y Simpson (1932) eran suficientes para consensuar en que no hubo "ni un solo caso auténtico de asociación de dinosaurios y mamíferos en un mismo horizonte en el territorio argentino. Las pretendidas pruebas de dicha asociación presentadas hasta ahora se basan en errores estratigráficos, o en hallazgos no hechos *in situ*, o en datos proporcionados por peones o por otras personas sin mayor preparación científica o, finalmente, en determinaciones erróneas del material, considerándose como de dinosaurios restos de cocodrilos o de mamíferos" (Cabrera, 1936, p.9). Además, en 1931, Feruglio indicaba que no se habían hallado dinosaurios en el Pehuenche, mientras que Simpson (1932) informaba sobre el hallazgo de mamíferos en esa misma formación, lo que determinaba una edad terciaria para éstos, por la morfología cercana a la de los restos hallados en los pisos con *Notostylops*. Esto llevaba a suponer que:

a) Con el rechazo de (c), la hipótesis dispersalista ameghiniana dejaba de ser plausible (A.15), lo que no invalidaba:

I. La hipótesis *ad hoc* sobre los puentes de tierra.

II. b.3.) el criterio paleontológico para practicar datación estratigráfica. Pero, en cualquier caso, definía que, o bien:

   a) Había sido aplicado en forma incorrecta por los paleontólogos argentinos
   b) Era insuficiente por sí mismo para establecer la cronología.
   c) El criterio fue correctamente aplicado, aunque eran las asignaciones taxonómicas las que estaban erradas.

b) Sobre la disputa en torno al límite Cretáceo-Terciario, en 1938 y 1949, Feruglio revisaba la estratigrafía de Patagonia y, en coincidencia con Ameghino, señalaba que la transición entre el "Suprapatoagoniano" (Superpatagónico de Ameghino) y el "Santacruciano" (Santacruzense de Ameghino), era gradual, por la presencia de un pasaje de los depósitos marinos a los continentales a partir de una regresión lenta.

c) Además, Cabrera (1936), indica que la sucesión de

transgresiones (Luisaense, Rocanense, Salamanquense, Sehuense) y la correlación correspondiente a la formación Guaraniana propuestas por Ameghino no prevaleció, aunque los autores no llegaron tampoco a un acuerdo:

> Wilckens (1905) comenzó por considerar contemporáneas la formación con Lahillia luisa y las de Roca y Salamanca, viendo en ellas simples facies de un mismo piso, que denominó <<formación de San Jorge» y que ubicó en el Cretáceo superior. Windhausen, adoptó en 1918 (pp. 15 y 18) este nombre para las formaciones de Roca y Salamanca, que consideró sincrónicas, reuniendo con ellas la de Cañada Colorada, en Mendoza, pero refirió este piso de San Jorge al Terciario más inferior (Paleoceno o Eoceno más antiguo) y excluyó de él las capas con Lahillia, que dejó en el Senonense superior. Respecto de la antigüedad de dicho piso, sin embargo, este autor modificó su criterio posteriormente (1924), retrotrayéndolo al Daniense. En parte a base de sus propias investigaciones, y en parte fundándose en las de otros geólogos, especialmente las de Reidel, Wichmann y Hemmer, ha rectificado Groeber (1929) este concepto, considerando al Rocanense, en efecto, como Daniense, pero situando al Salamanquense en el Senonense, contemporáneamente con la formación con Lahillia (Cabrera, 1936, p.10).

La objeción y adhesiones a las *buenas razones* ofrecidas por Ameghino para apoyar (c), se encontraba determinada por la red de agenciamientos de los investigadores en la *constelación*. El consenso-disenso equiprimordial (Bernstein, 2013, p.129) de la *constelación* sugería la oposición irreconciliable entre los investigadores norteamericanos y los argentinos. Así es que, si Scott (1913) y Loomis (1914) reunieron el consenso de la comunidad, al incluir las capas con *Pyrotherium* en el Oligoceno, es posible determinar el fin de la controversia, *o bien* con la muerte de Roth (1924), *o bien* con la persuasión/conversión racional de Mercerat (1925) y Vignati (1934), a la posición contraria (véase ap. III del cap. VI, sobre la clausura de las controversias), la que estuvo sujeta, antes bien, a la deliberación sobre la estratigrafía de la formación pampeana.

Pese a las posiciones de Mercerat y de Vignati, y acontecida ya la diáspora de ameghinistas del Museo de Buenos Aires (véase ap. III del cap. VI), Rusconi (1935) admitía todavía posible el origen en el Eoceno patagónico de los homunculídeos "y son por otra parte los que dieron origen a diversas líneas que caracterizan a las distintas familias de primates distribuidas particularmente en la región centroamericana" (Rusconi, 1935, p.115). Por su parte, acerca del origen de esos homunculídeos y de otros grupos evolucionados en las capas patagónicas, señalaba que "Tales animales, desde luego, indican que tienen una historia filogenética muy larga y sus antecesores hay que buscarlos sea en terrenos cretáceos –que fue siempre la visión de Ameghino y cada vez me convenzo más de ello–, sea en tierras sumergidas del sur del Pacífico o bien en aquellas que se hallan actualmente cubiertas por los hielos en la región Antártica" (p.116). Así es que, al menos hasta 1935, Rusconi sostenía en solitario un posible origen austral de homunculídeos. Ya en 1951, Jorge Lucas Kraglievich (hijo de Lucas Kraglievich), evaluaba el origen austral de los mamíferos de acuerdo con los posibles puentes de comunicación y relaciones de parentesco entre mamíferos América del Sur y África. Además, aclaraba que la dificultad que suscitaría la ausencia de un puente de tierra "se tornaría menos insoluble si nos plegáramos a la escuela que con Wegener, Du Toit y otros *leaders* postula la teoría de la deriva continental y según la cual Sud América y África estuvieron mucho menos alejadas en el Terciario inferior que en la actualidad. Sería adoptar una postura equivalente, en cierto modo, a la de resucitar el puente 'guayanosenegalense', el *Archelenis*, de v. Ihering y Ameghino, claro está que con fundamentos y criterios muy diferentes" (Kraglievich, 1951, p.80). Como se observa, hacia 1950 no había en la escuela ameghinista quien adhiriera a una hipótesis de irradiación sudamericana de mamíferos, aunque se admitían ciertas relaciones filogenéticas intercontinentales trazadas, primeramente, por

Ameghino, a partir de nuevos criterios de lectura.

3.2. Apartado II – La controversia pampeana (1842-1889)

En este Apartado, se presenta la D-EFG sobre los criterios a partir de los cuales valorar la edad de la formación pampeana, estableciéndose, al menos, dos modelos interpretativos que definieron la adhesión o rechazo a la HAA sobre el origen sudamericano del ser humano. En resumen, en deliberación se establecieron *buenas razones* en favor de una edad *o bien* terciaria, *o bien* cuaternaria para la formación pampeana.

3.2.1. *Buenas razones* para argumentar una edad terciaria

Las *buenas razones* para creer en la edad terciaria se sostenían en las consecuencias obtenidas por la aplicación de a) criterios paleontológicos y b) criterios climatológicos. Ambos, contribuían a suponer una sección inferior (*Eopampeana,* en nomenclatura de Roth) de edad terciaria, así como una sección de edad cuaternaria:

a) *Aplicación de criterio paleontológico*: el uso del criterio paleontológico, en la producción de la subclasificación estratigráfica de la formación pampeana, llevó a Bravard (1857a, 1857b, 1858) a demostrar que ésta pertenecía al Terciario superior, o Plioceno "pero incurre en el error de designarlo con el nombre de cuaternario, designación que ya en Europa se había aplicado a los terrenos posterciarios más antiguos conocidos con el nombre de *diluvium*" (Ameghino, [1889]1916d, p.25). Bravard puso énfasis en el aporte volcaniclásico a la génesis pampeana y utilizó vertebrados fósiles para la determinación de las correlaciones estratigráficas:

> Tonni *et al.* (2008) destacaron que algunos de los mamíferos fósiles nominados aunque no descriptos por Bravard, siguieron siendo reconocidos como de valor estratigráfico por autores posteriores. Tal

es el caso de "Typotherium", nombre dado por Bravard (1857, p.10) a un ungulado nativo extinto característico del Pleistoceno Inferior y Medio de la región pampeana (Cione y Tonni, 2005), el cual fue descrito y nominado formalmente por Serrés (1867) como Mesotherium. Como se verá, Doering (1882) utilizó a "Typotherium" como fósil característico del "piso pampeano inferior", criterio que compartieron Roth (1888) y Ameghino (1889) (Tonni, 2011, p.70).

Con Bravard (1852), Ameghino (1881) afirmaba que la formación pampeana contiene horizontes geológicos terciarios, y que "es una cuestión de apreciación de los cambios sobrevenidos en las pampas, en la configuración física del suelo y en la fauna de esta región, a partir de la época en que empezaron a depositarse los terrenos pampeanos. Como en toda cuestión de apreciación, puedo equivocarme con respecto a la segunda cuestión; pero hasta nueva orden, yo pienso, sin afirmarlo, que la formación pampeana es pliocena" (Ameghino, [1879]1914f2, p.509). La utilización del criterio paleontológico llevaba a Ameghino a exasperarse "frente a la mera idea del origen marino y cuaternario de la formación Pampeana. Para él, la llamada formación y fauna Pampeana de la cuenca del Plata representaba en realidad la sucesión de tres faunas distintas, correspondientes a tres horizontes geológicos equivalentes al Plioceno del hemisferio norte" (Podgorny, 2011b, p.22).

Castellanos (1916), por su parte, observa el acuerdo de Ameghino con Bravard (1857a) respecto del uso de un criterio paleontológico para la determinación de las cronologías:

La "cronología paleontológica" de Ameghino (1881) propone una subdivisión de la "formación pampeana" en tres unidades caracterizadas por sus fósiles: "Pampeano inferior", "Pampeano superior" y "Pampeano lacustre". A estas unidades las designó indistintamente como "terrenos" (e.g., "terreno pampeano inferior") u "horizontes" (e.g., "horizonte pampeano inferior"), destacando en cada una de ellas no sólo el contenido paleontológico de mamíferos sino también al taxón "muy abundante" en una unidad o "muy raro" y "rarísimo" en otra. Esta subdivisión incluye también a los "terrenos post pampeanos" en los que reconoció otras tres unidades: "post pampeano lacustre", "aluviones modernos" y "contemporáneo", esta última caracterizada por la presencia de fauna introducida por los europeos (Tonni, 2011, p.70).

En el CIA de 1910, en una sesión presidida por Hrdlička y ante una tribuna de 50 asistentes, Willis disertó en castellano acerca de la *Transmutación en el medio geográfico durante la época cuaternaria*, una memoria que fue "muy aplaudida" (Anales de la Universidad de Chile, 1910, p.657). Abierto el debate, Ameghino pidió la palabra:

> La mayoría de los geólogos y paleontólogos que han estudiado los terrenos pampeanos de la Argentina han sostenido que la antigüedad de ellos no era muy remota, contra su convencimiento de estudios, por cuanto cree en la enorme antigüedad de esa región, felicitándose que Mr. Willy corrobore esta creencia. Se extiende luego en largas consideraciones acerca del origen de ese terreno pampeano, refiriéndolo a la fauna antediluviana, típica de esa región, y diferente en todo a la de Europa. Las observaciones del señor Ameghino son saludadas con aplausos prolongados (Anales de la Universidad de Chile, 1910, p.657)[6].

---

[6] Según Podgorny (2004), en el CIA los debates sobre la antigüedad de la formación pampeana ocuparon un lugar central: "Los sabios argentinos parecían seguir la interpretación de Ameghino, quien la adjudicaba al Terciario prácticamente en su totalidad; los norteamericanos, por su parte, la definían como cuaternaria. Los participantes observaban indecisos, a la espera de indicios claros y de un consenso sobre la edad de las etapas geológicas" (p.158). El registro de las actas contrasta con la lectura de Podgorny (2004), por el seccionamiento que tanto argentinos como Willis hacían de la formación, al atribuirle una edad cuaternaria a la parte superior y terciaria a la inferior. En el CIA, Ameghino presentaba, además, *La antigüedad geológica del yacimiento antropolítico de Monte Hermoso*, en la que tuvo a bien esclarecer la edad terciaria de esos terrenos, en los que halló vestigios de fauna mastológica asociados con huesos atribuidos al hombre o a un precursor, junto con fogones, tierras cocidas y escorias, huesos quemados, astillados o con incisiones. Contra Steinmann y Wilckens, que los reconocieron como cuaternarios, Ameghino afirmó que éstos no ofrecían razones, mientras que Scott "aduce algunas razones, pero correctamente interpretadas prueban completamente lo contrario de lo que él sostiene. Lehmann-Nitsche cree que el yacimiento es por lo menos Plioceno; Roth, que es quizá el mejor conocedor de los terrenos de transporte de la Pampa, lo coloca en el Mioceno superior, y por mi parte, persisto en mi opinión, cada vez con mayores razones y fundamentos, de que esa es su verdadera colocación geológica"

El criterio paleontológico ofrecía la posibilidad de establecer que las faunas fósiles pampeanas eran más antiguas que las europeas, lo que era utilizado en apoyo de (A.15) y (G-ı.2).

En disputa contra Mochi, Ameghino (1934v) determinaba la relación de dependencia de la edad terciaria de la formación pampeana con (r): la "Deliberación sobre coexistencia de mamíferos y dinosaurios en el cretáceo patagónico":

> Una formación marina que ha originado numerosos trabajos y constituye lo que se ha llamado el horizonte o piso *Salamanquense*. A esta formación, por su posición estratigráfica y por la rica fauna de Moluscos y de Peces que encierra, todos los geólogos y paleontólogos que la han estudiado la refieren unánimemente al senoniano y hay quien la juzga incluso más antigua. En su facies litoral, esta formación contiene en la misma roca los Mamíferos de la fauna del *Notostylops* mezclados con los Moluscos y los peces senonianos. Por consiguiente, no sólo habrían vivido los Dinosaurios hasta los tiempos terciarios, sino que hasta sería menester también transportar el mar senoniano con sus Moluscos y sus Peces cretáceos ¡al Eoceno! He aquí a qué absurdos llevaría el empecinamiento de querer rejuvenecer las formaciones sedimentarias de la Argentina y las faunas mastológicas que encierran (Ameghino, [1911]1934v, p.547).

Según Roth (1921), la datación de los estratos geológicos en Europa había empleado como referencia a invertebrados fósiles, de la misma manera que en distintas regiones era utilizada la fauna marina, especialmente en América del Norte: "Aquí encontramos solamente en las capas de las eras paleozoicas y mesozoicas fósiles característicos que son determinantes para los pisos de Europa, faltando estos por completo en los estratos de la era cainozoica. Por esta razón el profesor W. B. Scott ha dicho que la correlación de los

---

(Ameghino, [1910]1934m, p.368).

pisos de la formación pampeana con los de otras regiones se puede establecer únicamente por la fauna de mamíferos" (Roth, 1921, p.309).

Con todo, la aplicación del criterio bioestratigráfico permitía correlacionar faunas y formaciones geológicas y establecer que (B.9): "El hombre se originó en América del Sur y que se encuentran antiquísimos restos fósiles de humanos, prehumanos y de industrias primitivas en horizontes terciarios del Pampeano", debido a:

a) *La edad del Pampeano inferior es terciaria* (H.1) por (c): "la coexistencia de megafauna y dinosaurios en el cretáceo patagónico".

b) La edad terciaria de las evidencias (A) y (B) (y, en consecuencia, de (B.7): "Se encuentran antiquísimos restos fósiles de humanos, prehumanos y de industrias primitivas en horizontes terciarios del Pampeano" y (D.2): "Hay pruebas indiscutibles de la existencia del hombre en el Pampeano inferior y en terrenos más antiguos"

b) Aplicación de criterio climatológico: la aplicación del criterio paleontológico para determinar la estratigrafía de Pampa-Patagonia significaba continuar con la tradición de Bravard (1857a, 1857b) (y, en definitiva, de Cuvier) en Buenos Aires, lo que aseguraba, aún con dificultades, la posibilidad de lograr consensos respecto de las faunas y edad de cada horizonte geológico. La premisa no se puede trasladar, sin embargo, al uso del *criterio climatológico*, ya que éste fue problemático, incluso, en la resolución de las controversias sobre el Paleolítico norteamericano:

> Los esfuerzos por determinar la antigüedad relativa o absoluta de los artefactos y restos fósiles humanos se vieron envueltos en disputas ajenas a la arqueología. Hubo un acuerdo general, aunque no universal, en que la antigüedad de un yacimiento debía determinarse de forma independiente mediante métodos geológicos, asociando artefactos o restos óseos con depósitos de edad glaciar -como gravas o *loess* glaciares- o con huesos de fauna extinguida que se creía de edad pleistocénica. Tampoco hubo respuestas fáciles en ese ámbito,

ya que al principio de esta controversia los geólogos glaciares se enfrentaban a cuestiones fundamentales en su propio campo, como cuándo terminó el Pleistoceno, cuántos episodios glaciares distintos había habido a lo largo de la Edad de Hielo e incluso cómo reconocer un yacimiento de la edad del Pleistoceno más allá de los límites del margen de hielo continental (Meltzer, 2015 p.16).

Es por ello por lo que la aplicación de este criterio para dar respuesta al problema de la estratigrafía de las formaciones sedimentarias argentinas determinó tres apreciaciones distintas:

a) La prudencia de Willis (1912), Roth (1921) y Ameghino (1876) sobre la correlación de sucesivos cambios climáticos análogos en ambos hemisferios:

I. En su disertación en el CIA, se advierte que Willis (1910) atribuía una edad terciaria a la formación pampeana, con fundamento en la correlación establecida con los sucesivos cambios climáticos, aunque admitía también la insuficiencia de pruebas para alcanzar un consenso final. Willis (1912) era prudente, y advertía que, si bien el aspecto de la formación en su sección inferior era más bien monótona, lo que sugeriría fenómenos de deposición uniformes: "Hay muchos detalles locales que demuestran la acción alternada del viento y del agua, y por lo tanto en cada localidad la alternancia de las condiciones climáticas favorables a una u otra agencia" (Willis, 1912, p.21). De este modo, indicaba que los terrenos pampeanos podrían haber estado sujetos a las mismas condiciones climáticas que las establecidas en el hemisferio norte, aunque "esta afirmación no implica que la formación pampeana contenga un registro de condiciones glaciales e interglaciares. El escritor no ha observado la más mínima evidencia de depósitos glaciares en ninguna parte del Pampeano" (Willis,

1912, p.21)

II.   Roth (1921) criticaba a Willis (1912) por emplear la presencia de toscas como prueba para deducir el clima preponderante de una formación, pues, creía que la composición del *loess* no debía ser explicada a partir un criterio climatológico, como único factor decisivo, ya que nada indicaría que hubo períodos de climas húmedos que alternaban con secos y estériles. Si bien Roth (1921) admitía la posibilidad de correlacionar cambios climáticos sucesivos análogos *durante el Cuaternario* de ambos hemisferios, rechazaba que ello hubiera ocurrido también en el Terciario, debido al carácter homogéneo de la sección inferior de la formación.

III.   Ameghino (1876), era también prudente al momento de suponer la contemporaneidad de la formación pampeana y diluviana europea, ya que se interrogaba "¿Cuál es la relación cronológica de los terrenos pampeanos y los del *diluvium* de Europa? El hombre ha sido testigo, tanto de la formación de los terrenos diluvianos de Europa, como de los pampeanos, pero no sabemos si ambos fenómenos se han verificado simultáneamente" (Ameghino, [1876]1914d, p.118).

La correlación de sucesiones climáticas análogas en ambos hemisferios era significativa, ya que de ello podía deducirse el carácter *o bien* Terciario *o bien* cuaternario de la sección inferior de la formación pampeana. Si el *loess* tenía origen glacial, con independencia de tratarse de la sección inferior o superior, toda la formación debía ser cuaternaria.

b) El origen glacial del *loess* y su necesaria edad cuaternaria, defendida por Steinmann (1883, 1907, 1930), era rechazada por Roth (1921).

I.   Steinmann (1883, 1907, 1930) se encontraba entre quienes aseguraban que el *loess*, con independencia del

180

lugar en el que se hallara, debía tener un origen glacial y, por ello, su edad debía también ser cuaternaria.

II.   Contra el origen diluvial, fluvio-glacial, o limo-glacial y eolo-glacial, estratigráficamente similares a los del hemisferio norte, Roth (1921) señalaba que "Steinmann ha visitado solamente las barrancas de los Lobos en la costa atlántica de Mar del Plata, y las del río Paraná en Baradero, yo le he acompañado en sus excursiones para discutir en el terreno los problemas del origen y la edad de la formación pampeana. Es natural que con tan pocos días él no se ha podido poner al corriente de todos los fenómenos que presenta tan magna formación" (p.191). Por otro lado, era inexacto, según Roth (1921), que no existiera *loess* pampeano en Patagonia, ya que este se encontraría presente incluso en los depósitos de la cordillera: "Con lo expuesto está suficientemente demostrado que el profesor Steinmann no conoce a fondo la formación pampeana, y que no está autorizado a expresarse en forma tan terminante como lo ha hecho" (p.192). Así es que, si Steinmann creía que la uniformidad del loess obedecía a la acción de los vientos, pues éste material hubo de ser "triturado mecánicamente por los glaciares" (p.201).

Roth (1921) objetaba la *aplicación* preferencial del criterio climatológico para determinar la edad de la formación pampeana, motivo por el que también disputó la propuesta de Willis (1912).

c) El origen del *loess* en climas áridos, defendido por Willis (1912) y rechazado por Roth (1921)

I.   Willis (1912) entendía que los sedimentos pampeanos procedían de rocas descompuestas traídos desde las montañas y dispersados en períodos áridos por los vientos.

II.   Esto constituía para Roth (1921) un error, ya que las condiciones físicas y las características petrográficas del *loess* habían sufrido un proceso diagenético, es decir, una transformación luego de haber sido depositado: "Me convenzo siempre más que el material primario se compone, por lo menos en los horizontes inferiores, en gran parte de ceniza volcánica que ha sufrido una transformación" (p. 203), de modo que uno de los agentes que más había contribuido a su modificación era la vegetación, en contra de la hipótesis de Willis "según la cual, solamente en regiones estériles se forman depósitos de *loess*, sostengo que únicamente en lugares donde hay vegetación puede este formarse" (p.205). De esta manera, el origen del *loess* pampeano no estaría condicionado por un determinado período geológico (como el glacial), porque su origen era explicado a partir de la presencia de tierra vegetal "que ha perdido las substancias orgánicas. En su génesis han intervenido dos procesos: el de la sedimentación y el de la *loessificación*" (p.211). Por ello, Roth incorporaba como prueba las investigaciones petroquímicas hechas por el Dr. Federico Bade, con la finalidad de aclarar la composición del *loess* pampeano, así como un ensayo de filtración para determinar el grado de absorción de la tierra pampeana.

La argumentación comunitaria sobre los resultados en la aplicación del criterio climatológico llevaba a proponer:

a) La edad terciaria del Pampeano inferior, en climas estériles (Willis, 1912).

b) La edad cuaternaria de toda la formación pampeana, en clima glacial (Steinmann 1883, 1907, 1930).

Roth (1921) objetaba el uso del clima como criterio de datación e incorporaba un criterio diagenético.

Con las diversas perspectivas y orientaciones, es entonces posible reconstruir la argumentación *múltiple* (I), con dos partes autocontenidas que presentan afinidad temática:

Argumentación (I-I)

1. Si se confirmaban sucesiones climáticas análogas en el hemisferio norte y sur, entonces podrían haber existido en América del Sur períodos glaciales. (Premisa)
2. No existieron períodos glaciales en América del Sur.
   Por lo tanto,
3. *No se confirmaban sucesiones climáticas análogas en el hemisferio norte y sur.* (Conclusión de (1) y (2) por *modus tollens*)

Argumentación (I-II)

1. Si el *loess* tiene un origen glacial y ello necesariamente era indicativo de una edad cuaternaria (Steinmann), toda la formación pampeana (superior e inferior), tenía edad cuaternaria. (Premisa)
2. Willis (1910, 1912) no halló indicios de glaciación en la formación pampeana. (Premisa)
3. No es el caso que el loess tenga un origen glacial y ello necesariamente sea indicativo de una edad cuaternaria. (Conclusión de Premisa 1 y Premisa 2 por modus tollens)
4. O bien el loess tiene origen en climas glaciales y la formación pampeana (superior e inferior) es cuaternaria. O bien el loess tiene origen en climas estériles y la formación pampeana superior es cuaternaria y la inferior terciaria. O bien el loess sufre un proceso diagenético de transformación y la formación pampeana superior es cuaternaria y la inferior terciaria. (Premisa)
5. No es el caso que el loess tenga origen en climas glaciales y la formación pampeana (superior e inferior) sea cuaternaria. (Conclusión parcial de (3))
6. O bien el loess tiene origen en climas estériles y la formación pampeana superior es cuaternaria y la inferior terciaria O bien el loess sufre un proceso diagenético de transformación y la formación pampeana superior es cuaternaria y la inferior terciaria. (Conclusión de Premisa 3 y Conclusión parcial de (3) por *silogismo disyuntivo*)
7. Willis (1910, 1912) determinaba la edad del loess por su formación en climas estériles, sin vegetación. (Premisa)

8. Roth (1912), establecía que la edad del loess no puede determinarse utilizando sólo al clima como criterio (se trate de climas estériles o glaciales), ya que el loess debía formarse por un proceso diagenético de transformación de la tierra vegetal. (Premisa)

9. No es el caso que el loess tenga origen en climas estériles y la formación pampeana superior sea cuaternaria y la inferior terciaria. (Conclusión de (4) y (5) por *modus tollens*). Pero esto implica, dada la condición establecida en Conclusión de (4) y (5), que,

10. El loess sufre un proceso diagenético de transformación y la formación pampeana superior es cuaternaria y la inferior terciaria. (Conclusión de (4) y (5) y (3) por *silogismo disyuntivo*)

11. Se admitía la posibilidad de un período glacial para el Pampeano superior, debido a su heterogeneidad, lo que era indicativo de una edad cuaternaria para esta sección. (Premisa)

12. Se cuestionaba, por otro lado, la posibilidad de un período glacial para el Pampeano inferior, debido a su uniformidad, lo que era indicativo de una edad terciaria para esta sección. (Premisa)

13. O bien el Pampeano inferior tiene edad cuaternaria o bien terciaria. (Premisa)

14. El Pampeano inferior tiene edad terciaria. (Conclusión de (8) y (7) por *silogismo disyuntivo*)

Así es que, si se rechazaba el criterio climatológico de Steinmann (1883, 1907, 1930) y se admitía, o bien el criterio climatológico de Willis (1912) o bien, el diagenético de Roth (1921), la conclusión (I-II.14) coincidía con (H.1), es decir, con la edad terciaria del Pampeano inferior y constituía un apoyo a (B.7) y (D.2) y, por tanto, a (B.9). Por lo visto, el criterio climatológico de Willis (1912) se diferenciaba respecto del propuesto por Steinmann (1883), en los términos en que se tornaba dificultoso identificar la existencia de eventos de glaciación para determinar la edad de la formación pampeana. No obstante, se subraya que tanto Ameghino (1876), Willis (1912), como Roth (1921), con diverso grado de consenso-disenso, aceptaban la edad terciaria del Pampeano inferior, así como la cuaternaria asignada a la sección superior.

3.2.2. *Buenas razones* para argumentar una edad cuaternaria

184

Con Steinmann (1883), el criterio climatológico sostenido en la correlación de fenómenos de glaciación tenía a rejuvenecer la edad de la formación pampeana. Así, yuxtapone al aplicar un criterio tectónico, Frenguelli (1920) les asignaba a los terrenos una edad cuaternaria, tras adherir a las propuestas del poliglaciarismo europeo y norteamericano y del polipluviarismo de regiones asiáticas.

Aplicación de criterio tectónico-climatológico: Willis (1912) escogía, preferencialmente, un criterio climatológico, pues, consideraba que la subclasificación de los terrenos pampeanos "es un problema de extrema dificultad, en el que hay una gran posibilidad de error" (Willis, 1912, p.40), ya que recurrir a criterios paleontológicos obligaba a suponer una secuencia de faunas susceptible de conocerse a partir de la secuencia de las formaciones: "Pero, como no conocemos con seguridad la sucesión de las formaciones pampeanas, no podemos confiar en ninguna evolución teórica de las faunas. Hay una necesidad urgente en este asunto de retener el juicio y preservar una actitud conservadora de agnosticismo con respecto a la edad relativa de las divisiones hipotéticas de la terrana pampeana y las faunas supuestamente distintas" (Willis 1921, p.40). Frenguelli (1920), de igual manera, creía posible correlacionar las sucesiones climáticas de ambos hemisferios (I-I.1), a partir de un criterio tectónico, que lo llevaba a afirmar que la fauna de los mamíferos del Preensenadense había habitado la superficie del araucano *durante el primer ciclo del Cuaternario.* En rigor:

> Para establecer la edad, la posición estratigráfica y las correlaciones del Chapalmalense de Ameghino, se ha dado la mayor importancia a los datos paleontológicos, ya sea porque realmente estos datos pueden tener mucho valor, ya porque en realidad faltaban otros elementos de comparación. Por nuestra parte preferimos fundar deducciones sobre los datos tectónicos (...) no sólo porque veremos que desde este punto de vista podemos llegar a conclusiones más seguras y más generales, sino también porque nos parece que el estudio de la fauna fósil

pampeana, a pesar de la inmensa y fecunda labor de F. Ameghino y los importantes trabajos de Burmeister. Roth y Mercerat, y otros expertos especialistas, aún presenta grandes lagunas.

Convencidos, como estamos, de que estas deficiencias no se refieren exclusivamente a las especies que aún quedan por conocer, sino muy particularmente a la interpretación de las especies ya descritas y a su distribución estratigráfica y topográfica (Frenguelli, 1920, p.354).

Además de cuestionar el uso de restos paleontológicos como criterio de datación, por los posibles errores cometidos (véase ap. I de este cap., sobre la objeción al criterio paleontológico para determinar la coexistencia de mamíferos y dinosaurios en el cretáceo patagónico), Frenguelli (1920) entendía que la fauna de la formación pampeana aún se encontraba en proceso de ser descubierta, lo que conduciría a modificaciones de las relaciones filogenéticas, así como a "aparecer en terrenos recientes: y persistir, hasta casi los tiempos históricos, géneros y especies que creíamos extinguidos desde tiempos ya remotos" (Frenguelli, 1920, p.354).

El rejuvenecimiento de la formación pampeana se debía, por ello, a que descansaba en discordancia paralela o angular sobre la formación araucana terciaria y a que, por lo tanto, debía ser interpretada en términos de pisos de *facies*.

El criterio tectónico ya había sido empleado por Romero (1918, p.34) para determinar los problemas de continuidad y estratigrafía de la barranca de Miramar en que habían tenido lugar los hallazgos arqueológicos (véase ap. II del cap. IV). De esta forma, la formación estaría constituida por alternaciones de *facies* aluvional, fluvial, lacustres y palustres, así como de facies eólicas; y la uniformidad del Pampeano cuaternario se convertía en un indicador de condiciones climáticas estables, en consonancia con los argumentos de Willis (1910):

mientras las tendencias predominantes, siguiendo las hipótesis y los conceptos magistralmente vertidos por F. Ameghino, consideraron Terciarios los terrenos más antiguos de la costa atlántica entre

Miramar y Mar del Plata, todas nuestras observaciones, estratigráficas, tectónicas, paleontológicas y antropológicas, trataron de demostrar que el *Chapalmalense*, así como tal vez el Hermosense, representan *facies* distintas del *preEnsenadense*. es decir, del horizonte con que empieza la serie de los sedimentos cuaternarios. Excluyen, por lo tanto, la existencia en los terrenos argentinos de restos humanos fósiles, Pliocenos y miocenos (Frenguelli, 1920, p.482).

La edad cuaternaria de toda la formación era más satisfactoria como explicación de la constitución de sus pisos. Frenguelli (1920) determinaba que el error cronológico de Ameghino había obedecido al carácter arcaico de los mamíferos sudamericanos, su elevado porcentaje de extinción y los cambios frecuentes de las condiciones morfológicas de la fauna, así como la inexistencia de fenómenos glaciales en todo el territorio pampeano: "Con esta interpretación surge un sorprendente paralelismo, de conjunto y de detalles, entre la serie pampeana y los exponentes del poliglaciarismo europeo y norteamericano y del polipluviarismo de muchas regiones de Ásia y África" (CIA, 1934, p.11). Frenguelli (1920) se adhería, en sus propios términos, a la opinión de la escuela iniciada por Darwin[7], juzgándola así por la aplicación de criterios estratigráficos, climatológicos y tectónicos (Frenguelli, 1934, p.10). Pese a todo, Boman (1921) afirmaba que el sistema de clasificación ofrecido debía ser todavía sometido a una crítica minuciosa[8].

---

[7] Darwin (1845) le atribuía al limo de la pampa una época reciente (introduce el nombre *pampean formation*), como también a los mamíferos extintos que habitaron en ella.
[8] En 1932, Frenguelli contesta a la crítica: "Al proponer mi interpretación, se me reprochó haber creado innecesariamente términos nuevos. En realidad, se trataba de conceptos nuevos. El prefijo «pre», agregado a dos de las denominaciones de F. Ameghino, era destinado a indicar la fase inicial de horizontes correspondientes, de acuerdo con el método iniciado por el mismo Ameghino al fundar su «Preensenadense». Por otra parte, la adopción de los principales términos ameghinianos era, de mi parte, un reconocimiento explícito, no sólo de un simple hecho y derecho de prioridad, sino, y sobre todo, de los méritos de un sistema" (Frenguelli, 1934, p.9)

3.3. Conclusiones parciales de Capítulo

La deliberación sobre la edad de la formación pampeana consistía, antes bien, en una disputa en la que cobraba relevancia la *inconmensurabilidad* de los criterios de evaluación de los terrenos, frente a lo cual algunos investigadores, como Keidel, Hermitte y Kantor, prefirieron la prudencia[9]. Pues, concluir que al Pampeano

---

[9] La deliberación sobre estratigrafía pampeana radicalizaría las posiciones contradictorias por parte de los investigadores participantes de la controversia, especialmente, a partir de los hallazgos de Miramar, sucedidos en 1913. Por otro lado, con la muerte de Ameghino, el centro institucional de los debates se desplazaría a la *Sociedad Argentina de Ciencias Naturales*, reunida en torno a la publicación científica *Physis*, fundada en 1911. Tras la aprobación de sus estatutos (el 16 de agosto de 1915), la Comisión directiva se propuso realizar reuniones más amplias, de carácter nacional e invitados internacionales, con una periodicidad de dos años, eligiendo la primavera de 1916 como fecha para celebrar, según Ángel Gallardo "el primer Centenario de la independencia argentina" (Sociedad Argentina de Ciencias Naturales 1916, p.1). En una nota firmada por "KN" y publicada en la *Revista Physis* el 21 de mayo de 1917, se hacía referencia al *Congreso...* La nota criticaba la elección de la época del año para realizar el congreso, ya que había tenido lugar durante un caluroso verano. Además, se destacaba la presencia de investigadores alemanes, quienes según el escrito habrían desempeñado un rol "dirigente" en las Secciones de Geología, Geografía y Geofísica, con escasa presencia de sabios franceses, italianos e ingleses. Así también, en lo que respecta a la Sección paleontológica, se señalaba la exposición de Carlos Ameghino "aguardada con tanta expectativa, sobre los ruidosos hallazgos de Miramar, en la que sostuvo la hipótesis de la existencia del hombre Terciario, se originó una viva discusión, en la que la opinión de los geólogos alemanes finalmente decidió la cuestión, en el sentido de que la edad terciaria de los artefactos (puntas de flechas, bolas arrojadizas), no puede ser considerada como probada por las investigaciones hasta ahora realizadas" (Sociedad Argentina de Ciencias Naturales, 1916, p.295). La nota fue contestada por Martín Doello-Jurado, Presidente de la Comisión Organizadora y por José M. de la Rúa, Presidente de la Sociedad, para contradecir lo publicado previamente y señalar que, de los 85 participantes, 45 eran argentinos, 10 alemanes, 7 italianos, 6 franceses, 2 belgas, 3 norteamericanos, 2 austríacos y, una de cada una de las siguientes nacionalidades: españoles, ingleses, suizos, dinamarqueses, suecos, turcos, rusos, uruguayos, bolivianos y chilenos, contabilizando un total de 40 extranjeros:

> En cuanto a la afirmación de que en la discusión, planteada por el Sr. Carlos Ameghino, sobre la existencia del hombre Terciario en la Argentina, triunfaron las ideas de los geólogos alemanes, implica, como se verá, una

188

inferior (tales eran las conclusiones de Willis, Roth y Ameghino) era Terciario, ponía en seria consideración la posibilidad de que los vestigios hallados en sus horizontes pertenecieran a precursores del ser humano.

Así es que, es posible reconstruir la argumentación (J):

1. O bien se aplican criterios de datación estratigráfica climáticos (Willis, 1910, 1912), diagenéticos (Roth, 1921) o paleontológicos (Ameghino/Roth), o bien se aplican criterios de datación estratigráfica tectónico-climatológico (Frenguelli, 1920). (Premisa)
2. Si se aplican criterios de datación estratigráfica climáticos (Willis 1910, 1912), diagenéticos (Roth, 1921) o paleontológicos (Ameghino/Roth), entonces el Pampeano inferior tiene una edad terciaria y el superior una edad cuaternaria. (Premisa)
3. Si se aplican criterios de datación estratigráfica tectónico-climatológico (Frenguelli, 1920), entonces el Pampeano inferior y superior tienen una edad cuaternaria. (Premisa)
4. Si el Pampeano inferior tiene una edad terciaria y hay pruebas indiscutibles

---

deformación de la verdad. El Sr. Keidel, al observar los hechos presentados por el Sr. Ameghino, reconoció que los objetos eran auténticos, esto es, que correspondían realmente al horizonte geológico al cual los atribuía el Sr. Ameghino, pues personalmente había participado (el Sr. Keidel) en uno de los hallazgos; pero expresó dudas respecto de la edad de aquellos terrenos, diciendo que a su juicio eran necesarias nuevas investigaciones sistemáticas. Análogas ideas expresaron los Sres. Hermitte (argentino) y Kantor (ruso) y el primero de estos señores formuló una proposición en ese sentido, la cual, previa una modificación que se introdujo a indicación del Sr. Ameghino, fué aceptada por todos. Sin entrar al fondo de la cuestión (respecto de la cual los estudiosos podrán formar opinión cuando se publiquen, como se hará en breve, las respectivas memorias), el Sr. Director dirá si esto puede considerarse como un triunfo de las ideas de los geólogos alemanes, desde que no participó en la discusión más que uno de ellos y que las ideas aprobadas eran también las de otros geólogos de nacionalidades diferentes. Es notorio, por otra parte, que tales opiniones son sostenidas, en publicaciones bien conocidas, por diversos investigadores de fuera y dentro del país. (Doello-Jurado, 1917, p.295)[9].

Con ello, el *Congreso...* normaba la prudencia como criterio para las deliberaciones acerca de la edad de los horizontes geológicos de la formación pampeana, hasta que se realizaran nuevas investigaciones que permitieran alcanzar el consenso comunitario.

de la existencia del hombre en el Pampeano inferior y en terrenos más antiguos (EVI1-16), entonces, el hombre se originó en América del Sur. (Premisa)

5. Se aplican los criterios de datación estratigráfica climáticos (Willis, 1910, 1912), diagenéticos (Roth, 1921) o paleontológicos (Ameghino/Roth). (Premisa)

6. El Pampeano inferior tiene una edad terciaria y el superior una edad cuaternaria. (Conclusión de (2) y (5) por *modus ponens*)

7. Hay pruebas indiscutibles de la existencia del hombre en el Pampeano inferior y en terrenos más antiguos (EVI1-16) (D.2) (B.7). (Premisa)

8. El Pampeano inferior tiene una edad terciaria y hay pruebas indiscutibles de la existencia del hombre en el Pampeano inferior y en terrenos más antiguos. (*Introducción de la conjunción* de (6) y (7))

9. El hombre se originó en América del Sur. (Conclusión de (4) y (8) por *modus ponens*)

10. No se aplican criterios de datación estratigráfica tectónico-climatológico (Frenguelli, 1920). (Conclusión de (1) y (9) por *silogismo disyuntivo*)

La edad terciaria del Pampeano inferior, sin embargo, no convencía a Willis (1912) respecto de la HAA[10]: en EMSA, pese a

---

[10] En 1932, Rusconi ponía en cuestión las conclusiones de Willis (1912), por haberse ocupado "de una manera muy superficial de la geología del lugar y con cuatro plumazos creyó dar por aclarado o terminado el problema (…) He dicho cuatro plumazos y no otra cosa por los siguientes motivos: 1° porque Willis no solamente intentó desconocerle cualquier importancia a los datos geológicos y estratigráficos proporcionados por Ameghino; 2° porque tampoco ha tenido en cuenta la aseveración escrita por el señor Clark quien dijo que el cráneo humano fue hallado al principio del 'Rudder pit' o sea en el pozo destinado al asiento de las hélices de los barcos, opinión ésta que debía haber merecido atención de Willis puesto que se trataba de una persona ajena a los estudios y tal vez sin ningún interés en comunicarle otra cosa que no fuera la verdad de los hechos; 3° porque Willis, aún en el peor de los casos, no quería que la calota humana procediera de esa profundidad, en cambio, no le asistía ningún derecho en manifestar que el hueso había sido enterrado por causas naturales a tanta profundidad porque una afirmación tal implica lisa y llanamente un desconocimiento casi absoluto de los procesos mecánicos que actúan sobre la extensa zona de los arrecifes del tío de La Plata y, en especial de la zona donde ha sido construido el mencionado dique. Y esta opinión de Willis, que a mi juicio, carece de todo fundamento serio, la he rebatido ya con una serie de pruebas de diverso orden: geológico, estratigráfico en mi artículo: *Probable posición estratigráfica, etc.,* de 1932. Me movió a ello no por el hecho de haber comprobado errores que se advierten sin mayor esfuerzo, sino porque esos errores y las dudas consiguientes, favorecen y estimulan al mismo tiempo a otros autores que como

delegar en Hrdlička la discusión antropológica, afirmaba que, de todos modos, la evidencia física "lleva a conclusiones idénticas a las indicadas por la antropología y no deja ninguna duda legítima de que el hombre geológicamente antiguo no ha sido encontrado todavía en Argentina" (Willis 1912, p.12). El rechazo de Willis (1912) se contraponía a la aceptación de Roth (1921) y Castellanos (1923) de un ser humano terciario.

El silogismo disyuntivo (J.10) parece ser sustantivo, en este caso, debido a que negar los criterios climático (Willis 1912), diagenético o paleontológico llevaba a interpretar posible la conclusión alternativa. En este sentido, tras correlacionar, por analogía, los horizontes geológicos pampeanos con las formaciones de Europa, África y Asia (tomando como criterio los fenómenos de glaciación), Frenguelli (1920) concluía que "por lo que del estudio geológico se deduce, la aparición del Hombre en la Argentina puede establecerse entre el fin de un primer pluvial y el comienzo de un primer interpluvial" (Frenguelli, 1934, p.17). De esta manera, un posible Paleolítico sudamericano venía a reinterpretar los hallazgos de Ameghino, sin omitir que "A pesar de los errores cronológicos, aún hoy debemos reconocer que la clasificación de F. Ameghino fue la mejor síntesis estratigráfica y es la base imprescindible para todo desarrollo ulterior del problema, de cualquier manera muy superior a la de S. Roth, contra la cual vivazmente reaccionó el mismo Ameghino, y a la cual sin embargo han vuelto los que erróneamente fueron considerados los continuadores de la obra de este sabio" (Frenguelli, 1934, p.9).
La conclusión de Frenguelli (1920) coincidía con:
a) Mochi (1910), quien "aceptó la clasificación taxonómica dentro de una nueva especie, sugirió que la formación Pampeana que contenía los restos humanos era de edad

---

Boule los ha repetido sin hacer un análisis crítico de la cuestión" (Rusconi, 1932, p. 340).
191

cuaternaria" (Politis, 2011, p.105)

b) Carlos Ameghino, que al publicar los resultados sobre el hallazgo del fémur flechado de Miramar, admitía

> Cualquiera que sea en definitiva la edad que las investigaciones futuras asignen a estos terrenos, quedará siempre en pie, junto al hecho, la verdad, y ésta consiste en que, mientras Europa estaba habitada por una raza inferior pitecoide —que es la de *Neanderthal* —este continente estaba poblado desde antes de entonces o por los mismos tiempos, por una raza de hombres que a juzgar por las manifestaciones psíquicas que nos han dejado en los artefactos de Miramar, sólo son comparables al Homo sapiens. (Ameghino, C. 1918, p.27).

c) Vignati (1934), quien se convirtió, por persuasión racional, a la opinión de Frenguelli, en el primer volumen de la *Historia de La Nación Argentina,* publicado por la Academia Nacional de La Historia (editado por Ricardo Levene), afirmaba que los descubrimientos del *Sinanthropus pekinensis* y del *Australopithecus africanus*, demostrarían el papel primordial de África y Asia en la resolución del problema antropogénico: "Puede admitirse, sin temor a equívocos, que todas las cuestiones filogenéticas planteadas en Europa encontrarán solución, algún día, en las cavernas y campos de *loess* afroasiáticos" (Vignati, 1934, p.20). Aún más, al referirse al hombre terciario de la República Argentina, no vacilaba ya en sostener que:

> A la par de Europa, se creyó en la existencia de una humanidad anterior al Cuaternario. En forma completamente similar a lo acontecido en aquel continente se han realizado descubrimientos que, en su hora, todos hemos sufrido el espejismo de creerlos provenientes de terrenos terciarios. Pero tal hipótesis, afortunadamente, no cuenta ya entre nosotros con ninguna persona de responsabilidad que la sostenga (Vignati, 1934, p.23).

Además, reiteraba el consenso de la comunidad nacional e internacional, respecto de la antigüedad cuaternaria del ser humano en las pampas, sistematizando tres fases para la prehistoria sudamericana.

Frenguelli (1920) entendía que, a partir de la "sincronización" del Pleistoceno europeo con el Pampeano, desde el Preensenadense hasta el Bonaerense "los restos del hombre y sus industrias, atribuidos al Terciario en la Argentina, vuelven todos en los límites más verosímiles del cuaternario (Paleolítico)" (Frenguelli, 1920, p.439). Esto lo conducía a descartar toda duda sobre la contemporaneidad de los vestigios industriales y su relación estratigráfica con los pisos en los que habían sido hallados, de la misma manera que, en Miramar, los horizontes antropolíticos inscritos en horizontes fluvio-aluvionales o fluvio-lacutres debían corresponderse con los fluvio-glaciaes europeos. Pero, Roth (1921), fallecido en 1924, presentaba razones contrarias a las de Frenguelli (1920, 1934), debido a que no dudaba en afirmar que:

a) La fauna de la formación postpampeana era cuaternaria, con un número de animales extintos mayor que los hallados en los depósitos glaciales de Europa.

b) Contra la contemporaneidad del Cuaternario sudamericano y europeo, afirmaba que:

> Otros autores sostienen que los depósitos de los horizontes forman el equivalente del Cuaternario (Pleistoceno) de Europa y de América del Norte y como no pueden negar que la fauna de las capas inferiores presenta un carácter más antiguo, creen que la evolución de los mamíferos en la llanura pampeana se ha verificado bajo condiciones muy excepcionales. Todas estas objeciones son infundadas y en contradicción con los hechos que se observan. En el Cuaternario de Europa muchos animales de las capas más antiguas se extinguieron por completo, pero no se ha desarrollado ningún género que no haya existido ya en el Terciario superior. Esto se observa también en el horizonte neo y postpampeano pero no en los horizontes inferiores (Roth, 1921, p.308).

c) Con ello, se adhería a la conclusión (A.15) de Ameghino, pues: "Examinando la fauna de los tres horizontes en conjunto, encontramos condiciones completamente distintas de las que se presentan en el período cuaternario; no solamente que aquí se extinguieron numerosos géneros, familias y hasta subórdenes enteras, sino que aparecieron también numerosas formas nuevas. No hay menor duda, que nuestra región es el centro de desarrollo de los grandes Edentados y de los Notoungulatos" (Roth, 1921, p.308).

d) En consecuencia, definía que las capas *loessicas* del Pampeano no podían ser equivalentes al Cuaternario del hemisferio norte, aun cuando se admitiese el carácter excepcional de su fauna de mamíferos. La conclusión, era coincidente con (B.9): "El desarrollo filogenético, como se desarrolla aquí, abarca en Europa y América del Norte todo el tiempo Terciario superior desde el Mioceno inferior hasta el Plioceno superior. No cabe la menor duda que el hombre ha habitado la provincia de Buenos Aires antes que se desarrollaran los géneros típicos de *Glyptodon, Panochtus,* etc., y por tanto su existencia en tiempos terciarios está bien demostrada" (Roth, 1921, p.308).

La propuesta de Frenguelli (1921) sería reiterada, junto a Outes, a principios de 1924, al publicar en *Physis* una memoria titulada *Posición estratigráfica y antigüedad relativa de los restos de industria humana hallados en Miramar*: "En primer lugar destruyen la idea del 'hombre terciario' pues todos los terrenos considerados de esa antigüedad, en los cuales se habían encontrado restos de industria humana, pasan de acuerdo a las nuevas ideas geológicas sustentadas por estos investigadores, a formar parte del Cuaternario" (Daino, 1979, p.67) (J3). Pese al consenso Frenguelli/Outes:

a) En la discusión del 24, Kraglievich (1924)[11] rechazaba la

_____

[11] En una publicación póstuma del autor, Kraglievich (1934) definía: "Tiempo ha que esperaba una ocasión propicia para confirmar de un modo definitivo la antigüedad terciaria de los importantes pisos geológicos de Monte Hermoso y

estratigrafía propuesta por Frenguelli y Outes, dado que consideraba, con Ameghino y Roth (quien fallecería el 4 de julio de ese mismo año), el carácter terciario y no cuaternario del Chapalmalense (J.2). Esta posición era apoyada por:

b) Bonarelli, quien entendía que el Chapalmalense y el Ensenadense pertenecían al Plioceno superior, aunque consideraba que la industria humana hallada en el Chapalmalense era intrusiva (véase cap. IV) y se correspondía con artefactos de paraderos indígenas superficiales.

c) Por su parte, Reidel intervenía para aclarar que el criterio paleontológico no era el único para determinar la estratigrafía y edad de los terrenos "teniéndose que recurrir según su criterio a estudios morfológicos, fisiográficos y climatéricos que podrían dar datos más precisos que el de los restos fósiles" (Daino, 1979, p.69).

En la sesión de *Physis* del 26 de julio, Carlos Lízar y Trelles solicitaron que el debate se mantuviera en el orden científico, evitando alusiones personales. En primer lugar, se leyó el trabajo de Bonarelli, en el que reclamaba:

Hallar una fórmula conciliatoria para que las fracciones opuestas encuentren un medio factible para entenderse. Pero a su vez emite algunas opiniones que contradicen lo expuesto y ahondan más las posiciones de los bandos antagónicos; ellas son:
1) Por el derecho de prioridad debe conservarse el término Chapadmalense de Ameghino por sobre el sinónimo de Preensenadense de Frenguelli.
2) Por las mismas consideraciones y, para evitar todo confusionismo tan deplorable en la terminología estratigráfica del Terciario sudamericano, el nombre Prebelgranense (Frenguelli), término usado por los expositores para suplantar al Ensenadense (Ameghino), debe

---

Chapadmalal, admitida por casi todos los geopaleontólogos y muchos estratígrafos y difundida por mí en varias oportunidades, hasta en discusiones públicas de cierta notoriedad, en contra del empeño del doctor Joaquín Frenguelli por modernizarlos hasta el cuaternario, identificándolos con el *Preensenadense* de Ameghino" (p.17)

condenarse al olvido por ser otro sinónimo que no modifica absolutamente nada y si así lo hicieren sus autores demostrarían que no son de aquellos que se ilusionan formular algo nuevo con solo inventar nombres para cosas ya conocidas.

3) Bonarelli afirmó que esto sería aún más grave si se adoptase la denominación Prebonaerense (Frenguelli) para identificar los depósitos Lujanenses de Ameghino porque aparte de cometer un atropello respecto al derecho de prioridad se estaría en un error cronológico al considerar al Lujanense típico como más viejo que el bonaerense de Ameghino (Daino, 1979, p.70).

Según Daino (1979), esta intervención desencadenó "una serie de situaciones personales donde privaron más los resentimientos y el encono que el espíritu científico". Además, asevera que, pese al calor de las discusiones, las ideas e hipótesis propuestas no fueron nunca revalorizadas o tenidas en cuenta en orden a ser contrastadas: "El presidente dio por levantada la sesión del día 2 de agosto de 1924, siendo las 21,30 hs. En ese día y a esa hora no solamente quedó cerrada una sesión más de la Sociedad Argentina de Ciencias Naturales, sino que se clausuró un ciclo de la historia de la paleontología y de la arqueología argentina. Después de este acto, como lo recuerda Castellanos "no se realizaron más excursiones al yacimiento, ni se trató de extraer más material" (Daino 1979, p.72) (véase ap. III del cap. VI, sobre la clausura de la controversia)

De este modo, si con Hatcher (1897), Tournouer (1903), Scott (1913), Loomis (1914), Von Huene (1929) y Simpson (1932) se rechazaba la hipótesis dispersalista ameghiniana (A.15) (véase ap. I de este cap. y cap. II, en general) ello no impedía valorar, a partir de un criterio tectónico-climatológico (J.3), que los vestigios empleados para argumentar (B.9) fueran reinterpretados como pruebas de la existencia de un paleolítico en América del Sur, alternativa que había sido propuesta por Mochi (1910), Sergi (1911), Keith (1915) Carlos Ameghino (1918), Boule (1921) y Vignati (1934). Pese a la estratigrafía y cronología de Frenguelli (1920, 1934), la D-EFG pampeana se sostuvo en un estado de consenso-disenso por la

196

persistencia de Rusconi (1935) en sostener la edad terciaria de su sección inferior (Rusconi, 1935, p.370).

CAPÍTULO IV – DELIBERACIÓN COMUNITARIA SOBRE VESTIGIOS ARQUEOLÓGICOS

La disputa con mayor duración, junto con la controversia pampeano-patagónica (véase cap. III) fue la relacionada con (B.7/D.2). Esto se debió, en gran medida, a los hallazgos de vestigios asociados a presencia humana en las llamadas formaciones terciarias de Miramar ("Evidencias (B): vestigios 1912-1932"), ocurridos desde 1912: "Los primeros estudios arqueológicos en el litoral marítimo pampeano estuvieron dirigidos a comprender aspectos tecnológicos y cronológicos" (Bonomo, 2005, p.23).

Este Capítulo, por tanto, se estructura a partir de dos Apartados: el primero, da cuenta de la objeción de Outes (1912), Hrdlička (1912) y Willis (1912) al origen antrópico atribuido por Ameghino (1909) a las escorias y los fogones, así como a las industrias de la piedra hendida y quebrada; el segundo, presenta la deliberación sobre los hallazgos de Miramar, que llevaron a la discusión de 1924.

4.1. Apartado I – Deliberación sobre escorias, fogones e industrias líticas (1908-1920)

La deliberación sobre escorias y fogones se inició en 1908 (véase: "Evidencias (B): vestigios arqueológicos 1909-1910"), entre Ameghino y Outes. Pues, el primero interpretaba que los restos de fogones (identificados por tierras cocidas, escorias o huesos quemados, etc.), constituían una prueba de (B.7), mientras que Outes, determinaba un origen antrópico para las mismas, argumento que fue considerado correcto por Hrdlička (1912) en EMSA. La disputa se relacionaba, parcialmente con la "controversia pampeana" (véase ap. II del cap. III), por la antigüedad de los estratos geológicos en los que tenían lugar los hallazgos. Así, es posible reconstruir la argumentación (K), considerando que, al compartir las premisas 1., 2., y 3, K-I y K-II indican que los autores discrepaban sobre el origen de los fogones y

199

escorias: en uno y otro casos, se aceptaba que si tuvieran cierto origen se seguirían ciertas consecuencias y si tuvieran cierto origen diferente, las consecuencias serían distintas; por lo tanto, la oposición entre unos y otros autores no estaba dada ya en la aceptación de los enunciados condicionales, sino en la de sus antecedentes:

Argumentación (K-I)

1. O bien los fogones y escorias tienen un origen antrópico (Ameghino 1909), o bien tienen un origen volcánico (Outes 1909). (Premisa)
2. Si los fogones y escorias tienen un origen antrópico y se encuentran en el Pampeano terciario, entonces, son pruebas de que el hombre se originó en América del Sur. (Premisa)
3. Si los fogones y escorias tienen un origen volcánico, entonces no son prueba de que el hombre se originó en América del Sur. (Premisa)
4. Los fogones y escorias tienen un origen antrópico y se encuentran en el Pampeano terciario. (Premisa)
   Por lo tanto,
5. No es el caso que los fogones y escorias tengan un origen volcánico. (Conclusión de (1) y (4) por *ponendo-tollens*)
6. Son pruebas de que el hombre se originó en América del Sur. (Conclusión de (2) y (4) por *modus ponens*)

Argumentación (K-II)

1. O bien los fogones y escorias tienen un origen antrópico (Ameghino 1909), o bien tienen un origen volcánico (Outes 1909). (Premisa)
2. Si los fogones y escorias tienen un origen antrópico y se encuentran en el Pampeano terciario, entonces, son pruebas de que el hombre se originó en América del Sur. (Premisa)
3. Si los fogones y escorias tienen un origen volcánico, entonces no son prueba de que el hombre se originó en América del Sur. (Premisa)
4. Los fogones y escorias tienen un origen volcánico. (Premisa).
   Por lo tanto,
5. No es el caso que los fogones y escorias tengan un origen antrópico y se encuentren en el Pampeano terciario. (Conclusión de (1) y (4) por *ponendo-tollens*)
6. No son prueba de que el hombre se originó en América del Sur. (Conclusión de (3) y (4) por *modus ponens*)

4.1.1. *Buenas razones* para creer en el origen antrópico

El origen de la polémica sobre las escorias puede fecharse con la publicación que Outes (1908) hiciera del *Estudio de las supuestas escorias y tierras cocidas de la serie pampeana de la República Argentina*, escrito que fuera hecho en coautoría con Herrero Ducloux y Bücking. Tras el *Congreso Panamericano* de Chile, Ameghino ([1909]1934h) se mostraba preocupado por demostrar que las escorias no tenían un origen volcánico, sino que habían sido formadas *in situ* en fogones, debido a la actividad humana:

a) Con respecto a las tierras cocidas, endurecidas por acción del fuego, reiteraba haberlas considerado, desde un principio "como trozos de tierra cocida procedentes del suelo de antiguos fogones destruidos por la acción del agua, cuya interpretación tuvo asentimiento general y durante más de treinta años nadie la puso en duda" (p.539).

b) Ameghino ([1909]1934h) entendía que los argumentos que postulaban el origen volcánico de las escorias presentaban una tendencia manifiesta a "minar las bases en que se apoya la demostración de la existencia del Hombre y de su precursor en las épocas pasadas. La embestida a las escorias y tierras cocidas no importa más que el principio de la campaña, que resultará puro tiempo perdido, porque en este caso la evidencia se impone; y desde ya afirmo de la manera más categórica que los que sostienen el origen volcánico de esos materiales incurren en un gran error" (p.539).

El origen no volcánico de las escorias era, por tanto, sumamente relevante para fundamentar uno de los materiales que, a juicio de Ameghino ([1909]1934h), probarían el origen sudamericano del ser humano. En este sentido, afirmaba que el único argumento de valor contra el origen antrópico consistía en la presencia de cristales de minerales volcánicos en las escorias, pero "el examen microscópico revela los minerales que contiene la masa, pero no nos dice cómo se han formado" (Ameghino, [1909]1934h, p.539), por lo que éste no probaba nada (p.541). Por el contrario, los argumentos favorables al origen antrópico se circunscribían a señalar:

a) Su posición geológica en una formación sedimentaria de limo fino, en la que no se apreciaba presencia volcánica de ningún tipo, ni terrestres ni submarinos:

b) Su ubicación en depósitos, aislados unos de otros, que formaban brechas en las que las escorias se mezclaban con tierras cocidas, huesos tallados, partidos o quemados.

c) El carácter irregular de las escorias volcánicas, frente a la superficie lisa de las antrópicas.

Ameghino ([1909]1934h) indicaba haber llevado consigo a Chile muestras de tierras cocidas y escorias procedentes de los fogones producidos por el hombre fósil: "Este material quedó expuesto en la sala de reuniones, sobre la mesa de la Presidencia, y todos los geólogos y petrógrafos que lo examinaron reconocieron que no es de origen volcánico" (p.557). Según el sabio, la presentación recibió un aplauso general, excepto del profesor Outes, quien tomó la palabra para manifestar ante la Asamblea que "No debía dejarse influenciar por ese trabajo, hecho con un propósito *efectista* y pidió se aplazara su discusión hasta la sesión del jueves 31, a la cuál él concurriría conjuntamente con el doctor Herrero Ducloux (éste no asistía a la sesión), para refutar las conclusiones y hechos por mí establecidos. Adherí a esta postergación, que fué aceptada por la Asamblea" (Ameghino, [1909]1934h, p.557). Finalmente, ni Outes ni Ducloux asistieron a la discusión pactada: esto llevó a Ameghino a dar por confirmados sus argumentos.

4.1.2. *Buenas razones* para creer en el origen volcánico

Outes ([1909]1914) polemizaba con Ameghino a través de las páginas de *La Argentina*, en las que confiaba en que su deseo no era "refutar [...] los pocos argumentos válidos aportados al debate del asunto por

202

el señor director del Museo Nacional de Buenos Aires, pues considero un grave error entregar a las columnas de la prensa diaria la resolución de controversias que jamás deben abandonar las páginas de las publicaciones especiales de carácter exclusivamente científico" (p.564). En cambio, hacía mención a las que consideraba alusiones personales y se refería a esa "tendencia manifiesta" a minar las bases en que se apoya la demostración del hombre terciario y de su precursor de la que hablaba Ameghino: como parte de ello, explicaba estar ocupado en una "prolija investigación heurística" (p.562) sobre los restos del hombre cuaternario, realizada a partir de procedimientos analíticos que "pueden llegar a evidenciar precipitación en más de una hipótesis, o empirismo vetusto aplicado a investigaciones experimentales o de laboratorio" (p.562). Con esto, afirmaba haber recabado datos sobre escorias volcánicas y tobas eruptivas que "hasta hace poco, se consideraban por algunos –entre ellos el doctor Ameghino–, como restos atribuibles al hombre fósil y su precursor. Evidenciaba en dicha memoria los numerosos errores de interpretación y los juicios, quizás precipitados, que habían formulado hasta la fecha diversos autores" (p.562). Outes ([1909]1914) deploraba que Ameghino lo desvirtuara y sospechara, además, de su buena fe en un trabajo de investigación "impersonal, depurador y que sólo desea llegar a la verdad prístina" (p.562). Con respecto a la colaboración realizada con Herrero Ducloux, sostenía que, en forma conjunta "destruyen con la lógica contundente de los resultados numéricos incontestables obtenidos en el laboratorio, todas las afirmaciones que sirven al señor Ameghino como plataforma de su tesis" (p.566).

Las objeciones de Outes (1908, 1909) se sostenían en:

a) La realización de una investigación sobre los restos del hombre cuaternario, a partir de procedimientos analíticos y experimentales.

b) Los resultados del análisis químico de las escorias practicado por Herrero Ducloux, que demostraban su naturaleza volcánica.

Esto desencadenó tres respuestas por parte de Ameghino, en las que advertía que Outes:

a) No había demostrado el origen volcánico de los materiales.
b) Había cometido errores pueriles, de tal calibre que no merecían ser tomados en consideración.
c) Atribuyó a otros autores, especialmente a Herrero Ducloux, lo que ellos no habían dicho, o tergiversado sus opiniones.
d) Seleccionó fogones inadecuados, o ignoró las evidencias de la combustión intencional de los vegetales.

En la disputa, pueden identificarse el uso de falacias *ad baculum, ad ignorantiam* o del *hombre de paja* (véase ap. III del cap. VI, sobre las intuiciones y los temperamentos en la disputa). Por otro lado, se especifica la incorporación de técnicas de análisis microscópico para dar una resolución satisfactoria al problema.

Según Zárate *et al.* (2011):

Luego del fallecimiento de Ameghino, el tema de las escorias y "tierras cocidas" quedó sellado aunque sus ideas permanecieron vigentes. No olvidemos que el "ameghinismo" y la transformación de Ameghino en el santo laico de los argentinos corroyeron la mera posibilidad de debate (Podgorny, 1997). No es que éste no haya existido, pero los científicos, a sabiendas de cualquier cosa que se interpretara como un cuestionamiento a la autoridad e inefabilidad del "sabio nacional", prefirieron replegarse a zonas menos intervenidas por el público y el culto civil mantenido en distintas esferas de la cultura local (Zárate, 2011, p.9)

Sin embargo, tras la celebración de los congresos científicos en Buenos Aires y la muerte de Ameghino (1911), era publicaba la controversial EMSA, en la que Hrdlička, Willis y Holmes (1912) objetaban las *retroducciones* y evidencias ameghinianas. Con respecto a los vestigios arqueológicos, se subraya la adhesión de los norteamericanos a la posición de Outes (1909), así como la prudencia de los exámenes de laboratorio de Whrigt *et al.* (1912): "Entre los extranjeros que reaccionaron ante las hipótesis formuladas por F.

Ameghino se destacan los norteamericanos Hrdlička, Holmes y Willis quienes también se opusieron a la alta antigüedad propuesta. Los trabajos de estos investigadores consistieron en observaciones geológicas en el terreno, en el análisis de colecciones y de artefactos líticos recolectados en la costa bonaerense" (Bonomo, 2005, p.25).

En EMSA, Willis (1912) estudiaba la naturaleza de las tierras cocidas e industria de la piedra del litoral marítimo bonaerense y llegaba a las siguientes conclusiones:

a) La práctica de una prueba experimental con *loess* demostraba que las tierras cocidas podían formarse por causas naturales, sin intervención humana: así es que, contra los resultados de Ameghino y de Cross[1], Willis (1912) estimaba imposible establecer una relación necesaria entre las tierras cocidas y la acción intencional del ser humano, ya que el fuego podría haber sido originado por otro agente, como combustión espontánea, rayos u otras condiciones naturales, independientes del hombre.

b) Los vestigios asociados a las tierras cocidas podían ser considerados producto de la erosión, las mordeduras, las roeduras o los accidentes, y no de la acción intencional del hombre. En 1934, Vignati se convertía a la posición de Willis

---

[1] Willis se mostraba escéptico respecto del origen antrópico de las tierras cocidas y se refería al experimento realizado por Whitman Cross, del Servicio Geológico de los Estados Unidos, a partir de especímenes recolectados cerca de Miramar: Cross había requemado hierba pampeana seca de la época invernal desde las 5 hasta las 19 h., "Sin embargo, el efecto sobre la tierra subyacente fue leve. El *loess* se enrojeció hasta una profundidad de 10 milímetros, más o menos. No se calcinó hasta formar una masa similar a un ladrillo o escoriácea. El suelo estaba seco en ese momento" (Willis, 1912, p.47), con lo que concluyó que el calor superficial no calcina notablemente el loess. Sin embargo, cuando la hierba y el loess se encuentran mezclados, en la forma de espartos, "el loess que rodea a los tallos de la hierba se calcina hasta y alrededor de las raíces por debajo de la superficie de la llanura" (p.48), logrando que la tierra quede completamente calcinada, con resultados similares a los obtenidos por Ameghino: "Estas observaciones llevan al escritor a dar peso a las opiniones de aquellos primeros observadores, que atribuyeron la tierra cocida de la *terrana* pampeana a la quema de pastos" (p.48).

(1912), al interpretar que las lesiones de huesos debían ser producto de los rastros dejados por la dentición de otros animales o por acción del medio: "La conclusión a que han llegado los estudiosos, en el momento actual, es que todo este número de piezas cuyos caracteres pueden originarse en causas naturales, no prueban que sean un resultado de un trabajo intencional y por consiguiente no hay razones para admitir la existencia de un hombre terciario" (Vignati, 1934, p.25).

La objeción de Willis (1912) se hacía solidaria a la evaluación de los restos hecha por Hrdlička (1912), como parte de la "línea roja" que *debía* rechazar la validez de los argumentos y pruebas ameghinianos. En este sentido, el antropólogo norteamericano, establecía las siguientes razones:

a) Falta de material combustible en la costa de Buenos Aires, que impediría hacer fuegos intensos y profundos: Hrdlička (1912) indicaba que la costa de la Provincia de Buenos Aires se encontraba desprovista de bosques, esto es, de material que sirviera como elemento de combustión, lo que haría llevado a la costumbre de hacer fuego en pequeñas excavaciones cuadrangulares, agujeros ennegrecidos por el calor intenso, con enrojecimiento del suelo: "No se encontró nada que se pareciera ni remotamente a los especímenes de tierra cocida pampeana que algunos creen que demuestran la presencia del hombre" (Hrdlička, 1912, p.50).

b) Desemejanza entre los fuegos superficiales y los agujeros ennegrecidos hechos por los aborígenes con las tierras cocidas pampeanas: Hrdlička (1912) señalaba el carácter superficial de los fuegos, mientras que otro, excepcional es incluso:

en el más alto grado improbable que alguna vez hayan sido igualados entre los aborígenes; sin embargo, incluso aquí no hubo ningún acercamiento a una producción de tierra cocida, o escoria. El fuego de la superficie actuó sobre el suelo vegetal negro; el del agujero principalmente sobre el *loess* amarillento (…) Todo esto indica la improbabilidad, si no la imposibilidad, de la producción por el fuego del hombre primitivo de la tierra cocida, o de escorias, como las que se vieron en los museos argentinos o se recogieron en la expedición (Hrdlička, 1912, p.50).

c) Examen petrográfico-térmico de Whrigt y Fenner, que mostraba la naturaleza volcánica de las escorias: Hrdlička (1912) incorporaba en EMSA el examen petrográfico-térmico de Whrigt y Fenner (1912), realizado en el *Laboratorio Geofísico de la Institución Carnegie* de Washington, a petición del secretario de la *Smithsonian Institution*. El examen químico no excluía la posibilidad de un origen volcánico de las escorias, presentándose un predominio de hierro ferroso sobre el férrico, lo que difería "notablemente de los de las tierras cocidas" (Whrigt *et al.* 1912, p.91). Los autores rechazaban las conclusiones de Herrero Ducloux, debido a que el examen cuantitativo exhibía para los materiales un subrango que no se había encontrado en ninguna roca ígnea representada en lavas normales: "Estas rocas son anormales y la conclusión del Dr. H. Bucking y del Coronel Romero de que las rocas son andesitas normales no puede considerarse justificable" (Whrigt *et al.* 1912, p.92)[2].

---

[2] Los autores declararon que no habían investigado trabajos anteriores relacionados con el problema en cuestión, ni haber estado involucrados en la recolección de las muestras en el campo, por lo que se restringían a haber prestado atención "a los hechos observados y no a las posibles teorías de génesis que, sin una base de hechos definida, se convierten en simples cuestiones de opinión" (Whrigt *et al.* 1912, p.93). Así, concluían que el *loess* se componía de material volcánico y eruptivo, especialmente el vidrio volcánico silíceo, con una mínima cantidad de material arcilloso, lo que explicaría "una tremenda y amplia actividad volcánica de tipo explosivo durante o justo antes de la formación del loess. La variación en la composición del loess puede deberse en parte al efecto de la acción del viento sobre los depósitos tobáceos originales, ya que el viento sopla la materia más ligera más lejos de la fuente, produciendo así una separación brusca de los componentes en algunos casos. La enorme cantidad de material volcánico en el *loess* demuestra que la acción volcánica fue generalizada y no se limitó a un solo respiradero" (p.93). Los fragmentos de tierra cocida se encontrarían compuestos por *loess* con fragmentos

Las escorias, que "han sido objeto de muchas discusiones en la literatura. Son de tipo anormal y no coinciden con ninguna roca eruptiva o lava conocida en sus características microscópicas" (Whrigt *et al.* 1912, p.94). No se trataría, por tanto, de escorias volcánicas normales, pues, no podían identificarse con lava, en sentido estricto, mientras que tampoco habían sido fundidas al aire libre: "Los hechos observados indican, en resumen, que las escorias son simplemente *loess* fundido, en condiciones que protegían la masa de la oxidación" (Whrigt *et al.* 1912, p.96). Al explicar esta anomalía, los autores adherían a la hipótesis según la cual:

> La formación de *loess* fue realizada por masas ígneas que fundieron el *loess* adyacente y formaron las actuales escorias negras. Estas intrusiones pueden haber sido submarinas o estar debajo de la zona terrestre. En cualquiera de los dos casos la oxidación no habría sido grave, aunque una extrusión submarina podría favorecer una menor oxidación y un carácter vesicular más pronunciado de las escorias que una extrusión subaérea. En vista de la gran cantidad de vidrio volcánico y minerales de origen ígneo en el *loess* de esta región, la suposición de que la acción volcánica ha sido directamente responsable de la formación de estas escorias y también de la tierra cocida, de la manera sugerida anteriormente, no es irrazonable. (Whrigt *et al.* 1912, p.96).

Pese a sorprenderse por la presencia de lava normal en los vestigios recolectados en Necochea y Miramar, explicaban el hecho por el tamaño pequeño de la muestra, que incluía todos los tipos de tosca de la zona, habiéndose visto la lava reducida a polvo.

En virtud de la argumentación (K), Outes (1908, 1909), Willis y Hrdlička (1912) ofrecían *buenas razones* para creer en (K-II.5) y, por

---

enrojecidos por acción del calor

tanto "minaban" una de las bases de (B.9). No obstante, vale indicar que el análisis petrográfico de Fechner *et al.* (1912), publicado en EMSA, contradecía el origen volcánico de las escorias y suponía que éstas debían haberse fundido en profundidad, contra los resultados experimentales ofrecidos por Willis (1912) y la conclusión de Hrdlička (1912).

4.1.2.1. Objeción a Willis & Hrdlička (1912) y adhesión a Ameghino (1909)

Entre 1920 y 1934, en su reinterpretación de la estratigrafía pampeana y redefinición de la edad de los vestigios hallados en el litoral marítimo:

a) Frenguelli (1920) rechazaba que el *loess* eopampeano contuviera solo pequeñas toscas y la suposición de que las tierras cocidas y escorias tuvieran un origen volcánico en los horizontes antiguos, distinto del de los horizontes superiores: "Le ha llamado la atención al mismo Steinmann el aspecto peñascoso que presentan las capas del piso meso-pampeano y declaró que en Alemania no ha visto nada parecido, no obstante las paraleliza con las capas inferiores del *loess* cuaternario del Rhin" (p.191). Contra Outes (1909) y con Ameghino (1909), Frenguelli (1920) adhería al origen no volcánico de los vestigios, asignándoles, sin embargo, una edad cuaternaria.

b) Sobre las escorias, en 1934 Vignati rechazaba la posición de Outes y el examen petrográfico de Herrero Decloux y Bucking, para adherirse a los resultados de Whright y Fenner, publicados en EMSA:

> Procurando no herir la susceptibilidad del colega europeo - cuyo nombre omiten en el lugar oportuno- desmenuzan sus conclusiones y las rechazan en un todo. Afirman que, si la composición química de las escorias es semejante a la de las

andesitas, el examen petrográfico no permite en modo alguno confundirlas. El dictamen de los petrógrafos norteamericanos es que la suposición de un origen volcánico debe excluirse definitivamente. La polémica, que subsistió a base de un informe inadmisible, ha quedado cerrada. Ameghino tenía razón: las tierras cocidas y las escorias son productos de la transformación del terreno" (Vignati, 1934, p.33).

Las conclusiones de Frenguelli (1920, 1934) y Vignati (1934) revisaban la argumentación (K), al proponer una alternativa (L), la que presenta una estructura análoga a (K), debido a que L-I y L-II comparten las premisas 1., 2., y 3.:

Argumentación (L-I)

1. O bien los fogones y escorias tienen un origen antrópico (Ameghino 1909), o bien tienen un origen volcánico (Outes 1909). (Premisa)
2. Si los fogones y escorias tienen un origen antrópico y se encuentran en el Pampeano cuaternario, entonces, son pruebas de que el hombre apareció en América del Sur en el Cuaternario. (Premisa)
3. Si los fogones y escorias tienen un origen volcánico, entonces no son prueba de que el hombre apareció en América del Sur en el Cuaternario. (Premisa)
4. Los fogones y escorias tienen un origen antrópico y se encuentran en el Pampeano cuaternario. (Premisa)
   Por lo tanto,
5. No es el caso que los fogones y escorias tengan un origen volcánico. (Conclusión de (1) y (4) por *ponendo-tollens*)
6. *Son pruebas de que el hombre apareció en América del Sur en el Cuaternario.* (Conclusión de (2) y (4) por *modus ponens*)

Argumentación (L-II)

1. O bien los fogones y escorias tienen un origen antrópico (Ameghino 1909), o bien tienen un origen volcánico (Outes 1909). (Premisa)
2. Si los fogones y escorias tienen un origen antrópico y se encuentran en el Pampeano cuaternario, entonces, son pruebas de que el hombre apareció en América del Sur en el Cuaternario. (Premisa)
3. Si los fogones y escorias tienen un origen volcánico, entonces no son

prueba de que el hombre apareció en América del Sur en el Cuaternario. (Premisa)

4. Los fogones y escorias tienen un origen volcánico. (Premisa)
Por lo tanto,

5. No es el caso que los fogones y escorias tengan un origen antrópico y se encuentren en el Pampeano cuaternario. (Conclusión de (1) y (4) por *ponendo-tollens*)

6. No son prueba de que el hombre apareció en América del Sur en el Cuaternario. (Conclusión de (3) y (4) por *modus ponens*)

(L-II.6) se muestra, por tanto, como una más de las conclusiones alcanzadas en la deliberación comunitaria sobre fogones de la región del litoral marítimo bonaerense, décadas después de la muerte del "sabio nacional".

4.1.2.2. Objeción de Hrdlička & Holmes (1912) a industrias líticas

En 1910, Ameghino abducía, a partir de las "Evidencias (B)", las industrias de la piedra hendida y de la piedra quebrada (vestigios 1909-1910), a los que asociaba a precursores del ser humano. En 1912, Hrdlička entendía que los vestigios, por:

a) El carácter relativamente reciente de la zona de dunas, y:

b) Hallarse en la superficie de las playas o en depósitos aluviales recientes

c) "Y de que muchos de los especímenes son de apariencia fresca" (Hrdlička, 1912, p.51)

Concluía con que la industria de las piedras "blancas" y "negras" debía corresponder a una cultura indígena moderna, de tal que los guijarros negros debían haber servido como complemento para compensar la escasez de las "blancas": "Finalmente, como la industria de la piedra 'blanca' de la costa es idéntica a la de los indios de las partes más interiores de la misma provincia, y como es imposible separarla de la industria de la piedra 'negra' o de los guijarros, parece justificable la conclusión de que ambas son obra del indio" (Hrdlička,

1912, p.51).

Por su parte, Holmes (1912) agregaba, con Hrdlička, que los vestigios habían sido hallados en zonas superficiales, de la misma manera que el orden cronológico para determinar secuencias, en ese caso, carecía de sentido por toda imposibilidad de establecer períodos de tiempo mensurables; aunque "el hecho de que todas las variedades de artefactos guarden la misma relación con los sitios habitables y con la orilla del mar de hoy en día en casi toda la región y que las formas y los procesos de fabricación en todos los grupos, aunque difieran en ciertos aspectos, tengan importantes características en común, como ya se ha señalado, antagonizan cualquier teoría de separación amplia de períodos" (Holmes, 1912, p.148). En este sentido, también la línea de la costa era considerada como determinativa de la mayor o menor antigüedad de los restos, pues, los guijarros oscuros o los de cuarcita blanca, hallados a través de los acantilados y de las laderas de cara al mar, se enfrentaban a una línea de costa inestable que "No está hoy donde estaba hace un siglo o un milenio" (p.148). El autor concluía que las industrias eran recientes, y agregaba que "Nada que no sea un hallazgo perfectamente autentificado de artefactos en formas inalteradas de edad geológica plenamente establecida, justificará a la ciencia para aceptar la teoría de los ocupantes del Cuaternario o del Terciario para la Argentina" (p.149).

Con esto, pese a las diferencias entre Ameghino (1910) y la *Smithsonian* en la determinación de la edad de los rodados:

A partir de los trabajos de F. Ameghino y de Hrdlička quedan establecidas las tres industrias litorales en torno a las cuales van a girar las explicaciones en las investigaciones posteriores. Por un lado, los rodados costeros reducidos mediante la técnica bipolar (industria de la piedra hendida o *black*), por otro, la ortocuarcita blanca de grano fino tallada por percusión directa (*white*) y, por último, los rodados de metacuarcita de Ventania (piedra quebrada) (Bonomo, 2005, p.27).

La deliberación sobre la industria de la piedra hendida y quebrada se centró, por tanto, en la interpretación de objetos arqueológicos encontrados en varios sitios arqueológicos del litoral marítimo bonaerense y, excluida la posición de Kantor (1921), que los equiparaba con los eolitos europeos, F. Ameghino (1910), Hrdlička y Willis (1912), Holmes (1912), C. Ameghino (1915), Frenguelli (1920, 1934)[3], Vignati (1924), Kantor (1921) e Imbelloni[4] (1931) no dudaban sobre el carácter antrópico de los vestigios, aunque disentían con respecto a la edad asignada.

---

[3] Sobre las industrias de la piedra quebrada y de la piedra hendida de Ameghino, Vignati (1934) consideraba que el error en su designación había consistido en atribuirles una técnica prelítica, cuando se trataba de productos de manufactura humana, en tanto resultaba conveniente "rejuvenecerse en forma bastante ponderable todas las asignaciones de Ameghino, pues transportándolas íntegramente al Cuaternario adquieren, inmediatamente, una ubicación racional substancialmente ponderable (Vignati 1934, p.24)

[4] Sobre la *industria de la piedra quebrada*, que Ameghino recolectara en compañía de Hrdlička, Imbelloni (1931) narraba que "La opinión de los sabios estadounidenses no tardó mucho en ser conocida" (p.155), en especial, por la observación de un raspador hecho en jaspe que haría "caer la presunción de remotísima procedencia formulada por Ameghino, y la misma tipología de la piedra quebrada" (p.155). Hrdlička también hacía ver que el terreno del hallazgo estaba sembrado de guijarros que no se encontraban estratificados, lo que era, en evidencia, un carácter de modernidad. Por su parte, Willis afirmaba que las astillas encontradas debían ser estimadas como recientes, asociándolas con objetos de indios característicos del circuito de las dunas de arenas.

> La defensa de la antigüedad de la industria lítica de Monte Hermoso pasó, después de la desaparición del sabio argentino, a don Carlos Ameghino, hermano y continuados de su obra antropológica. Modificando en parte las opiniones vertidas al respecto de la *piedra hendida* en las dos notas de 1913, particularmente en lo de los "sobrados caracteres de fijeza o estabilidad, lo que afirma su valor arcaico", Carlos Ameghino destruye en 1915 la individualidad tipológica de las dos industrias atlánticas (Imbelloni, 1931, p.157).

El autor referenciaba la opinión de Kantor, jefe de la Sección de minerología del Museo de La Plata, quien rechazaba la existencia de una industria humana en Monte Hermoso, pues entendía que los rodados no tenían origen humano y que se trataba de rocas intervenidas por los cambios de temperatura, con fracturas frescas que parecerían intencionales. De la misma manera, citaba a Boule (1921), quien declaraba que el hecho de que los rodados se encontraran tallados era insuficientemente demostrativo, negando que se tratara de eolitos y adhiriendo a los resultados de Hrdlička y Willis (1912).

213

4.2. Apartado II – Deliberación comunitaria sobre las implicaciones de prueba del litoral marítimo bonaerense (1912-1932)

En este período, las investigaciones "están marcadas por duros enfrentamientos entre los especialistas, la participación de actores no vinculados con la ciencia (medios de comunicación, partidos políticos, la Iglesia), sospechas de fraudes y falsificaciones" (Bonomo, 2005, p.26). Las *buenas razones* para creer o rechazar "los vestigios B" (1912-1932) se estructuran a partir de tres criterios:
a) Inautenticidad/autenticidad.
b) Intrusión/posición *in situ*.
c) Edad terciaria/cuaternaria de los terrenos (yuxtapuesta a D-EFG).

Así, es posible reconstruir una argumentación *múltiple* (M), que tal como sucedía con (K) y (L), posee premisas comunes, entre (M-I), (M-II) (M-III) y (M-IV):

Argumentación (M-I)

1. O bien, las evidencias (B) constituyen material inauténtico o intrusivo, o bien, las evidencias (B) constituyen material auténtico, hallado en posición *in situ* en horizontes terciarios de la formación pampeana, o bien, las evidencias (B) constituyen material auténtico, hallado en posición *in situ* en horizontes cuaternarios de la formación pampeana. (Premisa)
2. Si las evidencias (B) constituyen material inauténtico o intrusivo, el ser humano no se originó en América del Sur. (Premisa)
3. Si las evidencias (B) constituyen material auténtico, hallado en posición in situ en horizontes terciarios de la formación pampeana, o bien el ser humano se originó en América del Sur o bien es más antiguo que en otras regiones del planeta. (Premisa)
4. Si las evidencias (B) constituyen material auténtico, hallado en posición *in situ* en horizontes cuaternarios de la formación pampeana, el ser humano apareció en América del Sur durante el paleolítico. (Premisa)
5. Las evidencias (B) constituyen material auténtico, hallado en posición *in*

situ en horizontes cuaternarios de la formación pampeana. (Premisa)
Por lo tanto,

6. No es el caso que las evidencias (B) constituyan material inauténtico o intrusivo. (Conclusión de (1) y (5) por *ponendo-tollens*)

7. No es el caso que las evidencias (B) constituyan material auténtico, hallado en posición *in situ* en horizontes terciarios de la formación pampeana. (Conclusión de (1) y (5) por *ponendo-tollens*)

8. El ser humano apareció en América del Sur durante el paleolítico. (Conclusión de (4) y (5) por *modus ponens*)

Argumentación (M-II)

1. O bien, las evidencias (B) constituyen material inauténtico o intrusivo, o bien, las evidencias (B) constituyen material auténtico, hallado en posición *in situ* en horizontes terciarios de la formación pampeana, o bien, las evidencias (B) constituyen material auténtico, hallado en posición *in situ* en horizontes cuaternarios de la formación pampeana. (Premisa)

2. Si las evidencias (B) constituyen material inauténtico o intrusivo, el ser humano no se originó en América del Sur. (Premisa)

3. Si las evidencias (B) constituyen material auténtico, hallado en posición *in situ* en horizontes terciarios de la formación pampeana, o bien el ser humano se originó en América del Sur o bien es más antiguo que en otras regiones del planeta. (Premisa)

4. Si las evidencias (B) constituyen material auténtico, hallado en posición *in situ* en horizontes cuaternarios de la formación pampeana, el ser humano apareció en América del Sur durante el paleolítico. (Premisa)

5. Las evidencias (B) constituyen material auténtico, hallado en posición *in situ* en horizontes Terciarios de la formación pampeana. (Premisa)
Por lo tanto,

6. No es el caso que las evidencias (B) constituyan material inauténtico o intrusivo. (Conclusión de (1) y (5) por *ponendo-tollens*)

7. No es el caso que las evidencias (B) constituyan material auténtico, hallado en posición *in situ* en horizontes cuaternarios de la formación pampeana. (Conclusión de (1) y (5) por *ponendo-tollens*)

8. O bien el ser humano se originó en América del Sur o bien es más antiguo que en otras regiones del planeta. (Conclusión de (3) y (5) por *modus ponens*)

Argumentación (M-III)

1. O bien, las evidencias (B) constituyen material inauténtico o intrusivo, o bien, las evidencias (B) constituyen material auténtico, hallado en posición *in situ* en horizontes terciarios de la formación pampeana, o bien, las evidencias (B) constituyen material auténtico, hallado en posición *in situ* en horizontes cuaternarios de la formación pampeana. (Premisa)
2. Si las evidencias (B) constituyen material inauténtico o intrusivo, el ser humano no se originó en América del Sur. (Premisa)
3. Si las evidencias (B) constituyen material auténtico, hallado en posición in situ en horizontes terciarios de la formación pampeana, o bien el ser humano se originó en América del Sur o bien es más antiguo que en otras regiones del planeta. (Premisa)
4. Si las evidencias (B) constituyen material auténtico, hallado en posición *in situ* en horizontes cuaternarios de la formación pampeana, el ser humano apareció en América del Sur durante el paleolítico. (Premisa)
5. Las evidencias (B) constituyen material inauténtico o intrusivo. (Premisa)
    Por lo tanto,
6. No es el caso que las evidencias (B) constituyan material auténtico, hallado en posición *in situ* en horizontes terciarios de la formación pampeana. (Conclusión de (1) y (5) por *ponendo-tollens*)
7. No es el caso que las evidencias (B) constituyan material auténtico, hallado en posición *in situ* en horizontes cuaternarios de la formación pampeana. (Conclusión de (1) y (5) por *ponendo-tollens*)
8. El ser humano no se originó en América del Sur. (Conclusión de (2) y (5) por *modus ponens*)

4.2.1. Inautenticidad e intrusión de los hallazgos

Los investigadores que participaron de la primera posición sospechaban que Lorenzo Parodi había fraguado los materiales, incrustándolos en los horizontes en los que eran hallados:

> Quien creía encontrarse frente a un engaño era el geólogo italiano G. Bonarelli (1918) (Frenguelli y Outes 1924), proponiendo que los materiales podrían haber sido introducidos artificialmente en agujeros preparados en la barranca y a su vez desechaba algunos objetos considerándolos de origen natural. El declarado antiameghiniano Padre J. M. Blanco, al visitar el sector de los hallazgos junto con Parodi, confirmó las sospechas que había

sobre estos materiales costeros en el Museo de La Plata. Blanco (1921) afirmó que la persona que contratara los servicios de Parodi para recorrer los acantilados y excavara donde Parodi le indicaba, hallaría los materiales arqueológicos del Terciario" (Bonomo, 2002, p.76)[5].

Romero (1915, 1918), Boman (1919, 1921), Outes, Kantor (en Frenguelli y Outes 1924) y Boule (1921) negaban o cuestionaban la edad terciaria de la formación y comprendían que los materiales eran intrusivos. "No obstante, es interesante destacar que la mayoría de los investigadores que visitaron la localidad y participaron en la extracción de los materiales se opusieron a esta crítica" (Bonomo, 2002, p.75):

a) En la sesión del 15 de junio de 1918 de la *Sociedad...*, Guido Bonarelli se refería a los hallazgos de Miramar y manifestaba el deber de declarar que, tras una breve visita, "el examen de los objetos que se han descrito como de esa procedencia, las observaciones personales y las informaciones obtenidas sobre la forma en que se realizaron tales hallazgos confirman su sospecha de que dichos objetos no estaban *in situ*. En cuanto a la edad de los terrenos (Chapalmalense y Ensenadense, Ameghino) en que se han hallado los objetos, dijo que no le cabe duda de que son terciarios" (Bonarelli, 1918, p.339). En este sentido, Bonarelli (1918) incorporaba en la comunidad de investigadores, junto con Blanco (1916, 1917, 1921), el problema de la autenticidad como criterio para validar las

---

[5] Un exhaustivo examen de las acusaciones de fraude hechas por Blanco en la revista *Estudios* fue hecho por Asúa (2009), para quien: "El P. José María Blanco S.I. (1878-1957) es conocido en ambientes no eclesiales por haber sido uno de los críticos más obstinados de las teorías antropológicas del paleontólogo argentino Florentino Ameghino (1853-1911). Convencido enemigo de la teoría de la evolución cualquiera de sus versiones, Blanco desplegó y guió desde las páginas de la revista *Estudios* una campaña en contra de las ideas evolucionistas que se extendió por casi una década (1916-1925). La culminación de este esfuerzo, concentrado en refutar la teoría de Ameghino acerca del origen del ser humano en América durante el período Terciario, fue la denuncia de uno de los fraudes científicos más notables que tuvieran lugar en la Argentina" (Asúa, 2009, p.313).

pruebas ofrecidas.

b) "En oposición a los investigadores que defendían una antigüedad terciaria de la ocupación humana en la costa bonaerense, otros autores plantearon la posibilidad de que los materiales no se encontraran *in situ*. Esta idea fue sostenida por primera vez por el teniente coronel A. Romero, defensor de las ideas de F. Ameghino y disertante en el "Funeral Civil de homenaje á la memoria del sabio naturalista Dr. Don Florentino en La Plata" (1911). Este autor bautizó el tema, desde la prensa periódica, como la 'farsa de Miramar'" (Bonomo 2002, p.74). En 1918, Romero publicaba, en los *Anales de la Sociedad Científica Argentina,* un artículo titulado *El Homo pampaeus: Contribución al estudio del origen y antigüedad de la raza humana en Sud América, según recientes descubrimientos,* en el que intentaba dar cuenta de "la falta de fundamento científico con que se pretende demostrar la existencia del hombre con pleno dominio intelectual en la remotísima edad del Mioceno (hallazgos de Miramar)" (Romero, 1918, p.9)[6]. Romero (1918) argumentaba

---

[6] El coronel advertía sobre la necesidad de continuar, tras la muerte de Ameghino, con su actitud sincera el estudio de la paleontología y paleoantropología, y en especial, la resolución de "el problema más fundamental de sus largas meditaciones, que tanto le preocupó desde sus primeros años de estudiante: «El origen del hombre en América», problema que estaría ya solucionado definitivamente si su vida se hubiese prolongado algunos años más" (Romero, 1918, p.6). El autor señalaba que, tras dos años de sucederse la muerte del naturalista, un número significativo de entusiastas propagandistas "enaltecieron o deprimieron en forma indocta y hasta hiriente sus trabajos y descubrimientos sin mayores respetos por la ciencia, ni por ellos mismos" (p.6), hecho que celebraba, pues constituía el signo de la presencia de una nueva falange de apasionados por el estudio de la naturaleza que había surgido como por "generación espontánea": "Ayer, ajenos al dominio de las ciencias naturales en su alcance fundamental y filosófico, y hoy, con sorpresa agradable, lanzados a la palestra de la crítica sosteniendo y discutiendo temas que aun cuando resulten muchas veces tendenciosos y absurdos, no dejan por ello de ser agradables por el aporte de su entusiasmo" (p.6). En este punto, Romero (1918) indicaba que no era posible aceptar una "anarquía" en la interpretación de la obra ameghiniana, pues ésta la deformaba y perjudicaba y, por este motivo, el trabajo colaborativo no debía excluir el concurso de la *Sociedad Científica Argentina,* a la que Ameghino

en favor de creer en:

I.   Material intrusivo: en las barrancas de Mar del Plata, los huesos de animales no se encontraban en forma completa debido a la acción del mar desde el nivel de la playa hasta la cúspide, en tanto las escorias se hallaban sueltas, incrustadas en bloques dispersos de tierras cocidas, indistintamente junto a restos de huesos fósiles[7]. Por esto, entendía que los firmantes del *Acta...* de 1913 habían cometido un error que calificaba como "lamentable", ya que confundían los huesos de animales que se encuentran en los fogones con aquellos que habían sido muertos por efecto de quemazones.

II.   Continuidad de la barranca: la barranca no presentaba solución de continuidad en una línea horizontal con la playa, con lo que el mar había acumulado arena en sitios en los que, incluso, la igualaba en altura. De aquí que: "La inspección ocular demuestra que los artefactos encontrados,

---

había recurrido desde su juventud:

> Considerar la obra de Ameghino perfecta, sería una pretensión reñida con el concepto de su misma importancia. El sabio no tenía pretensión semejante, pensaba que debía ser discutida para depurarla de los errores en que hubiera incurrido, discusión y crítica tanto más necesarias cuanto que ella planteaba numerosos problemas en abierta contradicción con las teorías corrientes y las aceptadas como axiomáticas por las. más ilustres autoridades en el dominio de las ciencias naturales (Romero, 1918, p.7)

[7] Según el autor: "Todos los elementos señalados, tan interesantes a la investigación, demuestran, así dispuestos, que los huesos no proceden de animales que han estado in situ en el momento de su muerte, sino de animales o de sus esqueletos, transportados de grandes distancias, fracturados y dispersos por las aguas ; el hallazgo de piezas más o menos completas, y aun parte de un esqueleto, no significa otra cosa más, de que ese fué el término final de su arrastre en ese estado, y no el lugar en que el animal había perecido" (Romero, 1918, p.24)

han sido enterrados en tiempo posterior a la formación del piso, se encuentran en posición secundaria con relación a su formación, por tratarse de una intrusión producida entre los elementos desmoronados de dicho piso" (Romero, 1918, p.28). Así es que el proceso de derrumbe de las barrancas, según Romero (1918), alteraba la posición estratigráfica de los vestigios, conduciendo a ser hallados en posición secundaria o en términos intrusivos con respecto a la formación a las que corresponden.

III. Estratigrafía de la barranca: a partir del análisis del color del material loésico como criterio de valoración estratigráfica, Romero (1918) también concluía que el Chapalmalense de Miramar había sido depositado en el fondo del mar "de modo que todo lo que no proceda de este origen, restos de animales, objetos labrados por el ser humano, etc., que se encuentren intercalados en su masa, son elementos introducidos por la acción de las aguas en un caso y por los materiales desmoronados de la barranca que los arrastraron y cubrieron, en el otro; no hay forma de destruir estos hechos" (p.31): esto contraría la conclusión del *Acta...,* por la que los materiales hallados en el Chapalmalense habían de ser comprendidos como obra del hombre primitivo, incluido el fémur de *Toxodón* flechado de Carlos Ameghino, pues:

> El tectonismo, que juega con las costas, hundiéndolas en un punto y levantándolas en otro, en movimientos sucesivos, pero tan lentos y considerados que no dislocan los objetos y que son la causa de esos avances y retrocesos del mar, ha dejado huellas de su

paso en el interior de las tierras que hoy vemos cultivadas y ocupadas por ciudades florecientes; que han formado esa serie de pisos, alternados por capas marinas y terrestres, que han desconocido los peritos. Es, pues, el tectonismo el culpable de que el señor Carlos Ameghino lio haya encontrado el piso del Chapalmalense en su parte integral de los cinco metros de potencia, que le asigna, en el lugar de los famosos hallazgos de la industria paleolítica del hombre en el Mioceno de Miramar (Romero, 1918, p.34).

Romero (1918) señalaba, entonces, que la industria hallada pertenecía a una población de aborígenes, hipótesis que había sido "silenciada" por los firmantes del *Acta...*, de quienes afirmaba que carecían de criterio para determinar la profundidad de la formación pampeana: "Sin método de investigación no hay conocimiento posible, y se carece absolutamente de método cuando los hechos no se ven relacionados unos con otros, como aquí ocurre" (p.44). Romero (1918) no rechazaba los fogones y el carácter antrópico de las escorias halladas por Florentino Ameghino en Monte Hermoso y atribuidas a la acción intencional de un precursor de seres humanos; en cambio, suponía que la industria de Miramar pertenecía a una población aborigen moderna.

c) En *Los vestigios de industria humana encontrados en Miramar (República Argentina) y atribuidos a la época terciaria*, Boman (1921) respondía a la petición del escritor chileno Ramón Laval, quien se interrogaba, a través del tomo XXXVII de la *Revista Chilena de Historia y Geografía* por los comentarios vertidos en el artículo de Blanco (1921), en el que el autor calificaba los hallazgos de Miramar de "farsa y mistificación", y de los que Boman no hiciera mención en su artículo de 1919, *Encore l'homme tertiaire dans l' Amérique du Sud*. En vistas de ello, Boman (1921) indicaba que los descubrimientos hechos desde el año 1913, cuando "las teorías de Ameghino podían ya considerarse como definitivamente desechadas" (p.336), podían ser sospechados de no encontrase *in situ*, como lo afirmaba (Bonarelli, 1918). En referencia a las observaciones de Blanco sobre Lorenzo Parodi, el autor afirmaba que no tenía motivos para sospechar sobre el encargado de vigilar los terrenos, excepto por las dudas que hacia él depositaba también Guido Bonarelli: "En cuanto a los datos referentes a Parodi, que en la revista *Estudios* publica el R. P. José M. Blanco, profesor de historia natural del Seminario Pontificio de Buenos Aires y autor de varios trabajos antropológicos, debo declarar que son verídicos" (Boman, 1921, p.338). Boman lo describía como un simpático genovés pueblerino al que Hrdlička llamaba "the Gardner Parodi", por haber trabajado alguna vez como jardinero, y que con un elevado sueldo de 200 pesos mensuales (con el que, afirmaba, se podrían haber pagado excursiones que resolvieran definitivamente el problema) con residencia permanente en Miramar, había contribuido a los descubrimientos hechos por Florentino y Carlos Ameghino. Con excepción de Roth:

> No es de mi agrado tener que confirmar estos datos publicados por el P. Blanco y sé que algunas personas con quienes mantengo relaciones amistosas, lo considerarán como un acto hostil contra ellos, pero es mi deber como hombre de ciencia de comunicar la verdad completa. La ciencia no admite tapujos. Todos los descubrimientos hechos hasta ahora en el estrato Chapalmalense, supuesto Terciario, de Miramar, han sido realizados en la forma referida: Parodi ha descubierto el objeto aflorando en la barranca, ha avisado, y otras personas, generalmente con el señor Ameghino, han ido para extraerlo (Boman, 1921, p.340).

Después de la publicación descriptiva que hiciera en el *Journal de la Societé des Americanistes de Paris*, Boman (1921) indicaba que pocos hallazgos se habían hecho en Miramar, con excepción de dos molares inferiores humanos descubiertos por Parodi, los que mostró al Dr. F. Kühn, quien le aconsejara presentárselos a Carlos Ameghino, aunque "Los diarios publicaron artículos bombásticos sobre estos «restos humanos los más antiguos del mundo». Todos los que han examinado los molares los han encontrado exactamente iguales a los molares correspondientes del hombre actual. Este habría entonces sido contemporáneo de su «precursor», el misterioso *Tetraprothomo* dé la época miocena" (Boman, 1921, p.342).

Pese a las objeciones hechas, Boman (1921) afirmaba que, en una expedición hecha el 22 de noviembre de 1920 en compañía de Carlos Ameghino, Estanislao Zeballos, von Ihering y Lehmann-Nitsche a un sitio de la costa en el que Parodi había anoticiado sobre el hallazgo de una bola, el "jardinero" revelaría un objeto de piedra incrustado en la barranca al que Boman (1921) asigna al piso Chapalmalense. Por tanto, no existían, según Boman (1921), pruebas concluyentes sobre posibles supercherías y, en cambio "muchas circunstancias que hablan en favor de la autenticidad" (p.348), aunque el hecho de que los terrenos fueran intervenidos excluyentemente por un solo guardián, impedía que la comunidad científica aceptara "sin beneficio de inventario dichos descubrimientos como pruebas fehacientes nada menos que de la existencia del hombre en Sud América durante la época terciaria" (p.348); en especial, debido a que en América del Norte muchos descubrimientos similares habían sido rechazados por haber sido hechos por autores u obreros iletrados[8]:

---

[8] Precisamente, Boman (1921) rechazaba la experticia de Parodi como guardián de los terrenos del sur de Buenos Aires: "Terminaré citando unas palabras pronunciadas

223

La ciencia de nuestros días requiere un severo control científico de los hechos que deban servir para fundamentar sus conclusiones; no admite afirmaciones y cuentos de personas profanas a ella, ni convencen a nadie los reclames de los diarios. Si llegara a comprobarse de una manera evidente la autenticidad de los hallazgos del Chapalmalense de Miramar y la edad terciaria de este estrato, no quedaría probada solamente Ja existencia del hombre terciario en Sud América, sino también un hecho bastante extraño, la identidad de sus artefactos con los de los indios modernos, la que parece un absurdo (Boman 1921, p.349).

Boman (1921) agregaba que, de confirmarse la presencia de industria humana en pisos Chapalmalense y Ensenadense de Miramar, ello no probaba la existencia del hombre terciario, debido a que la edad de los estratos no había sido definitivamente determinada.

---

ya en 1894 por Charles H. Read, a propósito de un problema contiguo al nuestro, el del hombre paleolítico americano: «Deje que trabajen en América observadores inteligentes, acostumbrados a hacer uso de sus ojos, conscientes de lo que constituye una prueba y capaces de exponerlo; deje a hombres de esta clase que trabajen en todos los puntos posibles del Continente Americano, y seguramente el resultado de sus trabajos será de valor muy grande, sea que se descubra el hombre terciario o no. Pero es de importancia capital que estos exploradores sean hombres competentes. Investigaciones realizadas por hombres sin los conocimientos necesarios no solamente son de escaso valor en cuanto a sus resultados, sino los trabajos de ellos destruyen la misma prueba, único fundamento sobre el cual pueda ser basado el cono cimiento efectivo de la verdad»" (Boman, 1921, p.352)

4.2.2. Autenticidad y posición *in situ* de los hallazgos, en horizontes terciarios

El segundo agenciamiento lo integraban: Carlos Ameghino (1915, 1918, 1919), De Carlés (1918), Zeballos (1920), Senet (1921), Vignati, (1922, 1923), Castellanos (1923), Kraglievich (en Frenguelli y Outes 1924) y Rusconi (1941, 1959)[9], quienes afirmaban la

[9] Según Rusconi (1941), al desechar la tesis del *Homo sapiens americanys* como subespecie o especie única, es preciso clasificar a los aborígenes argentinos de antes y poco después de la Conquiste según las siguientes razas: *H. s. catamarcensis; H. s. mendocensis; H. s. entrerrianus; H. s. bonaerensis; H. s. patagonicus y H. s. maguellanicus*, reconociéndose como razas extinguidas o en estado fósil o subfósil a las razas de Ovejero, Malacara, La Tigra, Cululú, etc., y como especies humanas extinguidas las de *H. platensis, H. pampeaus, H. chapadmalensis y H. neogaeus*: "A continuación, y tras de afirmar que el hombre fósil en la Argentina se encuentra ya sin duda alguna desde el Terciario (Plioceno)" (BBAA 1942, pp.111-116), el autor presenta la siguiente correlación entre cronología de formaciones geológicas y distribución de vestigios humanos en el Plioceno:

Tabla N°4. Restos humanos asociados a horizontes geológicos pampeanos, elaborada por Rusconi (1941)

Horizonte geológico	Restos humanos
Ensenadense superior	*Homo pampeaus*: restos de Necochea, cráneo nro 2 y Melincué
Interensenadense	Restos humanos desconocidos
Ensenadense inferior	*Homo platensis* (calota del dique de carena del Distrito Federal y vestigios óseos en La Plata
Ballesterense	Restos humanos desconocidos
Puelchense	Restos humanos desconocidos
Uquiense	Restos humanos desconocidos
Chapadmalense	*Homo chapadmalensis* (dientes hallados en la provincia de Buenos Aires)
Hermosense	*Homo neogaeus* (atlas)

Fuente: elaboración propia (2023)

La reseña que Comas (1961) hace del artículo de Rusconi es significativa, ya que señala que la escuela antropológica argentina se encontraba encabezada por Imbelloni, quien esclarecía la diversidad somática del amerindio y la necesidad de sistematizar las razas de aborígenes del continente: "Mientras nuevos datos

225

numéricos y descriptivos no vengan a modificar el status actual, creemos que la posición justa en cuanto a sistemática racial del Continente y concretamente de Argentina, es la de Imbelloni, término medio y justificado entre los extremismos que representan Hrdlička con su *American Homotype* y Rusconi con sus once razas argentinas" (Comas, 1961, p.111-116). En lo que respecta a los vestigios atribuidos por Rusconi al Terciario, Comas señalaba que ha habido apasionamiento de unos y otros en pro o en contra de las doctrinas de Ameghino, así como de los descubrimientos posteriores: "Vaya pues ante todo nuestra afirmación de que sólo nos guía en este comentario el deseo de poner las cosas en su verdadero lugar, confesando la sincera creencia de que muchas de las censuras y críticas de europeos y norteamericanos a los descubrimientos de restos prehistóricos en Argentina han sido infundadas o por lo menos enormemente degeneradas" (Comas 1961, p.111-116). Comas acuerda con Castellanos (1936) en que los hallazgos óseos estaban in situ, encontrándose en la formación geológica a la que pertenecían; frente a la tradición que envejece las formaciones hasta considerarlas a todas como terciarias y a la de Scott e Ihering que las rejuvenecen toda hasta el cuaternario, Comas escoge el término medio seguido por Rusconi y Castellanos, que consideran cuaternaria la edad de la formación hasta el horizonte belgranense y como Terciario, del Plioceno, a partir del Ensenadense cuspidal.

a) Sobre el *Homo pampeaus,* (cráneo nro 2 de Necochea), sigue la opinión de Castellanos (1936): "Sobre el estrato en que fueron exhumados esos restos muy poco se ha dicho y en forma muy incompleta; solo Ameghino ha manifestado que proceden de las capas eolomarinas, que hemos considerado como Belgranense. Y añade "Por estas circunstancias dejo en pie el asunto hasta que nuevos hechos comprueben lo contrario o hasta que se conozcan nuevos especímenes y se determine con exactitud la capa del horizonte que lo contenía" (Castellanos 1936, p.149). Por lo tanto, el cráneo nro 2 del Belgranense, debe ser considerado cuaternario.

b) *Homo platensis*, es el nombre propuesto por Castellanos para designar al *Diprothomo platensis* de Ameghino. Castellanos afirma que "Con los datos que se poseen la cuestión no puede resolverse en definitiva; cualquier dictamen resultaría alejado de la verdad. Lo que por el momento debemos suprimir de la antropología es la existencia del *Diprothomo*" (Castellanos 1936, p.144). Por lo tanto, Comas (1961), lo declara dudoso, en espera de nuevos hallazgos.

c) *Homo chapadmalensis*: Rusconi da por válidos los restos descubiertos en 1920 por Carlos Ameghino, Kraglievich y Castellanos en el Chapadmalense. Pero "Los paleontólogos están contestes en aceptar que los sedimentos que encierran dicha industria (la de Miramar) son pliocénicos; algunos geólogos han aceptado también esta antigüedad y otros la han puesto en duda; por último los antropólogos, en su mayoría, se inclinan a considerarlos del cuaternario antiguo" (Castellanos, 1936, p.138). Comas (1961) entiende que su datación es dudosa, por el desacuerdo de los investigadores respecto de la edad del Chapalmalense.

d) *Homo neogaeus* (nombre dado por Lehman-Nitsche), propuesto a partir del atlas de Monte Hermoso del Hermosense "en general toda la escuela

226

autenticidad y posición primaria, como prueba de la antigüedad terciaria del ser humano en América del Sur:

a) En *Los restos de industria humana de Miramar: a propósito de los despropósitos del comandante Romero*, Vignati (1919) advertía a la *Sociedad Científica Argentina* "con el fin de que estime en todo su valor el mérito de los colaboradores que acepta y patrocina", a la vez que:

> Todos los que, conscientes del deber que impone la verdad científica y la dignidad propia publican folletos para discutir opiniones, están contestes en declarar que los ataques personales no refuerzan los argumentos y desvían la discusión. Esta opinión, sustentada por todos los verdaderos cultores de la ciencia, es mantenida como es lógico, por los miembros de la *Sociedad Científica Argentina*, y, como tenemos conocimiento de los tijeretazos que esta causa ha sufrido el panfleto que contestamos, hacemos la presente publicación para rechazar con entera libertad los ataques de carácter personal y pseudocientíficos del Comandante Romero, a fin de establecer de una vez por todas, el valor empírico de sus publicaciones pasadas y venideras (Vignati, 1918, p.3).

Vignati (1919) centralizaba el interés científico que habían despertado los hallazgos de Miramar y que, en este sentido,

---

antropológica argentina, han aceptado ya que el fémur de Montehermoso con el cual Ameghino creó su *Tetraprothomo argentinus* no es ni siquiera un homínido" (Comas 1961, p.111-115). El origen inseguro del resto hace que su adscripción al Plioceno sea dudosa, por no reconocerse si procede del Hermosense o del Belgranense.

Comas (1941) critica la actitud apasionada de Rusconi respecto de los restos atribuidos al Terciario y analizados por Castellanos (1936), con lo que: "No existen evidentemente argumentos decisivos contrarios a la posibilidad de que en el Terciario argentino se hallen restos humanos, ni que con el tiempo otros descubrimientos hechos con las debidas garantías científicas aporten nuevos elementos para la historia de la humanidad; además ya hoy tenemos hallazgos (como los molares de Miramar) que parecen ofrecer muchas garantías" (Comas, 1961, p.111-115) habían aportado a una discusión paleontropológica que exageró la crítica hecha por Romero (1918) "en el que la insuficiencia científica apenas disfraza los desahogos personales del autor" (p.7). Vignati (1919) exigía una crítica a la publicación de Romero (1918), ya que, de lo contrario, éste podría ser tomado como una referencia de la ciencia nacional. Por ello, rechazaba:

I. Material intrusivo: la interpretación por la cual el coronel creía que el hallazgo de piezas de esqueletos "más o menos completas" sería indicativo de su estado final (posición secundaria), tras el arrastre a través de distintas formaciones y no el lugar en que el animal se encontraba originalmente (posición primaria): "Tan infundada es la sentencia, que creemos inútil hacer referencias de los tratados de geología y paleontología" (p.8).

II. Continuidad y estratigrafía de la barranca: la posibilidad de describir una barranca de pocos metros, como si se tratara de una montaña, identificando distintas formaciones o pisos, en igual proporción o potencia:

> Basta lo enunciado para negar al autor la competencia necesaria para emitir parecer en estos asuntos. Pero los profanos, los innúmeros aficionados que, con más buena voluntad que sólidos fundamentos, siguen, a la distancia, la marcha de estos estudios, tal vez pudieran aceptar sin mayor examen las conclusiones de aquel artículo, tanto más cuanto que se presentan como incondicional defensa de unas mal comprendidas teorías de Florentino Ameghino, de cuya obra el autor se proclama esforzado campeón y en cuya difusión, asegura, le ha

cabido principal parte. (Vignati, 1919, p.9)[10].

---

[10] Vignati (1919) revisaba el argumento de Romero (1918) en el que suponía que los artefactos habían sido enterrados en forma posterior a la formación del piso chapadmalense, así como una permanencia en el lugar que habría exigido un tiempo equivalente al proceso de sedimentación de cinco metros, mientras que, sobre la barranca era probable la existencia de una laguna habitada en su orilla por aborígenes modernos. El autor acusaba a Romero (1918) de adulterar el *Acta*... de comisionados "acerca de la naturaleza del terreno y de la imposibilidad de que se trate de un terreno placado, todo lo contrario resulta precisamente, gracias a la adulteración del Acta que el Sr. Romero brinda a sus lectores como fiel transcripción" (Vignati, 1919, p.14). Más allá de la adulteración, que calificaba como "cuento del tío", señalaba que la "posición secundaria" de los artefactos, según el Comandante, habría de deberse al derrumbe del extremo de la barranca que modificó a las capas superiores, resultando la presencia, en capas del Chapadmalense, de un estrato de rodados en posición casi vertical, con presencia, en el Ensenadense, de rodados en un ángulo de 14°45': "Sin insistir en ello, nótese la enormidad que entraña la idea de contemporaneidad entre dos estratos, uno del piso Ensenadense y el otro del Chapadmalense, y baste afirmar que el estrato de tosquilla rodada que se sitúa al sud de la barranca no existe, para que todo el raciocinio que en él se apoya caiga, privado de base de sustentación. El examen más prolijo no ha conseguido comprobar su presencia" (p.15). En definitiva, sin la existencia del estrato vertical de rodados, el derrumbe no podía ser constatado.
Vignati (1919) recordaba que, en el *Congreso*... de Tucumán, no se había objetado que los hallazgos hubieran sido realizados *in situ*, con lo que era de suponer que los artefactos eran obra de la industria de un ser primitivo. Contra la comunicación de Bonarelli (1918) en *Physis,* advertía que "No puede adjudicársele a la comunicación un valor excepcional, sino, tan sólo, el de simple disidencia personal, la que, por otra parte, no ha sido abonada por clase alguna de prueba" (p.32). Con respecto al fémur flechado de *Toxodón*, articulado con los demás huesos de la pierna, vértebras dorsales (igualmente flechadas), estos comprobaban la posición primaria de los objetos, así como la coexistencia del hombre con este animal:

> Tan concluyente es esto que bien nos explicamos el crispamiento de nervios con que un eminente paleontólogo europeo ha recibido la noticia del descubrimiento; tan concluyente que, para formular una crítica con apariencia de seriedad, otro investigador ha tenido que recurrir a la estratagema de ocultar que los huesos aparecieron articulados, pudiendo así enunciar la pueril hipótesis de que el fémur, por movimientos de *loess*, equivalentes a los de los médanos, pudo quedar en descubierto en épocas cercanas, oportunidad que aprovechó un salvaje para incrustarle la flecha, volviendo luego el fémur por desconocidas causas, a sepultarse de nuevo en el terreno que le correspondía (Vignati, 1919, p.33).

b) En la *Journal de la Société des Américanistes,* Boman (1919)
    publicaba *Encore l'homme tertiaire dans l'Amérique du Sud,* y
    refiriéndose a los hallazgos de Miramar señalaba que: "En el
    momento en que el *Diprothomo* y el *Tetraprothomo* de
    Florentino Ameghino han sido definitivamente rechazados por
    todos los antropólogos, se acaban de descubrir vestigios de
    industria humana en una capa terciaria de la costa de la
    provincia de Buenos Aires" (Boman, 1919, p.657). El autor
    sintetizaba el estado controversial respecto de la edad atribuida
    a los horizontes geológicos, y confirmaba que:

    I.   Todos los geólogos habían reconocido al Chapalmalense
         como separado del Ensenadense.
    II. E. Hermitte, director general, y J. Keidel, jefe de Sección
         del Servicio Geológico Argentino, afirmaban que debían
         realizarse nuevos estudios, con el fin de alcanzar una

---

Finalmente, Vignati (1919) acordaba con Romero (1918) en que el material con que
estaban hechos los artefactos no era suficiente para señalar la contemporaneidad
entre los materiales y los artífices: "Eso es indudable. Pero en el caso actual, motivos
hay y sobrados para establecer la coexistencia entre los artífices y los animales con
cuyos huesos fueron elaborados algunos de los objetos. Téngase presente, que
algunos de los hallazgos demuestran que los huesos fueron trabajados o manipulados
en fresco. Tal es, por ejemplo, el fémur con el trozo de cuarcita que no pudo ser
introducida estando ya el hueso en estado fósil" (p.51). Así, concluía que las
afirmaciones de Romero eran inadmisibles, pues se formulaban a partir de
tergiversaciones y falsaciones hechas con o sin mala fe, y que por ello no formaban
una crítica, sino más bien una diatriba. Sobre los hallazgos de Miramar y a su valor
para determinar la edad del hombre "será prudente, por el momento, contentarse a
comprobar, con el Congreso de Tucumán que «los elementos actuales de juicio no
son suficientes para resolver respecto de la edad de los terrenos en que se encuentran
los objetos arqueológicos, presentados por el Sr. Carlos Ameghino, como
procedentes del piso Chapalmalense de Miramar y cuya autenticidad ha quedado
comprobada» y suspender todo juicio hasta que «se proceda a efectuar
investigaciones geológicas comparativas y fisiográficas»" (p.53). La prudencia a la
que hace referencia el autor suponía seguir una senda "equidistante de la aventurada
fantasía y del prejuicio empecinado" (p.53), tal como lo hacía Carlos Ameghino,
quien, pese a sus convicciones, aceptaba las prescripciones del Congreso de
Tucumán para realizar más comprobaciones antes de arribar a una conclusión
definitiva.

conclusión definitiva.

La bibliografía empleada por Boman para referirse a los hallazgos en Miramar incluían las publicaciones de Carlos Ameghino (1915, 1916, 1918, 1919), objetando que la llamada "industria osteolítica" no debía ser sorprendente en un país con escasez de piedra. Boman (1919) refería que los objetos hallados en la capa superior eran cuaternarios y, en cuanto a los encontrados en capas consideradas terciarias, afirmaba que "se podría pensar en un posible engaño, pero, por mi parte, no he podido encontrar ninguna pista que apoye esta hipótesis" (Boman 1919, p.663), con lo que, ahora, modificaba su opinión. En este sentido, se refería a la comunicación de Bonarelli (en *Physis*, t. IV, p. 339. Buenos Aires, 1918), que no especificaba razones para afirmar que los hallazgos no hubieran sido realizados *in situ*, así como la publicación de Romero (1918), en la que se proponía que los restos eran intrusivos:

Para mí, aunque se admita la posibilidad de la existencia del hombre terciario en la Pampa, la principal dificultad para aceptar el origen terciario de los objetos que acabo de inventariar consiste en esto: sin excepción, todos los objetos exhumados de la capa chapalmaleana de Miramar son absolutamente similares a objetos similares encontrados en todas partes en la superficie y en las capas superiores de la Pampa y de la Patagonia. ¿Podría ser posible, entonces, que el hombre viviera en la Pampa desde el Mioceno hasta la conquista española sin cambiar sus hábitos ni perfeccionar en nada su industria primitiva? (Boman, 1919, p.663)[11].

---

[11] *Respuesta de Vignati (1919) a Boman (1919):* en una publicación en *Physis*, Vignati (1919) contestaba a las observaciones de Boman (1919), pues, en primer lugar, indicaba que éste utilizaba una documentación deficiente para informar sobre el estado actual de las investigaciones llevadas a cabo en Miramar, a la vez que empleaba a autores cuyos argumentos habían sido invalidados (refiriéndose a Romero) y a otros, cuyas posiciones son eran de índole (refiriéndose a Bonarelli): "Tal vez el señor Boman haya creído consultar la imparcialidad al reunir los contradictorios argumentos que presenta, pero, al no aquilatar la solidez de cada uno de ellos, aléjase de la finalidad de su trabajo que, en lugar de establecer hechos, servirá más bien para sugerir dudas y confusiones en los lectores desprevenidos que ignoren el valor de las opiniones aducidas" (Vignati, 1919, p.98). Por otro lado,

Si bien Boman (1919) admitía, ahora, la autenticidad de los restos y la edad terciaria del horizonte que los contenía, creía que podía tratarse de material intrusivo, como lo sostendría en las reuniones de 1924.

4.2.3. Autenticidad y posición primaria, en *facies* cuaternarias del Pampeano

En respuesta a la solicitud realizada por Hermitte, Keidel y Kantor, en el *Congreso*... de 1916, para llevar a cabo investigaciones sistemáticas en la región de los yacimientos y elucidar la edad de la formación pampeana, la Facultad de Ciencias de la Educación de la Universidad

---

afirmaba que pese a que Boman no era geólogo, no vacilaba en afirmar la edad cuaternaria del terreno pampeano, a la vez que cometía el error de señalar que las tierras cocidas tenían origen volcánico, sin percatarse de que en EMSA Wright y Fenner ya habían demostrado, a solicitud de Hrdlička, "que no se trata de lavas andesíticas ni cenizas volcánicas, como las clasificó el doctor Bücking, por un inexplicable error, la polémica ha quedado cerrada, descartándose en absoluto el origen volcánico de tales productos; las opiniones adversas al parecer de Ameghino tienen hoy un valor puramente histórico y, en una obra científica, no es ya lícito mantener dudas al respecto" (Vignati, 1919, p.99).

Al observar las dificultades de Boman para admitir la existencia del hombre terciario por efecto de la invariabilidad de la industria hasta épocas de la conquista, Vignati (1919) califica el argumento como "extraño", en palabras de alguien que había investigado tanto sobre las culturas del noroeste argentino. En este sentido, el autor hipotetizaba que:

> Una parte de la descendencia del hombre de Chapadmalal, tras innumerables migraciones, haya vuelto a estas regiones en tiempos prehistóricos, representada por las razas más atrasadas de nuestro continente, con la misma cultura e industria de su remoto antecesor; mientras que, otra parte, más progresista y civilizada poblaba ya el Asia, la Europa, el África y, aún mismo, algunos países de América. Eso, admitiendo como exacta la afirmación del señor Boman — contraria a la verdad de los hallazgos — de que los objetos encontrados son completamente iguales a los que usaron los in- dios modernos (Vignati, 1919, p.100).

Finalmente, Vignati (1919) observaba una diferencia sustantiva entre el material, la técnica y los objetos de indígenas actuales y los hallados en el Chapalmalense.

del Litoral organizó una misión científica, en marzo-abril de 1924, en el Litoral Atlántico Sur de la Provincia de Buenos Aires: "En 1924, Aparicio, Frenguelli e Imbelloni realizaron una extensa investigación en la costa atlántica bonaerense. El fin de este viaje era correlacionar los estudios de los dos puntos polémicos de la costa bonaerense, Miramar y Monte Hermoso, para esclarecer la naturaleza de los hallazgos de la zona" (Bonomo, 2002, p.75). En este sentido, la tercera posición, sostenida por Imbelloni (1924, 1934 Frenguelli (1920, 1934, 1936), Frenguelli y Outes (1924) y Vignati (1918), confirmaba la autenticidad y posición primaria de los materiales, pero le atribuían una edad correspondiente al Cuaternario temprano.

a) Junto con su revisión estratigráfica y rejuvenecimiento de la formación pampeana (véase cap. III), Frenguelli (1920) se refería a la prospección hecha por Carlos Ameghino, von Ihering, Zeballos, Lehmann-Nitsche, Boman y Senet; contra Bonarelli (1918) y Romero (1919), advertía que:

Esta segunda comisión, si bien formada por personalidades, todas bien conocidas en el mundo científico, pero no todas concordes sobre el valor de estos hallazgos y la edad de los terrenos en discusión, confirmó unánimemente cuanto ya había dejado establecido la primera (1914) formada por S. Roth. W. Schiller, L. Witte, M. Kantor, L. M. Torres y C. Ameghino, esto es, que las piezas paleoantropológicas en cuestión se hallan en su yacimiento primitivo, al lado de los restos de una fauna contemporánea ya completamente extinguida.

Creemos, por lo tanto, que desde este punto de vista ya no es lícito dudar, tanto más que nuestra convicción está avalorada por un examen personal de las condiciones locales, llevado rigurosa y minuciosamente. Llegados en la localidad con aquel escepticismo y con aquellas prevenciones que surgen inevitablemente de un análisis imparcial de las teorías cronológicas y antropogénicas de F. Ameghino, ante la realidad de los hechos, tuvimos que convencernos que las suposiciones e insinuaciones, según las cuales los hallazgos de Miramar fuesen el fruto de supercherías o de mistificaciones, no estaban fundados sobre dato positivo alguno. Por lo tanto, es nuestra sincera convicción de que todos aquellos autores que insisten sobre semejantes sospechas no han estado en Miramar o no se hallaban en condiciones de interpretar la estructura geológica de aquellos terrenos, ni de apreciar justamente el valor de los hechos observados. No podemos excluir tampoco que algunos de ellos hayan sido impulsados por fines personales o congregacionales. (Frenguelli, 1920, p.326).

Frenguelli (1920) se lamentaba, además, de que Boule insinuara todavía la posibilidad de que los materiales no se encontrasen en posición primaria, aunque asociaba el hecho a que se siguiera sosteniendo, en el estado actual del conocimiento, la edad miocena del Hermosense y Chapalmalense y la existencia de hombres terciarios en Argentina, lo que contribuía a sembrar desconfianza. El autor consideraba lógico admitir la existencia de precursores humanos terciarios como representantes de un *filum* autóctono, a partir del cual el ser humano se propagó por toda la superficie del planeta durante el Cuaternario: "Pero hasta ahora nada podemos afirmar categóricamente en este sentido" (Frenguelli, 1920, p.327).

b) En *La industria de la piedra en Monte Hermoso*, Imbelloni (1931) publicaba los resultados de la misión científica de la Facultad de Ciencias de la Educación de la Universidad del Litoral, en el litoral atlántico bonaerense de marzo-abril de 1924. En este sentido, dejaba constancia de no haber encontrado materiales osteológicos: ni esqueletos humanos, ni cráneos, ni huesos relacionados con las capas antiguas de los terrenos, por lo que "eliminado, por tal modo, todo problema de antropología física, la atención debía necesariamente dirigirse en la única dirección posible, la de las pruebas industriales de la presencia del hombre" (p.147).

Al narrar los pormenores de la expedición, Imbelloni (1931) explicitaba que, en el atardecer del 10 de abril, reconocieron rápidamente la variabilidad de las barrancas por acción marina.

Durante el día siguiente, sin interesarse por la presencia de rodados astillados o tallados, "Inmediatamente nos llamó la atención el hecho que, a pesar de la rápida destrucción de que ya hablamos, los caracteres del yacimiento lítico coincidían perfectamente con la descripción de Hrdlička, Willis y Kantor" (p.159). Los guijarros solían caer sobre la superficie nivelada del Hermosense: "Así los vió Hrdlička, y más tarde nosotros. Wichmann, por misma causa no logró hacerse más idea exacta de su procedencia. Kantor, en cambio, coloca exactamente la capa de guijarros en la base de la arena de los médanos" (Imbelloni, 1931, p.163). Por esto, Imbelloni (1931) indicaba que:

I. Los guijarros tallados no procedían del puelchense terciario de Ameghino, sino de una capa relativamente antigua: "Saliendo de las comprobaciones de carácter negativo, todos están de acuerdo sobre la naturaleza de la colina arenosa superficial (…) que es un médano actual, aunque no movedizo, sino fijado por la vegetación" (p.162).

II. El autor definía la necesidad de abandonar las "antigüedades hiperbólicas" para fechar los terrenos: "Sin embargo nos parece exagerada la preocupación de Hrdlička y Willis de postular fechas no solamente recientes, sino modernísimas, como por ejemplo, la de un siglo atrás. La mención de las luchas del indio contra las poblaciones cristianas de la provincia de Buenos Aires, que son hechos 'de ayer', no nos parece suficientemente autorizada" (p.163). Imbelloni observaba que esta tendencia mostrada por Hrdlička habría de obedecer al *ictus* que se descubría en toda página de este autor y que lo hacía aparecer como una especie de perseguidor implacable de las ideas de Ameghino" (p.165).

III.   Además, advertía que Ameghino no se equivocaba nunca en la observación de un carácter, por lo que los guijarros debían considerarse como resultado del trabajo intencional humano, aunque era preciso corregir la interpretación que éste hacía de ellos, pues "Más fácil nos resultaría demostrar que un criterio poco riguroso y no exento de prejuicios ha guiado a aquellos autores que, con tal de rechazar la definición de Ameghino, en su conjunto insostenible, recurren, sin diferencia alguna, tanto a las causas y mecanismos naturales como a la industria de indios contemporáneos, ambas en la misma página" (p.167).

Las intervenciones de Frenguelli (1920) e Imbelloni (1931) contribuían a validar la autenticidad y posición primaria de los vestigios arqueológicos, *a condición de rejuvenecer la edad de los estratos en los que eran hallados*:

Quedaría así descartado uno de los escollos más serios que tenían los partidarios de la temprana industria humana de Miramar, cual era aceptar la antigüedad que le otorgaba Florentino Ameghino a esas formaciones geológicas. En cambio era absolutamente factible admitir que nuestro suelo estaba habitado por seres humanos contemporáneos a los hombres del período chelense de la Europa occidental. No conforme con esto Vignati apunta que si se acepta una nueva clasificación basada en los depósitos marinos el Prebelgranense, que vendría a corresponder al *Milazzien* sería muy antiguo en relación a todos los restos humanos de Europa, que hacen recién su aparición en el *Monastirien*. Vignati vuelve sobre el tema para él más candente y lastimoso que es el del silencio con que se reciben estos hallazgos de Miramar, advirtiendo que "son hechos que no se destruyen como pretenden especialistas extranjeros —Boule entre ellos— quienes para mantener el clásico, pero indudablemente restringido criterio europeo invocan nombres sin autoridad moral ni científica que sirven solamente para desmerecer al autor que los menciona". Esta frase anticipa ya el clima polémico que connotaría a la reunión de 1924 (Daino, 1979, p.62).

En abril de 1924, Vignati publicaba *Las antiguas industrias de piso ensenadense de Punta Hermengo,* en el que aclaraba que los datos recolectados los debía a Frenguelli, quien le solicitara que corrigiera conceptos publicados anteriormente, a su nombre: ubicaba el Ensenadense en el Pleistoceno medio, de modo que la industria de punta Hermengo debía ser entonces comparada con el período glacial de *Mindel* de Europa; de igual manera, Frenguelli ensayaba una sincronización entre los fenómenos climatológicos y las cronologías geológicas, lo que permitía comparar el Prebelgranense o Ensenadense cuspidal con el período pluvial de *Penck.*

4.3. Conclusiones parciales de Capítulo

Las reuniones de 1924 evidenciaban el estado controversial de los argumentos sobre las implicaciones de prueba arqueológicas del litoral marítimo bonaerense con las que se buscaba aceptar o rechazar el origen sudamericano del ser humano. El compromiso dialógico mostrado por los museos de Buenos Aires y de La Plata en 1913, devenía en un compromiso agonista por parte de quienes ofrecían argumentos en favor o en contra de los hallazgos[12]. En el CIA de 1932,

---

[12] Según Daino (1979), al finalizar la reunión se aclaraba sobre Outes que al recibir éste la publicación de Romero (1918), en la que criticaba los hallazgos de Miramar:

le contestó de la siguiente manera: "Siempre he creído que los hallazgos realizados en el litoral atlántico bonaerense, que usted comenta, han sido mal interpretados en cuanto se refiere a su posición y 'antigüedad'; y aunque no estuvo presente en el lugar se inclina en ese momento a considerar como 'intrusivos' a todos los materiales obtenidos en ese yacimiento". Estas palabras pertenecen a Félix Outes, extractadas de una carta que el mencionado le hace llegar a Romero, el 26 de Septiembre de 1918. A continuación, Outes expresa

Frenguelli (1934) sintetizaba las principales posiciones respecto de los hallazgos de Miramar, entre investigadores que:

I.   Eran afines a conceptos ameghinianos, atribuían el Chapalmalense al Mioceno o al Plioceno, es decir, edad terciaria a los restos humanos allí encontrados.

II.   Atribuían edad terciaria a los depósitos, pero negaban la autenticidad de los vestigios, a los que comprendían como industrias superficiales de indígenas recientes introducidas en estratos inferiores con "artificios dolosos".

III.   Aceptaban la legitimidad del yacimiento y la autenticidad de los restos, pero negaban la edad terciaria del depósito.

Frenguelli (1934) se ubicaba a sí mismo entre los del último grupo, ya no por espíritu conciliatorio, sino por persuasión. Afirmaba que, sosteniéndose en los resultados de sus investigaciones personales, rechazaba toda sospecha: "El hallazgo de una punta dentro de una de las tantas concreciones nodulares de caliza silicífera, tan abundantes en el Chapalmalense y tan características; el hallazgo de instrumentos óseos muy frágiles entre capas conglomerádicas bien cementadas del Ensenadense de Punta Hermengo; el examen prolijo de la roca alrededor de «puntas» y «bolas»; instrumentos líticos sepultados profundamente en el espesor del depósito me dieron garantías suficientes acerca de la autenticidad de estos objetos y de la legalidad de su yacimiento" (Frenguelli, 1934, p.17).

Contra Romero (1918) y la consecuente divulgación de Boman

---

que en el espacio de tiempo transcurrido, siguió siempre interesándose por este problema y por la validez de los descubrimientos, "Recién — confiesa— pude formarme una idea cuando visité los lugares del hallazgo". Esto lo lleva a expresar un deseo, cual era el de presentar el trabajo respecto a la "Posición estratigráfica y antigüedad relativa de los restos de industria humana hallados en Miramar", junto a la firma de Frenguelli, porque afirma Outes 'simplemente su conciencia así se lo imponía y su lealtad y honestidad científica así lo exigían'" (Daino, 1979, p.68).

(1919, 1921) y Boule (1921), afirmaba que las capas de limos y rodados que rellenaban el cauce ensenadense ofrecía garantías de la integridad del depósito subyacente; y sobre la semejanza de la industria chapalmalense con los vestigios de indígenas modernos:

> ya fué refutada por mi eximio colaborador en la nota de 1924, y por mi conferencia sobre el paleolítico en la Argentina (1927). Repetiré sólo que la larga persistencia de tipos líticos en las pampas, por más que aparezca extraordinaria, no puede representar un hecho más extraño que la misma persistencia de tipos y técnica en la misma región, desde la llegada de Neolíticos asiáticos y oceánicos hasta hoy" (Frenguelli 1934, p.19).

Apoyándose en Uhle, quien hubiera realizado observaciones acerca del "estancamiento" de las industrias en América", afirmaba que:

> Nuevos criterios, que por una parte abandonan hallazgos realizados por personas sin suficiente responsabilidad científica; los materiales no rodeados de garantías serias, o malogrados por el excesivo entusiasmo de sus descubridores, impulsados por la exagerada trascendencia de sus hallazgos, o llevados por el afán de negar o descubrir el «Hombre Terciario» por simple actitud filosófica, en pro o en contra del milenario prejuicio del origen del Hombre y de la cronología bíblica; pero que al mismo tiempo abandonan el concepto de una «glaciación preglaciar», preantrópica, y admiten la existencia de una Humanidad contemporánea con esta primera glaciación, toman en consideración que *Pithecanthropus erectus, Sinanthropus pechinensis y Eoanthropus Dawsoni*, desde el Post-Plioceno s. s. hasta el Pleistoceno medio, pudieron formar una serie de homínidos entre Monos y Hombre, y hasta vuelven a valorar la hipótesis de que, junto con éstos, antes que el *Homo faber*, el *Homo sapiens* pudo existir desde la aurora del Cuaternario. No quiero, con esto, abrigar la ilusión de haber resuelto completamente el difícil problema de la antigüedad del Hombre en la Argentina y todas las numerosas y complicadas cuestiones con éste conexas. (Frenguelli, 1934, p.20).

Por ello, Frenguelli (1934) admitía que los vestigios

arqueológicos hallados en el litoral marítimo bonaerense se correspondían con seres humanos que lo habían habitado desde un Cuaternario antiguo (L-II.6), con lo que "en la Argentina el problema de un viejo paleolítico existe realmente y debe tomarse en seria consideración al emprenderse el estudio de la población de América y, acaso, también al querer desliar la enredada madeja del génesis humano" (p.23). El rejuvenecimiento de la edad de los terrenos pampeanos y vestigios arque-antropológicos rechazaban la HAA, aunque recuperaba la original propuesta de Ameghino-Ramorino sobre la antigüedad cuaternaria del hombre en el Plata.

c) En 1922, Vignati ofrecía testimonio sobre (M-I.5) la autenticidad y posición primaria de los vestigios de Miramar (Vignati, 1922, p.223) y afirmaba que, con respecto a los argumentos en contra del origen sudamericano del ser humano:

> La presencia del hombre en terrenos tan remotos de la América del Sur, como son los del chapadmalense, es ya indudable, y, por la edad que se atribuye a ese piso, estas muelas, conjuntamente con el atlas de Monte Hermoso, son los restos del hombre más antiguo que hasta hoy se haya descubierto. La comprobación de estos hechos repugna indudablemente a la concepción que en la actualidad se tiene del origen del hombre. La aparición del hombre en Sud América se considera, en efecto, relativamente moderna, puesto que este continente se excluye por completo como cuna de la humanidad a causa de la ausencia de grandes monos fósiles, entre los que se estima surgieran los antecesores inmediatos del hombre. A los platirrinos, de aquí originarios, se atribuye, en cambio, un parentesco muy remoto con la humanidad, porque sus más toscos caracteres morfológicos no se asemejan a los de los hombres vivientes (Vignati, 1922, p.223).

El autor señalaba que el origen de las muelas halladas constituía un testimonio indiscutible de la presencia del hombre terciario argentino, de la misma manera que estimaba que las teorías que comparaban al hombre con los monos actuales presentaban un error metodológico, ya que deducía las formas inferiores a partir de las superiores:

> Se tendría que proceder por síntesis, yendo de las formas inferiores a las superiores; pero ignorando las circunstancias de causa, medio, tiempo y lugar que presidieron a la aparición del hombre, toda teoría estará sujeta a graves errores, porque no puede encarar con exactitud esas incógnitas. (...) No es, pues, una teoría lógicamente inexacta la que puede negar la posibilidad de un hecho, ni basta el enunciado de un principio, por fecundo que aparezca, para anular una realidad de la naturaleza. Déjese a los hechos elaborar su propia teoría, ya que la clásica de hoy — en las continuas modificaciones que ha sufrido para englobar los nuevos hallazgos realizados — ha puesto en evidencia lo endeble de sus fundamentos (Viganti, 1922, p.223).

Sin embargo, en el CIA de 1932, viraba su posición, agenciándose con Frenguelli (1920, 1934), al afirmar el consenso de la comunidad nacional e internacional respecto de (L-II.6), esto es, la antigüedad cuaternaria del ser humano en las pampas.

El consenso entre Frenguelli/Vignati (1934) sobre un Paleoamericano temprano (M-I.8) difería, sin embargo, con el modelo de poblamiento tardío defendido por Hrdlička, Imbelloni, Uhle y Rivet. Por tanto, la revisión y conversión de Frenguelli y Vignati sería correlativa a la estructuración de un nuevo estado de consenso-disenso en el que la pregunta sobre el origen sudamericano del ser humano era reemplazada por la pregunta acerca del poblamiento humano en las Américas (véase ap. III del cap. VI, sobre la clausura de la controversia).

CAPÍTULO V – DELIBERACIÓN SOBRE IMPLICACIONES DE PRUEBA ANTROPOLÓGICAS

En este Capítulo, se explicita el estado de consenso-disenso equiprimordial (Bernstein, 2013, p.129) respecto de la valoración hecha en torno a las "Evidencias (B)" (1889-1910) (véase ap. II del cap. II). En este sentido, es considerada referencial la revisión craneométrica hecha por Hrdlička (1910) en el CIA, donde presentó una memoria titulada *Deformaciones artificiales del cráneo humano, con especial referencia a América*, con la que incorporaba a la D-VAN que las deformaciones craneales debían ser causadas en forma accidental o intencional, en tanto las primeras podían ser producidas, también, *post mortem*: "Las deformaciones póstumas, accidentales, son ya localizadas ya difusas; esta última es generalmente lateral o bilateral" (Anales de la Universidad de Chile, 1910, p.658)[13]. Por ello, Hrdlička (1910) objetaba el uso de cráneos deformados como prueba para la teorización antropológica/antropogénica: las observaciones de los miembros de la *Smithsonian*, en 1910, eran laterales a la HAA, pero no constituían una refutación *per se*, pues estaban comprendidas en el marco mismo de la *praxis* deliberativa sobre los *criterios* craneométricos para evaluar la antigüedad del ser humano en América. Además, al conjunto de apoyos o rechazos a los argumentos y pruebas ofrecidas por Ameghino se yuxtaponía la D-EFG y D-VAR.

La argumentación *múltiple* (N), da cuenta, por tanto, de la *inconmensurabilidad* de criterios para evaluar los vestigios antropológicos (véase ap. I del cap. VI), incluso, si se presupone que, a partir de sus respectivas perspectivas monogenistas y poligenistas, Ameghino y Sergi (1911) concluían en un posible origen sudamericano del ser humano. (N) se subdivide en tres partes, con una

---

[13] Las deformaciones accidentales en vida eran definidas como aquellas originadas por achatamientos occipitales u occipitoparietales, a consecuencia del contacto prolongado de la cabeza del niño con una almohada resistente en la cuna, mientras que la intencional, como aquella a partir de la cual se aplicaba presión directa por medio de tablas al recién nacido; éstas últimas eran las usualmente practicadas en América, de modo que "Todas las deformaciones llevan a tales cambios en la característica craneal, que la utilización de esos especímenes para investigaciones antropológicas llega a ser muy difícil y muchas veces imposible" (Anales de la Universidad de Chile, 1910, p.732)

lógica similar a la empleada en (K), (L) y (M), de tal que (N-I) y (N-II) comparten las premisas 1., 2., y 3.:

Argumentación (N-I)

1. O bien los criterios de valoración craneométrica y la lectura en anatomía/paleontología comparada de Ameghino/Sergi son correctos, o bien los criterios de valoración craneométrica y la lectura en anatomía/paleontología comparada de Hrdlička/Mochi son correctos. (Premisa)
2. Si los criterios de valoración craneométrica y la lectura en anatomía/paleontología comparada de Ameghino son correctos, entonces el ser humano se originó en América del Sur. (Premisa)
3. Si los criterios de valoración craneométrica y la lectura en anatomía/paleontología comparada de Sergi son correctos, entonces el ser humano se originó en América del Sur en forma independiente. (Premisa)
4. Los criterios de valoración craneométrica y la lectura en anatomía/paleontología comparada de Ameghino/Sergi son correctos. (Premisa)
   Por lo tanto,
5. No es el caso que los criterios de valoración craneométrica y la lectura en anatomía/paleontología comparada de Hrdlička/Mochi sean correctos. (Conclusión de (1) y (4) por *ponendo-tollens*)
6. El ser humano se originó en América del Sur. (Conclusión de (2) y (4) por *modus ponens*)
7. El ser humano se originó en América del Sur en forma independiente. (Conclusión de (3) y (4) por *modus ponens*)

Argumentación (N-II)

1. O bien los criterios de valoración craneométrica y la lectura en anatomía/paleontología comparada de Ameghino/Sergi son correctos, o bien los criterios de valoración craneométrica y la lectura en anatomía/paleontología comparada de Hrdlička/Mochi son correctos. (Premisa)
2. Si los criterios de valoración craneométrica y la lectura en anatomía/paleontología comparada de Hrdlička son correctos, entonces el ser humano no se originó en América del Sur y los vestigios pertenecen a indios modernos. (Premisa)

3. Si los criterios de valoración craneométrica y la lectura en anatomía/paleontología comparada de Mochi son correctos, entonces el ser humano apareció en América del Sur en el paleolítico. (Premisa)

4. Los criterios de valoración craneométrica y la lectura en anatomía/paleontología comparada de Hrdlička/Mochi son correctos. (Premisa)
   Por lo tanto,

5. No es el caso que los criterios de valoración craneométrica y la lectura en anatomía/paleontología comparada de Ameghino/Sergi sean correctos. (Conclusión de (1) y (4) por *ponendo-tollens*)

6. El ser humano no se originó en América del Sur y los vestigios pertenecen a indios modernos. (Conclusión de (2) y (4) por *modus ponens*)

7. El ser humano apareció en América del Sur en el Paleolítico. (Conclusión de (3) y (4) por *modus ponens*)

En este Capítulo, se presentan las *buenas razones* para creer o rechazar la HAA, de acuerdo con la *inconmensurabilidad* de los criterios de clasificación de humanos fósiles:

5.1. Los criterios de orientación craneométrica ameghinianos frente a los de Mochi

En *Sur l'orientation de la calotte du diprothomo*, Ameghino (1934t) se asombraba por las características del *Diprothomo*[14], pues lo inducían a concluir que "no sólo se separaba del hombre "sino también de los Antropomorfos, de todos los monos del Antiguo continente y de la mayor parte de los del Nuevo mundo" (p.423). De aquí que la comprobación de la apariencia o realidad de los caracteres dependiera de la *orientación* que se le diera a la calota. Así, Ameghino se refería a la *Nota preventiva sul Diprothomo platensis Ameghino* de Mochi (1910-11), que "después de haber levantado suficientemente la calota según un procedimiento explicado por él, halla que toma un aspecto netamente humano [...] A pesar de ello, reconoce que aún quedan varios caracteres, tales como la bóveda extremadamente baja, la forma

---

[14] En especial, el prolongamiento de la glabela hacia adelante en forma de cono sin prolongamiento hacia la base y la inversión de la extremidad hacia atrás.

de los arcos orbitarios y de la glabela, tal vez la dirección de la sutura coronal, las apófisis nasales del frontal poco descendentes, etcétera, que hacen de esta pieza un tipo humano muy particular" (p.423) (N-I.5). Por estos y otros caracteres, el ejemplar se alejaría considerablemente del ser humano:

> No sé por qué los antropólogos se sienten inclinados a creer que me he equivocado en la orientación de esta calota, porque, aun cuando no soy antropólogo, deberían suponer que por mis trabajos debo estar familiarizado con el estudio de los cráneos de los Mamíferos y debían pensar que me he decidido por una determinada orientación antes de haberla estudiado en todos sus detalles. Realicé también, y digo que, en presencia de ellos, todos los esfuerzos posibles a fin de ver si lograba encuadrar esta pieza en la forma humana normal, pero a pesar de mis esfuerzos no pude conseguirlo. Lo más curioso que hay en todo ello es que son precisamente los caracteres que Mochi hace desaparecer por una nueva orientación del cráneo, que, en mi concepto, caracterizan netamente al *Diprothomo* puesto que me hacen decir: "No puede caber absolutamente duda alguna acerca de que el *Diprothomo* es un género distinto del género *Homo*, en su sentido zoológico más amplio [...] Y aún pienso de la misma manera. Estoy convencido, diré más: tengo la casi certidumbre de que la orientación que he dado a la pieza en cuestión es, si no absolutamente la misma, por lo menos muy cercana de la que debía tener en vida (Ameghino, [1910]1934t, p.425).

Ameghino (1911) definía que la orientación adoptada por Mochi (N-I.5) no era la correcta, de modo que, para evitar los errores en los que éste había incurrido, proponía un experimento simple y "matemáticamente exacto" (N-I.2), esto es: por medio de un alambre, orientar en forma idéntica el cráneo del *Diprothomo* y el de un ser humano, con lo que, en el último caso, *"no se encontrará uno solo, estoy cierto, que pueda colocarse en una posición que reproduzca los caracteres propios del Diprothomo"* (p.434)[15]. En 1910, Mochi

---

[15] En *L'orientation du Diprothomo d'apres l'orientation fronto glabellaire*,

245

publicó *Appunti sulla paleoantropologia argentina*, en cuya respuesta Ameghino coincidía en atribuirle al *Homo pampeaus* caracteres que lo determinaban como de un aspecto muy arcaico; aunque, de todos modos, el antropólogo italiano lo situaba en el Cuaternario medio del Pampeano (N-II.7), lo que impedía colocarlo como antepasado de los hombres fósiles europeos de la misma época.

Las respectivas *orientaciones* ofrecidas por Ameghino (1911) y Mochi (1911), fueron revisadas por Sergi (1911), lo que revela el uso significativo de la red de circulación de materiales entre Buenos Aires e Italia:

5.1.1. Objeción de Sergi (1911) a Mochi

Remitiéndose a la disputa entre Ameghino y Mochi, sobre la deformación del cráneo de La Tigra, Sergi (1911) insistía en que no había rastro de deformación intencional en los restos. Por su parte, al deliberar sobre la *orientación* del cráneo de Necochea "Mochi observa acertadamente que la norma vertical de la calavera dada por Ameghino no es buena, y la corrige dando otra que, sin embargo, no puede cambiar el concepto" (Sergi, 1911, p.360). Con respecto al esqueleto humano del Arroyo Siasgo, Sergi (1911) entendía que la orientación dada por Ameghino era:

En mi opinión, demasiado inclinada hacia delante, colocándola por

---

Ameghino ([1910]1934n) insistía con que "los antropólogos continúan empleando el método de la comparación directa con el Hombre, procurando darle una posición semejante a la de este último. La conformación particular de esta calota sólo aparece a sus ojos bajo la forma humana, y naturalmente, procediendo de esta manera, obtienen resultados bastante diferentes de aquellos a que he llegado" (p.525). En este trabajo, renovaba la técnica propuesta anteriormente, a partir de la construcción de un "*craneorientador*": "Es una base o soporte de madera sobre el cual se fija una columna cuadrangular de acero que carga una barra horizontal en ángulo recto capaz de subir y bajar a voluntad. En la extremidad de esa rama horizontal hay una lámina perpendicular que forma con ella un ángulo recto, que también sube o baja a voluntad y cuya extremidad inferior termina en punta" (p.531), el cual "no obedece a las ideas preconcebidas de los operadores" (p.537).

encima de los márgenes del foramen occipital, que establece en una posición que parece horizontal; Mochi, por otro lado, le da al cráneo una posición opuesta al elevar el frente, de modo que el foramen magnum tiene una fuerte inclinación de adelante hacia atrás. Según estas dos posiciones, la bóveda craneal asume dos fisonomías diferentes. Me parece, pues, que la posición del cráneo puede, en cierto modo, aproximarse a la verdad, tomando como base de la orientación la curva frontal y de ésta la parte que forma la frente, colocándola en posición perpendicular. Luego tendremos el hecho de que el agujero occipital está inclinado, pero normalmente, y la bóveda craneal toma la forma del cráneo de *H. pampaeus* de Necochea. Esta forma la doy en la figura. No admito que el cráneo esté deformado, como insiste Mochi; No veo ningún signo de presión, al contrario veo la curva superior y la parte trasera convexa y sin montura ni irregularidad; y en cambio asimilo el cráneo al de Necochea y La Tigra (Sergi, 1911, p.361).

Sergi (1911) asimilaba los restos del Siasgo y de Necochea, con el fin de identificarlos con el *H. pampeaus*, con lo que rechazaba la propuesta de Ameghino de comprenderlo como una nueva especie llamada *H. caputinclinatus*. Otro tanto sucedía con *H. sinemento*, del que Ameghino remitiera a Sergi fotografías y por las que éste advirtiera que la mandíbula "Es diferente de los fósiles europeos y de otros del hombre reciente" (Sergi, 1911, p.366), en tanto que, por la forma craneana, debiera ser asimilado a Fontezuelas, y, por tanto, al *Dolichomorphus archaicus*, como *Hesp. Columbi antiquus*.

Además, Sergi (1911) objetaría las conclusiones de otros investigadores, debido a que el mero rechazo a una antigüedad terciaria para los restos no invalidaba la posibilidad de haber encontrado los vestigios de humanos más antiguos conocidos, hasta el momento.

5.1.2. Objeción de Sergi (1911) a Schwalbe, Friedemann y Luschan

En las conclusiones a *L'uomo*, Sergi (1911) revisaba las críticas llevadas a cabo por Lehman-Nitsche, Branca, Mochi, Schwalbe, Friedemann, Von Luschman y Hrdlička: "Ya en varias ocasiones en esta obra y cuando estaba en prensa, he mencionado estas críticas, pero me he mantenido lleno de fe respecto a las comunicaciones de Ameghino, porque la singularidad de toda la fauna de esa región hacía que se la considerara como excepcional. (…) Con estas creencias construí parte de mi edificio sistemático del hombre americano" (p.418). El antropólogo italiano deducía que, si esta fuera la situación, debiera extenderse el escepticismo también a los descubrimientos europeos, como lo hiciera Branca al negar el cráneo de Neander.

Con respecto a la crítica de Schwalbe y de Friedman al *Diprothomo platensis*, quienes rechazaron que se tratara de un precursor del ser humano; o a la reconstrucción de V. Luschman, que lo asimilaba al cráneo de Singapur, Sergi (1911) explicitaba que:

> Aun suponiendo que las eras geológicas de los sedimentos argentinos y de Monte Hermoso, de Santa Cruz, sean inferiores a lo que admiten Ameghino, Buckhardt, Roth, Doering e Ihering, incluso una antigüedad pleistocena es concedida por los más escépticos y los más dudosos. En este caso, tendríamos un tipo o más tipos de hombre con caracteres recientes en el Cuaternario americano, y como no se encuentran en Europa (…) El hombre en América del Sur habría tenido una evolución más temprana, siempre, que la de Europa y otros sitios. Esto, en mi opinión, sería una gran vergüenza para Schwalbe, Friedemann, v. Luschan y otros; porque no basta con negar o afirmar absolutamente un fenómeno aislado, sino que también es necesario saber cuáles serían los resultados de una crítica unilateral. (Sergi, 1911, p.419).

La deliberación entre Ameghino, Mochi y Sergi era practicada en el contexto de la muerte de Ameghino (1911) y la publicación de EMSA, en la que Hrdlička aplicaría sus propios criterios de valoración craneométrica para desestimar las evidencias (B) y atribuirlas a indígenas modernos, solución paradigmática prejuiciada del checo en sus evaluaciones.

5.2. Los criterios de valoración craneométrica de Hrdlička

En EMSA, Hrdlička describía "Consideraciones generales" señalativas de las normas regulativas de las prácticas científicas con las cuales la comunidad de antropólogos norteamericanos debía validar los argumentos y los vestigios: "Estas condiciones, o criterios, son de primordial importancia, aunque a menudo son tan simples que resultan evidentes. Pero, a pesar de ello, no pocas veces se pierden de vista por los mismos estudiantes que más necesitan tenerlos claros" (Hrdicka, 1912, p.1). Entre las vinculadas con la valoración anatómica de restos humanos se distinguían:

a) La *valoración morfológica*, que requería identificar las características normales de un espécimen en su proceso evolutivo y advertir posibles alteraciones intencionales de los huesos, ya sea en vida o *post-mortem*:

> En general, para establecer sin lugar a dudas la antigüedad geológica de los restos humanos, debe demostrarse de forma concluyente que el espécimen o los especímenes fueron encontrados en depósitos geológicamente antiguos, cuya edad está confirmada por la presencia de restos paleontológicos; y los huesos deben presentar evidencia de alteraciones tanto orgánicas como inorgánicas, y mostrar también características morfológicas referibles a un tipo anterior. Además, es necesario demostrar en todos los casos, mediante pruebas no excepcionales, que los restos humanos no fueron introducidos, ni deliberada ni accidentalmente, en épocas posteriores en la formación en la que fueron descubiertos (Hrdlička, 1912, p.1).

b) Hrdlička (1912) incorporaba, además, el *marco teórico evolucionista*, al sugerir que el ser humano era producto de una diferenciación progresiva sucedida a partir de algún tronco antropogénico desarrollado en el Terciario, de entre los primates, con lo que había perdido en forma progresiva caracteres que se volvieron inútiles en su avance (en alusión al principio de uso-desuso), en un progreso inconcluso por el que:

I. Los restos esqueléticos de hombres primitivos se aproximaban a formas ancestrales.

II. Las formas ancestrales poseían rasgos más "teroides", en proporción a su antigüedad geológica.

III. La diferenciación morfológica se había producido también en tiempos recientes en diversos grupos que hoy habían de llamarse "razas".

Dado que la evolución no se presentaba como continua ni regular, esto es, que los cambios se producen lentamente en forma de zigzags "con saltos hacia adelante localizados, detenciones temporales, retrocesos y posiblemente incluso con ceses completos ocasionales", Hrdlička (1912) entendía que "no sería razonable esperar que en una fecha determinada del pasado o del presente todas las ramas o miembros de la familia humana o protohumana fueran de tipo absolutamente uniforme" (p.3). De ello, infería una distancia relativa (más cercana, más lejana) de los individuos de distintas épocas con respecto al ancestro común.

Por ello, cuanto mayor fuera la semejanza de los restos fósiles humanos con las formas actuales, mayor modernidad habría de ser atribuida también a su edad geológica; y a la inversa:

> La esencia del tema es que la expectativa de importantes diferencias de forma entre todos los restos óseos humanos de la antigüedad geológica y los de la era actual está justificada; que las diferencias presentadas por los restos más antiguos deben apuntar en la dirección de la inferioridad zoológica; y que cuando no se encuentran diferencias estructurales importantes que apunten a una etapa evolutiva anterior en los restos del esqueleto humano que son objeto de estudio, y especialmente cuando los cráneos y huesos dados muestran analogías cercanas con los de una raza moderna o incluso de la raza nativa actual de la misma región, la antigüedad geológica de tales restos puede considerarse como imperfectamente supuesta, de hecho, como improbable (Hrdlička, 1912, p.4).

c) Hrdlička (1912) indicaba que las *condiciones ambientales*, así como la naturaleza fisicoquímica del cuerpo sujeto a variabilidad, incidían de manera sustantiva en la rápida modificación de los esqueletos, aún incluso en los actuales indígenas, lo que se constituía en una prueba para rechazar la persistencia de formas en el tiempo, en cualquier hombre, desde el Pleistoceno. Además, advertía sobre la necesidad de considerar, junto a las transformaciones morfológicas de las piezas osteológicas, las modificaciones naturales de los huesos después del entierro.

d) Con respecto a los huesos partidos o astillados, o bien, en aquellos que presentaran rayas, arañazos, estrías, cortes, perforaciones, etc., esto es, en los que se registrara cierta actividad realizada eventualmente por una entidad inteligente humana, Hrdlička sugería que los huesos de animales "pueden romperse de todas las maneras posibles por las patas de los animales, por la caída o el rodamiento de piedras, o por la presión dentro de la tierra, y los fragmentos pueden no diferir en nada de los producidos por el hombre al romper huesos largos para extraer la médula" (p.8). Esta situación es la que conducía al antropólogo a establecer la imposibilidad de distinguir el motivo de rotura de los huesos y a establecer, en consecuencia, la presencia del ser humano en el momento en que la acción había tenido lugar (véase *"Buenas razones* para creer en el origen volcánico, en el ap. II del cap. VI).

Hrdlička (1912) indicaba que los investigadores sudamericanos habían descuidado la aplicación de los criterios (N-I.4):

Estas diversas consideraciones … indican la complejidad del tema de las pruebas relacionadas con los restos óseos del hombre o que sugieren la presencia del hombre. Muestran la necesidad de tener en cuenta todos los detalles circunstanciales en relación con cada descubrimiento de partes del esqueleto humano y la necesidad de precisión científica al sopesar las condiciones observadas. Podría parecer que todas las precauciones mencionadas anteriormente deberían caracterizar necesariamente cualquier procedimiento científico en este campo, pero se verá en la lectura de las siguientes páginas de este documento cómo fácilmente algunos de estos principios se desprecian e incluso se descuidan por completo (Hrdlička, 1912, p.9).

Con esto, asignaba los restos de humanos fósiles al Cuaternario o al Terciario y advertía sobre los problemas de investigar los restos óseos sudamericanos, por razón del:

a) Materias escaso, fragmentario, diverso y restauraciones imperfectas.
b) Registro defectuoso (p.153).

Por ello, indicaba que una *línea roja* atravesaba EMSA, y era aquella que apuntaba en una sola dirección, consistente en brindar una explicación simple, esto es, en admitir una datación más moderada para los hallazgos (N-II.7). Hrdlička concluía que el estudio presentado era imparcial respecto de los hechos disponibles en orden a apoyar la antigüedad geológica del hombre en América del Sur, los que se constituían a partir de una estructura de "datos muy imperfectos e incorrectamente interpretados y en muchos casos en premisas falsas, y como consecuencia de estas debilidades debe derrumbarse completamente cuando se somete a una crítica inquisitiva" (p.385). Así, sugería que, en cuanto a la antigüedad geológica de los vestigios argentinos, estos debían ser incluidos en la categoría de "dudosos":

Las conclusiones de los escritores con respecto a las pruebas presentadas hasta ahora son que no se puede establecer la afirmación de que en América del Sur se hayan encontrado hasta ahora rastros tangibles del propio hombre geológicamente antiguo o de algún precursor de la raza humana. Esto no debe tomarse como una negación categórica de la existencia del hombre primitivo en América del Sur, por muy improbable que pueda parecer ahora tal presencia; pero se mantiene la posición, y debe ser mantenida, al parecer, por todos los estudiantes, de que la aceptación final de las pruebas sobre este tema no puede justificarse hasta que se haya acumulado una masa de observaciones estrictamente científicas requeridas en clase y volumen para establecer una proposición de tan gran importancia (Hrdlička 1912 p.386).

5.2.1. Objeción de Sergi (1911) a Hrdlička

Sergi (1911) se refería a su obra *Europa: l'origine dei popoli europei e loro relazioni coi popoli d'africa, d'asia e d'oceania*, publicada en 1908 –y en la que no mencionaba Ameghino– con el fin de revisar lo afirmado acerca del poblamiento de América del Sur: Así, concluía que:

I.   El ser humano no se originó en el Cuaternario europeo, ni en otros sitios, por las condiciones glaciales catastróficas, debiendo haber surgido en la época terciaria.

II.   El ser humano procedía de regiones en las que habitaron Primatos.

III. A diferencia de 1908, a la probabilidad de surgimiento de *Hominidae* en Europa, África y Asia, agregaba ahora también a América (con excepción de sus islas), y descartaba a Australia.

Además, recapitulaba los descubrimientos de restos de humanos de la época cuaternaria y terciaria de América del Norte y del Sur, refiriéndose a las dudas presentadas sobre ellos por Hrdlička, quien los asociaba con indígenas actuales. Sin embargo, repetía que la craneometría era insuficiente por sí misma para distinguir formas humanas:

En cualquier caso, del examen que pude hacer con la guía del propio Hrdlička y otros y fotografías, encontré que los restos humanos, considerados geológicamente más o menos antiguos, tienen algunas características comunes con tipos americanos recientes, y exhiben su origen común; algunos tienen formas tan particulares y distantes de las de los indios vivos, que el mismo Hrdlička los reconoce como inexplicables, y son dos cráneos de Trenton. La similitud de algunos caracteres morfológicos entre los cráneos cuaternarios estimados y los cráneos recientes podría simplemente demostrar la descendencia con la persistencia de las formas. Tenemos cráneos en Europa y en otros lugares que conservan formas cuaternarias, como *Ellipsoides pelasgicus*: ¿por qué no podría ser este el caso en América? Por esta razón, la prueba y conclusión de Hrdlička solo puede aceptarse parcialmente, ya que se refiere a la duda de que se hayan descubierto restos humanos en terrenos geológicos sin intervención. Con esta simple decisión prejudicial, admito la antigüedad de los pocos restos que determiné en las formas craneales (Sergi, 1911, pp.56-57).

Si con la primera objeción Sergi (1911) admitía, contra Hrdlička, la posibilidad de restos humanos terciaros en América, la segunda objeción se insertaba directamente en la deliberación crítica respecto de la hipótesis ameghiniana. El autor se refería a una correspondencia en la que el norteamericano le hacía saber sobre su decepción al evaluar las piezas osteológicas en Buenos Aires y del informe más extenso que le remitiera comentándole sobre su viaje:

Él escribe: "Las investigaciones ocuparon casi dos meses. Se examinaron todos los especímenes relacionados con el hombre antiguo que se pudieron encontrar, y se visitaron e investigaron todas las localidades de importancia donde se hicieron los hallazgos. La evidencia reunida, lamentablemente, no sustenta gran parte de las afirmaciones que se han hecho. Los huesos humanos y los especímenes arqueológicos que deberían representar geológicamente al hombre antiguo concuerdan en todas las características importantes con los huesos y el trabajo de la américa india; y los hallazgos, aunque a menudo en estrecha relación con los primeros depósitos cuaternarios o terciarios, que ya se han observado, sólo guardan relaciones intrusivas con estos depósitos. Además, hay especímenes cuyas fuentes originales no están tan bien establecidas como para que puedan extraerse con seguridad deducciones científicas de gran importancia, aunque presentan algunas peculiaridades morfológicas" (Sergi, 1911, p.420).

Sergi argumentaba en contra de la idea de Hrdlička de relativizar la presencia de materiales en depósitos cuaternarios o terciarios, ya que esto implicaría considerar todos los restos de cráneos o esqueletos de humanos fósiles argentinos como material intrusivo. El punto de partida de esta crítica se basaba en el presupuesto de Hrdlička de que las piezas osteológicas que representaban al hombre antiguo geológicamente eran similares en sus características a la de los indígenas americanos modernos. Así es que:

I. El criterio de Hrdlička obligaría a rechazar los restos fósiles de otros animales que presentaran características similares a especies actuales.

II. Sergi se preguntaba: "¿Cómo pudo Hrdlička determinar la intrusión de huesos humanos en los depósitos cuaternarios y terciarios? No lo entiendo, después de tanto tiempo desde que se eliminaron los depósitos. ¿Y la evidencia? Cabe señalar que tal intrusión podría ocurrir a veces, en casos de entierro, pero no siempre. Y el casquete de *Diprothomo*, a esa gran profundidad, ¿era también una intrusión o un sepelio?" (Sergi, 1911, p.421).

III. Sergi (1911) afirmaba que la mayor incertidumbre estaba dada en torno a la edad de los sedimentos patagónicos argentinos; en especial, el de reconocer si el Pampeano inferior era Plioceno. En tanto Steinmann y Branca acordaban en atribuirle una edad terciaria al *Pyrotherium:*

> ¿Por qué, pues, negar al hombre lo que se admite para los demás animales? - En cuanto a las formas de aquellos seres que por Ameghino se consideran precursores del Hombre, como ya he dicho más arriba, no me sorprenden las diferentes interpretaciones, y recordemos al *Pithecanthropus* que fue clasificado como hombre. Además, aunque las eras se rebajen y sean verdaderamente más recientes, nada cambiará, a mi juicio, en torno al origen del Hombre Americano, porque entonces será mayor la certeza de que no habrá comunicación entre el continente americano y las demás regiones terrestres, y de ahí también la imposibilidad de que el humano tipo de África o de Asia o de Oceanía haya emigrado de la Patagonia en la época del Cuaternario. (Sergi, 1911, p.421)

5.2.2. Los criterios de valoración craneométrica de Sergi

Si Mochi (1911) y Hrdlička (1912) rechazaban la antropogénesis ameghiniana, Giuseppe Sergi (1911) las *incrustaba* en su propia clasificación filogenética poligenista, por la cual se deshacía de los puentes de tierra como hipótesis *ad hoc* para explicar las migraciones humanas y el consecuente poblamiento de los continentes. No obstante, Sergi (1911) era crítico respecto de los criterios de medición craneométrica, pues, tras romper relaciones con Paolo Mantegazza, fundador de la primera cátedra italiana de antropología, fundó la *Società romana di antropología*, en 1893: "Considerando inválidos los criterios vigentes en la clasificación de las razas humanas, ... elaboró un sistema propio al final de su carrera, distinguiendo cuatro géneros de homínidos primitivos. Tres de estos, a su vez, habrían originado de forma independiente a las actuales especies de homínidos africanos, europeos y asiáticos" (Arteaga, 2007, p.151). La obra de Sergi (1911) se enmarcaba en la necesidad explícita de regularizar las normas de medición craneométrica para evaluar los restos fósiles encontrados. El antecedente más cercano había sido el *Accordo Internazionale per l'unificazione delle misure craniometriche e cefalometriche* llevado a cabo en 1906, en Mónaco, en respuesta a la propuesta de Hamy, Papillault y Verneau realizada en el *Congreso internazionale d'antropologia e d'archeologia preistorica.*

Sergi (1900, 1911, 1922) indicaba que las bases de clasificación humana que proponía debían ser comprendidas como punto de partida para la estructuración de una antropología sostenida en un método con "lagunas" e "imperfecciones" (Sergi, 1911, p. X), especialmente en lo que respecta a la capacidad explicativa de la distribución biogeográfica en África y América del Sur: "Se necesita mucha investigación y nuevas observaciones para llenar los vacíos y eliminar los errores que debo haber cometido por falta de documentos" (p.XI). El antropólogo italiano consideró que su trabajo era insuficiente y debía ser interpretado como un intento de encontrar soluciones al problema de clasificación del "mamífero humano: "Escribo con esta convicción: el sucesor vendrá a corregir y completar mi obra" (p.XII). La clasificación de Sergi (1911), suponía:

a) *Variación de formas*: la distinción entre "especie" y "variedad" carecía de sentido para construir taxonomías[16], debido a que la variabilidad producto de la transformación de las especies suponía la inexistencia de formas típicas fijas: "Una variación primordial, debe ser admitida para explicar el poligenismo natural observable universalmente; cualquier otra explicación es imposible" (p.43). La poligénesis de Sergi, que utilizaba indistintamente los mecanismos de la selección natural, la herencia de los caracteres recibidos, así como el principio lamarckiano de uso-desuso (véase cap. I), implicaba que el origen de las formas animales "se da en series o descendencias, es decir, es un proceso múltiple, porque no es racional suponer un origen resultante de un solo tipo de individuo. Como los componentes de una descendencia no son iguales entre sí, inmediatamente se forman diferentes linajes dentro de ella" (p.57). Asimismo, sostenía que "tres ramas paralelas e independientes han dado lugar, mediante subdivisión, a *Cercopithecidae, Simiidae* y *Hominidae*" (p.57).

b) *Evolución independiente*: la evolución aislada de especies se entendía como un componente sustantivo de la poligénesis de Sergi, para quien:

---

[16] Sergi (1911) rechaza la realidad única de la especie humana propuesta por De Quatrefages "quien también apoyó la fijeza de la especie frente a la hipótesis de la evolución orgánica y de la descendencia" (p.3).

durante la sucesión geológica desde el Pérmico hasta el Cretácico Inferior aparecieron muchas clases diferentes de reptiles, pero si se mira con atención, se encontrará la presencia contemporánea de varias familias, así como la corta duración de algunas de ellas. De este hecho, es posible deducir su origen independiente [...]. El problema es que no aparece el hipotético ancestro del que podrían derivar, porque no existe: esta distribución apoya claramente la idea de una poligénesis primitiva (Sergi, 1911, p.42).

El poligenismo era empleado, además, para derribar la necesidad de puentes continentales que explicaran los procesos migratorios: "Hasta el momento, las condiciones geológicas imposibilitan la intervención del hombre asiático en América o viceversa, en el Plioceno, pues impiden encontrar afinidad y filiación entre los dos tipos de primates separados por el Atlántico y el Pacífico; y es necesario inventar puentes y continentes desaparecidos para realizar un hipotético paso de un continente a otro" (p.VIII).

c) *Principios y métodos de clasificación humana*: en tanto la poligénesis operaba como marco conceptual, los principios y métodos de clasificación humana eran formulados con fundamento en los estudios de Broca y Lombroso, a los que revisaba para establecer un nuevo sistema: "Cuando la craneometría, cuyo inventor fue Retzius, fue desarrollada, principalmente por Broca, parecía la clave de la antropología, y se colocó a la cabeza de las investigaciones como el método más eficaz para distinguir las razas humanas" (Sergi, 1900, p.10). Sergi indicaba que los franceses e italianos hacían un uso abusivo del método, mientras que los alemanes intentaban establecer tipos craneales independientes del índice cefálico, aunque insatisfactorio para realizar descripciones precisas: "Según mis observaciones sobre los datos craneométricos y sobre la craneometría en general, que hoy se ha vuelto cabalística por el abuso de medidas y cifras numéricas, los índices del cráneo y de la cara sólo pueden servir como medios para determinar las diferencias individuales, pero no para descubrir los tipos étnicos, ni clasificar los grupos humanos" (Sergi, 1900, p.10)[17]. Sergi (1911) advertía que la craneometría, por sí misma, era insuficiente para el trabajo de clasificación antropológico, por lo que indicaba la necesidad de "penetrar en la vida interna de los grupos humanos" (p.IX), con el fin de comprender la complejidad que suponía la composición de las comunidades o de sus procesos migratorios. Pues, no es:

> Como creen los inexpertos, sólo por el hueso del cráneo por lo que puede conocerse y diagnosticarse un tipo humano (…) La antropología carece de método y de carácter científico, por lo que resulta ser una ciencia fácil para todos, como un amateurismo expuesto a las más extrañas fantasías de quienes se ocupan de ella. Por ello, en este trabajo mío, también pretendo eliminar este amateurismo; y tiendo a establecer métodos y reglas que eleven el valor de la antropología, situándola al lado de la zoología de la que, finalmente, forma parte" (Sergi 1911, p.IX).

Sergi (1911) participaba en la disputa metodológica

---

[17] Sergi (1911) reitera de manera sistemática la crítica a la arbitrariedad que supone la utilización de medidas craneométricas diferentes para la valoración de los hallazgos: "Un antropólogo que dice: yo observo el cráneo de forma diferente a Sergi, entonces lo veo diferente y mientras tanto le aplico su nomenclatura; esta tontería sólo la puede compensar un antropólogo que no tiene el sentido de un naturalista" (p.43) y, en un marco falibilista de comprensión de su propio método, afirma que "Este método, si es erróneo o si tiene inconvenientes, puede y debe ser corregido, pero siguiendo los mismos criterios para los que nació. Pero ahora veo, en muchos casos, que algunos antropólogos se entregan a estas formas craneales ya definidas por mí y les atribuyen caracteres que no poseen, y sacan conclusiones que no existen: la imaginación humana, si no se reprime por leyes que deben respetar en la ciencia como en la vida, no encuentra límites a sus más extrañas invenciones ya las más caprichosas suposiciones; y la antropología es el campo más abierto para estas razas fantásticas" (p.43). Asimismo, insiste en convencer a los antropólogos "que el Hombre es un mamífero como los demás mamíferos, cuando lo examinan en sus características físicas" (p.44).

relacionada con los intentos de regularización de las normas para evaluar cráneos humanos:

> La antropología, tal como la presento ahora y como lo intento desde hace varios años, comenzando por las formas craneales, se vuelve difícil como toda ciencia que tiene un método y no depende del capricho individual de quien estudia un poco (...) Ya no bastará, en mi opinión, juntar una serie de índices cefálicos y faciales de cráneos de todos los orígenes para obtener conclusiones poco fiables: esto es caos y no método, y de allí, el predominio del factor personal, como extraña filosofía, de la que se excluye el elemento científico y reina lo fantástico (Sergi 1911, p.X).

Así, la *norma vertical* conducía a Sergi (1900, 1911, 1913) a establecer dos clases de variaciones craneales:

I. Las que modifican la forma general y constituyen tipos diferentes unos de otros, con estabilidad y persistencia generacional

II. Las que no modifican la forma típica, ya que son individuales y transitorias.

Las variedades típicas, persistentes en la distribución geográfica tanto como en el tiempo, se aproximaban a formas geométricas elipsoidales, pentagonales, romboides, cuboides, esferoides o *platycefálicas* (Sergi, 1900, pp.50-62). La revisión craneométrica comprendía la posibilidad de distinguir el valor taxonómico de las "razas humanas", con vistas a resolver el problema de la unidad y pluralidad de las especies, pues la geometrización del cráneo permitía a Sergi visibilizar cuatro géneros de *Hominidae*: *Palaeanthropus*, *Notanthropus*, *Heoanthropus* y *Archaeanthropus*.

d) *Palaeanthropus: Arch. Pampaeus*[18]: el caso específico de

---

[18] En el "Prefacio" a *L'uomo*, Sergi (1911) agradece a los autores que contribuyeron al estudio del hombre americano: Linda Clarke Smith, los profesores F. Starr de Chicago, W. Putnam de Cambridge, Mass., A. Hrdlička de Washington, C. Lumholtz de Nueva York, Smithsonian Institution, Field Museum of Natural History

Archaenthropus, Sergi (1911) referenciaba de manera explícita la hipótesis ameghiniana, a la que *incrustaba* en su marco teórico poligenista. A pesar de que Ameghino era monogenista[19], Sergi (1911) sostenía que éste aceptaba la multiplicidad de especies al relacionar el origen del género *Homo* con la presencia de primates sudamericanos: "En realidad no puedo aceptar su árbol genealógico de los primates, pero, en todo caso, él mismo quiere demostrar que tienen una evolución separada y polifilética, aunque no lo dice" (p.39). Para este caso, Sergi (1911) complementa la poligénesis con la teoría hologenética (ortogenética) de Daniele Rosa (1909), formulada en *Ologenesis: nuova teoría dell'evoluzione e della distribuzione gerografica dei viventi*:

> Cada especie se origina de todos los individuos de la especie progenitora; de modo que cree que está encontrando una forma de la teoría de la evolución que no conduce al monogenismo, porque cree que los hechos de la biogeografía se explican más naturalmente mediante el poligenismo. Esta nueva hipótesis del prof. Rosa se menciona aquí solo para mostrar la tendencia de los naturalistas al poligenismo frente al monogenismo de la hipótesis darwiniana (Sergi, 1911, p.40).

En este sentido, interpretaba que la emigración sudamericana de *H. pampeaus* a África habría sido imposibilitada por la inexistencia de un puente de comunicación con la Patagonia, ya que la separación continental se habría producido de manera previa, con lo que el ser humano europeo del Plioceno, representado por *H. heidelbergensis*, Schoet., debía tener un origen independiente:

---

de Chicago "y finalmente agradezco al prof. Fl. Ameghino de Buenos Aires por las monografías y fotografías que me envió, y al Dr. Rivet de París" (Sergi, 1911, p.XII).
[19] Sergi (1911) considera en su explicitación la obra de Ameghino (1906): *Les formations sédimentaires du Crétacé supérieur et du Tertiaire dePatagonie.*

Si los monogenistas no quisieron reconocer este tipo humano tan característico, que es *H. pampaeus,* esto también obedecería a la vergüenza con la que se encontrarían de aceptarlo por su datación y por sus formas. La forma del cráneo de Necochea es tan singular y alejada de los tipos humanos conocidos en Europa, que un monogenista se ve obligado a rechazarlo como típico, si no quiere derribar sus ideas adquiridas y estereotipadas sobre la evolución humana. A mí no me estorba en absoluto, pues no rechazo los hechos, que son más estables que cualquier teoría, sino que busco la explicación. A mi juicio, *H. pampaeus* es uno de los muchos mamíferos especiales en la Patagonia, como el *Toxodón,* el *Typotherium,* el *Litopterna,* nunca visto en otros lugares; y que se originó en esa región solamente (Sergi, 1911, p.41).

e) *Conversión racional a Ameghino*: Sergi también creía inadmisible que Lehmann-Nitsche calificara a los esqueletos de Arrefices como "subfósiles", y aunque entendía que la obra del antropólogo estaba escrita con convicción, llevaba a la incertidumbre y, finalmente, al rechazo de todo resto fósil no solamente de humanos, sino también de cualquier mamífero hallado en Argentina:

A partir de aquí comienza mi conversión, lo diré, a muchas opiniones de Ameghino. Antes de leer y ver demostrado lo que escribe el paleontólogo americano, a mí también me impresionó la forma del cráneo de La Tigra, y lo estimé deformado artificialmente, viéndolo en las figuras reportadas por Lehmann-Nitsche, y por lo tanto lo creí reciente; incluso Morselli lo juzga así. Un cráneo deformado no puede ser fósil, pensé, y luego también los otros cráneos que se creían fósiles, Arrecifes, Chocori, Fontezuelas, aunque no deformados, pero presentando formas parecidas a las de hoy, no pueden ser verdaderamente fósiles. Lehmann-Nitsche, que también cree que son fósiles, no puede dar ninguna explicación

(Sergi, 1911, p.59).

En este punto, estimaba que el modo de observar los fósiles de la Argentina (tal como lo hacía Lehman-Nitsche), obedecía a un criterio prejuiciado por la forma en que se trabajaba en Europa, es decir, que "nosotros en Europa nos hemos formado de los tipos de fósiles europeos, y la aplicación de estos conceptos no puede llevarnos a conclusiones exactas: siempre es esa idea la que prevalece en las mentes de los antropólogos de un único tipo de *Hominidae* y de una única especie" (p.60). En otras palabras, Sergi (1911) afirmaba que, si se consideraba la posibilidad de que los restos fósiles sudamericanos descendieran de múltiples ancestros, se podría tener una mejor comprensión de las conclusiones de Ameghino. Esto sería válido incluso si se utilizara un modelo de interpretación de fósiles europeos que solo considerara un único ancestro común, con independencia del modelo monogenista a partir del cual eran interpretados los fósiles europeos. Aún más, Sergi (1911) señalaba el cráneo del *Diprothomo platensis*, cuyas fotografías Ameghino le enviara oportunamente, como un caso ejemplar:

> Este cráneo de Necochea llama la atención por sus formas; al verlo desaparece cualquier sospecha de deformación artificial, mientras que es idéntico al de La Tigra. El rostro demuestra evidentemente que sí es un tipo de hombre, pero muy diferente del tipo reciente, muy inferior también por los caracteres que conocemos en el hombre reciente; No dudo en considerarlo inferior al tipo *Neander-Spy*, del que nos hemos hecho el tipo de hombre primitivo y que ponemos como medida de comparación con otros tipos humanos: es otra cosa (Sergi, 1911, p.60).

En consecuencia, afirmaba que, por las características de este segundo cráneo, idéntico al de La Tigra: "Naturalmente tuve que cambiar de opinión y por la época y por los caracteres de este tipo, que es primitivo, que es quizás el más antiguo de todos los restos humanos que conocemos, más antiguo que la mandíbula de Mauer, *H. heidelbergensis*, Schoet.; y debo, pues, afirmar con plena convicción, en esto, el pleno acuerdo con Ameghino" (Sergi, 1911, p.61). Pese a ello, corregía la posición estratigráfica de los restos, ubicándolos en el Plioceno Medio: "Y no habría discrepancia con él y con los hechos. Esta división para nosotros en Europa nos sirve de comparación, ya que no tenemos horizontes correspondientes a los de Argentina" (p.61).

La conversión de Sergi (1911) lo llevaba a revisar su *Europa* (1908), en la que había rechazado toda posibilidad de un origen sudamericano del ser humano, debido a que no aceptaba relación alguna entre platirrinos y hombres; esto habría sido subsanado por el descubrimiento en el Mioceno Superior de Monte Hermoso de un precursor del ser humano: el *Tetraprothomo argentinus*. Así, recuperaba la filogenia ameghiniana, objetando la nomenclatura por considerarla "bárbara" (p.62): aceptaba la seriación morfológica propuesta, esto es, la relación evolutiva entre *Tetra, Tri, Di y Protohomo*, aunque creía que "el atlas y el fémur atribuidos a un precursor del hombre, y llamado *Tetraprothomo*, pueden referirse a *Diprothomo platensis*; es decir, ambos serían el mismo animal, a pesar de que sus restos fueron encontrados en dos terrenos distintos, uno en el Mioceno superior y otro en el Plioceno inferior. ¿Por qué no se puede admitir la persistencia de este ser vivo de un período a otro?" (Sergi, 1911, p.62). Con la *incrustación* de la retrodicción antropogénica de Ameghino, Sergi confirmaba la existencia de una evolución humana independiente en América del Sur (p.64).

f) *Poblamiento americano*: el *H. Archaeanthropus* revelaría, según Sergi (1911), la posibilidad de aceptar un origen autónomo del ser humano en distintos continentes, marco de evolución poligenética sólo con la cual explicar los restos del *H. pampeaus*. Además, al aplicar su propio método craneométrico, Sergi (1911) deducía que la caracterización del cráneo típico americano contribuiría a dar respuesta a los dos modelos de poblamiento establecidos en América del Norte y América del Sur, pues, mientras que los antropólogos norteamericanos no creían que los restos humanos hallados fueran terciarios "y los estiman recientes, algunos tal vez postglaciales, y en cada caso los relacionan con el hombre vivo, a la espera de nuevos y más seguros descubrimientos del hombre de las eras geológicas. Por otro lado, los sudamericanos creen haber resuelto el problema de los orígenes, sobre todo si se admite, con Ameghino, la autenticidad del Plioceno *H. pampaeus* y del *H. pliocenicus*, con Kobelt" (p.278). Con esto, Sergi aceptaba que ciertos restos hallados en el Norte legitimarían una propuesta teórica orientada a suponer la persistencia de formas americanas indígenas procedentes del Sur:

> Esta segunda hipótesis, en mi opinión, parece más aceptable. Sabemos que los dos continentes americanos permanecieron más o menos completamente separados hasta la era terciaria, y también sabemos que cuando se unieron hubo una emigración de norte a sur y viceversa de muchas especies de mamíferos. Quizás el hombre aún no había aparecido en el norte en ese momento, y quizás una emigración asiática por la ruta de Bering era muy difícil, porque a principios del Cuaternario o hacia finales del Plioceno comenzaron las heladas periódicas en todo el hemisferio norte, de Europa a Asia a América, lo que era un obstáculo para cualquier movimiento migratorio así como para la existencia

humana en aquellas regiones glaciales. Entonces, todo lo que queda es América del Sur como la región más cercana y practicable desde la cual el hombre cuaternario podría haber emigrado hacia el norte. Esta hipótesis, a mi juicio, se ve corroborada por el hecho, ahora establecido, de que el hombre en la parte extrema de América del Sur había aparecido en el Plioceno, y posteriormente se había manifestado en formas muy elevadas (Sergi, 1911, p.280).

Por otro lado, atribuía factibilidad a su hipótesis debido a que los cráneos presentaban caracteres comunes constantes, tanto en el sur como en el norte, con minúsculas variaciones individuales, que diferían de los caracteres asiáticos: "Si el elemento asiático y también el africano penetraron en América por las rutas oceánicas, esto habría ocurrido en un período relativamente muy reciente, y no ha producido un cambio apreciable en el carácter general americano, salvo en algunas regiones" (Sergi, 1911, p.280). Así, la dolicocefalia y braquicefalia –obtenidas por el índice de Retzius–, eran entendidas como insuficientes para caracterizar a los cráneos americanos, ya que Sergi identificaba formas con estructura diferente del tipo dolicomorfo, similares a otras halladas en Eurasia:

Esto sugiere una inmigración asiática, probablemente posglacial, y esta suposición no carece de fundamento. Con esto, sin embargo, no se explica la presencia de todos los tipos braquimórficos en América; ¿Son todos de origen asiático? Creo, por tanto, que las dos Américas ya estaban pobladas por el hombre indígena americano, y que en un período posterior pasaron tribus primitivas del norte de Asia, que se unieron con los primeros habitantes y se mezclaron, cruzándose principalmente en América del Norte, y tal vez más tarde. otras migraciones descendieron por el sur (Sergi, 1911, p.281).

Sergi (1911) aceptaba la relación asiático-americana, así como la posible intervención de formas craneales procedentes de la Polinesia en California y México. Así, reconocía al cráneo de Fontezuelas como la forma dolicomorfa típica americana, esto es, el más antiguo y el que menos modificaciones presentaba, excepto en los esquimales de América del Norte: "Del cráneo dolicomorfo de Fontezuelas he constituido un género exclusivamente americano, llamándolo *Hesperanthropus*, hombre occidental con relación a nosotros de Europa, como con *Heoanthropus* entendí el hombre oriental en relación a Europa, el asiático" (Sergi, 1911, p.283).

5.3. Conclusiones parciales del Capítulo

La D-VAN se *yuxtapuso* a las demás, y aunque fuese de breve duración, determinó en forma sustantiva el rechazo de la comunidad anglofrancesa de estudios en prehistoria a las hipótesis de Ameghino. En 1943, tras sucederse la diáspora ameghinista por la rebelión de 1930 en el Museo de Buenos Aires, Castellanos publicaba "Antigüedad geológica del yacimiento de los restos humanos de la Gruta de Candonga", en la que describía la calota de un niño, un fogón y huesos de fauna extinguida, exhumados por Aníbal Montes en 1939, calota que presentaría una deformación intencional *aymará*, correspondiente al segundo intervalo del cuarto glacial y, por ello, al Paleolítico. Castellanos (1943) indicaba que los restos debían ser comprendidos como correspondientes a los últimos tiempos de la formación pampeana, y afirmaba que:

En 1910, Ameghino dio a conocer el descubrimiento de un esqueleto humano fósil que por su configuración craneana le permitió fundar una especie nueva que denominó *Homo caputinclinatus*. Mochi fue el primero y después Hrdlička, que sostuvieron con acierto, que era un cráneo deformado artificialmente y que a ello se debían los caracteres que llamaron la atención de Ameghino" (Castellanos, 1943, p.76).

En este sentido, la aseveración permite suponer que, con la lectura de los restos antropológicos de Candonga, Castellanos (1943) se *convertía* a la posición de Hrdlička/Mochi, en los términos en que asociaba la calota con los cráneos de Arroyo Siasgo y Samorombón: "La calota del niño de Candonga pertenece a *Homo sapiens* Lin., del grupo étnico: Arroyo Siasgo, Samborombón, Banderaló, Fontezuelas, alado del Norte II, Cululú I, Arroyo Frías y Saladero, correspondiente al *Bonaerense* superior y descendiente de otro grupo un poco más antiguo del *Bonaerense* inferior: La Tigra, Chocorí, Moro, Malacara, Salado del Norte I (esqueleto), y este último, a su vez, del grupo que vivió en el *Belgranense*" (p.92).

Por esto, la *conversión* de Castellanos (1943) contribuía a reinterpretar los vestigios antropológicos que constituían las pruebas del origen sudamericano del ser humano, como restos paleolíticos. Esta conclusión, lo reunía con la argumentación (O-III), que suponía la existencia de un Paleoamericano en América del Sur (véase cap. VI).

SECCIÓN III

Capítulo vi – Lectura bernsteiniana de la *praxis* comunitaria de deliberación crítica sobre la antropogénesis de Florentino Ameghino (1875-1950)

En este Capítulo, se aplica el marco de interpretación bernsteiniano a la lectura de la disputa, con el fin de elucidar los resultados obtenidos a partir de la reconstrucción de las D-EFG (cap. III), D-VAR (cap. IV) y D-VAN (cap. V).

En el Apartado I, se pretende dar respuesta al objetivo a) de este libro, consistente en "Reconstruir la HAA de acuerdo con un modelo arquitectural de argumentación múltiple", lo que se exhibe a partir de la "Argumentación (O)". Por otro lado, dicha reconstrucción es la que posibilita contestar al objetivo b) esto es, "Identificar las modalidades de agenciamiento de la constelación de investigadores en la controversia pública", de acuerdo con la respectiva selección de criterios que cada fracción de la comunidad practicó a fin de interpretar las evidencias (A y B, véase cap. II), así como las *buenas razones* ofrecidas por Ameghino.

Con la respuesta al objetivo c) "Especificar las normas comunitarias referenciales de prueba y validación de la hipótesis ameghiniana", se añade, en el Apartado II, el rol que los juicios previos, prejuicios, creencias intuiciones y temperamentos tuvieron en la deliberación sobre la *argumentación comunitaria y múltiple* (O) y en los agenciamientos en favor o en rechazo a la HAA.

Finalmente, en el Apartado III se propone una revisión de las diferentes clausuras historiográficas de la controversia, a partir de la posibilidad de comprender una deliberación crítica sin *Aufhebung,* por la cual el abandono o resolución de la disputa sobre el origen sudamericano del ser humano constituyó, en Argentina, la *apertura* a un nuevo conflicto interdisciplinar acerca de la edad del Paleoamericano.

6.1. Apartado I – La *praxis* fronética en la disputa

En este Apartado, se propone la reconstrucción de la argumentación comunitaria (O) sobre la antropogénesis ameghiniana. Se explicita, en este sentido, el carácter *práctico* de la racionalidad en la disputa, convenida la apertura crítica de los criterios a revisión y, en consecuencia, el ejercicio de un falibilismo pluralista por parte de la constelación de investigadores.

6.1.1. Racionalidad de los desacuerdos y argumentación múltiple

En 1930, Frenguelli escribía: "Al Cuaternario, atribuyo los equivalentes estratigráficos y cronológicos de aquel conjunto que, en la Argentina, va bajo el nombre de Pampeano, o, más correctamente, Pampiano. De esta serie excluyo los niveles que van desde el Lujanense, inclusive, hacia arriba, esto es, el Postpampiano. En cambio, incluyo en la misma el Hermosense-Chapadmalense que algunos autores irracionalmente, todavía se empeñan en atribuir al Araucaniano" (Frenguelli, 1930, p.33). En 1934, en una obra póstuma, Kraglievich objetaba "el concepto de irracionalidad en que dicho autor acaba de involucrarnos a quienes sostenemos la antigüedad terciaria de esos horizontes y sus respectivas faunas" (Kraglievich, 1934, p.17). Este breve pasaje de la disputa introducía el problema de la racionalidad del desacuerdo como parte de la inconmensurabilidad de criterios con los cuales se interpretaban las formaciones geológicas de Pampa-Patagonia.

Bernstein (2018) recupera las controversias respecto de la búsqueda de un algoritmo de elección de teorías (Kuhn, 1983; Okasha, 2011), o bien, de criterios aprióricos que contribuyeran a demarcar la ciencia de la aciencia y determinar, así, la validez de hipótesis y teorías científicas, ya que "El tipo de argumentación que se da en tiempos de crisis y revoluciones científicas no puede resolverse mediante una apelación a los cánones de la lógica deductiva o la prueba ni mediante apelación directa alguna a la observación, la verificación, la confirmación o la falsificación. Ese es el contexto dentro del cual

Kuhn introduce la controversial noción de persuasión y su concepto relacionado de 'conversión'" (Bernstein, 2018, p.104). En efecto, la fase preparadigmática, que se caracteriza por pocos o ningún consenso sobre los temas, problemas y procedimientos entre escuelas enfrentadas (Bernstein 2018, p.64), parece tener similitudes con lo que ocurre en momentos de crisis paradigmática, cuando:

> Se libra una batalla entre los defensores del paradigma arraigado y los defensores del nuevo paradigma. Según Kuhn, en las controversias que surgen cuando se proponen paradigmas nuevos y rivales (una situación que compara con revoluciones políticas), no hay criterios de prueba lógica o apelación directa a evidencia que sea *suficiente* para resolver la disputa. Las diferencias que surgen durante una revolución pueden ser tan grandes que falta acuerdo común sobre qué cuenta como argumento decisivo a favor de los paradigmas enfrentados (Bernstein, 2018, p.66).

La deliberación sobre la antropogénesis ameghiniana - comprendida como una *controversia de máxima magnitud* que "ha llegado a un punto de máxima implicación de todos los niveles sociales o epistémicos" (Vallverdú, 2005, p31)-, ofrece casuística sobre la *insuficiencia* de las evidencias (A y B) para la contrastación de las hipótesis, a saber, que: "El conocimiento empírico, como su sofisticada extensión en la ciencia, es racional, no porque tenga un fundamento, sino porque es una empresa autocorrectiva que puede poner en peligro cualquier afirmación, aunque no todas al mismo tiempo" (Sellars, 1997, p.79). Pues, aunque en el período 1889-1924 el mayor número de evidencias para determinar la edad terciaria del ser humano pampeano fue producido por los llamados ameghinianos (EVI1- EVI57), que, incluso, incorporaron *hallazgos cruciales* como el fémur de *Toxodón* flechado o los molares del Chapalmalense, ello no fue *suficiente* para confirmar o comprobar la hipótesis ameghiniana, debido a que la comunidad no se vio *persuadida*[104].

El papel de las evidencias, y en especial de las referidas a los

---

[104] En este sentido, según Kuhn (2004): "La competencia entre paradigmas no es el tipo de batalla que pueda resolverse por medio de pruebas" (p.229)

273

vestigios arqueológicos hallados en el litoral marítimo bonaerense, fue relativamente secundario en la persuasión/conversión de investigadores como Frenguelli/Vignati, lo que no autoriza, sin embargo, a interpretar que las elecciones comunitarias entre hipótesis contrarias o alternativas estuvieran sujetas a una dimensión estrictamente emotiva o irracional. Al respecto, Bernstein (2018) indica que las disputas científicas exhiben afinidad con un tipo de racionalidad *fronética*, la que es descrita como:

> Una forma de razonamiento que se ocupa de la elección e involucra deliberación. Trata con lo variable y con aquello sobre lo cual puede haber opiniones diferentes (*doxai*). Es un tipo de razonamiento en el cual hay una mediación entre los principios generales y una situación particular concreta que requiere elección y decisión. En la formación de tal juicio no hay reglas técnicas determinadas mediante las cuales un particular pueda sin más subsumirse a aquello que es general o universal. Lo que se necesita es una interpretación y una especificación de universales apropiados para esa situación particular (Bernstein, 2018, p.107).

Si, en la situación particular de la deliberación sobre los vestigios arqueológicos del litoral marítimo bonaerense, Frenguelli (1934) aceptaba la legitimidad y autenticidad de los hallazgos, lo hacía por *persuasión —convirtiéndose* Vignati a su posición en el CIA de 1932 (véase cap. V)—, a condición de interpretar los terrenos pampeanos como cuaternarios. Ello revela el carácter *fronético* de una racionalidad que requería interpretar de manera particular la estratigrafía, en función de un criterio, en este caso, utilitarista de coste/beneficio (yuxtapuesto al criterio tectónico-climatológico, así como a intereses político-institucionales), que contribuía en proponer *buenas razones* para creer en la edad cuaternaria de la formación pampeana; pues, esta elección permitía:

a) Conservar la autoridad epistémica de Ameghino como "primer proponente" de (r): la coexistencia entre humanos paleolíticos y megafauna en Buenos Aires[105], pese a:

---

[105] En las historiografías sobre prehistoria sudamericana, el rol de Giovanni

b) Rechazar el carácter terciario del Pampeano inferior (J.6) de los vestigios hallados en el Hermosense, Chapalmalense y Ensenadense (B.7) (D.2) y, con ello, a América del Sur como sitio de origen del ser humano (B.9).

c) Conservar la vigencia institucional de los estudios en prehistoria en Argentina, en diálogo con la comunidad internacional, a partir de la construcción de categorías referidas al "Protolítico argentino" (Frenguelli, 1934).

El desacuerdo entre proponentes y detractores de la antropogénesis ameghiniana no podía resolverse mediante reglas determinadas previamente, con lo que se infiere el carácter abierto de las normas o criterios para interpretar los argumentos y las evidencias (A y B):

> El tema crucial tiene que ver con la relación entre las razones dadas y mi juicio. Las razones no 'demuestran' el juicio, sino que lo sustenta. En una situación concreta puede haber razones mejores y peores (aun cuando no haya reglas claras y precisas para explicar qué es mejor y qué es peor). Puede haber muchas situaciones en las cuales, incluso después de dar las razones más sólidas a favor y en contra, podemos reconocer que los rivales en desacuerdo con nosotros son racionales y nadie está cometiendo un error, siendo poco científico o irracional (Bernstein, 2018, p.110).

Ramorino es, usualmente, eclipsado por el trabajo de Ameghino. En este sentido, Onaha (2020) afirma que "Según Ameghino correspondería a Ramorino el haber sido el primero en señalar a fines de 1869 la presencia del hombre fósil. Y el primer descubrimiento auténtico de instrumentos de piedra hallado junto a una coraza de Glyptodon, correspondiente al hombre cuaternario argentino, fue hecho en 1871 cerca de Luján en presencia de Ramorino, quien lo comunicó a Italia, donde los diarios dieron la noticia" (Onaha, 2020, p.2). En efecto, le corresponde a Ramorino la prioridad de haber instalado el debate sobre el hombre terciario en Buenos Aires y a Ameghino, ser continuador de su obra. Un examen más amplio sobre la relevancia de Ramorino en los estudios en prehistoria fue ofrecida por Toledo (2016), para quien "o la influencia sobre Ameghino de estos debates, canalizada por Ramorino, y las lecturas de las *Recherches* de Gervais es olvidada o ignorada por casi todos sus biógrafos. Queda entonces, a partir de las reseñas hagiográficas de éstos, solo la imagen épica de un Ameghino joven, autodidacta, explorando solo, sin descanso y en contra del *stablishement* científico porteño, los arroyos y barrancos entre Luján y Mercedes" (Toledo, 2016, p.158).

De aquí que, al considerar las polémicas (D-EFG; D-VAR y D-VAN) entre las constelaciones representadas por:

a) Hatcher-Ameghino: acerca de (c) la coexistencia entre mamíferos/dinosaurios en el Cretáceo patagónico (cap. III).

b) Roth/Rusconi/Kraglievich/Castellanos-Willis/Frenguelli: acerca de la estratigrafía y edad cuaternaria/terciaria de la formación pampeana (cap. III).

c) Outes-Ameghino: sobre el origen volcánico/antrópico de los fogones y las tierras cocidas (cap. IV).

d) Boman/Romero-Vignati/Castellanos: sobre la posición *in situ*/intrusiva de los vestigios arqueológicos (cap. IV).

e) Ameghino/Sergi-Mochi/Hrdlička: sobre la craneometría de *Tetraprothomo* y *Diprothomo* (cap. V).

Es posible, entonces, determinar el carácter racional de los desacuerdos, en los términos en que el tipo de racionalidad involucrada en la elección de la hipótesis más satisfactoria se constituyó a partir de una actividad *crítica* consistente en imaginar, interpretar, considerar alternativas y aplicar criterios, en esencia abiertos (*Cfr.* Bernstein, 2018, p.111), esto es, por medio de una práctica intersubjetiva de intercambio de razones "que en sí cambian y varían en el curso del desarrollo científico" (p.11).

La modificación de razones fue continua en la deliberación sobre la antropogénesis ameghiniana, sin que el cambio de *doxoi* mereciera ser considerado "acientífico" (Orquera 1987) o "caótico" (Politis, 1988)[106]. Pues, en el desacuerdo racional de la constelación de investigadores en prehistoria sudamericana intervinieron dos hipótesis alternativas (O-II, O-III) sobre el poblamiento americano, si se considera la siguiente reconstrucción de la argumentación comunitaria y *múltiple* (O). En sus tres partes, (OI) nuclea los razonamientos comunitarios en apoyo al origen sudamericano del ser humano; (O-II), los rechazos; y, (O-III), las buenas razones para creer

---

[106] Por caso, en 1918 Bonarelli declaraba sospechar respecto de la posición *in situ* de los restos arqueológicos de la costa atlántica, mientras que, en la discusión de 1924, solicitaba retirar ese argumento de la disputa, por estar infundado.

en un Paleoamericano:

Argumentación (O-I)

1. Si la fauna de mamíferos fósiles en América del Sur es más antigua que en otros continentes, y si se encuentran en América del Sur los más antiguos monos fósiles conocidos, entonces los remotos antepasados del América del Sur evolucionaron en este continente. (Premisa)
2. Si los remotos antepasados del hombre evolucionaron en este continente, y si se encuentran antiquísimos restos fósiles de humanos, prehumanos y de industrias primitivas en horizontes terciarios del Pampeano, entonces el hombre se originó en América del Sur. (Premisa)
3. Si el Pampeano inferior tiene una edad terciaria y hay pruebas indiscutibles de la existencia del hombre en el Pampeano inferior y en terrenos más antiguos (EVI1-16) (D.2) (B.7), entonces, el hombre se originó en América del Sur. (Premisa)
4. Si los fogones y escorias tienen un origen antrópico y se encuentran en el Pampeano terciario, entonces, son pruebas de que el hombre se originó en América del Sur. (Premisa)
5. Si los criterios de valoración craneométrica y la lectura en anatomía/paleontología comparada de Ameghino son correctos, entonces el ser humano se originó en América del Sur. (Premisa)
6. Si los criterios de valoración craneométrica y la lectura en anatomía/paleontología comparada de Sergi son correctos, entonces el ser humano se originó en América del Sur, en forma independiente. (Premisa)
7. La fauna de mamíferos fósiles en América del Sur es más antigua que en otros continentes, y se encuentran en América del Sur los más antiguos monos fósiles conocidos. (Premisa).
   Por lo tanto,
8. Los remotos antepasados del hombre evolucionaron en este continente. (Conclusión de (1) y (7) por *modus ponens*)
9. Se encuentran antiquísimos restos fósiles de humanos, prehumanos y de industrias primitivas en horizontes terciarios del Pampeano. (Premisa)
   Por lo tanto,
10. El hombre se originó en América del Sur. (Conclusión de (2) y (8) y (9) por *modus ponens*)
11. El Pampeano inferior tiene una edad terciaria y hay pruebas indiscutibles de la existencia del hombre en el Pampeano inferior y en terrenos más antiguos (EVI1-16) (D.2) (B.7). (Premisa)
    Por lo tanto,
12. El hombre se originó en América del Sur. (Conclusión de (3) y (11) por

modus ponens)

13. Los fogones y escorias tienen un origen antrópico y se encuentran en el Pampeano terciario. (Premisa)
    Por lo tanto,

14. El hombre se originó en América del Sur. (Conclusión de (4) y (13) por *modus ponens*)

15. Los criterios de valoración craneométrica y la lectura en anatomía/paleontología comparada de Ameghino son correctos. (Premisa)
    Por lo tanto,

16. El ser humano se originó en América del Sur. (Conclusión de (5) y (15) por *modus ponens*)

17. Los criterios de valoración craneométrica y la lectura en anatomía/paleontología comparada de Sergi son correctos. (Premisa)
    Por lo tanto,

18. El ser humano se originó en América del Sur en forma independiente. (Conclusión de (6) y (17) por *modus ponens*)

19. *El ser humano se originó en* América del Sur. (Conclusión de (18) por *implicación*)

(OI) eran apoyada por: Florentino y Carlos Ameghino; Senet (1911); Castellanos (1923); Kraglievich; Sergi (1911, con apoyo a (18)); Carlos Rusconi; Engerrand (1908); Hernández-Pacheco (1910); Boscá (1910); en 1935, Luis María Torres (1935, p.30) se muestra prudente con respecto a los resultados *provisionales* obtenidos por las investigaciones practicadas.

Argumentación (O-II)

1. Si los fogones y escorias tienen un origen volcánico, entonces no son prueba de que el hombre se originó en América del Sur. (Premisa)

2. Si las evidencias (B) constituyen material inauténtico o intrusivo, el ser humano no se originó en América del Sur. (Premisa)

3. Si los criterios de valoración craneométrica y la lectura en anatomía/paleontología comparada de Hrdlička son correctos, entonces el ser humano no se originó en América del Sur y los vestigios pertenecen a indios modernos. (Premisa)

4. Los fogones y escorias tienen un origen volcánico. (Premisa)
   Por lo tanto,

5. No son prueba de que el hombre se originó en América del Sur. (Conclusión de (1) y (4) por *modus ponens*)

6. Las evidencias (B) constituyen material inauténtico o intrusivo. (Premisa)
   Por lo tanto,
7. El ser humano no se originó en América del Sur. (Conclusión de (2) y (6) por *modus ponens*)
8. Los criterios de valoración craneométrica y la lectura en anatomía/paleontología comparada de Hrdlička son correctos. (Premisa)
   Por lo tanto,
9. *El ser humano no se originó en América del Sur y los vestigios pertenecen a indios modernos.* (Conclusión de (3) y (8) por *modus ponens*)

(O-II) era apoyada por Bonarelli (1918); Outes (1909); Hrdlička, Willis y Holmes (1912); Blanco (1916); Varetto (1921).

Argumentación (O-III)

Argumentación (O-III.1)

1. Si el Pampeano inferior y superior tienen una edad cuaternaria, y hay pruebas indiscutibles de la existencia del hombre en el Pampeano inferior y superior, entonces el ser humano se estableció en América del Sur entre el fin de un primer pluvial y el comienzo de un primer interpluvial. (Premisa)
2. El Pampeano inferior y superior tienen una edad cuaternaria, y hay pruebas indiscutibles de la existencia del hombre en el Pampeano inferior y superior. (Premisa)
   Por lo tanto,
3. El ser humano se estableció en América del Sur entre el fin de un primer pluvial y el comienzo de un primer interpluvial. (Conclusión de (1) y (2) por modus ponens)

Argumentación (O-III.2)

1. Si los fogones y escorias tienen un origen antrópico y se encuentran en el Pampeano cuaternario, entonces, son pruebas de que el hombre apareció en América del Sur en el Cuaternario.
2. Los fogones y escorias tienen un origen antrópico y se encuentran en el Pampeano cuaternario. (Premisa)
   Por lo tanto,
3. El hombre apareció en América del Sur en el Cuaternario. (Conclusión de (1) y (2) por modus ponens)

Argumentación (O-III.3)

1. Si las evidencias (B) constituyen material auténtico, hallado en posición in situ en horizontes cuaternarios de la formación pampeana, el ser humano apareció en América del Sur durante el paleolítico. (Premisa)
2. Las evidencias (B) constituyen material auténtico, hallado en posición in situ en horizontes cuaternarios de la formación pampeana. (Premisa)
   Por lo tanto,
3. El ser humano apareció en América del Sur durante el paleolítico. (Conclusión de (1) y (2) por modus ponens)

Argumentación (O-III.4)

1. Si los criterios de valoración craneométrica y la lectura en anatomía/paleontología comparada de Mochi son correctos, entonces el ser humano apareció en América del Sur en el paleolítico.
2. Los criterios de valoración craneométrica y la lectura en anatomía/paleontología comparada de Mochi son correctos. (Premisa)
   Por lo tanto,
3. El ser humano apareció en América del Sur en el paleolítico. (Conclusión de (1) y (2) por modus ponens)

(O-III) fue apoyada como alternativa por: Mochi (1911), Sergi (1911); Keith (1915); Boule (1921); Carlos Ameghino (1915d, 1916, 1917, 1918, 1919); Frenguelli (1920, 1934) y Vignati (1934).

La negación de Outes (1909), Hrdlička, Willis y Holmes (1912) o Blanco (1916) al origen sudamericano del ser humano, suponía, sin embargo, el correlativo rechazo de Mochi (1910, 1911), Sergi (1911), Keith (1915) Boule (1921), Carlos Ameghino (1918), Frenguelli (1920, 1934) y Vignati (1934) a considerar que "los vestigios pertenecen a indios modernos" (O-II.9). Esto obliga a indicar que el rechazo a la antropogenia ameghiniana, supuso reinterpretar la edad de los vestigios producidos entre 1889-1932, a partir de la incorporación de un criterio tectónico-climatológico (Frenguelli, 1934) que permitía considerar plausible la alternativa (c), referida a la coexistencia de humanos y megafauna durante el paleolítico sudamericano, conclusión a la que Ameghino-Ramorino ya habían arribado en 1869-1881.

La argumentación (O) fue *múltiple* (Bernstein, 2013, p.42), lo que da cuenta, además, de la *yuxtaposición* de controversias interdisciplinares por parte de una comunidad plural de investigadores que presentaba diversidad de perspectivas y orientaciones: *la deliberación sobre la antropogénesis ameghiniana se dijo de muchas maneras* e involucró la revisión y corrección de los criterios a partir de los cuales se valoraban las razones y las pruebas en favor de las hipótesis en disputa. Según Bernstein (2018), los ataques de Kuhn a la idea de un algoritmo para la elección de teorías se relacionan con la *ansiedad cartesiana*:

> Muchos de los críticos de Kuhn podrían estar de acuerdo en que es verdad (de hecho, es una verdad trivial) que los científicos tienen 'desacuerdos racionales', pero afirmarían que lo característico de la ciencia es que 'en principio' todos esos desacuerdos pueden resolverse por medios racionales. Podemos saber con anticipación qué tipo de información o evidencia se necesita para resolver por medios racionales cualquier desacuerdo importante. En el nivel más fundamental, esa suposición es justo lo que está cuestionando Kuhn (Bernstein, 2018, p.117).

La deliberación sobre la HAA da cuenta de la ausencia de un marco general de conmesuración de la disputa, esto es, de reglas *a priori* que permitieran determinar la validez de los argumentos (Bernstein, 2018, p.118). La resolución de la controversia no podía apelar a normas permanentes y atemporales de racionalidad, "sino a aquellas razones y prácticas que se 'forjan' durante la investigación científica. Lo que un científico dado, o incluso una comunidad de científicos, considera '*buenas razones*' puede más tarde no aceptarse más como *buenas razones*" (Bernstein, 2018, p.127). Al respecto:

a) La persuasión/conversión de Frenguelli/Vignati sobre (O-III) fue posible debido a que ponían en cuestión el procedimiento de seriación estratigráfica que Ameghino y

Roth fundamentaban en un criterio paleontológico (Frenguelli, 1920, p.354)

b) La conversión de Sergi (1911) a Ameghino ocurrió por el cuestionamiento al uso preferencial que Hrdlička hacía de la craneometría para evaluar los vestigios antropológicos

Es esta revisión permanente que la comunidad hacía de la datación relativa o de la craneometría la que evidencia la apertura a crítica de los criterios y, en consecuencia, el conflicto entre escuelas en pugna, que practicaban la ciencia en mundos diferentes.

La imposibilidad de recurrir a la resolución de la disputa ameghiniana mediante la apelación a normas fijas que permitieran saber por adelantado cómo "construir una situación ideal en la cual exista la posibilidad de hacer algo más para resolver todas las discrepancias residuales" (Rorty, p.316) es, precisamente, la que lleva a objetar la historización de Willey *et al.* (1974), por la cual se interpreta que Hrdlička-Holmes-Willis aplicaron metodologías *anticipatorias* del modelo Clasificatorio-Histórico (Politis, 1988) en el proceso de refutación de la antropogénesis ameghiniana (véase ap. II, de este cap.); esta lectura *whig* (Butterfield, 1951; Kragh, 1989) resulta extemporánea o anacrónica, pues disocia las prácticas científicas respecto de las condiciones histórico-efectivas de consenso-disenso sobre las normas y criterios comunitarios para evaluar los argumentos y hallazgos tanto en Argentina, como en Europa y los Estados Unidos: "Cuando ahora consideramos correcto el que Galileo *debería* haberle ganado a Bellarmino (al menos en la medida en que estaban haciéndose afirmaciones acerca del mundo natural y físico) es porque ahora podemos dar argumentos sólidos donde se muestre porqué el tipo de razones de Bellarmino era deficiente" (Bernstein, 2018, p.128). Por analogía, la extendida versión historiográfica de una refutación de Hrdlička a Ameghino no puede obedecer a la presupuesta anticipación, rigurosidad o superioridad metodológica del norteamericano, pues, ambos investigadores practicaban la ciencia en la *inconmensurabilidad* de criterios abiertos a revisión comunitaria. De aquí es que: "Como sostienen Feyerabend y Rorty, es una ilusión pensar que hay o debe haber una matriz permanente y neutral a la cual podamos apelar para que nos diga de una vez por todas qué debe considerarse mejor argumento sustantivo y qué peor, o, incluso, qué es en rigor un argumento científico" (Bernstein, 2018, p.133). En rigor:

a) Si en el siglo XIX Burmeister y la *Sociedad Científica* desestimaban hallazgos de *amateurs*, en parte, por el riesgo de legitimar antigüedades hiperbólicas e incrementar el valor de vestigios que podían ser parte de transacciones fosilíferas, desde 1913 ese criterio carecía de relevancia por la sanción de la Ley 9080 (aunque su implementación fuera deficiente), lo que establecía un criterio *legal* de cientificidad de las pruebas y argumentos, vinculado a la institucionalización de los estudios en prehistoria.

b) La inclusión/exclusión de *amateurs* comerciantes de la comunidad de ciencia se aplicó, en las reuniones de 1924, a la exclusión de *amateurs* no-universitarios: en efecto, en las reuniones de "naturalistas universitarios" del 26 de julio y el 2 de agosto de 1924, según Podgorny (1997) "Carlos Ameghino no fue invitado, así como tampoco Senet ni Mercante. La discusión se estableció entre Lucas Kraglievich, ayudante técnico de Paleofitología del Museo Nacional, y Joaquín Frenguelli" (Podgorny, 1997, p.18). De esta suerte, la constelación de los llamados investigadores "ameghinianos" se veía mayormente excluida del debate, con la sola representación de Kraglievich[107].

Los distintos órdenes de la deliberación revelan la apertura de las normas, criterios y valores a la crítica de la comunidad, sin que de ello pueda o deba inferirse el carácter "acientífico" (Orquera, 1987) del periodo 1875-1950: "Enfatizar que toda apelación a razones y

---

[107] En la sesión del 2 de agosto de 1924, Outes se dirigió a Kraglievich con una crítica general a la organización respaldatoria de las colecciones de fósiles del Museo Nacional de Historia Natural, aclarando, sin embargo, que no hacía "un cargo personal al señor ayudante técnico de Paleontología del Museo Nacional de Historia Natural. Su preparación es innegable (...) Y me consta, asimismo, que, por su diligencia, el departamento a su cargo ha comenzado a organizarse. Es, además, un universitario, y ello significa que pertenece a una nueva escuela" (Outes, 1925, p.7).

283

argumentos es cuestionable o falible y que puede cambiar nuestra idea de qué consideramos *buenas razones* y buenos argumentos no equivale a cuestionar la racionalidad de este proceso sino a caracterizar la racionalidad de la naturaleza autocorrectiva de la investigación científica" (Bernstein, 2018, p.133)". En cualquier caso, ciertas normas o criterios eran considerados *fijos*, aunque estos estuviesen abiertos a modificación. Por ejemplo:

a) Las pruebas y argumentos ofrecidos por un *amateur*, sin lazos de socialización científica ni descripción detallada del trabajo de campo ni testigos expertos, difícilmente hubieran sido aceptados por ningún miembro de la comunidad de ciencia argentina o norteamericana. Pero, la aplicación de estas normas se veía dificultada por el carácter fortuito de los hallazgos y "la capacidad de los descubridores para informar con exactitud de lo que habían visto del espécimen mientras estaba *in situ*, y la falta de normas consensuadas para leer y transformar los datos arqueológicos de campo en pruebas…" (Meltzer, 2015, p.16): tal fue la situación de Lorenzo Parodi, calificado como "the gardener" de los yacimientos de Miramar por Hrdlička, y sobre quien Blanco (1916), Bonarelli (1918) y Romero (1918) vertieran sospechas de fraude (Tonni *et al.* 2001).

b) La modificación de los criterios es explícita al evaluar que, un hallazgo *in situ*… *de visu*… en vías de ser aceptado por la comunidad científica argentina en 1875, corría el riesgo de ser cuestionado según la *duración* de la prospección realizada, lo que es indicativo de la inclusión de una condición que apelaba a desacreditar las conclusiones estratigráficas hechas *a la distancia* por investigadores extranjeros (por ejemplo, Hatcher o Steinmann)[108].

---

[108] a) Contra Mochi, Ameghino (1934o) rechazaba que existiera desacuerdo comunitario sobre la aplicación del criterio paleontológico para correlacionar las especies fósiles en los distintos horizontes de las formaciones sedimentarias argentinas: "Estas listas fueron dadas por mí con exceso de detalles. Nadie las ha contestado en el país y los paleontólogos extranjeros, que no conocen el terreno, no

El profesor Steinmann ha visitado solamente las barrancas de los Lobos en la costa atlántica de Mar del Plata, y las del río Paraná en Baradero, yo le he acompañado en sus excursiones para discutir en el terreno los problemas del origen y la edad de la formación pampeana. Es natural que con tan pocos días él no se ha podido poner al corriente de todos los fenómenos que presenta tan magna formación (Roth, 1920, p.191).

La disputa teórica tuvo consecuencias en los intentos de *normalización/disciplinamiento* de la práctica de producción de pruebas, lo que puede identificarse a partir de la reglamentación, como ya se ha dicho, de la Ley 9080, por Decreto Nacional 291221/1921, que institucionalizaba la cooperación del Museo Nacional de Historia Natural de Buenos Aires, del Museo de la Universidad de La Plata y del Museo Etnográfico de la Facultad de Filosofía y Letras, a fin de organizar una "Sección de Yacimientos" que anotara "de un modo prolijo, en un mapa especial, todos los yacimientos arqueológicos, antropológicos, paleoantropológicos y paleontológicos que hayan sido comprobados hasta el día y se prueben en el porvenir, numerándolos

---

tienen derecho para poner en duda estos datos. Ellas son tan exactas como las existentes acerca de las faunas fósiles de Europa y de América del Norte" (Ameghino, 1934o, p.549). Con esto, Ameghino (1934o) determinaba que las *buenas razones* propuestas en la D-EFG debían suponer el trabajo de campo *in situ* de los investigadores implicados en la polémica, en abierta crítica y condicionamiento a las objeciones ofrecidas por extranjeros.
b) Contra Wilckens, citado por Mochi (1910-11), afirmaba que este autor se había ocupado de la geología del país sin conocerlo, y que, por lo tanto, cayó en errores a causa de sus ideas preconcebidas. Por ejemplo, respecto del horizonte santacruceño, reunió depósitos de todas las edades y de todo género "colocando en la cúspide de la serie marina patagónico-superpatagónica (o pampatagónica de Ihering), capas que se hallan en la base, y ha cometido una cantidad de errores del mismo género" (Ameghino, 1934o, p.551).
c) Al describir el *loess* pampeano, Roth (1921) criticaba, como lo hacía Ameghino (1911), que "Para establecer si todo el *loess* pampeano es de edad cuaternaria o si existen depósitos Terciarios, vinieron algunos geólogos para practicar investigaciones. Es de lamentar que ellos no hayan hechos estudios detenidos de esta formación y que hayan publicado sus opiniones sin conocerla a fondo, difundiendo ideas completamente erróneas, tanto respecto de su origen, como de su edad geológica" (p. 178).

285

ordinalmente" y acordara los permisos de "explotación metódica", evitando que diferentes misiones trabajaran en el mismo yacimiento al mismo tiempo. En la reglamentación, se detecta la necesidad de normalizar la práctica de excavación, fruto de las D-EFG y D-VAR, que habían tenido lugar en Patagonia y en el litoral marítimo bonaerense. Por ejemplo:

> Art. 15: Cuando se trata de yacimientos paleoantropológicos que, por su excepcional importancia, sirvan para la dilucidación de problemas que de ellos se derivan o ellos plantean tal como ocurre con los de Miramar en la provincia bonaerense, el Museo Nacional de Historia Natural de Buenos Aires podrá reservarse el derecho exclusivo de explotarlos, a fin de que la diseminación de los restos u objetos hallados no aminore el valor de las pruebas acumuladas.

> Art. 16: Nadie, ni el propietario de la tierra donde estuviere ubicado un yacimiento, podrá dañarlo, alterarlo o removerlo; y si le resultare indispensablemente necesario disponer de la fracción de tierra en que el yacimiento estuviere ubicado, no podrá hacerlo antes de que la "Sección de Yacimientos" haya intervenido a fin de hacer en él una exploración definitiva de su contenido, para lo cual deberá dar aviso previo al Ministerio de Justicia e Instrucción Pública.

La reglamentación es un ejemplo significativo de las consecuencias prácticas que tuvo la deliberación comunitaria sobre la antropogénesis ameghiniana, que delegaba en los museos nacionales la tarea cooperativa (de *compromiso dialógico*) de controlar las prácticas de excavación, inscripción y publicación: "Las prácticas sociales, los criterios y las normas se forjan durante la investigación científica, no tienen nada de sacrosanto; pueden cambiarse, modificarse e incluso abandonarse (Bernstein, 2018, p.136). La legislación promulgada era resultado de la *praxis fronética*, aunque no funcionó *de ninguna manera* como marco de resolución de la controversia ni de regulación del campo ya que "en ningún momento contó con los recursos pertinentes (ni se establecieron penalidades para los casos de violación de la Ley), por lo que su inoperancia fue absoluta" (Fernández, 1979, p.73)[109]

Con independencia de su *estilo,* la comunidad de investigadores en prehistoria Sudamericana exhibió, en el período 1875-1947, el carácter práctico de una racionalidad, en esencia, dialógica e intersubjetiva. A su vez, sus prácticas se veían determinadas por intentos de normalización, que acudían ocasionalmente a medios jurídicos-legales para incrementar la credibilidad de los hallazgos hechos en el campo abierto de las tumbas. Por ejemplo:

a) La extracción que los hermanos Breton hicieran de una punta de flecha, en presencia del juez de paz de Luján (Podgorny, 2021, p.30).

b) La intimación a Don Antonio Ameghino que obligaba a Florentino a abstenerse de hacer excavaciones en parajes marcados por los Breton.

c) La exoneración de Florentino del Museo de La Plata y el permiso de asistir para investigar en horarios de apertura al público.

d) El *Acta...* de 1915 que *certificaba* los hallazgos de Miramar.

Si bien la judicialización de la disputa cumplía la función de establecer una instancia que delimitara la propiedad de explotación de los yacimientos (función delegada a los museos, desde 1913) y atribuir valor de verdad a los hallazgos a través de la certificación con jueces y testigos[110], eran las sociedades científicas las que operaban como

---

[109] Si bien esta ley funcionó de forma precaria, no fue la primera en su género. En efecto, por Decreto del 14 de abril de 1863 ya se prohibía la exportación de fósiles: la difusión de este decreto fue amplia, lo que puede identificarse en la narrativa misma de Hatcher (1903), quien viola la normativa para "extraer" unas cuatro toneladas de restos fósiles de territorio nacional. En efecto: "Debido a ciertas leyes que prohíben la exportación de fósiles desde territorio argentino, no nos disgustó en absoluto esta oportunidad de poner en marcha esta segunda remesa de camino a casa. Las cajas estuvieron pronto a bordo de 'La Patria' y guardadas en su bodega, habiendo sido consignadas a Braun y Blanchard en Sandy Point, con instrucciones de enviarlas en el primer vapor a Nueva York" (Hatcher, 1903, p.85)

[110] Tal como sucedía en Argentina, pese a suponer que las visitas conjuntas de expertos contribuirían a incrementar la confianza en la producción de las pruebas, en los Estados Unidos "sirvieron en la mayoría de los casos para ensanchar en lugar de reducir la brecha entre los antagonistas" (Meltzer, 2015, p.17)

primer tribunal de resolución de conflictos, sin excluir el hecho por el que el fracaso de las dos instancias previas podía derivar en los llamados *duelos a muerte* (por ejemplo, entre Ameghino/Moreno o Romero/Vignati)[111]. Además, la necesidad de certificar los descubrimientos había de relacionarse con la fragilidad de los yacimientos en los que tenían lugar los descubrimientos, lo que obligaba "a formas propias de las prácticas y doctrinas legales, tales como la presencia de testigos calificados en el lugar del hallazgo, el labrado de actas y la intervención de los jueces locales. Merced a estas convenciones, aquellas cosas de carácter controvertido podían transformarse –o no– en los fósiles de un animal o el resto elocuente de una cultura sepultada por los siglos" (Podgorny, 2008, p.170).

La argumentación (O), por tanto, permite comprender que la valoración de las evidencias (A o B) era realizada a partir de criterios comunitarios *inconmensurables,* abiertos a crítica y, en este sentido, a revisión o modificación; ello no implicaba librar al desacuerdo de su carácter racional, pues, los investigadores ofrecían *buenas razones* en favor o en contra de la antropogénesis ameghiniana, en un marco

---

[111] El entreveramiento hecho-valor es también susceptible de ser interpretado a partir de la discusión pública entre Romero (1919) y Vignati (1920): "El tono del escrito de Vignati llevó al militar antropólogo a enviarle los padrinos para intimarlo a que se retractase o, en caso contrario, exigirle 'una rigurosa reparación por las armas'. Vignati optó por la solución más prudente" (De Asúa, 2009, p.327). La resolución de controversias científicas públicas a través de duelos no fue, sin embargo, exclusiva del conflicto Romero-Vignati; en efecto, en 1891, tras su exoneración del Museo de La Plata, Ameghino había sido reemplazado por el naturalista suizo Alcides Mercerat, enviado a la Patagonia a proseguir los trabajos paleontológicos de la década anterior y, por lo tanto, el nuevo blanco de un odio correspondido. Ameghino, en agosto de 1891, afirmaba que las publicaciones paleontológicas del suizo eran meras especies nominales, nombres vacíos de contenido, pidiendo al director que se le permitiera examinar las piezas originales. Los insultos intercalados entre la clasificación de los dientes de Mercerat harían que Carlos, desde Santa Cruz, alertara a su hermano: "No te descuides en nada con ese caballero, pues esos ataques personales pueden ser tácticas de Moreno para que te des por ofendido y lleves el conflicto al terreno de las armas (Podgorny 2021, p.344)
En 1892, Mercerat fue también exonerado por desavenencias con el director del Museo y "siguiendo una costumbre muy arraigada en la época, Mercerat sometió un "arbitraje" o duelo a Moreno, lo que finalmente no se concretó, y posteriormente se instaló con su familia en Santa Cruz, donde se dedicó a explorar por cuenta propia los yacimientos paleontológicos de la zona" (Farro, 2008, p.176).

plural de perspectivas y orientaciones distintas, y practicaban la elección de hipótesis y alternativas en defensa de intereses político-institucionales o reputacionales-personales: "La incertidumbre sobre todos estos elementos involucrados en la creación de los objetos de la paleoantropología y la prehistoria, sumados a un contexto de labilidad institucional, puede ser considerada como el mayor problema de las controversias de la época" (Podgorny, 2009, p.257).

6.1.2. Inconmensurabilidad de criterios comunitarios

Según Bernstein (2018), Kuhn emplea el término "inconmensurabilidad" en *La estructura...* para referirse a la oposición entre escuelas de pensamiento en las fases preparadgmáticas. En efecto: "Lo que diferenciaba a esas escuelas no era uno u otro error de método —todos eran 'científicos'— sino lo que llegaremos a denominar sus modos inconmensurables de ver el mundo y de practicar en él las ciencias" (Kuhn, 2004, p.25) y, a la vez, indica que las tradiciones científicas que emergen tras una revolución suelen ser, con frecuencia, incompatibles con las anteriores. En este sentido, Bernstein (2018) indaga la imposibilidad, en ese contexto crítico, de que las escuelas en pugna puedan demostrar su propia posición y, al mismo tiempo, la posibilidad que presentan de convertir a los rivales a su propia forma de ver el mundo y practicar la ciencia, debido a que:

a) Los proponentes de paradigmas rivales están en desacuerdo sobre la lista de problemas a resolver, en tanto las normas y definiciones de ciencia son diferentes (*Cfr.* Kuhn, 2004, p.230).

b) En un nuevo paradigma, los viejos conceptos y experimentos entran en nuevas relaciones unos con otros (Kuhn, 2004, p.231).

c) Los participantes de distintos paradigmas practican la ciencia en mundos diferentes (Kuhn, 2004, p.233).

Bernstein (2018) subraya la inconmensurabilidad de *problemas* y de *normas*, así como el hecho por el que los científicos, en distintos paradigmas, practican la ciencia en mundos diferentes y ven cosas

289

distintas. A su vez, distingue entre:

a) Incompatibilidad: que supone la contradicción lógica de dos o más afirmaciones o teorías, y con el cual el empirismo lógico dedujo la derivabilidad lógica de teorías, a partir de una relación de comprensión:

> Esa relación asimétrica, compatible desde el punto de vista lógico, se consideró un modelo (de hecho el modelo) que mostraba la relación entre una teoría más comprensiva y adecuada y una menos comprensiva. Esa concepción de la "derivabilidad" de teorías menos comprensivas de teorías más comprensivas sustenta la imagen de la ciencia (de toda la ciencia, no sólo de la ciencia normal) como proceso acumulativo lineal, la imagen misma que Kuhn (y Feyerabend) atacan (Bernstein, 2018, p.148).

Según Bernstein (2018), la "derivabilidad" por compatibilidad es admisible cuando se resalta el conflicto entre el paradigma anterior y el nuevo, lo que:

> Tiene una gran similitud con un aspecto de la interpretación de la dialéctica de Hegel: su concepto de *Aufhebung*, pues *Aufhebung* es al mismo tiempo negación, preservación y superación o síntesis. Así, en la instancia de la teoría einsteiniana y newtoniana, podemos decir que la teoría de Einstein al mismo tiempo niega la de Newton (muestra que es falsa), la preserva (puede reconstruir la "verdad" implícita en la teoría de Newton mediante la explicación de una transformación sufrida por ella) y niega y preserva la teoría newtoniana mediante la propuesta de una nueva teoría rival que supera lo logrado por Newton (Bernstein, 2018, p.149).

La incompatibilidad, pese a la función del conflicto en la derivabilidad, presupone sin embargo un marco lógico común.

b) *Inconmensurabilidad*: sin embargo, la tradición científica que surge tras una revolución no sólo es incompatible, sino también *inconmensurable*, cuando Kuhn (2004) se refiere con ello a la superposición de observaciones, conceptos, normas y problemas:

> Lo que pretende señalar en su exposición sobre la inconmensurabilidad es un rasgo importante de esta superposición: busca extirpar el prejuicio objetivista de que sólo podemos dar sentido a esa superposición y a la comparación racional de teorías rivales si asumimos que hay algo permanente y determinado que se preserva intacto en todas esas comparaciones entre diferentes paradigmas. Niega que haya un "tercer" lenguaje o marco por completo neutral dentro del cual teorías paradigmáticas rivales puedan "expresare por completo y que, por ende, [pueda] utilizarse para comparárselas punto por punto" (bastardilla agregada). Además, Gerald Doppelt, quien reconstruye con precisión la "tesis de inconmensurabilidad" de Kuhn, ha mostrado que es la inconmensurabilidad de los problemas y de las normas (no la inconmensurabilidad de los significados) lo que constituye la tesis más básica de Kuhn y que, desde esa perspectiva, "la superposición de los problemas y las normas de paradigmas rivales es insuficiente como para clasificarlos en la misma escala de criterios" (Bernstein, 2018, p.151).

La *inconmensurabilidad* se da, desde esta perspectiva, por la ausencia de un marco común de conmensuración que contribuya a resolver racionalmente cada punto de conflicto entre teorías.

c) Comparabilidad: la *inconmensurabilidad* no impide que las teorías puedan ser comparadas "para ver qué se pierde cuando un paradigma sucesor se impone a un paradigma anterior y lo destruye" (Bernstein, 2018, p.152). La comparación entre teorías supone considerar las reglas, razones y criterios comunitarios en pugna.

La elucidación de Bernstein (2018), permite resumir que, en términos kuhnianos, los paradigmas enfrentados son "lógicamente incompatibles (y, por tanto, realmente en conflicto entre sí); inconmensurables (y, por ende, no pueden siempre medirse unas con otras, punto por punto) y comparables (pueden compararse unas con otras de muchas maneras diferentes sin que sea necesario suponer que hay o debe haber una red fija común mediante la cual medimos el progreso)" (Bernstein, 2018, p.153). Con ello, es posible indicar que la *praxis fronética* de la comunidad de estudios en prehistoria sudamericana deliberó sobre la antropogénesis ameghiniana compartiendo una lista de problemas específicos similar, con diferentes criterios de lectura:

Tabla N°2. Lista de preguntas específicas comunes y criterios científicos en conflicto en la praxis crítico-deliberativa de la antropogénesis ameghiniana

Id	Preguntas orientadoras de la deliberación crítica entre escuelas rivales	Criterios en conflicto
a	¿Cuál es la edad de las formaciones geológicas de Pampa-Patagonia? (Véase cap. III)	Paleontológico, climatológico, tectónico, litográfico, diagenético, etc.
c	¿Cómo se determina la credibilidad de los hallazgos? (Véase cap. IV)	Normas comunitarias de excavación, inscripción, publicación, en proceso de regularización[112].
b	¿Cómo deben evaluarse los cráneos americanos? (Véase cap. V)	Índice cefálico, norma vertical, variedades (Sergi 1911), deformación (no)intencional, orientación

Fuente: elaboración propia (2023)

La controversia sobre la antropogénesis, por tanto, puede referirse tanto a la valoración de los vestigios (A y B) y a las hipótesis, pero eminentemente, a los criterios metodológicos y ontológicos de la investigación. Además, en la disputa "confluyen ámbitos sociales diferentes (Epstein, 1996:256): ciencia, política, moralidad, etc. Respecto de estas últimas, investigadores como Mercer (1996:8) hablan más abiertamente de *controversy as politics*, en las que la política desarrolla un papel predominante en las relaciones de los

---

[112] Podgorny (2009), restringe la interpretación a la paleoantropología.

agentes participantes en una controversia, por encima de criterios meramente epistémicos" (Vallverdú, 2005, p.22), tal como se problematiza en el ap. II de este cap.

Sobre a), el uso que Ameghino, representante de "la escuela de Lyell en el Plata" (Fernandez, 1979) hizo de la estratigrafía fue pionero en Argentina, aunque en 1875 "muchos consideraban vacuos los arduos trabajos estratigráficos-faunísticos de Ameghino, que les resultaban incomprensibles" (Fernández, 1979). En otras palabras, el criterio paleontológico aplicado a la estratigrafía, y la estratigrafía misma, eran inconmensurables para los fines anticuarios de museos y coleccionistas privados. Con la clasificación de Doering (1881) y las sucesivas revisiones de Ameghino, se verificó la utilidad del método en correlación con la formulación de sucesiones faunísticas, aunque "Las analogías geológicas o prehistóricas rejuvenecían o envejecían la edad de los estratos y de las industrias allí encontradas" (Podgorny, 2009, p.257).

Según Fernández (1980): "Frenguelli afirmaba que el error fundamental de las extraordinarias conclusiones de Ameghino era esencialmente cronológico, y su decisiva influencia empieza en el momento en que, por erróneas informaciones, creyó en la coexistencia, en el Cretácico superior de la Patagonia, de Dinosaurios y de mamíferos placentarios *Notostylopenses*" (Fernández, 1980, p.84). En este sentido:

Como los Ameghino, Roth creía que varios de sus yacimientos y los mamíferos que contenían eran contemporáneos de los dinosaurios, confusión provocada entre otras cosas por el incipiente conocimiento de la geología patagónica; debido a esto, muchas etiquetas de procedencia de la colección Roth, llevan siglas como "C.s.M. significan "Cretáceo superior del lago Musters". Dichos mamíferos fueron descriptos por Roth en la Revista del Museo de La Plata (Bond, 1998, p.36).

Sin embargo, las antigüedades hiperbólicas ameghinianas no obedecían a un "error cronológico", sino al uso excluyente del criterio paleontológico para datar la estratigrafía, el que era, no obstante, aceptado por Scott y Roth[113].

> Termina Ameghino el estudio de las capas de la formación mesozoica de la Patagonia con una observación de cronología paleontológica y por medio de ella determina la edad de los terrenos. Los pequeños errores de la edad de las capas provienen de que nuestro sabio tomó el asunto siempre -con un criterio, paleontológico exclusivo, prescindiendo de la gran cooperación que presta en estos asuntos la estratigrafía de los terrenos (Castellanos, 1916, p. 410).

O bien:

> Ameghino ha considerado la sucesión de las capas ·como una especie de escala filogenética ininterrumpida de faunas sucesivas, introduciendo un *hiatus* donde el hilo filogenético se desviaba lateralmente. Esta manera de pensar no ha sido aceptada por los geólogos estratigrafistas, que afirman que este procedimiento nos conduce a la construcción de un sistema teórico (…) Los geólogos sistemáticos tienen por base de su clasificación la superposición de los estratos terrestres desde el punto de vista mineralógico y tectónico, y la paleontología sólo es una ciencia auxiliar para la determinación cronológica de los terrenos y no primordial. Los hiatus paelontológicos no existen en realidad, pues son debidos a las emigraciones e inmigraciones de las faunas entre dos horizontes, por ejemplo. La faunalogía de los mamíferos ha sido insuficiente para el estudio cronológico de las formaciones cenozoicas de nuestro continente; por medio de ella se ha llegado a resultados contradictorios, sembrando una verdadera anarquía. Debemos, por lo tanto, no asignarle a esta ciencia un rol tan primordial en la

---

[113] Roth (1921) indica que: "La división cronológica de los tiempos geológicos está basada en la relación estratigráfica como se presenta en Europa y para caracterizar los horizontes geológicos se han tomado con preferencia invertebrados como fósiles típicos o característicos (*Leitfossil*). Para establecer la correlación de los estratos en las distintas regiones de la tierra por medio de la fauna marina, la América del Norte presenta mayor facilidad que la América del Sud. Aquí encontramos solamente en las capas de las eras paleozoicas y mesozoicas fósiles característicos que son determinantes para los pisos en Europa, faltando estos por completo en los estratos de la era cainozoica. Por esta razón el profesor W. B. Scott ha dicho que la correlación de los pisos de la formación pampeana con los de otras regiones se puede establecer únicamente por la fauna de mamíferos" (p.309)

determinación de la edad de los terrenos, sino más bien basarnos en los datos más sólidos de la estratigrafía de las perforaciones y perfiles geológicos, como también en las diversas relaciones estratigráficas que entre ellas se establezcan (Castellanos, 1916, p.417).

Con esto, la deliberación crítica de la antropogénesis ameghiniana no suponía la "incertidumbre geológica", esto es, un "desconocimiento casi absoluto del territorio" (Daino 1979, p.2), sino la crítica comunitaria a la cronología medida a través de vertebrados fósiles propuesta por Cuvier en el siglo XVIII[114], que recurría, además, a la Anatomía Comparada. Es, por tanto, la inclusión de un criterio tectónico-climatológico de datación estratigráfica lo que llevó, parcialmente, a la desestimación de las edades atribuidas por Ameghino y Roth a las formaciones geológicas argentinas, la que ocurría, además, por la *persuasión* de Frenguelli (1934) respecto a la edad cuaternaria de todo el Pampeano (véase cap. III).

De este modo, una historización *whig,* que determina el error cronológico de Ameghino a partir de criterios extemporáneos, elude la *praxis fronética* de revisión comunitaria y, por tanto, disocia la práctica científica de las normas usualmente empleadas, desde el siglo XVIII, para clasificar las formaciones geológicas. De aquí que pueda afirmarse que el trabajo interpretativo de Ameghino fuera "ortodoxo en sus días y aún se sostiene muy bien en la escena local. Fué al ubicar este material de Argentina, taxonómico, filogenético y estratigráfico, en la estructura mayor de la historia mundial que Ameghino fué en

---

[114] El uso del criterio paleontológico es atribuido por Roth (1894) a Cuvier, quien "se ocupaba de la investigación de los huesos de mamíferos fósiles, y para ello comenzó con los encontrados en la cuenca de París. Por medio de la comparación exacta de los fósiles con huesos de animales análogos vivientes, se impuso de los caracteres de cada familia y especie, y según esto pudo juzgar si los fósiles provenían de animales cuya especie ó familia existe aún ó no. De estos exámenes resultó, que todos los huesos de mamíferos fósiles encontrados en la cuenca de París, pertenecen á especies ya extinguidas, y que el número de familias extinguidas aumenta cuanto más antiguas sean las capas en que se las encuentre. Este principio ha sido fijado para los depósitos sedimentarios en general y es tenido aún por una verdad indisputable por muchos geólogos y paleontólogos, á pesar de que se ha demostrado terminantemente, que este principio, que parece aplicable al continente europeo, no lo es en todo el sentido y extensión de la palabra, á todos los países de la tierra" (p.7)

extremo no conformista y emitió teorías que no han soportado las pruebas del tiempo" (Simpson, 1954, p.84), como indica también Ingenieros (1919), al referirse a que Ameghino empleaba una paleografía mayoritariamente admitida por la comunidad de investigadores, a la que incorporaba su retroducción sobre emigración de mamíferos patagónicos (ver: Ingenieros, 1919, p.31)

El criterio paleontológico era autorizado por la tradición *habilitadora* de Cuvier y Bravard, más, acudir a criterios climatológicos para establecer la cronología de los terrenos no parecía, tampoco, una alternativa segura, ya que, en Estados Unidos "los geólogos glaciares se enfrentaban a cuestiones fundamentales en su propio campo, como cuándo terminó el Pleistoceno, cuántos episodios glaciares distintos había habido a lo largo de la Edad de Hielo e incluso cómo reconocer un yacimiento de la edad del Pleistoceno más allá de los límites del margen de hielo continental" (Meltzer, 2015, p.17). En Argentina Ameghino/Roth cuestionaban ese criterio, debido a las posibilidades de que el fenómeno no hubiera acontecido en forma sincrónica en los dos hemisferios, o bien, que hubiera presentado características diferentes; tal es una de las razones por las que Roth (1920) cuestionaba el rejuvenecimiento consecuente de los terrenos pampeanos, a partir de la correlación Norte-Sur de los fenómenos glaciares (véase argumentación (I), en el cap. III).

Sobre b), los métodos e instrumentos craneométricos utilizados en la disputa sobre *Tetraprothomo* y *Diprothomo* (véase cap. IV) "hicieron aparecer –o desaparecer– un precursor de la humanidad" (Podgorny, 2009, p.257). Y, pese a la objeción de Hrdlička, Schwalbe o Mochi a la craneometría de Ameghino, criterios similares a la *bestialización* ameghiniana fueron también empleados para distintas clasificaciones filogenéticas:

> Rivet piensa también, como Ameghino y Boule, que los tipos *Neanderthal*ensis son seres *bestializados*. Últimamente, el paleontólogo norteamericano Dr. Henry Fairfield Osborn, en su última obra, resucita la vieja teoría del origen humano de los antropomorfos, sin mencionar los descubrimientos de Ameghino (Castellanos, 1916, p.436).

Mientras que, respecto de c), primaban las acusaciones entre las escuelas rivales sobre prácticas deficientes de excavación, alteración de los terrenos, intrusión intencional o natural de materiales, etc. (véase cap. V), en especial, con falacias *ad hominem* que desacreditaban a los rivales por "incompetencia científica".

La *aplicación* de un criterio tectónico climatológico a la comprensión de la estratigrafía pampeana rejuvenecía la edad de los vestigios industriales y concluía (O-III), mientras que el empleo de un criterio paleontológico conducía, necesariamente, a determinar el hallazgo de un ancestro de los seres humanos actuales (O-I). Esta situación es la que amerita comprender que la *inconmensurabilidad* de los criterios orientaba a que los investigadores en prehistoria de Pampa-Patagonia practicaran la ciencia en mundos (o formaciones geológicas) diferentes. En este sentido, si Hanson (1958) se preguntaba: *¿Ven Kepler y Tycho la misma cosa en el Este, al amanecer?* (Hanson, 1971, p.79), la disputa sobre la antropogenia ameghiniana ofrece claras analogías para deducir la *inconmensurabilidad* de criterios:

Ejemplo 1: *¿Ven Ameghino y Hrdlička las mismas cuarcitas quebradas?* A solo unos meses de dar a conocer la "industria de la piedra hendida" de Mar del Plata, Ameghino ([1910]1934p) afirmaba haber encontrado los restos de una industria más antigua y primitiva, a la que llama "industria de la piedra quebrada" (véase cap. IV), hallazgo que realizó en un viaje compartido junto con Hrdlička y Willis a Monte Hermoso:

> Encontré las barrancas de esa localidad modificadas en una forma muy distinta de como yo las había conocido. Las capas de arenas y areniscas petrificadas que descansan encima del Hermosense y constituyen el piso Puelchense, antes visibles en un pequeño trecho de sólo unos 40 metros, aparecen ahora a lo largo de la barranca en una extensión de varios cientos de metros y con un mayor espesor" (Ameghino, 1934p, p.393). Los fragmentos hallados poseen en su

superficie escoriaciones, picaduras, aplastaduras, abolladuras y hendeduras producidas por repetidos golpes con otras piedras: "Esas señales de percusiones son tan frescas y perceptibles que parecen de ayer" (p.393). Ameghino (1934p) propone que las cuarcitas quebradas son obra del ser humano o de uno de sus predecesores "pues no pueden oponérseles las objeciones que se hacen contra los eolitos" (p.396) y señala que "Es mi debe comunicar que he visto al profesor Hrdlička recoger objetos parecidos, pero no sé cómo los interpreta ni se lo he preguntado" (Ameghino, [1910]1934p, p.397).

Ejemplo 2: *¿Ven Ameghino y Roth el mismo valle de Mar Chiquita?*:

Ameghino dice que basta un simple golpe de vista para percibir que el valle de Mar Chiquita corresponde a una ancha y profunda falla geológica, que corre de este a oeste y que al formarse ha entreabierto el macizo de cuarcita dividiéndolo en dos partes y rellenándse luego la ancha hendidura con materiales recientes. Resulta empero, que no se trata de un perfil geológico exacto sino de una simple demostración gráfica tal como *él suponía* que deberían presentarse las condiciones geológicas en esta región admitiendo la existencia de una falla. Si se levanta el perfil exacto de la relación estratigráfica como se presenta en las barrancas a ambos lados de este valle, resulta todo lo contrario de lo que afirma Ameghino, es decir, que en esta localidad en tiempos neógenos no podía haber habido una dislocación (Roth, 1921, p.138).

Ejemplo 3: *¿Ven Imbelloni y los ameghinianos/ameghinistas las mismas barrancas?* Al narrar los pormenores de la expedición, Imbelloni (1931) explicitaba que, en el atardecer del 10 de abril, reconocieron rápidamente la variabilidad de las barrancas por acción marina. Durante el día siguiente, sin interesarse por la presencia de rodados astillados o tallados: "Inmediatamente nos llamó la atención el hecho que, a pesar de la rápida destrucción de que ya hablamos, los caracteres del yacimiento lítico coincidían perfectamente con la descripción de Hrdlička, Willis y Kantor" (Imbelloni, 1931, p.159). Los guijarros solían caer sobre la superficie nivelada del *Hermosense*: "Así los vió Hrdlička, y más tarde nosotros. Wichmann, por misma causa no logró hacerse más idea exacta de su procedencia. Kantor, en cambio, coloca exactamente la capa de guijarros en la base de la arena de los médanos" (p.163).

Puede referenciarse que las comisiones de los museos nacionales realizadas a Miramar comprendían el carácter terciario de la formación pampeana a partir de la descripción geológica que Ameghino formulara en *Las formaciones sedimentarias de la región litoral de Mar del Plata y Chapalmalán* (Torres *et al.* 1913, p.155), la que operaba como carga teórica de la observación, mientras que la expedición de universitarios de 1924, *veían* las barrancas como lo hacían los investigadores norteamericanos.

Ejemplo 4: esto mismo sucedió con la conversión de Outes a la posición de Holmes:

> Outes introdujo los puntos de vista de William H. Holmes en la escena argentina, remarcando que su monografía de 1897 había resuelto el controvertido carácter paleolítico de los utensilios de piedra del Potomac-Chesapeake, demostrando que se trataba de restos dejados por tribus históricas. Holmes –también haeckeliano en América (Meltzer y Dunnell 1992)– "rechazó el intento de establecer períodos arqueológicos del Nuevo Mundo en paralelo con los de Europa occidental" (Hinsley 1981: 105). El trabajo de Outes adoptó los criterios de Holmes sobre los pasos en la evolución de las especies de punta de flecha y también sus conclusiones: el hombre paleolítico no se produjo ni en Norteamérica ni en Sudamérica (Podgorny, 2015, p.77).

Esta inconmensurabilidad de criterios llevaba a poblar el mundo de *Homo pampeaus* o de indígenas precolombinos recientes, lo que no impedía, sin embargo, la comunicación entre las escuelas rivales, a partir de una lista de problemas específicos (a, b, c), los que, sin embargo, intentaban dar respuesta a dos problemas generales diferentes:

a) El "problema de los problemas" ameghiniano/darwinista: ¿Cuál es el origen de los seres humanos?, inferido a partir de la teoría específica de fase 2 (Tuomi, 1981) de la descendencia humana.

b) ¿Cuál es el origen del poblamiento americano?

La *inconmensurabilidad* reunió a adherentes y detractores a la antropogénesis ameghiniana, en escuelas que trabajaban en mundos, y aún, en formaciones geológicas diferentes. Al respecto, la corrección del interrogante a), determinó la elucidación del problema en torno al cual se centraron, desde 1930, los estudios en prehistoria sudamericana (véase ap. III de este cap., sobre clausura de la controversia). Asimismo, si en los Estados Unidos:

> La incomensurabilidad condujo a un callejón sin salida, ya que 'ninguna de las partes mostró inclinación a retroceder de la posición avanzada que había tomado'. El callejón sin salida desencadenó feroces guerras fronterizas intradisciplinarias e interdisciplinarias en las que nadie estaba seguro de qué pertenecía a quién. Esto provocó duros intercambios en la prensa y encendidos enfrentamientos en las reuniones, especialmente en la Asociación Estadounidense para el Avance de la Ciencia (AAAS), que reunía anualmente a participantes de todas las disciplinas (Meltzer, 2015, p.17).

En Argentina, la *inconmensurabilidad* llevó a la yuxtaposición de controversias en cada uno de los órdenes disciplinares relacionados con la disputa sobre la antropogénesis y condujo, como en la reunión de la AAAS, a la discusión de universitarios de 1924 en la Sociedad Argentina de Ciencias Naturales.

6.1.3. Normas de conmesuración historiográfica de la disputa

Bernstein (2018) referencia el lugar significativo que la *inconmensurabilidad* ocupa en las ciencias sociales en general, y en la antropología, en particular, debido a que entre muchas de sus actividades se destaca el tener que *comprender* a culturas ajenas o "primitivas", lo que implica una tendencia posible a "imponer, interpretar o proyectar en lo estudiado categorías y normas morales muy arraigadas en nuestra propia sociedad y la antítesis dialéctica de esto, la tentación de inclinarse por la natividad, suponer que sólo entendemos en realidad a los *azande*, los *nuer* o los balineses cuando pensamos, sentimos y actuamos como ellos" (Bernstein, 2018, p.161). Desde este abordaje, la *comprensión* de la *otredad* contribuye al autoconocimiento de las normas que determinan las propias prácticas culturales y, con Winch (1958), diferentes *formas de vida*, en tanto la *Verstehen* implica *Sinn*, y a la vez, normatividad: la tarea de las ciencias sociales consiste en comprender el sentido de las acciones humanas a partir de la consideración de las normas como *locus* de referencia y rechazar, entonces, patrones causalísticos de explicación:

> Según Winch, el uso de generalizaciones causales en la ciencia natural depende de criterios de identificación de un fenómeno como un caso de una ley, que vienen fijados por el marco conceptual del observador", y en cambio, el científico social "necesita comparar su propio utillaje conceptual con el de los sujetos que estudia —y, tal vez, reajustarlo como consecuencia de dicha comparación—, a fin de que sus hipótesis explicativas puedan ser reconocidas por él como apropiadas también a la luz de los conceptos y normas de éstos" (Millet, 1998, p.56).

La *inconmensurabilidad* entre diferentes *formas de vida* no impide la comparabilidad, excepto que "Winch nos alerta aquí sobre el error de pensar que nuestra cultura es un todo continuo. Cuando tratamos de comprender la magia y la brujería zande, puede ser un error comparar la brujería con la institución de la ciencia occidental" (Bernstein, 2018, p.168). Esta lectura es significativa, ya que permite objetar las historiografías *whig* norteamericanas y argentinas que evalúan la historia de la ciencia mediante normas o criterios extemporáneos o anacrónicos, a fin de justificar la periodización de Clarke (1978), Willey *et al.* (1974), para quienes, hasta la década de 1950:

> La arqueología es una disciplina empírica indisciplinada. Una disciplina que carece de un esquema de estudio sistemático y ordenado basado en modelos y reglas de procedimiento declarados y claramente definidos. Carece, además, de un cuerpo teórico central capaz de sintetizar las regularidades generales de sus datos de manera que los residuos únicos que distinguen cada caso particular puedan aislarse

rápidamente y evaluarse con facilidad. Los arqueólogos no se ponen de acuerdo sobre una teoría central, aunque, independientemente del lugar, el periodo y la cultura, emplean modelos y procedimientos tácitos similares basados en entidades similares y distintivas: los atributos, los artefactos, los tipos, los conjuntos, las culturas y los grupos culturales. A falta de una teoría explícita que defina de forma viable estas entidades y sus relaciones y transformaciones, la arqueología ha seguido siendo una habilidad intuitiva, una destreza manipulativa inexplícita aprendida de memoria. Sin embargo, parece probable que la segunda mitad del siglo XX marque retrospectivamente un importante umbral en el desarrollo de la arqueología, una fase de transición hacia una nueva configuración disciplinar. Desde la década de 1950, los arqueólogos han sido cada vez más conscientes de las insuficiencias de sus propias formulaciones arcaicas por los comentarios disyuntivos de toda una nueva generación de técnicas y procedimientos ahora ampliamente utilizados en los campos de las ciencias sociales interyacentes (Clarke, 1978, p. xv).

La perspectiva de Clarke (1978) se acoplaba a la lectura kuhniana de la historia de la arqueología propuesta por Willey *et al.* (1974):

Siguiendo el modelo de cambio científico propuesto por Kuhn, que concibe las revoluciones científicas en términos de paradigmas en competencia, es obvio, como han señalado varios arqueólogos, que la arqueología estadounidense asiste actualmente a una competición entre paradigmas teóricos y metodológicos básicos. Sin embargo, la situación no es tan sencilla como algunos de los ejemplos citados por Kuhn, en los que un paradigma competidor se introduce en una disciplina desarrollada y acaba triunfando sobre un paradigma tradicional. La arqueología sigue siendo una ciencia no desarrollada o, en el mejor de los casos, en desarrollo, y creo que hay más de dos paradigmas en liza (algunos explícitos y otros implícitos). Además, hay paradigmas que compiten en varios niveles, no sólo en un nivel general. Es decir, existen diferentes paradigmas metodológicos, teóricos y lógicos cuyas interconexiones no están claras en la actualidad (Willey *et al.* 1974, p.195).

El esquema *ciencia inmadura-ciencia normal* fue, de este modo, introducido en la historiografía de la arqueología por Binford (1972), Willey *et al.* (1974) y, más tarde, por Clarke (1978), como parte de la crítica de la *Nueva Arqueología* a la subsunción francesa de la Prehistoria a la Historia, así como al uso sistemático de la estratigrafía para resolver dataciones cronológicas como problema fundamental del campo. La lectura kuhniana hecha por los autores había tenido, pues, como punto de partida, la interpretación de Willey *et al.* (1958), para quienes:

> Se ha dicho que la arqueología, si bien aporta datos y generalizaciones en materias como la historia y la antropología general, carece de un cuerpo sistemático de conceptos y premisas que constituyan la teoría arqueológica (...) Como técnica de investigación, la arqueología americana, al igual que la arqueología en general, proporciona datos útiles para la geología, la paleontología, la climatología, etc., y recupera material valioso para los museos de arte y el estudio de la estética, pero no está implicada en ninguna de estas materias. Parafraseando el famoso *ductum* de Maitland: la arqueología americana es antropología o no es nada (Willey *et al.* 1958, p.1).

La historización norteamericana, que estableció un estado de disenso respecto de los compromisos metodológicos e instrumentales y, en cierta medida, un carácter *acientífico* de los estudios en prehistoria anteriores a 1950, fue aprendida por las historiografías argentinas que interpretaron el período de desarrollo disciplinar entre 1875-1950. En efecto, fueron Willey *et al.* (1974) los que determinaron la relevancia de Holmes y Hrdlička en el proceso de regularización de la arqueología americana:

> La obra de Hrdlička debe evaluarse en función de su contexto histórico. En lugar de considerar a Hrdlička como una fuerza negativa, sus críticas a diversos arqueólogos deben verse como un intento de aportar cierto grado de rigor y un modo de valoración establecido al trabajo de campo y la interpretación arqueológicos. Es decir, puede que haya contribuido a frenar los estudios sobre el Hombre Temprano en un sentido sustantivo, pero hizo avanzar la causa de la arqueología norteamericana en su conjunto al intentar que su metodología fuera más científica. De este modo, Hrdlička contribuyó a sentar las bases

que hicieron posible la transición del Clasificatorio-Descriptivo al Clasificatorio-Histórico (Willey *et al.* 1974, p.58).

En este marco, y con respecto al rol de desempeñado por Hrdlička (1912) en su visita a Buenos Aires (1910), Podgorny & Politis (2000), sostienen:

> En Argentina se destacó varias veces que esta visita fue crucial en el proceso de refutación de las ideas de Ameghino sobre la gran edad de la humanidad en América del Sur (cf. Daino 1979, Politis, 1988). También se señaló que gracias a Hrdlička y su equipo se establecieron nuevos y más criterios científicos (Willey *et al.* 1974). Es cierto que en Argentina, el año 1910 puede ser visto como una fecha en torno a la cual observar un cambio en el horizonte de las ideas antropológicas actuales (Politis, 1988). Sin embargo, no debe entenderse como una consecuencia directa de la visita de los estudiosos norteamericanos. Este cambio está vinculado a la recepción de las tesis sobre el hombre primitivo en el contexto científico argentino pero, más directamente, a los debates que llevan a los procesos de institucionalización de las ciencias antropológicas.
>
> En esta introducción es importante subrayar que las críticas y el apoyo a Ameghino no se originaron ni se extinguieron con la visita de Hrdlička en 1910. Contrariamente, los debates en torno a sus ideas influyeron en el tono de la discusión científica actual en el ámbito argentino antes y después en 1911. Más curioso aún es el hecho de que, tras su muerte, [Ameghino] se convirtió en una especie de personaje laico santo para docentes y alumnos (Podgorny, 1996).
>
> Por otro lado, las conclusiones de Hrdlička no tienen aún un papel claramente analizado respecto a la aceptación de los hallazgos en la Costa Atlántica Argentina y al peso de los mismos en los debates ameghinistas. Por lo tanto, entender la visita de 1910 como un hecho que cerró la discusión es eludir la complejidad del largo proceso por el cual las ideas de Ameghino quedaron realmente desiertas (Podgorny *et al.* 2000, p.95).

Asimismo, afirman que el trabajo de Willey *et al.* (1974) fue el responsable de atribuir relevancia historiográfica a las opiniones de Hrdlička y Holmes (1912)[115], no sólo en el caso sudamericano:

---

[115] Miotti (2006) problematiza el estado de situación de los estudios sobre prehistoria

Sino también -y lo más relevante a criterio de los autores- para la historia de la arqueología norteamericana-, presentándolos "como los jueces implacables que con rigor y eficacia y con objetivos cada vez más agudos, fueron sitio por sitio dudando de los hallazgos que probablemente contenían evidencias de un poblamiento pleistocénico o incluso anterior de las Américas" (Willey *et al.* 1974). También destacaron que este hecho tuvo dos consecuencias; la primera, contribuyó a establecer criterios científicos más precisos; la segunda, un efecto retardatario -por el temor a la descalificación- sobre el estudio del hombre primitivo en América (Podgorny *et al.* 2000, p.102).

Podgorny *et al.* (2000) concluyen que Willey *et al.* (1974) estatuyeron una autoridad científica que Hrdlička y Holmes (1912) poseían en Estados Unidos, pero que "no parece tener gran significado en el contexto científico argentino" (p.103). Pese a que Politis (1988) afirma que "No sería correcto ubicar a Ameghino dentro de una etapa 'no científica' ni calificar a su producción como 'descaradas especulaciones'" (Orquera, e.p.)" (Politis, 1988, p.67), la visita de Hrdlika a Buenos Aires habría marcado "el inicio de un período de 30 años signado por la ausencia de un paradigma dominante dentro de la arqueología pampeana" (Politis, 1988, p.68). Además, el autor adhiere explícitamente a la lectura kuhniana de Willey *et al.* (1974) al comprender que:

Las causas del rápido deterioro del modelo de Ameghino y de la aceptación mundial del de Hrdlička-Holmes-Willis han sido múltiples y complejas. En primer lugar, el éxito se basó en el carácter dudoso de muchos hallazgos claves y en algunas interpretaciones cronológicas exageradas de Ameghino. Sin embargo, también estuvieron operando otros factores. En 1912 se publicó "Early Man in South American", un año después de la muerte de F. Ameghino; ninguno de sus seguidores contará con la energía y la capacidad de éste para defender sus ideas. Pero, una de las causas principales fue

americana a partir de las relaciones asimétricas establecidas entre academias centrales y periféricas.

que tanto Hrdlička como Holmes anticiparon un cambio notable en los standars de interpretación y en el grado de rigor en la verificación arqueológica. Los criterios aplicados para rechazar el modelo ameghiniano, fueron aceptados universalmente en el período posterior: el Clasificatorio-Histórico, del cual ambos autores fueron precursores (cf. Willey y Sabloff, 1980) (Politis, 1988, p.68).

Politis (1988) indica que el abandono hecho por la antropología del evolucionismo se debía al mendelismo, a explicaciones no darwinistas de los mecanismos evolutivos y a la crítica difusionista, entre otras, por lo que: "Además de la contrastación empírica, supuestamente negativa del modelo de poblamiento muy antiguo, la obra de Ameghino también sufrió el impacto antievolucionista y la crisis mundial de este paradigma" (Politis, 1988, p.69). De este modo, la rigurosidad de los métodos e instrumentos utilizados por Holmes y Hrdlička (1912) (anticipatorios del modelo Clasificatorio-Histórico) y el eclipse del darwinismo (Huxley 1942), habrían determinado que "El período que va desde la publicación de 'Early Man in South America' hasta fines de la década del '40 se caracterizó por cierto caos teórico" (Politis, 1988, p.69) esto es, por la ausencia de un paradigma dominante y la aparición de diversas alternativas teórico-metodológicas, como la escuela estructural-funcionalista francesa, el particularismo histórico norteamericano, el difusionismo inglés o el enfoque Histórico-Cultural en Viena (véase "Estado actual de la cuestión" en A1.4.1.2.).

La lectura historiográfica *negacionista* de la *praxis* deliberativa acerca de la antropogénesis ameghiniana posterior a 1910 (y sus consecuencias), puede señalarse a través de, al menos, diez ejemplos[116], cuya articulación permite deducir la *historia oficial*

---

[116] *Ejemplo 1*: "La gran confrontación del ameghinismo con sus críticos se realizó en ocasión del Congreso Internacional de Americanistas celebrado en Buenos Aires en 1910. Allí Ales Hrdlička erigió su edificio teórico, basado no sólo en la en la demolición despiadada de las tesis de Ameghino así como de otras más moderadas como las de Lehman-Nitsche, sino también de cualquier otra opinión que tanto en Norteamérica como en Sudamérica hubiera sugerido una alta antigüedad del poblamiento americano (…) Esto quedó fundamentado en su *Early Man in South America* (1912, en colaboración con otros). Sólo con la formulación de la teoría de

poblamiento múltiple de Rivet (a partir de 1924), y sobre todo con el hallazgo norteamericano de la asociación del hombre con la fauna pleistocena en Folsom (1926), pudo comenzar a entreverse un panorama más complejo y de mayor profundidad cronológica para la prehistoria americana" (Schobinger, 1969, p.54).

Ejemplo 2: "[Sobre Ameghino] En 1910 el norteamericano Hrdlička desautorizó su posición ante la comunidad científica" (Ratier, 1997, p.11).

Ejemplo 3: "En el delta del río Colorado, al sur de la provincia de Buenos Aires, el geólogo Bailey Willis -que junto con el antropólogo Alee Hrdlička viajó a la Argentina para refutar la teoría de Ameghino sobre el origen sudamericano del hombre" (Pasquali *et al.* 1999, p.19).

Ejemplo 4: "La superación de las teorías de Ameghino, debido a los fuertes argumentos presentados por Hrdlička y asociados en 1912, habían producido el desmoronamiento no sólo del núcleo fuerte de la teoría de poblamiento del autor argentino, sino todas las hipótesis secundarias del mismo, con lo cual en el país se produjo un abandono de todo estudio arqueológico sistemático relacionado con hallazgos de fauna pleistocena, artefactos que daban cuenta de mucha antigüedad del hombre en América y de toda investigación que se refiriera al poblamiento "temprano" y que hoy conocemos como del Pleistoceno final" (Borrero *et al.* 2007, p.7).

Ejemplo 5: "En 1912 A. Hrdlička publicó los resultados de este viaje, contrarios a las hipótesis de F. Ameghino, cuando éste ya había fallecido. Si bien existían críticas a las hipótesis paleoantropológicas y arqueológicas de F. Ameghino por parte de algunos antropólogos argentinos desde finales del siglo XIX, el trabajo de Hrdlička (1912) así como las agudas observaciones de W. Holmes, su colaborador, determinaron el punto de inflexión en el debate sobre la antigüedad del hombre en América, sobre todo a nivel internacional y la consolidación de una corriente antiameghinista (Daino, 1979; Politis *et al.* 2011)" (Prieto, 2016, p.211).

Ejemplo 6: "[Ameghino] podría no haber conocido en profundidad las teorías de Hrdlička, pero sabemos que tanto Florentino como Carlos asistieron al destacado investigador en sus correrías pampeano-patagónicas. De esto se desprende, por una simple cuestión lógica y cronológica, que Ameghino no habría tenido tiempo suficiente para leer en detalle la obra del autor checo, al menos no en toda su amplitud y extensión. Esto no explica la interpretación de cómo no hubo una respuesta sudamericana visible a las elucubraciones del estudioso del norte. Es como si nuestros contendientes no hubieran vivido en un mismo sistema espacio-temporal, como para entenderse a pleno ni tampoco como para rebatirse entre sí. Nuestro héroe muere un año antes que el Bureau Científico estadounidense publicara la obra del maestro checo sobre arqueología biológica argentina (Hrdlička, 1912), en la que demuele con brutal parsimonia las teorías antropológicas del estudioso argentino" (Pucciarelli, 2011, p.317).

Ejemplo 7: "Aunque desde el propio seno de la antropología argentina había ya fuertes críticas a sus hipótesis paleoantropológicas y arqueológicas (e.g., Burmeister, 1891; Outes, 1909) fue sin duda Aleš Hrdlička (1912) quien puso un punto de inflexión en el debate, sobre todo en el plano internacional. La muerte de Ameghino, además del prestigio de Hrdlička y a su posición como curador de antropología física en una de las instituciones más importantes del mundo en aquella época, el United States National Museum de la Smithsonian Institution, sumados a un cambio

generada por la historiografía kuhniana propuesta por la antropología cultural y la arqueología procesual norteamericanas y, subsidiaria de ellas, por las historizaciones argentinas[117]. En esta lectura, se obtiene el siguiente *ejemplo genérico*:

La visita de los expertos (Hrdlička-Holmes-Willis) de la *Smithsonian Institution* a Buenos Aires (1910) y la publicación de EMSA (1912), constituyeron los eventos refutatorios (Schobinger, 1969; Ratier 1997; Borrero *et al.* 2007; Prieto, 2016; Pucciarelli, 2011; Politis *et al.* 2011;

paradigmático en la arqueología de principios del siglo XX, contribuyeron al éxito del modelo postglacial del poblamiento de América (véase Meltzer, 1983; Politis, 1988)" (Politis *et al.* 2011, p.101).

Ejemplo 8: "Los precursores sudamericanos del hombre fueron una especie de objeto que existió hasta la primera década del siglo XX, cuando, durante algunos años, el Nuevo Mundo parecía ser la cuna de la humanidad y se percibía como el verdadero "Viejo Mundo". La constitución de este objeto científico fue el resultado de los problemas de clasificación inherentes a las pruebas y materiales arqueológicos, geológicos y antropológicos de la época. Fue una materialización de la fragmentación de estas disciplinas que, sin embargo, permitió establecer una clasificación internacional común y un proceso prehistórico universal en el ámbito de una nueva disciplina. Así, puede afirmarse que estos objetos fueron esenciales durante el período de consolidación de las disciplinas científicas aquí analizadas. Los antepasados fósiles argentinos del hombre aparecieron y se desvanecieron como un rostro humano en la orilla del mar; las disciplinas denominadas arqueología prehistórica y paleoantropología permanecen como vestigios de estas criaturas de la antigüedad pampeana" (Podgorny, 2015, p.78).

Ejemplo 9: "Para los historiadores de la Arqueología y los de la Antropología Cultural pesó más el "golpe de gracia" que le propició a la paleantropología argentina el checo Alex Hrdlička con su trabajo *Early Man in South America* (1912)" (Carrizo 2014, p.59).

Ejemplo 10: "Después de las discusiones del Congreso Internacional de Americanistas realizado en Buenos Aires en 1910 sobre la cuestión del hombre en el continente, la postura de Ales Hrdlička derribó los postulados ameghinianos. La publicación en 1912 de *Early Man in South America* (Willis y Hrdlička) demostró que la antigüedad de los sedimentos atribuidos al Terciario en realidad correspondía a estratos posteriores y que los materiales del "Hombre fósil" revisados durante su estancia en el país dos años antes, no eran tales sino que correspondían a restos indígenas recientes" (Solomita Banfi, 2019, p.38).

[117] El término *historia oficial* es comprendido a partir de la historización hecha por Lorenzano (2008) de la genética mendeliana: "Olby (1979) y Bowler (1989) utilizan, para referirse a tal interpretación, las expresiones 'traditional account' y 'orthodox image', respectivamente; por mi parte, y haciéndome eco del *film* argentino que ganara en 1985 el Oscar como mejor película extranjera, prefiero llamarla 'historia oficial de la genética'" (Lorenzano, 2008, p.23)

Podgorny, 2015; Carrizo, 2016; Ratier, 1997; Pasquali, *et al.* 1998) de la antropogénesis ameghiniana, debido a una asimetría en el grado de desarrollo de los métodos e instrumentos norteamericanos, que llevó, en Argentina, a un período *caos, punto de inercia* o *vacío teórico* (Madrazo, 1985; Politis, 1988; Garbulsky, 1991-92), coincidente con el eclipse del darwinismo (Huxley 1942), en el que no se advierte una respuesta de la escuela ameghiniana a las objeciones de Hrdlička (Politis, 1988; Pucciarelli, 2011), abandonándose todo estudio arqueológico sistemático relacionado con hallazgos de fauna pleistocena, que contribuyera a sostener un modelo de poblamiento temprano (Borrero *et al.* 2007, p.7; Daino, 1979; Bonomo, 2002).

La lectura kuhniana, aplicada a la historización de los estudios en prehistoria sudamericana, parece llevar a una caracterización contradictoria en lo que respecta los períodos:

a) 1880-1912, al que Politis (1988) asigna un estado de consenso metodológico y de ciencia normal.

b) 1912-1950, al que comprende como "caótico".

Pues, la posible *inmadurez* de la escuela darwinista era ya manifiesta en la fase 1 (Tuomi, 1981), por el disenso respecto de los mecanismos evolutivos (véase cap. I), tanto como en las *yuxtapuestas* fases 2 y 3, en las que primaban las discrepancias sobre los compromisos metodológicos e instrumentales en las disciplinas responsables de producir evidencias y reconstruir linajes. En su historización de la arqueología argentina, Ramundo (2010) no emplea el concepto kuhniano de "paradigma", debido a que:

Esto implica una elección teórica, ya que entendemos que, en la arqueología local, no existió ni existe un período de "ciencia normal", en el sentido que Kuhn le dio al término. Es decir, una etapa donde un solo "paradigma" establezca las normas que legitiman el trabajo dentro de la ciencia, las cuales guiarán la investigación. En este sentido, consideramos que en nuestra arqueología no se podría pensar en la crisis de un "paradigma" y su reemplazo por otro, sino en distintos marcos teóricos o varias escuelas de pensamiento con diferentes formas de ver la realidad compitiendo entre ellas. El concepto de "paradigma" debería ser tomado con recaudos dentro de la arqueología y, quizás tendríamos que apuntar a la idea de consensos parciales, o a pensar, en términos de Kuhn, que aún nos encontramos en un período de «pre-ciencia» donde la actividad es desorganizada y diversa (Ramundo, 2010, p.470).

Además, inscribir a la comunidad de estudios en prehistoria norteamericana como *norma* de conmensuración para historiar la deliberación ameghiniana desestima las controversias mismas respecto del rechazo sistemático que la *Smithsonian* realizó de las evidencias acerca del hombre fósil o, en su defecto, de un Cuaternario americano. Pues, este debate:

> Se convirtió en una cuestión de si las organizaciones científicas nacionales (en este caso el Servicio Geológico de los Estados Unidos y la BAE) fomentaban o retrasaban el conocimiento en su trato con los participantes no federales cuyos puntos de vista no encajaban con la ciencia 'oficial', y que esto era una manifestación de una crisis a otra escala, las dificultades por la creciente profesionalización de la naciente disciplina de la arqueología" (Meltzer, 1983, p.2).

En otras palabras, los estudios en prehistoria en los Estados Unidos, desde 1872 hasta 1927, como sucedía en América del Sur o en Europa, también presentaban un estado de consenso-disenso radical respecto de un posible Cuaternario, objetado por Holmes-Hrdlička. Según Meltzer (2015), en 1889 el Paleolítico norteamericano era ya aceptado por la comunidad científica, a partir de los hallazgos que hiciera Abbott en 1872:

> Sin embargo, apenas un año más tarde, el Paleolítico americano se vio sometido a una dura crítica, encabezada por William Henry Holmes, de la Oficina de Etnología del Smithsonian. Sus estudios de los restos de la fabricación de herramientas de piedra en la cantera de Piney Branch, en Washington, revelaron un fallo fatal en la suposición de que la forma correspondía a la edad. En su opinión, la producción de artefactos transformaba cantos rodados en largos bifaces en forma de hoja a través de "grados sucesivos de elaboración". Basándose en el estribillo entonces popular del biólogo Ernst Haeckel de que "la ontogenia recapitula la filogenia", Holmes argumentó que si una herramienta de piedra se desechaba o rechazaba al principio del proceso de fabricación (ontogenia de la herramienta de piedra), se

parecería naturalmente a las "rudas" y antiguas herramientas de piedra de la Europa paleolítica (primeras etapas de la filogenia de la herramienta de piedra), pero, por supuesto, eso significaba que el parecido por sí solo no tenía "significación cronológica alguna". Holmes utilizó la forma de los artefactos no para inferir la antigüedad, sino para negarla (Meltzer, 2015, p.15).

Así, mientras el "antropólogo zande que estudia al cristianismo podría declarar contradictorio que "Dios es uno" y mostrar 'cuán malos pensadores o cuán irracionales son en realidad las extrañas personas de Occidente'" (Bernstein, 2018, p.172), la relevancia atribuida por la *historia oficial* a Hrdlička en la revisión de la antropogénesis ameghiniana puede comprenderse como el intento de institucionalizar la historización de la disciplina, de acuerdo con el esquema kuhniano *pre-ciencia/ciencia normal*, a lo que se añadía, además, una presupuesta oposición entre las prácticas científicas oficiales *versus* prácticas científicas *amateur*:

Los arqueólogos coloniales estaban separados de sus sujetos arqueológicos por una remoción doble de tiempo y espacio. No solo sus sujetos eran "otros" arqueológicos, separados del presente por siglos y milenios, sino que también eran "otros" coloniales, distanciados de las metrópolis cultural, racial y espacialmente. Es decir, no solo eran sujetos a las metodologías y procedimientos de la disciplina sino que sus descendientes estaban sujetos a las leyes y restricciones del Estado colonial, así como a un conjunto de mitos raciales, tropos de alteridad, historias inventadas, etc. (Shepherd, 2017, p.12).

La subsunción de la historización de la controversia ameghiniana a compromisos metodológicos y procedimentales establecidos *a priori* por la *Smithsonian* supone, además, reproducir una forma de historiografía colonialista (Santos 2014), en la que "la disciplina solo puede existir en base a la exclusión de su *otro* (o, lo que viene a ser lo mismo, como tachadura de las relaciones ontológicas entre los vencidos y sus descendientes. La disciplina construye su otro como fase predisciplinaria, variadamente llamada especulativa, inicial, pionera, lega, etc." (Haber, 2013, p.55). De aquí que la derrota del otro-*amateur*-sudamericano pueda ser comprendida por la predeterminación y preterización historiográfica de la *Smithsonian* como norma apriórica de evaluación de comunidades científicas periféricas a la pretendida "ciencia oficial". Esta perspectiva ofrece la posibilidad de asociar el pluralismo pragmatista de Bernstein (1983, 1991) con la "ecología de los saberes" de Santos (2008), en tanto, las epistemologías del Sur-Global plantean "preguntas significativas sobre la relevancia de los saberes del Norte para comprender un mundo que no se reduce al occidental y cuya comprensión, como ha afirmado Santos, es mucho más amplia que la comprensión del mundo occidental" (Nunes, 2014, p.234). Asimismo, la dimensión constitutiva de la normatividad para evaluar la disputa sobre la antropogénesis coincide, temporalmente, con el proceso de institucionalización de las disciplinas en las universidades argentinas, y en este sentido, con el *disciplinamiento* de las prácticas de investigación en prehistoria ocurrido en otras periferias, donde "a partir de la década de 1920, vemos el surgimiento y la formación de la arqueología (…) en un formato reconocible –que, en otros lugares, se ha descrito como arqueología colonial (o colonialista)– con un conjunto asociado de prácticas e ideas rectoras" (Shepherd, 2017, p.13).

La historiografía disciplinaria contribuía a justificar un modelo de poblamiento centro-periferia, de modo que "El aún retumbante debate de Ameghino con Ales Hrdlička no fue realmente con Hrdlička en tanto científico sino con Hrdlička en tanto expositor del dominio científico de la antropología de principios de siglo xx" (Miotti, 2006, p.249). Desde esta perspectiva, Caponi (2017) sugiere que Ameghino no se ajustaba a la figura del "humilde y esforzado *científico periférico* ejecuta un programa que él no ha concebido y sobre cuyos fundamentos no precisa pensar demasiado: sólo lo necesario para poder desempeñar con eficiencia su función subalterna; que, según se supone, es la de colectar y organizar datos para ser interpretados *allende los mares*" (Caponi, 2017, p.4). En la historiografía colonial disciplinadora, la antropogénesis ameghiniana representaba:

El producto de un trasnochado especulador que no supo que no vivía en un imperio y por ello presentó, con gran ingenuidad, una teoría desopilante sobre los primeros americanos. ¿Para qué lo hizo?; ¿Para servir a los intereses de quién?; ¿tal vez Ameghino fue una periferia que se creyó centro? Desde los dominios teórico, metodológico y empírico Ameghino fue un genuino pero solitario revolucionario de las ideas generadas en el centro europeo-norte-americano, productor de los modelos del poblamiento americano. Su trabajo tuvo un claro rigor teórico y metodológico que no lo amilanó al momento de producir un modelo filogenético humano y cultural. Lo ingenuo en él fue suponer que podía sostenerlo solo porque su planteamiento surgió desde una periferia académica (Miotti, 2006, p.251).

Las expediciones organizadas por la Universidad de Princeton y representadas por Hatcher (a cuyas tesis se adhería Ortmann), nutrieron la objeción norteamericana a la estratigrafía de Patagonia propuesta por Ameghino:

En ese marco, los Ameghino fueron tratados por el enviado de Princeton como aficionados: en los debates abundaban las acusaciones veladas o directas a la actitud poco profesional de los hermanos, en un tono bastante similar al usado en las publicaciones del Museo de La Plata. Hatcher, acusando a Florentino de invertir las verdaderas relaciones estratigráficas existentes en la Patagonia, señalaba los dos aspectos que definían la conducta del geólogo profesional: estar allí y la publicación de mapas, perfiles y descripciones exactas, posibilidad de revisitar las localidades fosilíferas desde la distancia" (Podgorny, 2021, p.239).

Mientras tanto, en Europa, Boule (1921) también ponía en duda la rigurosidad de las prácticas científicas periféricas, al considerar que los resultados obtenidos por investigadores en Asia o América eran "pobres" (p.23) por ser realizados con pocos recursos y sin "suficientes garantías científicas" (p.27). Sin embargo, Boule (1921) no adhería al rejuvenecimiento que la *Smithsonian* proponía de los vestigios americanos, admitía la dificultad de participar de la disputa *a la distancia* e indicaba que, entre los datos positivos recolectados hasta la fecha, observaba la posibilidad de una opinión media (O-III): contra Hrdlička, afirmaba que "los adversarios de la gran antigüedad geológica del Hombre en América no han tenido dificultad en demostrar que muchos de los testimonios invocados no resisten la crítica y carecen de valor científico, pero hay otros testimonios a los que hasta ahora sólo hemos podido oponer negaciones o razonamientos apriorísticos" (p.409). Por esto, juzgaba imprudente la negación de los vestigios antropológicos, ya que su parecido con restos esqueletarios de indios no habían de probar su edad reciente:

Si, en su conjunto, el hombre americano presenta una cierta comunidad de rasgos físicos, esta comunidad debe remontarse muy lejos en el pasado, y si admitimos que América fue poblada por migraciones, principalmente si no enteramente a expensas del gran tronco Amarillo, la importancia y la extensión de estas migraciones, el establecimiento y la diferenciación de las poblaciones sobre toda la superficie de las dos Américas deben haber requerido un período de tiempo muy largo. Parece que las piedras talladas de Trenton y de otros lugares atestiguan la existencia del hombre en América antes de los albores de la actual era geológica. Además, entre todos los descubrimientos de huesos humanos, hay algunos que presentan serias garantías de autenticidad y gran antigüedad.

Tenemos que ser más precisos sobre esta antigüedad, y aquí es donde podrían confluir los dos extremos. De todas las pruebas, piedras talladas y huesos humanos, ninguna me parece que se remonte muy atrás en el Pleistoceno. Uno tiene la impresión de que los mejores de ellos sólo pueden referirse a un periodo final de esta era, algo así como nuestro Paleolítico Superior o nuestro periodo de transición del Paleolítico al Neolítico. En esta hipótesis, todo quedaría satisfactoriamente explicado. La inmigración masiva desde Asia no pudo tener lugar mientras las capas de hielo cubrían la mayor parte de Norteamérica. Sólo fueron posibles durante un gran periodo interglaciar y, más probablemente, después de que los glaciares se hubieran retirado definitivamente. En cuanto se abrieron los pasos como consecuencia de este fenómeno, el Hombre pudo utilizarlos para invadir progresivamente este continente americano en el que, durante más de un millón de años, no había vivido ningún animal del grupo de los Primates. En el estado actual de nuestros conocimientos, ésta me parece la manera más racional de comprender el problema de la antigüedad del hombre en América. Pero no debemos ocultar que es muy precaria (Boule, 1921, p.409).

Boule (1921) aseveraba que "la radical divergencia de opiniones se basa en parte en un malentendido" (p.409) lo que puede ser comprendido a partir de la *inconmensurabilidad* entre "dos escuelas en competencia" (Kuhn, 2004, p.231), en las que los conceptos y los hallazgos presentaban diferentes relaciones, unos con otros.

La alternativa francesa, vista en (O-III), revela que la comunidad de investigadores no se reducía a los métodos de la *Smithsonian* como *a priori* resolutivo de la disputa (O-II.9), por lo que desestimar a la ciencia norteamericana como norma de comparación contribuye a superar la distinción *o bien predisciplinaria/o bien disciplinaria,* así como la oposición *centro-periferia* con la cual se ha historiado la disputa, para establecer la existencia de normas de racionalidad diferentes (Bernstein, 2018, p169), con consecuencias prácticas concretas en el discernimiento discordante respecto del hombre fósil americano, lo que no eximía la posibilidad de acuerdos parciales (Ramundo, 2010), entre los participantes de escuelas rivales en un conflicto *plural*. Por ejemplo:

a) Hacia 1880, Burmeister acordaba con Ameghino (por medio de Richthofen) respecto del origen subaéreo de la formación pampeana, pero disentía sobre la edad.

b) Mochi acordaba en el uso del índice cefálico para evaluar al *Homo pampeaus* y acordaba con Ameghino en que los restos no podían ser clasificados como pertenecientes a humanos conocidos, emparentándolo con el *Homo Neanderthalis* (Mochi, 1911, p.663)

c) Sergi (1911) aceptaba que el atlas y el fémur descritos por Ameghino pudieran referirse a un precursor del hombre, pero afirmaba, según un criterio poligenista, que *Diprothomo* y *Tetraprothomo* podrían tratarse del mismo animal.

d) Frenguelli (1920, 1932, 1934) e Imbelloni (1934) aceptaban la posición *in situ* de los vestigios arqueológicos de la costa atlántica, pero rechazaban que se refirieran a precursores de humanos. Pese a dicho acuerdo, Frenguelli rechazaba el extremo rejuvenecimiento de los vestigios atribuido por el autor de *La esfinge indiana.*

e) Carlos Ameghino destruyó la individualidad tipológica de las dos industrias líticas identificadas por su hermano.

f) Whrigt *et al.* (1912, p.96) coincidían con Ameghino en que las escorias no eran de origen volcánico, pese a no declararse respecto del agente causal de la fundición del *loess.*

g) Simpson (1954) acordaba con la estratigrafía de Carlos Ameghino, aunque objetaba "la aseveración de que las formaciones terrestres desde la de Casamayor hasta la de Deseado (en la terminología moderna) contienen dinosauros o son contemporáneas con los estratos que los llevan" (Simpson, 1954, p.76).

h) Ihering compartía con Ameghino la hipótesis *ad hoc* sobre los puentes de tierra, alentó la antropogénesis sudamericana hasta 1909 "cuando aún creía que Brasil contribuiría a la filogenia humana con un cráneo hallado en las capas de arenisca de Sao José do Rio Petro" (Podgorny, 2021, p.287)

i) Frenguelli (1934) acordaba con Boule (1921) (aunque no hace explícita referencia bibliográfica ni mención alguna a esta adhesión), a la posibilidad de un Paleolítico americano, pero diferían ambos respecto de la cronología asignada a los terrenos pampeanos:

> ¿Qué quedará de todos los "descubrimientos" de Ameghino? Mucho menos seguramente de lo que creen algunos fervientes admiradores, y más probablemente de lo que dicen sus despiadados detractores. Es de esperar que los jóvenes naturalistas de América del Sur aporten un espíritu nuevo, libre de toda atadura anterior, a la solución de los interesantísimos problemas que se plantean en su país. Por el momento, y para resumir mis ideas, parece que en América del Sur, como en América del Norte, el hombre es mucho más antiguo de lo que muchos antropólogos creen y que el poblamiento del Nuevo Mundo debe remontarse por lo menos a los albores de los tiempos geológicos actuales (Boule, 1921, p.434).

Los diferentes criterios y *buenas razones* –visto ello en la argumentación (O)–, adoptados por la comunidad científica, llevan a Podgorny (2021) a calificar la deliberación como un "complejo de opiniones subjetivas" (p.287) denominación que, sin embargo, puede también ser aplicada a la "guerra paleolítica" norteamericana (Meltzer, 2015), en la que "Apenas había acuerdo sobre lo que significaba el registro empírico, y menos aún sobre los métodos para interpretarlo, incluso cuando la atención se desplazó de las herramientas de piedra a los restos óseos humanos y a los artefactos asociados a la fauna extinguida" (p.17)[118].

---

[118] Además, al eclecticismo de los criterios para valorar los vestigios – en coincidencia temporal con la pluralidad de mecanismos evolutivos en discusión –, se sumaba la *inconmensurabilidad* que suscitaba ya no tan solo pertenecer a formas de vida o escuelas científicas diferentes, sino también a grupos lingüísticos diversos, que "consolidaron sus prácticas en la paradoja de la reflexión sobre la lengua materna, la fragmentación lingüística y la búsqueda de un lenguaje neutral y compartido, comprensible para una comunidad científica internacional. En esta paradoja, la lengua terminó por volverse tan invisible como la misma cultura y las categorías que condicionan cualquier acto de escritura o comunicación" (Podgorny 2021, p.237). Las dificultades comunicacionales requerían del esfuerzo por parte de los miembros de las diferentes comunidades lingüísticas para transformarse en traductores (Kuhn, 2004, p.307). Pero, la publicación en el *Handbook of South American Indians,* editado por Julian Steward (1950) para la *Smithsonian Institution,* de la traducción parcial al inglés del discurso ofrecido por Frenguelli en el CIA de 1932, signaba un momento de cambio respecto de la lengua común de la disciplina: si en 1909, Ameghino no creía que Outes "tendría valor para reeditar en *francés* y en la 'Revista del Museo de La Plata' la inmotivada comunicación, personal y desde todo punto de vista incorrecta" (Ameghino, 1909, p.571) (La *cursiva* es nuestra), ahora, en 1950, Frenguelli (1950) reiteraba en *inglés,* que:

> En todo caso, parece seguro que hubo un Paleolítico en la región pampeana argentina, cuyas primeras formas aparecieron en el período Chapalmalense, es decir, en una época probablemente contemporánea del período Sanmeniense y del sitio donde se encontró el Sinanthropus en Asia. De lo contrario, parecería extraño que un continente tan vasto y favorable como América hubiera permanecido cerrado al Paleolítico Ecuménico mientras se producía un enorme intercambio de mamíferos entre América y Asia y viceversa. Vignati comparte estas creencias, discrepando sólo en detalles de menor importancia; otros autores, sin embargo, siguen creyendo que parte de los yacimientos de la pampa pertenecen aún al Plioceno y que, por tanto, Argentina fue la cuna de la humanidad durante la era Terciaria (Frenguelli, 1950, p.16).

La lectura bernsteiniana de la *inconmensurabilidad* kuhniana contribuye a articular una historiografía de la *praxis fronética* sobre la antropogénesis de Ameghino en la que las expediciones de Princeton o de la *Smithsonian* no se constituyen, *per se*, en norma excluyente a partir de la cual juzgar la hipótesis filogenética. En efecto, la *inconmensurablidad* revela una pluralidad de criterios en competencia que requerían de la intertraducibilidad entre las diferentes escuelas en la disputa racional (Bernstein 2018, p.179), en un marco de comprensión pragmatista que evita disociar la normatividad como carácter constitutivo en la producción del conocimiento científico. Una vez más, desestimar a la ciencia norteamericana como norma de historización de la antropogénesis ameghiniana, permite:

> reconocer la dignidad y validez de todos los saberes (lo que) implica que ninguno podrá ser descalificado sin poner a prueba su pertinencia y validez en condiciones situadas. Por el contrario, no debe concederse a ninguna forma de saber o conocimiento el privilegio de ser considerada más adecuada o válida que otras sin someterla a esas condiciones y ser evaluada por sus consecuencias o efectos. De este modo, ningún saber podrá ser elevado a la categoría de norma para evaluar la validez de otros saberes sin tener en cuenta las condiciones situadas de su producción y movilización, así como sus consecuencias. Las operaciones de validación de los saberes derivan, por tanto, de la consideración situada en la relación entre ellos, configurando una ecología de saberes (Arriscado Nunes, 2014, p.235).

Este abordaje requiere desestimar la analogía historiográfica por la cual: *la preciencia/predisciplina es a la periferia lo que la*

La publicación de Frenguelli (1950) señala un cambio en el consenso local respecto de la participación de "los *franceses de América del Sur*" (Ameghino, 1879, p.249) en una comunidad francófona de estudios en prehistoria sudamericana y, pese a que el inglés devino en lengua común, no impedía que, incluso Hrdlička lo abandonara al concluir sus jornadas de trabajo: "Es decir, cuando iba a casa, su entorno familiar era el de... los checos; y hablaba checo con otros miembros de la familia, cuando entraban. Stewart también recordaba que Hrdlička, que hablaba inglés con acento, a veces se sentía incómodo en situaciones sociales y no era 'consciente de cómo se desenvuelve la mayoría de los estadounidenses'" (Brandom, 2020, p.7).

ciencia/disciplina es al centro, a fin de comprender que a las diferentes perspectivas y orientaciones de las escuelas en pugna habíanse de yuxtaponer prejuicios, creencias, intuiciones y temperamentos, que determinaban las elecciones en favor o rechazo a unas u otras hipótesis en competencia, de acuerdo con el carácter plural de una comunidad científica y política de deliberación[119].

6.2. Apartado II – Revisión comunitaria de prejuicios y creencias

Henke (2013) establece que los prejuicios racistas de los investigadores británicos condujeron a desestimar hallazgos extraeuropeos, en favor del hombre de Piltdown: "Para poder Osborn amoldar los descubrimientos a sus ideas preconcebidas, coloca el *Eoanthropus Dawsoni* cien mil años después que el *Pseudohomo heidelbergensis*, disposición en abierta contradicción con la antigüedad geológica de los restos" (Castellanos, 1916, p.437). Mientras tanto, Dennell (2001) supone que los estudios prehistóricos anteriores a la Segunda Guerra Mundial eran "poco más que prejuicios disfrazados de ciencia". En este contexto, las taxonomías de los linajes propuestas incrementaban o reducían el número de razas, de acuerdo con los criterios de medición craneométrica utilizados:

> Morton pensaba que había 22, Huxley y Topinard optaron por 19; Deniker encontró 29, y Burke prefirió 63. Después de todo esto, Hrdlička adoptó casualmente el sistema de Linneo, fallecido en 1778. De hecho, Linneo pensaba que había seis razas, aunque dos de ellas eran sus oscuros *Homo ferus* y *Homo monstruosus*. Las otras cuatro eran la europea, la negra, la asiática y la americana. Hrdlička las redujo a tres combinando la asiática y la americana como "pardo-

---

[119] Se subraya que, en este libro, son abandonadas las dicotomías predisciplinario/disciplinario, preciencia/ciencia, así como la relación centro-periferia, para comprender la historiografía de un conflicto plural. Ello no *niega* las asimetrías en términos de relaciones económico-políticas de poder, pero explicita que las comunidades de ciencia norteamericana, europea y argentina se hallaban en una situación controversial *análoga* con respecto a los criterios de validación de los hallazgos, aplicándolos de manera diferente de acuerdo con sus propios prejuicios, valores, creencias, intereses o temperamentos.

amarillo" (Brandom 2020, p.71).

La investigación científica, expresada en sus diferentes prácticas sociales de intercambio y como forma de vida, posee prejuicios, presentimientos, intuiciones y suposiciones que se entrelazan en las formas de argumentación: "Las decisiones y elecciones comunitarias no son arbitrarias o meramente subjetivas" (Bernstein, 2018, p.260), con lo cual, en este Apartado, se propone comparar y evaluar a las diferentes escuelas participantes de la disputa y los prejuicios ínsitos a los juicios sobre la antropogénesis ameghiniana. Entre estos, es posible identificar prejuicios: nacionalistas, racialistas, religiosos, políticos, académicos o personales, los que no eran independientes unos de otros, sino que se presentaban de manera *yuxtapuesta* en los argumentos ofrecidos. Para el caso, Sánchez Arteaga (2007) indica que:

> Durante la segunda mitad del siglo XIX, y en los países más civilizados de 'occidente', el más descarnado racismo sobre los pueblos de origen no europeo, lejos de considerarse una ideología perniciosa, llegó a constituir, para la inmensa mayoría de la población educada –incluso para muchos de aquellos que se mostraban enérgicamente en contra de instituciones como la esclavitud–, *el resultado lógico de una verdad demostrada por las ciencias naturales más avanzadas del periodo* (Sánchez Arteaga, 2007, p.383).

6.2.1. Prejuicios habilitadores/cegadores: el nacionalismo-racialista de la objeción a la antropogenia ameghiniana

La antropología física es usualmente historiada de acuerdo con sus orígenes racistas (Shipman, 1994; Baker, 1998; Shanklin, 1998; Lischetti, 2010), de suerte que ello constituía el marco cultural que formaba parte de los componentes de juicio en las prácticas sociales de intercambio científico. Por ejemplo, Ameghino (1907) establecía que era "la raza blanca, la más perfecta y a la que está reservado el dominio completo de nuestro Globo" (Ameghino, 1934b, p.287), en tanto Caponi (2017) subraya que:

La Antropogenia ameghiniana se apoyó en ciertas evidencias empíricas muy mal interpretadas, que surgieron en un contexto de enorme ignorancia y confusión en todo lo atinente al origen del hombre; y se nutrió de un contexto ideológico en el que florecían discursos que, en el plano internacional, tendían a legitimar el colonialismo, y que, en el plano nacional, tendían a legitimar el exterminio de los pueblos originarios que ese colonialismo exigía (Caponi, 2017, p.162).

Caponi (2017) no duda en calificar que, la de Ameghino, se trata de "la antropogenia de un colono", útil a los fines de "justificar prejuicios raciales" (p.170) relacionados con "la ideología de la *nueva raza blanca argentina* que José Ingenieros (1957, p.327) iría a patrocinar unos años más tarde" (p.175) y sostenida en el *nacionalismo racialista* que enfatizaba, con Lugones (1915), la naturaleza europea de la población argentina:

Es decir, en el modelo económico-social que estaba articulándose en la Argentina de finales del siglo XIX, los inmigrantes europeos y sus descendientes, asumían un lugar que suponía la exclusión o la subordinación de las multitudes de rasgos aindiados, y a veces amulatados; y todo eso parecía poder justificarse con la afirmación de una supuesta superioridad del 'hombre blanco'. Una pretensión que Ameghino incorporaría, sin ningún tapujo, en su relato sobre la evolución del género humano (Caponi, 2017, p.179).

En Estados Unidos, Hrdlička fue pionero en el estudio antropológico de las diferencias raciales entre los rasgos somáticos de niños, con lo que "basó gran parte de su carrera profesional en la suposición de que esas mediciones podían distinguir objetivamente las fronteras entre las razas" (Brandon, 2020, p.1). Según Meltzer (2015), Hrdlička asumió de Broca que las desventajas sociales y económicas (de inmigrantes o no blancos) se debían a diferencias en el tamaño comparado de los cráneos, por lo que la craneometría debía propiciar las herramientas para la clasificación física de los grupos humanos:

Hrdlička se presentaba a sí mismo como un científico objetivo que se limitaba a informar sobre hechos del mundo natural, aunque, irónicamente, gran parte de su obra se basa en creencias que reflejan la religión y se acercan al misticismo. Aparte de su reputación de divulgador mecánico de datos, Hrdlička también fue recordado por su terquedad. Schultz escribió: "En lo que respecta a sus propias conclusiones, Hrdlička parece haber estado raramente plagado de dudas. Así como siempre fue leal a sus amigos, también lo fue a sus propias ideas". M.F. Ashely Montagu también comentó: "Hrdlička tendía a emitir juicios ex cathedra con un estilo un tanto pontifical" (Brandom, 2020, p.9).

La medición craneométrica se constituyó en una práctica que racializaba la clasificación de linajes de humanos fósiles y actuales, y legitimaba, con ello, una estructura jerárquica de estratificación social con criterios cognitivo-raciales de diferenciación asimétrica y suponía, según Hrdlička, la superioridad de "blancos" frente a "pardos-amarillos" (mongoloides) y "negros", aun cuando:

Los craneólogos tenían a su alcance un crecido número de clasificaciones. Era tal la disparidad de criterios tomados en cuenta por los taxonomistas, que nada más que confusión podía resultar de la coexistencia de tantos sistemas y nomenclaturas. Cada autor se ha creído con derecho a desconocer los fundamentos de las clasificaciones anteriores para enunciar las bases de otra nueva, olvidando que para ello era necesario primero destruir aquéllos mediante un procedimiento crítico (Imbelloni, 1925b, p.249).

Las creencias indubitables de Hrdlička acerca de la raza eran inseparables de una identidad nacionalista checa a la que pretendía asociar científicamente con la "raza blanca", en orden a garantizar mejores condiciones sociales para sus grupos de pertenencia social y étnica. La jerarquía racial de Hrdlička se fundamentaba en la herencia de los caracteres adquiridos lamarckiana, para inferir que el desarrollo de la "raza negra", en regiones palúdicas africanas, habría fijado deficiencias intelectuales duraderas, lo que determinaba una desventaja hereditaria frente a los "blancos", que se habían desarrollado en ambientes sanos: "En el esquema ampliamente lamarckiano de Hrdlička, el medio ambiente había dañado a la raza negra y había hecho que los defectos fueran permanentes. Esta enorme brecha de desarrollo, teorizaba Hrdlička, explicaba la conquista imperialista de los pueblos preindustriales de todo el mundo. Su severa conclusión era que los grupos 'retrasados' nunca alcanzarían a los superiores, y que algunos de los primeros podrían incluso estar abocados a la extinción" (Brandom, 2020, p.105). En este punto, si Hrdlička acudía al lamarckismo para justificar la asimetría racial, Ameghino precisaba la idea de *bestialización* "para referirse a un caso particular de esa degeneración a la que había aludido Anton Dohrn (1994[1875], p.50) para zanjar algunas cuestiones relativas a la filogenia de los vertebrados" (Caponi, 2017, p.199) y que, según Caponi (2017), era concebida por Ameghino a partir de los estudios de Lankester (1880) sobre "degeneración" referida a los cambios graduales y estructurales de organismos que se adaptan a condiciones menos variadas y complejas, como la que ocurriría con salvajes como los fueguinos o australoides: "La bestialización ameghiniana sería la degeneración, en el sentido de Lankester, cuando ella ocurre dentro de la familia Hominidae" (Caponi, 2017, p.200) y que tendría, por tanto, consecuencias en la mortalidad diferencial fruto de la lucha por la existencia. Una concepción similar compartía Hrdlička, al interpretar que los negros modernos "con toda probabilidad, son el vástago superviviente más antiguo del tronco humano" (Hrdlička, 1901-1944), que estaría destinado a la extinción, del mismo modo que para Ameghino la degeneración podía llevar a la aniquilación de la especie de "negros", debido a que "El *Homo ater* había llegado ahí por una vía diferente de la recorrida por otras especies del género; pero no había avanzado demasiado por la escala de la humanización" (Caponi, 2017, p.204).

La *vía hacia la humanización* o *hacia la bestialización* ameghiniana – argumentación (E)–, coincidía con el abordaje raciológico de Hrdlička, en la misma medida en que, para ambos, las diferencias morfo-raciales entre negros, mongoloides y blancos –en esta línea jerárquica– debían ser tratadas como diferencias de especies: "Desde el punto de vista físico, existen ciertamente variedades

323

humanas, del mismo modo que existen variedades en los perros, gatos, aves de corral y otros animales; y estas variedades, mientras no constituyan lo que podría llamarse legítimamente especies, se denominan razas. No hay posibilidad de ignorar estos hechos" (Morgan, 1927). De la misma manera, según Ameghino:

> La bestialización no es una regresión: es una innovación evolutiva hecha en un sentido 'no progresivo', 'no elaborativo'. Un caso particular de lo que en *Filogenia* se caracteriza como 'retrogradación' (Ameghino, 1915[1884], p.233): una expresión, esta última, que ya aparece en Haeckel (1947[1868] p.461); asociada, incluso, con una idea de degeneración que anticipa a Dohrn y a Lankester (Caponi, 2017, p.201).

La deliberación sobre criterios craneométricos, abiertos a revisión, suponía el prejuicio racista comunitario según el cual era factible determinar una medida objetiva para la diferenciación natural de las variedades humanas, con la cual legitimar una estratificación social asimétrica, a partir de bases científicas:

> La conclusión lógica del principio de organización racial era que los derechos individuales y los beneficios del gobierno dependían de la pertenencia a un grupo racial favorecido, y no de la ciudadanía legal. Cuando los derechos pasaron a depender de la identidad racial, un asunto siempre turbio, también se hizo crucial preguntarse quién pertenecía 'realmente' a qué grupo, y no había ninguna forma establecida de responder a esta pregunta. Los tribunales, por ejemplo, nunca encontraron un método sistemático para determinar la identidad racial de un individuo. A falta de un estado de derecho, los individuos tenían que luchar por su estatus racial en un juego salvaje con reglas que cambiaban constantemente" (Brandom, 2020, p.8).

Al evaluar los prejuicios raciales de Ameghino y Hrdlička, es posible conciliar el hecho por el que sus respectivos nacionalismos racialistas se desarrollaban en una "cultura de inmigrantes colonos" (Caponi, 2017, p.177) en la que los elementos *en vías de bestialización* debían segregarse *a fuer de* una política de colonización/imperialista, legitimada por los argumentos objetivos provistos por las ciencias antropológicas, que permitían: "1) mostrar que las características físicas se relacionan directamente con la capacidad intelectual y la calidad moral, 2) dividir a la humanidad en unidades discretas (distintas "humanidades") y 3) establecer gradaciones que jerarquizan estas unidades según se acerquen a un ideal de verdadera humanidad o se alejen hacia formas degeneradas más próximas a lo animal" (Acuña Alonzo, 2005, p.66).

El prejuicio racialista constituía una herencia de la tradición craneométrica francesa, estructurada a partir de la *École d'Anthropologie* de Paul Broca, en la que Ameghino había sido formado y de la que Hrdlička aprendió las causas naturales "en las desventajas sociales y económicas de los no blancos y los inmigrantes de Europa del Este" (Meltzer, 2015, p.139). Este prejuicio *tradicional* estructuró las formas de comprensión de las clasificaciones filogenéticas, a la vez que orientó la deliberación comunitaria sobre la antropogénesis ameghiniana, debido a que no hay conocimiento ni comprensión posible sin prejuicios (Bernstein, 2018, p.204) y "es a través del círculo hermenéutico de la comprensión que recurrimos a estas estructuras que nos permiten entender y al mismo tiempo discriminar críticamente entre prejuicios ciegos y habilitadores" (Bernstein, 1996, p.37). Así, la deliberación antropológica sobre clasificación humana supuso un prejuicio nacional-racialista que *enceguecó* a las autoridades epistémicas europeas y norteamericanas respecto del valor que presentaban los vestigios hallados en Asia o en América del Sur (Henke, 2013, p.27), o, aún incluso, los publicados por Charles Abbott para probar la coexistencia de un paleolítico americano.

El prejuicio racial de Ameghino/Hrdlička era indubitable y ningún miembro de la comunidad de investigadores lo puso en duda, en la medida en que era *racional* proponerlo, por haber sido ya dado por la tradición científica en la que se hallaban insertos: "En estos análisis de la ciencia, se emplea el concepto de tradición para comprender mejor la forma en que la racionalidad científica debe situarse dentro de las tradiciones vivas. Es importante ser sensible a

325

las diferencias entre varios tipos de tradiciones y a las formas en que se reconstituyen, critican e incluso se derrocan". (Bernstein, 1983, p.130), por lo que, si bien enceguecedor, el prejuicio racista colaboraba en los modos de producción de las taxinomias darwinistas. Esa era, en tal caso, la crítica que hacía el pastor evangélico bautista argentino Juan Varetto (1921), contra la defensa nacionalista de la antropogénesis ameghiniana:

> La mayoría de los ameghinistas lo son no porque hayan estudiado el aspecto científico de la cuestión, sino porque encuentran en estas teorías base para sus sentimientos antirreligiosos. Cualquier doctrina directa de un Dios creador les viene bien. Otros son ameghinistas por patriotismo. Aunque se discute la nacionalidad del sabio, para ellos no hay duda de que era argentino, y creen que a todo trance hay que sacar triunfantes sus teorías, para que no triunfen las de algún extranjero. Atacar las teorías de Ameghino es para ellos algo así como rebelarse contra el pabellón nacional (Varetto, 1921, p.12).

Y junto con Varetto (1921), el jesuita José M. Blanco S. J., indicaba:

> Sólo tratamos de probar que Ameghino, hoy por hoy, no ha encontrado el origen del hombre, y esto es lo que nos repite el mundo sabio. Se ha querido mezclar los sentimientos patrióticos con las cuestiones científicas. Y, sin embargo, es necesario que los afectos del corazón, por nobles que parezcan, no enturbien el discurso de la razón. El amor desinteresado de la patria, cuando nos lleva a su engrandecimiento por los caminos del sacrificio, ennoblece y sublima… Pero el error no tiene patria. Y cuando se confunde la causa de la patria con la causa del error, se expone a la patria a las críticas del mundo (Blanco, 1916a, p.132).

Agregaba, además:

> ¿Y qué decir ahora del *Homo ater* como género distinto del *Homo sapiens*? Es esta una de tantas singularidades que se presentan en este cuadro filogenético. Sergi, que participa de los sentimientos ameghinistas en el afán de clasificador evolutivo, es cierto que busca distintos ascendientes que a las demás razas de Europa, Asia y

América, pero, al fin, llega para él a ser Homo sapiens, pues el color no lo ha despojado de la inteligencia y del lenguaje que vienen a ser como sus características añadidas a una morfología completamente humana (Blanco, 1916a, p.128).

6.2.2. El agenciamiento antievolucionista/socialista de los investigadores en la constelación

Las referencias a Blanco (1916) y Varetto (1921) no son casuales. Pues, las creencias religiosas ocuparon un papel relevante en el conjunto de objeciones contra el evolucionismo ameghinista. Pese a querer exponer sus ideas "con la independencia de quien juzga sin prejuicios, que ofuscan no pocas veces lo caminos de la razón" (Blanco, 1916a, p.4), el jesuita se escandalizaba por la inserción de los ancestros *Tetra, Tri, Di y Prothomo* en el material didáctico destinado a la educación primaria[120]. Juan Varetto (1921), creía "indiscutible" que Ameghino fuera "un sabio digno de aprecio y admiración" (Varetto, 1921, p.7) y que, a su vez, se dejaba arrastrar por su imaginación. Así, en *Las fantasías de Ameghino*, un calificativo que se multiplicaría en las historiografías del también llamado "loco de los huesos" (Gabriel, 1940), se escandalizaba, como lo hacía Blanco (1916), por "el incalificable abuso que tantos profesores y maestros están haciendo al enseñar, en tono altamente dogmático, teorías, que bien hacen en discutir hombres maduros y bien preparados, pero que es una aberración inculcarla en cerebros juveniles mientras no hayan merecido la confirmación de los hechos" (Varetto, 1921, p.9)[121].

---

[120] Pues, ello era interpretado como un intento de cristalizar el relato ameghinista, lo que puede ser leído desde una perspectiva kuhniana, para quien "Esos libros de texto exponen el cuerpo de la teoría aceptada, ilustran muchas o todas sus aplicaciones apropiadas y comparan éstas con experimentos y observaciones de condición ejemplar" (Kuhn, 2004, p.33).

[121] La santificación laica de Ameghino ha sido trabajada por Podgorny, quien referencia la veneración de los maestros hacia la figura del sabio naturalista: "Ese sentimiento se alimentaba en distintos espacios: museos y manuales escolares, visitas a los grandes museos nacionales, escuelas primarias y bibliotecas populares con su nombre, antologías, monumentos, salas de conferencias, asociaciones socialistas de cultura obrera, la tumba del cementerio de La Plata, centro de peregrinación para los alumnos de toda la provincia y también, la Capital Federal

327

Blanco (1916) juzgaba la filogenia ameghiniana con la intención preconcebida de criticar el transformismo darwinista: "La teoría de la selección y de la lucha por la existencia, base de todo el edificio evolutivo de Darwin, a quien profesa seguir el autor de la *Filogenia*, no solo está lejos de ser un hecho, sino que está en manifiesta contradicción con los hechos" (Blanco, 1916a, p.13). En este sentido, puede comprenderse la objeción hecha en el marco del *eclipse del darwinismo* (Politis, 1988), en que las críticas a la selección natural:

> Reflejan muchas veces la imagen simplista de la teoría creacionista que prevaleció en los albores del siglo XX. Sin embargo, el eclipse del darwinismo demuestra que el intento de los creacionistas de presentar la selección natural y la creación divina como únicas alternativas merecedoras de atención en los planes de enseñanza constituye una grave distorsión de la situación real en el terreno de la ciencia. Hemos visto que existió dentro de la biología una importante oposición al darwinismo que, en general, no sustentaba dudas sobre la idea básica de la evolución. Por el contrario, se propuso una gran diversidad de alternativas, algunas de las cuales pueden ser incorporadas todavía en una nueva síntesis evolucionista. (Bowler, 1983, p. 295).

Blanco (1916) rechazaba las "fantasías de Ameghino" proferidas "contra ese Dios en el cual no cree, y contra cuya palabra no sabe decir más que verdaderas *guarangadas*, ahora [que] tiene escrúpulos de que la evolución sea contra el Génesis" (Blanco, 1916a, p.19). Lo cierto es que el antievolucionsmo de Blanco puede ser comprendido como un capítulo más del conflicto entre cristianos y darwinistas en el ámbito hispanoparlante, en el marco de "encendidas batallas, en particular durante las últimas décadas del siglo XIX y en relación a los procesos de secularización comunes a las repúblicas de América Latina" (De Asúa, 2015, p.19). En este sentido, las objeciones de Blanco a Ameghino, revisadas *in extenso* por Asúa (2009), permiten recuperar también la disputa que tuvo lugar en España a propósito del llamado "hombre de Samborombón", cuyos restos fueran recolectados por Enrique de Carlés y llevados a la ciudad

---

(Podgorny, 2012, p.92).

junto a José Rodrigo Botet en 1889. Si bien Ameghino les asignaba una edad correspondiente al Plioceno, Juan Vilanova y Piera los interpretaba, a comienzos de 1890, como de edad cuaternaria.

En 1899, Eduardo Boscá, entonces investigador universitario en paleontología de vertebrados, advertía la dolicocefalia del espécimen, lo que reforzaba su carácter primitivo; más, en 1902, en ocasión de la conmemoración del cuarto centenario de la Universidad de Valencia, el Ayuntamiento organizó una muestra abierta al público en la que el esqueleto de Samborombón era presentado por Manuel Giner San Antonio (y presumiblemente por Boscá) como "El hombre del período terciario" y valorado como "la perla de la colección". La edad terciaria atribuida a los vestigios fue contestada por Faustino Barberá y Martí (1907), otorrinolaringólogo participante de varios proyectos científicos jesuitas en Valencia:

> No es casual, pues, que Barberá se pronunciara en contra de la atribución de edad terciaria al esqueleto de Samborombón en una comunicación leída en el homenaje a Linneo que la Sociedad Aragonesa de Ciencias Naturales, a impulso de Navás, había organizado en Zaragoza en 1907, con motivo del segundo centenario del nacimiento del gran naturalista sueco, figura venerada por los antievolucionistas precisamente como máximo exponente del fijismo (Catalá Gorgues, 2012, p.72).

Al evaluar los restos, Barberá (1907) definía el carácter anormal de los restos, aunque no lo atribuía por ello a un supuesto primitivismo: "Mencionaba a Ameghino, como defensor de la existencia del hombre Terciario, y a Vilanova, como detractor, aun reconociendo –en opinión que asumía también él mismo– que ya hubo condiciones ambientales adecuadas en el Terciario para la existencia de seres humanos" (Catalá Gorgues, 2012, p.73).

En 1908, la disputa sobre los restos se abrió paso en los congresos organizados por la incipiente Asociación Española para el Progreso de las Ciencias, conformada por naturalistas liberales o republicanos y el *Primer Congreso de Naturalistas Españoles*, en el que primaba una alternativa conservadora y clerical. Como parte de la primera constelación, Boscá se adhería a las interpretaciones de Ameghino –aunque no de manera explícita (Catalá Gorgues, 2012, p.77)– así como a los criterios craneométricos de Herman ten Kate, Broca y Topinard. Además, desestimaba la posibilidad patológica o teratológica de los restos y le atribuía la anormalidad al carácter ancestral del ejemplar. La deliberación sobre la reconstrucción de los linajes era ajena, en el caso de Boscá, a la disputa sobe los mecanismos evolutivos:

> La manera en que Boscá entiende la evolución es de las más cercanas al darwinismo de cuantas se pueden encontrar entre los naturalistas españoles de la época, sobre todo en su aplicación a los estudios faunísticos, aunque esté lejos de ser un darwinista absolutamente ortodoxo; así, (…) era capaz de combinar en una misma aportación la herencia de los caracteres adquiridos y la perfectibilidad de los organismos con la lucha por la vida (Catalá Gorgues, 2012, p.79).

Tal como Sergi (1911), que alertaba sobre un prejuicio europeísta en la valoración de las pruebas de Ameghino, Boscá (1910) advertía sobre "prejuicios históricos, consiguientes a la falta de datos geográficos" (Boscá, 1910, p.222) con los que las autoridades epistémicas europeas rechazaban los restos americanos: "Él, como adherente a las tesis ameghinianas, asumía que Sudamérica podía ser cuna de la humanidad" (Catalá Gorgues, 2012, p.75). La popularización de la lectura de Boscá coincidía con un contexto español favorable a la propuesta ameghiniana, en particular, por la aceptación que Eduardo Hernández-Pacheco hizo de las pruebas sobre *Diprothomo platensis,* en la sesión científica de julio de 1910 de la Real Sociedad Española de Historia Natural:

> En ese sentido tampoco debe ocultarse la carga ideológica que había tras las posturas de Boscà y otros. En la España de hace un siglo, núcleos como los krausistas, ligados a la Institución Libre de Enseñanza, hacían lo imposible para liberar al país del secular dominio que la Iglesia ejercía sobre la educación. Pugnaban por aproximar el nivel científico del país al de su entorno geográfico natural, del que había estado aislado durante centurias. La ciencia

española partía prácticamente de cero. Desde esa perspectiva no es extraño que un personaje como Florentino Ameghino, perteneciente a la cultura hispánica, y que, no se olvide, gozaba de un amplio prestigio en los países europeos científicamente punteros, despertara las adhesiones referidas (Casinos, 2012, p.27).

En el *Segundo Congreso de la Asociación Española para el Progreso de las Ciencias*, que tuvo lugar en 1910 en Valencia, Boscá (1910) se adhería a la autoridad de Ameghino para considerar los restos de Samborombón de edad terciaria, tal como estaba escrito en la *Guía de Valencia* (ofrecida a los congresistas), en que la "perla de la colección" se anunciaba como "el esqueleto humano, fósil del terreno Terciario, según el sabio doctor J. [sic] Ameghino, de la República Argentina. Estos restos pertenecen a una raza muy inferior ya extinguida" (*II Congreso de la Asociación Española para el Progreso de las Ciencias*, 1909). Por gracia de una pensión de la Junta para Ampliación de Estudios e Investigaciones Científicas, Boscá visitó Buenos Aires en 1910, en donde accedió al estudio de los materiales accesibles en el Museo, entrevistándose con Ameghino, Roth, Lehmann-Nitsche y de Carlés:

> Desde luego, si atendemos a la noticia de una conferencia que impartió el 12 de agosto de 1915 en el propio Museo Paleontológico, acompañado de Antimo Boscá, siguió divulgando las ideas de Ameghino y, por tanto, el postulado de que «el hombre pampeano existía ya en la época terciaria», aunque, para el ejemplar depositado en Valencia, no podía "afirmarse que se trata del *Homo pampeaus*" (Catalá Gorgues, 2012, p.75).

La reacción antievolucionista católica fue encarnada, al igual que sucedía con José M. Blanco S.J., en Buenos Aires, por jesuitas que, en los inicios del siglo XX, buscaban rechazar el darwinismo a partir de bases científicas. De aquí que, mientras la deliberación sobre las reconstrucciones filogenéticas se concentraba en los compromisos metodológicos e instrumentales de fase 3 (Tuomi, 1979, 1981), las objeciones católicas ponían en cuestión, especialmente, la meta-teoría de la selección natural de fase 1 (Tuomi, 1979, 1981). En este

331

contexto, el lamarcksimo parecía ofrecer mayores garantías, debido a la posibilidad de ser *incrustado* en una explicación creacionista de la naturaleza, lo que coincide con la apreciación de Bowler (1983), para quien "la desconfianza del materialismo darwinista llevó a los críticos hacia el lamarckismo y no al creacionismo" (Bowler, 1983, p.296)[122]. Así es que el jesuita Jaime Pujiula Dilmé (1915), director del Instituto Biológico de Sarriá, acudía al dualismo antropológico para resguardar al "alma racional" de los mecanismos zoológicos que, eventualmente, podían operar reduciendo al cuerpo a la condición de "bestia perfeccionada" o "vástago del bruto" (Pujiula, 1915, pp.160-161): rechazaba los argumentos y pruebas sobre el hombre terciario por ser inconsistentes y, en consecuencia, la antropogénesis de Ameghino, defendida por Boscá:

> En las pampas de América se han encontrado esqueletos humanos que el Dr. Ameghino estimó o declaró como Terciarios: *Homo pampaeus, Tetraprothomo argentinus*. Pero el sabio Dr. Ameghino, como le llama el Sr. Boscá, no ha podido convencer a las eminencias antropológicas de Europa, para quienes el Sr. Ameghino ha exagerado la antigüedad de las capas geológicas de las pampas, sin duda el único punto de apoyo, para hablarnos del hombre Terciario. En opinión de Branca y demás antropólogos europeos de primer orden, ni las capas de las pampas son terciarias ni los esqueletos, en ellas encontrados, de otro que del Homo sapiens, en todo igual al de nuestros días. [...] este hombre Terciario, lo más inverosímil de este mundo, pertenece al dominio de la imaginación. [...] Este es el juicio que se han formado los antropólogos de Europa de los trabajos científicos del Dr. Ameghino y el crédito que les merecen (Pujiula, 1915, pp.191-192).

La referencia de Pujiula (1915) al rechazo de las autoridades periféricas es significativa, ya que, con Catalá Gorgues (2012)

---

[122] Es posible hallar excepciones en la generalización de Bowler (1983), como la que se lee en las conclusiones de Varetto (1921): "Siguiendo el consejo de Ameghino continuaremos creyendo que Dios creó al hombre, pues todas las teorías inventadas por los materialistas no nos han acercado a la verdad, y no han tenido otro resultado que el de sumergir en las tinieblas a todos los que se han dejado fascinar por el brillo de su oropel. Dejemos las vanas teorías de los hombres y busquemos nuestro origen en las declaraciones de la Biblia" (Varetto, 1921, p.59)

"Pujiula (…) explota el prejuicio al poner en contraste la propuesta de un sudamericano con la unánime opinión de los que trabajan donde se hacía ciencia de verdad" (p.88). En cualquier caso, vale indicar que la propuesta ameghiniana cosechó mayores apoyos y orgullo (Engerrand, 1908; Hernández-Pacheco, 1910; Boscá, 1910; Sergi, 1911) en la Europa hispano-itálica (Podgorny, 2021, p.242), y a la vez, un rechazo general en el mundo anglosajón. En 1907, por ejemplo, Ameghino recibía una carta del geólogo francés Georges Engerrand, quien le comentaba haber tenido noticias indirectas de *Les Formations sédimentaires...* (1906):

> Se mostraba completamente de acuerdo con las ideas del origen de los antropomorfos por "bestialización" de miembros del linaje humano, y a ese propósito le recordaba que Julius Kollman (1834-1918) había defendido un juicio semejante a propósito del pitecántropo. Y a principios de 1908 le volvía a escribir, en respuesta a una carta de Florentino. En ella afirmaba que la obra de Ameghino, junto a la de Ramón y Cajal, podía despertar el interés de los científicos por la lengua de Cervantes (Casinos, 2012, p.127)[123].

Ya, en el *IV Congreso de la Asociación Española para el Progreso de las Ciencias* de 1915, el jesuita Jaime Balasch asumía el estado del arte contrario a la edad terciaria del "hombre de Samborombón" "para hacer ver que la mayoría de especialistas se inclinaban por la datación cuaternaria del pampeano superior" (Catalá Gorgues, 2012, p.90), entre los que incluía a autores franceses y británicos. A propósito de la conferencia de Balasch (1915), Navás (1915) indicaba que éste "desvaneció con datos y razones apodícticas las aserciones de Ameghino que le daba antigüedad fabulosa [al

---

[123] A través de correspondencia, Ameghino e Ihering discutieron, en 1908, sobre alternativas para situar el origen de los mamíferos (especialmente, úrsidos, cánidos y prociónidos): a diferencia de Ameghino "Su colega paulense no aceptaba un origen africano para aquellos, decantándose por una migración miocénica desde Norteamérica, basándose en las similitudes de la fauna marina entre el Atlántico Norte y el meridional" (Casinos, 2012, p.250). Con respecto a los cánidos, Ameghino aceptaba un posible origen norteamericano, mientras que, en lo referido a los prociónidos, el origen europeo le parecía evidente.

esqueleto] y asentó que era ni más ni menos que el *Homo sapiens* L., del pleno Cuaternario" (Navas, 1915, p.232).

Con De Asúa (2015), las controversias entre darwinismo y cristianismo han sido usualmente leídas a partir de un abordaje historiográfico que interpreta la deliberación "como una encarnizada lucha en la cual la luz de la ciencia iría disipando las densas tinieblas del oscurantismo religioso (…) La perspectiva del conflicto, sin embargo, es uno de los elementos más característicos de la gran narrativa del Iluminismo y sirve a los intereses legitimizadores de dicha postura de ideas" (p.26). En este sentido, la oposición ciencia/fe, o bien, razón/prejuicio –criticada por Gadamer– aplicada a la lectura de la *praxis fronética* sobre la antropogénesis ameghiniana, y en la que la Compañía de Jesús ocupó un lugar significativo (al menos en el período 1902-1915), elude el hecho por el que "los creacionistas no concederían que su postura es anti-científica" (p.27). Interrogarse si las consideraciones de Pujiula (1915), Balasch (1920), Navas (1915), Blanco (1916) o Varetto (1921) eran "ilógicas o poco científicas", es equivalente a encontrar una manera de decir que las consideraciones de Bellarmino contra la teoría copernicana tampoco lo eran: "Si la pregunta … se responde con una negativa, parece poner en peligro todo un complejo de ideas que se refuerzan entre sí (la filosofía como disciplina metodológica independiente de la ciencia, la epistemología como la provisión de conmesuración, la racionalidad como algo posible en los puntos en común que hacen posible la conmesuración?" (Bernstein, 2018, p.124). Por tanto, hacer lugar a los prejuicios y a las creencias como componente determinativo de las deliberaciones científicas, contribuye a esclarecer que los proponentes y detractores en la disputa intentaban ofrecer *buenas razones*, en virtud de apoyar sus respectivas posiciones u objetar las contrarias.

Blanco (1916) rechazaba, en la revista *Estudios*, el carácter haeckeliano del cientificismo materialista ateo ameghiniano, pues "No es ilógico que tanto Haeckel como Ameghino, que negaban todo tipo de religión excepto la de, la ciencia, fuesen considerados una *béte noire* por los católicos" (De Asúa, 2009, p.317). La fe de Ameghino en el progreso científico era, así también, compartida por Hrdlička:

"Creía apasionadamente que la 'ciencia' moderna, tal y como él la entendía, debía sustituir a la tradición, es decir, a la religión, como fuente de valores morales y guía para la vida" (Brandom, 2020, p.5-6). En el verano de 1916-17, *Estudios* publicó cuatro conferencias tituladas "La evolución antropológica y Ameghino", las que:

> habían sido reproducidas en *La Nación*. El médico higienista Ángel Giménez saludó las charlas con un artículo en la revista Nuevos Tiempos titulado "La Iglesia Católica contra Ameghino". Este conocido militante socialista declaraba allí que "hoy se extreman los ataques del catolicismo y en particular de los jesuitas [contra Ameghino]. Un soldado de San Ignacio de Loyola, el jesuita Blanco, ha iniciado el fuego, en publicaciones y conferencias" En el periódico socialista *La Vanguardia* también arreciaron las críticas a Blanco, por partidarios no especialistas. Giménez estaba en lo cierto. En ese año los católicos sacaron a relucir el certificado de nacimiento de un tal Fiorino Ameghino de Moneglia (Liguria) que los socialistas - arrastrados a una paradójica defensa de la nacionalidad argentina del sabio— consideraban había sido fraguado (De Asúa, 2009, p.317).

En los "Apéndices" a las conferencias, Blanco (1916) incorporaba la *Nota preventiva...* de Mochi (1911), la *Contribución al estudio del hombre fósil sudamericano...* de Stolyhwo (1912) y el capítulo XVII de *The Antiquity of Man*, de Keith (1915); ésta última referencia resulta contradictoria, al tratarse el antropólogo escocés de un usual prologuista a OOS.

6.2.2.1. El nacionalismo-racialista en la objeción anglofrancesa a la antropogénesis ameghiniana y el apoyo al "hombre de Piltdown"

Keith (1915) definía que "Ciertos defectos que afectan a todos los escritos científicos de Ameghino aparecen en su primer trabajo: falta de precisión y de detalle, y en particular una decidida tendencia a sobrestimar la antigüedad de todos los estratos geológicos de la

República Argentina" (Keith, 1915, p.289)[124]. Asimismo, desestimaba el rejuvenecimiento hiperbólico que Hrdlička asignaba a los huesos, debido a que:

> Los animales que habían sido domesticados y las numerosas plantas nativas que habían sido cultivadas por razas indígenas en tiempos precolombinos, parecen apuntar a una antigüedad más allá de la revelada por los descubrimientos del geólogo o del anatomista. El escritor tiene la certeza de que en América aún se ocultan secretos humanos. El descubrimiento de utensilios de tipo paleolítico en el estado de Kansas, bajo depósitos de la fase de máxima glaciación, sugiere una historia más primitiva del hombre en América" (Keith, 1915, p.292).

La autoridad adjudicada a los investigadores anglo-franceses fue, a su vez, la que contribuyó a validar, rápidamente, los vestigios del hombre de Piltdown y a rechazar los ofrecidos por Ameghino. En este sentido, Keith (1915) indicaba que, desde el punto de vista histórico, el *Eoanthropus dawsoni* era "el más importante e instructivo de todos los documentos humanos antiguos descubiertos hasta ahora en Europa" (p.2). Por lo demás, era dudoso:

a) El hallazgo de los huesos en "un yacimiento tan poco profundo, situado casi en la superficie de la tierra abierta" (Keith, 1915, p.303) o la edad de los terrenos, pese a que se daba por supuesto la ausencia de "medios de decidir cuántos años o siglos han transcurrido desde que comenzó esta profundización final del valle de Ouse" (Smith Woodward, 1948, p.17) y que, durante mucho tiempo, además, hubo movimientos ascendentes-descendentes de la tierra por encima del nivel del mar.

b) La posible *intrusión* de los vestigios, al tratarse de un depósito "que podría haberse formado durante una única tormenta" (Smith Woodward, 1948, p.17) y que "el cráneo y otros restos debían haberse juntado en un remolino" (p.17); o bien, la

---

[124] En Blanco (1916), la traducción es: "*Ciertos defectos que echan a perder todos los escritos científicos de Ameghino…*" (p.155)

asociación con "sus pedernales y los restos de antiguos elefantes, hipopótamos y castores" (Keith, 1915, p.303). Esto es, que se tratara de su *posición primaria*, dado que "en Piltdown sólo se encontraron partes del cráneo y, como en Trinil, en Java, los fragmentos estaban esparcidos a varios metros de distancia. El individuo pudo ahogarse y desmembrarse en el arroyo, o el cráneo pudo quedar expuesto en suelo seco y posteriormente ser arrastrado, junto con otros restos de animales, al arroyo en una época de crecida" (p.304).

c) La naturaleza primitiva de los pedernales asociados a los vestigios humanos, por ejemplo, a partir del criterio establecido por Holmes (1899).

d) La honestidad de Charles Dawson, que realizaba excavaciones sin supervisión de expertos ni testigos[125], pese a ser considerado *amateur*. En este sentido, al evaluar la relación entre el cráneo y la mandíbula, Smith Woodward (1948), afirma que:

> La mandíbula inferior es en varios aspectos tan notablemente simiesca que algunos han dudado de que realmente pertenezca al cráneo humano que se encontró cerca de ella. Han supuesto que en Piltdown hemos descubierto un tipo completamente nuevo de cráneo humano al que le falta la mandíbula inferior, y un tipo igualmente nuevo de mandíbula de simio al que le falta el cráneo. Sería un resultado asombroso que se obtuviera en una sola yarda cúbica de grava. Como la mandíbula inferior contiene dos dientes trituradores esencialmente humanos, es más razonable concluir que el nuevo cráneo y la nueva mandíbula inferior pertenecían a la misma cabeza. *Esta creencia se ve confirmada por el descubrimiento del Sr. Dawson de un diente similar, junto con dos fragmentos de un segundo cráneo de Piltdown, en una zona de grava a unos tres*

---

[125] Hrdlička (1930), como en EMSA, indicaba que "El descubrimiento y la recuperación del primer cráneo no fueron supervisados por científicos; no se sabe exactamente cómo yacía y si había o no alguna alteración notable de la grava. Ninguna cantidad de confianza y benevolencia puede llenar estos defectos de la evidencia (p.88)

kilómetros del lugar original (Smith Woodward, 1948, p.65)
(La *cursiva* es nuestra).

Pese a que (a-d) constituían idénticas objeciones a las hechas a los hallazgos de Miramar, que ponían en cuestión la asociación de los vestigios, su posible carácter intrusivo, la antigüedad o autenticidad de los huesos y la honestidad o instrucción de los descubridores (Dawson-Parodi), el hallazgo fue celebrado el 18 de diciembre de 1912, en una concurrida reunión de la Sociedad Geológica como "uno de los descubrimientos más notables del siglo XX" (Keith, 1915, p.305) y cristalizado en un libro destinado a ser "leído mientras los ingleses amen la tierra que los vio nacer" (Keith, 1948, p.X); en tanto, la aceptación de la asociación entre la mandíbula y el cráneo fue:

a) Aceptada por Anthony (1913), Dawkins (1913), Duckworth (1913), Forestier (1913), Gregory (1914), Irving (1914), Pilgrim (1915); Sollas (1915), Sutcliffe (1913); Thacker (1913); Underwood (1913); Vram (1913); Walkhorf (1913). Boule (1915), afirmaba que la mandíbula era exactamente como la de un chimpancé, por lo que, de haberse hallado sola habría sido descrita como *Troglodytes dawsoni*, considerando innecesaria la creación de un nuevo género.

b) Objetada por Gerrit Smith Miller (1915), para quien: "La evidencia geológica a favor de la asociación íntima de la mandíbula y el encéfalo es simplemente que los huesos se encontraron juntos, en un nivel, y en una condición uniforme de fosilización y desgaste por el agua" (Smith Miller, 1915, p.3)[126]; la rechazaban también Giuffrida-Ruggeri (1913), por no ser un fósil claro; Lankester (1913), Puccioni (1913) y Waterston (1913).

Hrdlička (1913) afirmó, desde un primer momento, que los

---

[126] En Buenos Aires, la deliberación sobre Piltdown se observa en la referencia de Vignati (1922) a la descripción que Smith Miller (1915) practicaba de la mandíbula del *Eoanthropus dawsoni*, con la finalidad de justificar el carácter ancestral de los molares hallados en el Chapalmalense (Vignati, 1922, p.217).

restos representaban "sin dudas, uno de los más interesantes hallazgos relacionados con la antigüedad del hombre, aun cuando no se ha dicho la última palabra en cuanto a su datación y, sobre todo, en cuanto a las características físicas del ser que representa" (pp.491-552), mientras que, en 1930, definía que "Como en el caso del *Pithecanthropus*, también en el del *Eoanthropus*, tanto en los descubrimientos como en la historia posterior, hay mucho de romance y psicología, además de prehistoria" (Hrdlička, 1930, p.84). El antropólogo indicaba que el hallazgo era significativo para una comunidad de investigadores ingleses que, en general, asociaba "el primer grupo de hallazgos como los de un individuo, el molar suelto y posiblemente las partes del segundo cráneo a otro, y todos los especímenes como pertenecientes a una forma primitiva de hombre, el *Eoanthropus*" (p.70). Asimismo, afirmaba haber estudiado los restos en 1917, 1921, 1923 y 1925, gracias al permiso de Smith Woodward:

> Cuando, después de estudiar el espécimen durante buena parte de dos días, el observador tomó en sus manos el grueso cráneo de Piltdown, tuvo una fuerte sensación de incongruencia y falta de relación, y esta sensación no hizo más que aumentar con el estudio posterior. Por regla general, existe una marcada correlación entre la masividad del cráneo -especialmente si, como en este caso, las partes faciales superiores estaban implicadas en el mismo- y la mandíbula inferior (Hrdlička, 1930, p.79).

En 1922, afirmaba que "Se puede decir de una vez que todos los resultados del estudio apuntan a que el espécimen es un humano muy temprano o de un precursor humano avanzado, y no antropoide" (Hrdlička, 1930, p.79), de modo que "estos rasgos no nos impiden legítimamente, si otras características así lo instan, situar la mandíbula en la línea del hombre primitivo o de sus precursores" (p.82). En definitiva:

> Un estudio detallado de la mandíbula de Piltdown muestra que se trata de un espécimen verdaderamente extraordinario, y cuanto más se comprende más valioso parece como prueba material de la antigüedad del hombre. La mandíbula es más primitiva que cualquier otra

mandíbula conocida del hombre primitivo. Todavía tiene una marcada repisa submentoneal, con toda probabilidad un gran canino, y dientes de forma prehumana ancestral. Se parece más o menos en varios puntos a las mandíbulas del chimpancé, pero difiere de éstas en toda una serie de puntos de importancia, como la forma de la muesca, el tipo de apófisis coronoides, la musculatura atenuada, la masividad interna del cuerpo marcadamente reducida, especialmente cerca de la sínfisis; y en las características más importantes de los dientes, es decir, la altura de la cresta, la altura del esmalte, la naturaleza del "cíngulo" y la robustez de las cúspides. En opinión del autor, a la vista de todo esto, ya no es posible considerar la mandíbula como la de un chimpancé o de cualquier otro simio antropoide, sino que se trata de la mandíbula de un precursor humano o de un hombre muy primitivo. La designación de esta forma por el Dr. Smith Woodward como "Eoanthropus" –un ser de los albores del período humano– parece muy apropiada (Hrdlička, 1930, p.86).

Hrdlička (1930) no aceptaba la asociación entre la mandíbula y el cráneo. Sin embargo, admitía que los dientes de la mandíbula no tendrían relación con ninguna forma viva de simio antropoide y debían, por tanto, pertenecer a un hombre primitivo o a un precursor, lo que planteaba "legítimamente la cuestión de si el hombre no pudo haber evolucionado completamente en Europa occidental" (p.87). Todo ello, pese a:

a) Las deficiencias en el registro del hallazgo.
b) La ausencia de supervisión científica en el descubrimiento.
c) La insuficiente información acerca de una posible alteración de la grava.
d) Al hecho por el que los cráneos no se ajustaban morfológicamente a su aparente antigüedad, excepto por su grosor, mientras que "La mandíbula muy primitiva, con sus dientes primitivos, no se ajusta en absoluto a los cráneos. Ella y sus dientes son fieles a su aparente edad geológica y grado evolutivo, los cráneos no. Su ajuste al cráneo en las reconstrucciones puede, o no, ser correcto" (p.89).

La *praxis* deliberativa sobre *Eoanthropus dawsoni* revela un doble estándar en el modo de evaluación de los hallazgos realizados en territorio europeo y extraeuropeo. Así, Hrdlička (1922, 1930) infería el carácter ancestral de una mandíbula que bien podía ser impugnada recurriendo a los mismos criterios con los que había desestimado, en forma taxativa, las evidencias (A) y (B). En este sentido, la historiografía de Willey *et al.* (1974) emplea la deliberación sobre la antropogenia ameghiniana como modelo para enfatizar las deficiencias metodológicas y técnicas de los investigadores sudamericanos y estatuir la rigurosidad científica de los norteamericanos, con la omisión general del "hombre de Piltdown" como un significativo ejemplo que signa la transgresión que la comunidad anglofrancesa hizo de compromisos metodológicos e instrumentales, en función de prejuicios nacional-racialistas. Todavía, en el "Prólogo" a una nueva edición de *The Earliest Englishman* de Arthur Smith Woodward, Keith (1948) afirmaba estar "convencido de que ninguna teoría de la evolución humana puede considerarse satisfactoria si no se tienen en cuenta las revelaciones de Piltdown" (Keith, 1948, p.XII).

Según Gould (1983) nada excluía que el jesuita, Teilhard de Chardin, supiera desde, al menos 1920, acerca del hecho de que los hallazgos constituían un fraude (Gould, 1983, p.223), aunque se veía impedido de confirmarlo por secreto de confesión de Dawson:

> Pero, en este caso, ¿por qué Teilhard habría intentado construir una teoría tan elaborada y descabellada sobre la inocencia de Dawson en su primera carta a Oakley? La confesión puede haber requerido silencio, pero seguramente no ampararse en la falsedad. ¿Por qué los desliz y medias verdades para su propia exoneración en las cartas posteriores? Esto deja una tercera explicación - que Teilhard era un co-conspirador activo con Dawson en Piltdown. Sólo así puedo entender el patrón de las cartas de Teilhard a Oakley, el artículo de 1920, el silencio posterior, la intensa vergüenza... (Gould, 1983, p.224).

En Buenos Aires, fue el jesuita Blanco quien contribuyó a reproducir los argumentos en favor de la inautenticidad e intrusión de los hallazgos de Miramar (véase cap. IV), participando en la construcción de lo que las historiografías sobre la disputa han llamado "el fraude de Miramar" (Tonni *et al.* 2001), a partir de un famoso artículo publicado en *Estudios* y titulado "Las bolas de Parodi ¿serán bolas?":

> Boman publicó un nuevo artículo sobre los hallazgos de Miramar, esta vez franca y abiertamente crítico, en la misma revista del país hermano. En enero de 1922 el diario católico de Buenos Aires *El Pueblo* reprodujo, a lo largo de cuatro días y siempre en la página 3, el artículo de Laval de 1921 y la respuesta de Boman con el título común de "El ameghinismo—Charlatanismo anticientífico e industrialización maquiavélica. La palabra de los hombres de ciencia". El antropólogo sueco reproduce fragmentos de *Les hommes fossiles* (1921) de Marcellin Boule, profesor del Museo de Historia Natural de París, y del informe *Early Man in South America*, (…) El texto del artículo de Boman, tal como apareció en *El Pueblo*, fue reproducido por Blanco en Estudios-en junio de 1922. En su interés por extender el certificado de defunción internacional para la hipótesis del hombre terciario en América, Blanco ya se había apurado a reproducir en *Estudios* los fragmentos *Les hommes fossiles* (París, 1921) de Marcellin Boule, que criticaban las teorías antropológicas de Ameghino (De Asúa, 2009, p.328).

Si, con Gould (1983), Teilhard de Chardin participó en el "fraude de Piltdown", en Buenos Aires, el jesuita Blanco nutrió la desconfianza en torno a los hallazgos en el litoral marítimo bonaerense[127], como parte de una campaña que apelaba, en última instancia, a desacreditar el evolucionismo darwinista, debido a que;

> La paleontología humana y aun prehumana dentro de las hipótesis evolucionistas, carece en absoluto de términos, y por eso el fracaso de

---

[127] En 1921, Blanco ponía en duda los hallazgos de Miramar desacreditando la actividad de Parodi en el sur: "Estos conceptos nos dicen bastante acerca de los móviles que dirigen esa campaña afanosa en que se pretende a toda costa hallar, a despecho de la ciencia, los vestigios del 'hombre terciario'. Un peón llamado 'naturalista viajero del Museo Nacional' que cobra del erario 200 $ moneda corriente, está al servicio no tanto de la ciencia como del director del Museo Nacional…" (Blanco, 1921, p.54).

la anatomía comparada es en el problema que nos ocupa absoluto (…)
La Biología no favorece en manera alguna la hipótesis de la evolución
aplicada al hombre. La inmutabilidad delidioplasma, que parece quitar
a la evolución hasta la posibilidad, es también aplicable al hombre.
Somáticamente no puede establecerse para el hombre ningún *filum*
(Blanco, 1925, p.51).

Los prejuicios nacional-racialistas y las creencias religiosas
formaron parte de los componentes de juicio en la *praxis fronética*
sobre la antropogenia ameghiniana, ya sea desacreditando los métodos
e instrumentos utilizados o la autenticidad de los hallazgos ofrecidos
como prueba del origen sudamericano del ser humano. Por ejemplo: a
la discusión sobre métodos de 1924 se yuxtaponía la legitimidad de
los investigadores extranjeros para insertarse en las instituciones de la
ciencia nacional promovida por Ameghino: "Kraglievich había
publicado un artículo en mayo en Renovación en contra de los
investigadores europeos que seguían llegando al país a ocupar los
cargos que eran para los graduados universitarios argentinos.
Frenguelli y Outes lo acusaron de xenofobia 'acentuada con la
amenaza moreiresca o el desplante arrabalero', de querer erigir la
memoria de Ameghino en símbolo de nacionalidad; y de utilizar
argumentos efectistas" (Podgorny, 1997, p.18). Esta situación es la
que conduce a suponer el entreveramiento de hecho y valor en la
disputa.

6.2.2.1.1. Entreveramiento de hecho-valor y objetividad plural

Bernstein (2013) critica, con Putnam (2002), la distinción operada por
el positivismo lógico entre juicios putativos, analíticos y éticos,
desestimando a estos últimos al considerarlos irrelevantes debido a su
naturaleza no-cognitiva: "Aunque las dicotomías analítico-sintético y
hecho-convención (al menos como son establecidas por los
positivistas lógicos) han colapsado, la idea de que existe realmente una
separación infranqueable entre hecho y valor persiste neciamente. Esto
está estrechamente relacionado con una dicotomía más vieja, la
supuesta separación categórica entre es y debe" (Bernstein, 2013,

p.171). Esta perspectiva, que entremezcla hechos y valores, lleva a Putnam (2002) a postular la existencia de valores epistémicamente cognitivos que se normativizan en el seno de la actividad científica misma: "Los juicios de 'coherencia', 'plausibilidad', 'razonabilidad', 'simplicidad' y lo que Dirac estupendamente llamó la 'belleza' de una hipótesis, son todos juicios normativos en el sentido de Charles Peirce, juicios de lo que 'debe ser' en el caso del razonamiento" (Putnam, 2002, p.31).

Dichos valores conforman, pues, criterios normativos imprescindibles para la valoración de las pretensiones de verdad de los argumentos y, de hecho, son ellos mismos los que pueden ser sometidos a revisión en el contexto de una discusión crítica comunitaria. La valoración científica de los hechos se encontraría, de esta suerte, determinada por normas comunitarias, lo que haría, sin embargo, dificultoso discernir entre el orden descriptivo/prescriptivo o valorativo de un enunciado: "Por supuesto, es cierto que hay algunos conceptos y oraciones que normalmente clasificamos como descriptivos y otros que tomamos por ser claramente prescriptivos o evaluativos (…) Pero estamos en el borde mismo de la malinterpretación si pensamos que existen y que deben existir componentes separables en todos los conceptos y juicios éticos" (Bernstein, 2013, p.175). En consecuencia, Putnam (2002) considera que la dicotomía entre ciencia y ética es una versión "sofisticada de una vieja forma de no-cognitivismo" (p.176), lo que lleva a suponer que las elecciones conceptuales se encuentran determinadas por intereses personales o prejuicios: la superación de la dicotomía entre hecho/valor es la que permite aseverar que, en la *praxis fronética* sobre la antropogénesis ameghiniana "no hay diferencia de clase entre la objetividad científica y la objetividad moral" (p.178), con lo cual "Existen hechos de la cuestión, incluso cuando estos hechos son relativos a la adopción de un esquema conceptual, e incluso cuando esquemas conceptuales alternativos pueden ser incompatibles entre sí" (p.177).

Los prejuicios, las normas, los intereses o intenciones personales de los agentes que participaron de la disputa determinaron la revisión de los criterios a partir de los cuales valorar las pruebas y *buenas razones* ofrecidas para apoyar los argumentos en favor del origen sudamericano del ser humano. Por tanto, es preciso subrayar la naturaleza ético-política de los agenciamientos científicos de adherentes y detractores a la hipótesis ameghiniana, lo que permite interpretar a las distintas constelaciones de investigadores como *comunidades morales*, con pluralidad de criterios valorativos fundados en diferentes prejuicios, creencias, intuiciones y temperamentos, establecidos por la tradición histórica a la que pertenecían. En efecto, la adhesión de ciertos investigadores argentinos a la antropogénesis –tras la muerte de Ameghino– respondía, en parte, a la inclusión del sabio naturalista como referente cultural de socialistas, comunistas y anarquistas, esto es, como ícono de trabajador-científico anticlerical y anticapitalista (Podgorny, 1997). Por ejemplo:

a) En el "funeral civil" de Ameghino participaron, entre otros, José Ingenieros y Jean Jaurès, éste último, representante del socialismo francés (Di Stefano, 2010).

b) Alfredo Torcelli, afiliado al socialismo, es quien editó las obras completas de Ameghino y una de sus biografías.

c) En la biblioteca "de la escuela estatal de Guatraché ... un sacerdote había suspendido la clase de religión debido a la presencia de una obra de Florentino Ameghino" (Martocci, 2014, p.103), por lo que se definía que "Si la presencia de los libros de Ameghino en las bibliotecas de las escuelas del estado, además (sic) de su práctica utilidad produjera también la deserción de las aulas de todos los sacerdotes intolerantes y sectarios, medida de incalculables efectos sería su adquisición por todas las escuelas de la república" (Germinal, 1914-1927).

d) En el marco histórico de las huelgas de la petrolera YPF en Comodoro Rivadavia, los socialistas que en 1919 habían fundado el Club Atlético Germinal, modificaron el nombre a Florentino Ameghino (Crespo, 2001, pp.104-107), de igual modo que lo hicieran comunistas porteños con clubes deportivos y bibliotecas (pp.222-244).

e) En la celebración del centenario del nacimiento de Ameghino fue realizado, en el Instituto de Paleontología de la Academia de Ciencias de la URSS, el 6 de septiembre de 1954 en el Museo Politécnico de Moscú, un evento conmemorativo en el que Ameghino era considerado como "un académico cuyas teorías científicas se oponían a las dominantes en el mundo capitalista" (Martinelli *et al.* 2023, p.65).

Las valoraciones de la antropogenia ameghiniana respondían a los agenciamientos políticos o religiosos de los participantes de la deliberación crítica, de un modo tal que:

En los años de la Primera Guerra Mundial, y sobre todo en las publicaciones del Partido Socialista o en las de sus afiliados, Ameghino apareció como un paladín de la lucha contra el "oscurantismo de la Iglesia católica". Aun algunos de sus enemigos científicos y personales, aunque tan agnósticos como él, pasaron, sin embargo, a ser acusados de "católicos y antievolucionistas". En este contexto surgió el ameghinismo como doctrina, en la que los científicos de fines del siglo XIX fueron combinados libremente dando origen a filiaciones póstumas, en oposiciones tales como ciencia-religión, evolucionismo-antievolucionismo, libertad creadora-connivencia con el Estado. En un proyecto que propendía a la laicización progresiva del país, la divulgación de la palabra científica, unida al establecimiento de la liturgia escolar nacional se veía como parte de la consolidación de la cultura argentina (Podgorny, 1998).

Como sucedía con la disputa valenciana entre Boscá, Puijila y Balasch, en la que la pugna entre evolucionistas y clero se subordinaba a la resolución de la edad asignada al "hombre de Samborombón", en Buenos Aires, el socialismo interpretó la obra ameghiniana como un instrumento de lucha política contra la tradición de enseñanza clerical, del mismo modo que, por contra: "La Liga patriótica, enemiga de los centros de cultura popular y de la reforma universitaria, atacaría a Ameghino en 1919, promoviendo el culto a Francisco Moreno" (Podgorny, 1997, p.17).

De este modo, si el jesuita Blanco (1916) advertía que "cuando se confunde la causa de la patria con la causa del error, se expone a la patria a las críticas del mundo", ello ocurría también por la identificación de la obra ameghiniana con la causa socialista, que tenía como consecuencia "el objetivo de 'derribar a Ameghino' [lo que llevaba] … a negar su obra en un todo y a buscar en la tradición de la ciencia argentina otros símbolos que pudieran combatirlo, tales como la figura del Perito Moreno. Así, la enemistad Ameghino-Moreno se revivió póstumamente. Recordemos que, en el funeral de este último en 1920, como gesto contra los socialistas, se apresuraron a tomar la palabra Manuel Carlés y los nacionalistas de la Liga Patriótica" (Podgorny, 1998).

Esta situación permite elucidar el que, así como se torna dificultosa la distinción hecho/valor o juicio descriptivo/prescriptivo, en la disputa sobre la antropogénesis parecen ser indiscernibles los juicios anti-ameghinianos –los que supondrían un intento de objetividad científica por parte de sus enunciadores– de los juicios anti-ameghinistas –los que implicarían una valoración ética y política de la obra del sabio naturalista–. En ese sentido, es posible interrogarse sobre si el argumento de Blanco, contrario a la evolución darwinista es antiameghiniano o anteameghinista:

> La embriología nos muestra la ontogenia del ser, y al mismo tiempo, al entrar en la serie de las comparaciones, al convertirse en embriología comparada se ve obligada a decirnos que la ontogenia se especifica en cada especie. El trofismo, el medio interno, las afinidades celulares y sexuales, todo está diciendo al embriólogo que cada se desarrolla de una manera particular, siquiera en los trazos generales sigan más o menos un camino parecido. Argüir de la diversidad de los estadios ontogenéticos a los estadios hipotéticos de la filogenia, es sencillamente una falta lógica: es suponer precisamente lo que se trata de demostrar: que el hombre tiene filogenia (Blanco, 1925, p.51).

Presupuesta la racionalidad de la deliberación crítica y la determinación de los argumentos científicos a partir de prejuicios o creencias dadas por una cierta tradición de la que los agentes en las constelaciones participan, se torna también difusa la posibilidad de distinguir el carácter científico o ético-político de las *buenas razones* ofrecidas para aceptar o rechazar la antropogenia. La inmutabilidad del idioplasma, sugerida por Blanco (1925), o el rechazo a los criterios craneométricos de Ameghino (Blanco, 1917), contenía intencionalidades científicas *y políticas, yuxtapuestas*; del mismo modo que ocurría con la réplica *ameghinista* de Castellanos (1917), expulsado del Colegio de Montserrat por lo que él consideraba, según Cornero (2007) sus "ideas anarquistas y ateas". Así, a los prejuicios nacional-racialistas, que determinaban la objeción anglofrancesa, se *yuxtaponía* el antievolucionismo cristiano de habla hispana, en pugna con los movimientos laicistas de reforma, lo que signaba –en sus distintos órdenes– el carácter *político-religioso* de las objeciones a la antropogénesis ameghiniana. De este modo:

a) La edad de los estratos de la formación pampeana (D-EFG).

b) La valoración de los hallazgos *in situ*/intrusivos (D-VAR), es decir, la calificación de estos como "farsa y mistificación" (Blanco, 1921).

c) La orientación frontoglabelar de la calota del *Diprothomo platensis* (D-VAN).

No dependían ya de criterios comunitarios *científicos objetivos*, sino del agenciamiento *político-religioso* de los proponentes o detractores de la hipótesis en la trama de socialización científico-política:

En 1915 se iniciaban tanto la desconfianza hacia la obra de Carlos Ameghino como los conflictos entre los herederos científicos de Florentino, es decir, el grupo sobreviviente de su generación, el grupo de los ex-colaboradores como el abogado aficionado a la historia Luis María Torres y el grupo de los que se habían formado en el ameghinismo en la escuela o en la universidad. Entre estos últimos, se cuentan Milcíades Vignati, Lucas Kraglievich, Martín Doello Jurado y Antonio Serrano. El teniente coronel Antonio A. Romero -un antiguo colaborador- acusó a Carlos y a su gente: Torres, el preparador Santiago Pozzi y el naturalista viajero Lorenzo Parodi, de "entretener la crónica impresionista de la prensa diaria de la Capital" para, a través del ruido, conseguir empleos y cátedras (Podgorny, 1997, p.17).

Más adelante, continúa Podgorny (1997):

> Blanco reprodujo en Estudios tanto la respuesta qué Boman publicó en la Revista Chilena de Historia y Geografía como dos notas que atacaban al ameghinismo en toda su dimensión. Es decir, la carta de Antonio Serrano, profesor normal de Paraná y presidente de la "Asociación Estudiantil Museo Popular", donde felicitaba a Boman por su obra esclarecedora diciéndole: "debiera hacerse circular muy particularmente entre los maestros argentinos, quienes se sienten muy ameghinistas, sin haber leído un solo libro de don Florentino (se lo digo por experiencia: soy maestro argentino)" y por otro, el testimonio de Fernando Lahille, jefe de la sección de zoología aplicada del Ministerio de Agricultura, tomado de "El Pueblo" del 12 de abril de 1922. Blanco sostenía que la comunicación de Lahille al congreso de Tucumán de 1916 -donde expresaba sus dudas respecto a la autenticidad de los hallazgos de Miramar- había sido censurada por Carlos Ameghino y Martín Doello jurado. La nota de Boman recapitula las opiniones contrarias al valor probatorio de las piezas osteológicas descriptas por Florentino, procedentes de la crítica de Ales Hrdlička en 1912 y de Marcellin Boule en 1921 (Museo de Historia Natural de París) Boman le da la razón a Laval acerca de lo curioso que es que "ninguno de los pocos antropólogos que aquí existen haya hecho conocer al público en qué consisten las teorías de Ameghino y lo que argumentan los especialistas en cuanto a ellas, dos cosas sobre las cuales son enteramente ignorantes los aficionados y profanos que componen los *ameghinistas*, quienes se guían por reclamos de periódicos y por la propaganda de ciertas personas que explotan dichas teorías con fines políticos u otros fines ajenos a la ciencia (Podgorny, 1997, p.18).

La *yuxtaposición* de la controversia, según la naturaleza de los prejuicios o creencias, intenciones y filiaciones políticas, rencillas o afinidades personales, disciplinas o lugar de origen, etc., revela una deliberación crítica, practicada por una comunidad en la que la *frónesis* conducía a un "desacuerdo objetivo razonable. Esta es una característica de la objetividad que resulta ser altamente relevante para los disputantes éticos y políticos, pero también tiene un lugar en las ciencias físicas. Más generalmente, la objetividad es compatible con el pluralismo (y el pluralismo no ha de ser confundido con el relativismo). (Bernstein, 2013, p.178)". La pluralidad de valores en proceso de revisión comunitaria signa el hecho por el que parece no ser posible haber una distinción de clase entre objetividad científica y moral, sino de grado:

> Incluso que en las ciencias «duras» existe una discusión en curso y un debate acerca de lo que constituye la objetividad y los estándares objetivos. Lo que contó como un hecho objetivo para Copérnico, Kepler o Galileo, no es lo que cuenta como un hecho objetivo hoy. Existen no sólo disputas en curso acerca de las hipótesis y teorías científicas, sino también disputas acerca de los estándares y los criterios de objetividad (Bernstein, 2013, p.179).

El "espacio lógico de razones" (Sellars, 1997) en que acontecían los intercambios entre los agentes en disputa supone ser caracterizado a partir de una forma de objetividad plural, por la que se admite la falibilidad de las normas y estándares comunitarios de validación de aquellos que se presenta como prueba de una hipótesis. La objetividad científico-política de los estudios en prehistoria se emplazaba en un entramado con intenciones políticas-económicas que pugnaban por validar o desacreditar hipótesis, en función de beneficios institucionales o personales-reputacionales; en este sentido, tanto en Argentina como en los Estados Unidos:

> La controversia se produjo entre instituciones (y revistas especializadas de nueva creación) que competían por establecer su preeminencia y centralidad en un clima de intensa competencia por el patrocinio y el apoyo. Hubo pocas luchas justas: la desesperada necesidad de financiación perjudicó a la mayoría, mientras que las oficinas de investigación del gobierno federal (cuyo papel en la ciencia estaba entonces en rápida expansión) ejercían una considerable presión financiera. Mientras esto sucedía, el terreno bajo la disciplina se desplazó desde su antigua base en las sociedades científicas y museos locales a las oficinas de investigación del gobierno y, finalmente, al floreciente sistema universitario. Con estas transiciones cambiaron la disposición teórica y la dirección de la arqueología y la antropología, junto con sus miembros y su sociopolítica (Meltzer, 2015, p.17).

El *disciplinamiento* de las investigaciones sobre prehistoria sudamericana, en el marco del proceso de institucionalización de los estudios en universidades, contribuyó a la *persuasión/conversión* de Frenguelli/Vignati que, sin coerción, optaron no obstante por adherirse a una posición (O-III) de *conveniencia* institucional/reputacional, en términos de utilidad coste-beneficio. Tal como se ha dicho: rechazaban la posibilidad del ser humano terciario, más conservaban con ello un área de estudios centrada en prehistoria del Paleoargentino, como vía de resolución que permitía revindicar la autoridad de Ameghino-Ramorino y, a la vez, el desarrollo institucional de los estudios en la materia.

6.2.3. Deliberación sin perspectiva privilegiada: las intuiciones y los temperamentos

La deliberación sobre la hipótesis ameghiniana fue caracterizada a partir de las formas del *duelo* y de las estrategias propias de la política conservadora. En efecto:

a) De Asúa (2009) afirma que en la disputa entre Blanco y Castellanos "Los duelistas recurrían a granalla gruesa en cuanto a las mutuas calificaciones (algo análogo a lo sucedido en el intercambio entre Vignati y Samperio). El contenido de toda esta batalla, más verbal que de ideas, era una bizantina polémica craneométrica entre dos especialistas que no lo eran tanto" (De Asúa, 2009, p.325).

b) Podgorny (2021), por su parte, al referirse al desentendimiento entre Ameghino y Lista, hace ver que las reglas del debate científico, en Buenos Aires, requerían de una trama de socialización que respondía a diversos intereses: "El apoyo en la prensa y las solicitadas anónimas firmadas por "un amigo", "un aficionado", "un padre" o "un vecino" se repetirían toda vez que estuvieron en juego los recursos o el empleo del Estado. Las reglas de la pampa copiaban las estrategias de la política conservadora y las de los charlatanes de feria, esos que curaban y ofrecían remedios milagrosos, agitando los diarios con testigos y campañas encabezadas por "los amigos de la verdad" (Podgorny, 2021, p.24).

Así, una tercera caracterización, desde la perspectiva bernsteiniana, requiere interpretar que "Las prácticas y las normas de la comunidad crítica de investigadores son el *locus* de referencia, de prueba y validación de nuestras hipótesis y teorías. Decir que la investigación se auto-corrige es decir que una comunidad crítica de investigadores tiene los recursos intelectuales de auto-corrección" (Bernstein, 2013, p.39). Por tanto, el *duelo verbal* entre los agentes de la disputa supone distinguir entre los posibles estilos *dialógico o agonista* de la *praxis fronética,* en función de la posición de los adherentes o detractores en la constelación; de ello, se deduce el carácter plural de una comunidad crítica de normas, creencias, valores y teorías, que determinaban la práctica científica: "Tal comunidad es una comunidad crítica, y al proponer el profundo vínculo entre lo falible y lo comunitario, Peirce está sugiriendo que la crítica y la plurivocalidad van juntas [...] Sólo entonces y de esta manera podemos realizar lo que Bernstein llama de manera reveladora 'un pluralismo falibilista comprometido'" (Casey, 2017, p.XLIX). Pero, la plurivocidad de esta comunidad crítica de *duelistas* no excluía un cierto conflicto de temperamentos humanos: "El temperamento no es una razón convencionalmente reconocida, de tal modo que exige sólo razones impersonales para sus conclusiones. Pero el temperamento le da realmente una predisposición más fuerte que cualquiera de sus premisas objetivas estrictas" (James, 1975, p.11). Al respecto, Meltzer (2005) indica que:

Al igual que Holmes, a quien Hrdlička llegó a admirar profundamente (el sentimiento era mutuo), Hrdlička era inflexible, carecía en gran medida de sentido del humor y rara vez le asaltaban dudas sobre la corrección de sus opiniones, que nunca se avergonzaba de expresar. Repitiendo la observación hecha anteriormente por John Swanton, "Cuando volvías a Hrdlička, siempre estaba allí, justo donde el Señor lo creó, sobre la roca del conocimiento hrdličkiano definitivo". "Para sus amigos y colegas, Hrdlička podía ser encantador y amable, pero no gozaba de gran popularidad e intimidaba por igual a amigos y enemigos. Sólo unos pocos se atrevían a bromear con él, sobre todo Ernst Hooton, de la Universidad de Harvard. Por temible y seguro de sí mismo que fuera, Hrdlička solía evitar el debate público y prefería defender su postura por escrito y por correspondencia. Irónicamente, este empirista declarado también pasó décadas con psíquicos y médiums espirituales intentando comunicarse con su primera esposa, fallecida hacía tiempo (Meltzer, 2005, p.140).

El temperamento inflexible de Hrdlička no divergía del mal carácter de Outes[128] o Ameghino (Podgorny, 2004, p.177), éste último,

---

[128] En la discusión de 1924, por ejemplo, Outes objeta la organización del Museo de Ciencias Naturales de Buenos Aires, con lo que Pendola y Carlos Ameghino escribían, el 8 de abril de 1925, alegando la sorpresa y disgusto que produjo el texto de Outes, con críticas a la organización del museo, y aclaraban que:

> Durante las históricas direcciones de Burmeister y Florentino Ameghino se coleccionó la mayor parte del material paleontológico del Museo, de valor científico indudable, ya que sirvió de base a numerosos estudios de ambos sabios. Y los métodos que se siguieron luego para coleccionar fósiles no fueron distintos de los de aquellos eminentes hombres de ciencia. Decir que el expresado material carece de la más imprescindible documentación equivale a hablar por hablar de lo que se ignora. La deficiencia documental de parte de la expresada colección no le es exclusiva, pues en todos los museos del mundo se hallan restos fósiles insuficientemente documentados (Outes, 1925, p.8).

Outes (1925) criticaba el carácter personal del "alegato" de Pendola y Carlos, subrayando con comillas que los dos exdirectores:

> "Velando", según dicen, por su "decoro", en "honor a la verdad", y hasta "en interés de la misma revista Physis", se han considerado "obligados" a redactar para poner en evidencia "la falta de fundamento" e "injusticia" de "los cargos" – así, al menos, esos caballeros califican a algunas de mis innocuas afirmaciones impersonales – comprendidos en una parte de la exposición que yo hiciera, el 2 de agosto de 1924, en el seno de esa Sociedad (Outes, 1925, p.11).

Según Outes (1925):

> Como se recordará, la concepción estratigráfica y cronológica de la serie pampeana, enunciada en la comunicación que presentamos a la

de quien se enfatizaba su "temperamento imaginativo y revolucionario" (Tonni *et al.* 2001, p.42) o "inquieto y sanguíneo" (Mercante, 1911, p.112). Esto supone que la deliberación comunitaria no sólo se hallaba sujeta a los prejuicios y creencias de los participantes, sino también a las prácticas justificatorias intersubjetivas conducentes a hacer que "la investigación parezca una mera lucha de poder –«la refriega de las pretensiones en competencia» (Rorty, 1997b, p. 175). Pero Brandom señala que «no hay peligro de que la práctica discursiva llegue a parecer una "mera lucha de poder", ya que la "refriega de las pretensiones en competencia" es una refriega racional sobre nuestro derecho a las pretensiones que hacemos»" (Bernstein, 2013, p.134), una situación análoga a la disputa entre los *duelistas* descrita por De Asúa (2009).

Los diversos agenciamientos en una constelación plural de investigadores (temperamentales) y disciplinas, con valores abiertos a revisión colectiva, hacen ver la necesidad de ligar la objetividad científico-ética con una *praxis* de justificación en la que *el consenso final no se instituye como ideal regulativo de la comunidad* (véase ap. III de este cap.), lo que exime suponer una posible *glorificación* de las condiciones ideales de justificación sobre lo que usualmente es comprendido como *buenas razones* para sostener los argumentos en pugna. En este sentido: ¿Existe algún criterio (incluso los confusos) para determinar cuando la investigación ha sido llevada a cabo «fructíferamente» lo suficiente? (Bernstein, 2013 p.126). La deliberación sobre la antropogénesis da cuenta de la ausencia de un

---

Sociedad, el Sr. Dr. Don. Joaquín Frenguelli y yo, fue objeto de reparos. Convencido de que esas observaciones, inspiradas todas ellas en indicios paleontológicos, no se hallaban documentadas como para autorizar conclusiones absolutas a propósito de la distribución en el espacio y la sucesión en el tiempo de los grandes complejos faunísticos, ni para definir el valor indicativo de restos que, acaso, sólo representan simples facies locales o procedieran de elementos estratigráficos homotáxicos, de depósitos sincrónicos heterópicos, etc., juzgué oportuno llamar la atención sobre esas circunstancias de hecho, vinculadas todas ellas a problemas fundamentales de Paleontología estratigráfica, aún no resueltos y ni siquiera planteados (Outes, 1925, p.12).

metamarco o norma científica que contribuyera, en forma suficiente, a determinar el valor de verdad de los argumentos o el fin de la investigación misma. Sin embargo, es preciso sustantivar el rol de la comunidad postulado por Peirce:

> ¿Cómo hemos de entender esta noción de comunidad? Más generalmente, ¿cómo hemos de caracterizar la índole intersubjetiva y social de la investigación y de las prácticas discursivas? Debemos recordar que Peirce puso mucho énfasis en la naturaleza comunal de la investigación porque creyó que solamente en y a través de la interacción y la crítica comunitaria es que encontramos la corrección de nuestros prejuicios y perspectivas idiosincrásicas (Bernstein, 2013, p.127).

Pues, la corrección comunitaria requiere entender el carácter *público* de las prácticas de justificación en un "espacio lógico de razones" (Sellars, 1997), tal que la justificación de las aserciones –en tanto pretensiones de validez– como verdaderas, requiere considerar la perspectiva de primera persona, y por ello, de sus intuiciones y temperantes, de los hablantes: "Cuando justifico mi aserción, la justifico como verdadera, pero ciertamente no se sigue que yo reconozca que las justificaciones de las aserciones de mi compañero de diálogo sean verdaderas –especialmente cuando están en conflicto con lo que yo he afirmado justificar–" (Bernstein, 2013, p.128). De ello, se sigue que la deliberación entre primeras personas, en las que hay perspectivas discordantes o, aún, inconmensurables, supone la posibilidad de un consenso y disenso equiprimordial desde el cual los hablantes *pueden* ser persuadidos por aquello que consideran *buenas razones*, sin que el consenso racional sea interpretado como *télos* de la argumentación, ni la comunidad el árbitro final de lo que *debe ser* verdadero y objetivo. De acuerdo con esto, no hay una perspectiva privilegiada que se constituya en tribunal de la ciencia. Pues: "Podemos decir que cada perspectiva es temporalmente «privilegiada localmente en cuanto incorpora una distinción estructural entre las aplicaciones de conceptos correctas y las aplicaciones que son consideradas como correctas de forma meramente subjetiva»

(Brandom, 1994, p. 600).

La objetividad consiste "en una clase de forma perspectiva, más que en un contenido no-perspectivo o trans-perspectivo" (Bernstein, 2013, p.133). En este sentido, en la disputa ameghiniana se aprecia el hecho crucial por el que la ciencia es escrita desde la perspectiva de la primera persona, en que se acude al reconocimiento mutuo en apoyo de las propias pretensiones de verdad. Pero:

> No existe una mirada privilegiada por encima de la refriega de las pretensiones en competencia, desde las cual aquellas que merezcan prevalecer puedan ser identificadas, ni desde la cual incluso las condiciones necesarias y suficientes para tales postres puedan ser formuladas. Los estatus de cualquiera de tales principios como probatorios es siempre en sí mismos un problema del mismo modo que el estatus de cualquier afirmación factual particular (Brandom, 1994, p. 601).

De aquí que ni Hrdlička (1912), Keith (1915) o Boule (1921) deban ser comprendidos, por su posición en Estados centrales, como detentadores de una perspectiva privilegiada sobre la hipótesis ameghiniana, aun cuando los participantes de la disputa así lo declararan, ya que ello operaba como una estrategia *personal* construida en función de lograr una mayor adhesión en favor de los argumentos presentados, como lo es el caso de Blanco (1916), que citaba a autores darwinistas para justificar su objeción anti-ameghinista y, en consecuencia, antievolucionista.

El estado de consenso-disenso equiprimordial de los participantes de las D-EFG, D-VAR y D-VAN, ocurría en ausencia de una perspectiva privilegiada, lo que se contrapone a la *historia oficial whig,* que propone "la idea de que existiría un único punto de vista absoluto en el plano del conocimiento –algo así como una visión del ojo de Dios, para usar la expresión de Putnam– James insistirá más bien en una consideración de la experiencia humana que concibe a ésta como finita, parcial, incompleta y siempre susceptible de enriquecerse, de corregirse y, de ese modo, de mejorarse" (Bernstein, 2013, p. XVIII).

La apelación a intuiciones y temperamentos en competencia no resuelve las disputas, ya que "La dificultad consiste en desarrollar argumentos basados en estas intuiciones, y en responder a las objeciones a estas tesis que uno propone" (p.136). Por ello, las divergencias en *primera persona* entre los agentes en la controversia, si bien obedecían a criterios abiertos a revisión, presuponían una elección de *buenas razones* que, no obstante, podían responder al carácter temperamental del investigador, tal como la inflexibilidad de Hrdlička o el mal genio de Ameghino. En todo caso, una historiografía que integre prejuicios, creencias intuiciones y temperamentos en competencia en la modalidad de producción de las *buenas razones* para justificar argumentos en favor o en contra de la antropogénesis ameghiniana, hace ver que se trata de un conflicto pluralista en el que "La objetividad no está dada metafísica o epistemológicamente; es un logro en curso y en conflicto –logro que debe ser constantemente repensado. 'Nuestras normas y estándares de cualquier cosa– incluyendo la asertividad [e incluyendo las normas y estándares de objetividad] son susceptibles de reforma. Existen mejores y peores normas y estándares' (Putnam, 1990, p. 21)" (Bernstein 2013, p.179), de lo que se deduce la compatibilidad de la objetividad con el pluralismo. En este sentido, la desestimación del carácter único, preferencial o excluyente de los criterios (a-c) (como normas de conmesuración), para historiar la disputa y los modos de validación de pruebas y argumentos:

a) *Criterios* preferenciales de validación o rechazo de los argumentos y pruebas.

b) *Primeras personas*, como autoridades epistémicas referenciales en el proceso de revisión.

c) *Comunidades o grupos* científicos particulares (norteamericanos, europeos, cristianos, socialistas) como *locus* referencial excluyentes de validación.

Ello, contribuye a subrayar el carácter conflictivo y pluralista de una *praxis fronética* en la que las adhesiones o rechazos no se forjaban en la formulación de juicios epistémicos cognitivos, sino en la enunciación de razones científico-políticas, lo que debía convenir, además, en:

d) La supresión de peticiones de *Aufhebung* para la controversia, y, finalmente, en la *resistencia* de los participantes de la disputa a una reconciliación final (Craig *et al.* 2017, p.xxv), lo que coincide con las dimensiones pragmatistas de un pluralismo falibilista comprometido.

6.3. Apartado III – Dialéctica inestable y conservación historiográfica del conflicto

Diferentes autores (Mazur, 1981; Engelhardt, 1987; McMullin, 1987; Bijker, 1987; Beauchamp, 1987; Vallverdú, 2005), han propuesto criterios para la *clausura* de controversias científicas. En este Apartado, se da cuenta acerca del modo en que, según dichos criterios, sería posible cerrar la deliberación sobre la antropogénesis ameghiniana, a la vez que se comprende la posibilidad de indicar, con Bernstein (2018, 1991) una *praxis fronética* sin petición de consenso final.

6.3.1. Clausura de la controversia por conmesuración de muerte natural, negociación política o redefinición de pregunta

El falibilismo que describe la *praxis fronética* consistente en la revisión de normas y, en efecto, de las *buenas razones* para creer en los argumentos y pruebas ofrecidos sobre el origen sudamericano del ser humano, supone una comunidad crítica de investigadores *incrustada* en distintas tradiciones, cuyas autoridades *fijaron* prejuicios y creencias (habilitadores/cegadoras), a la vez que deliberaron *en primera persona*, en un conflicto que no excluía las intuiciones y los temperamentos.

La objetividad plural deja ver que la comunidad de ciencia era también *política*, en los términos en que los que los juicios se estructuraban a partir de componentes valorativos que conducían, incluso, a transgredir las propias normas de valoración de argumentos y pruebas (como ocurrió en la deliberación acerca del "hombre de

Piltdown"). Así es que, la clausura de las controversias (Engelhardt, 1987) como indicador de la finalización de la disputa puede deberse, según McMullin (1987) a:

> I. Resolución: por factores epistémicos. Respondería a la visión según la cual la ciencia misma se ocupa de resolver la polémica.
> II. Clausura: por factores no-epistémicos, como los políticos o éticos. Una nueva legislación puede cerrar una polémica en la que la ciencia se encuentra implicada. Sería, en la mayor parte de los casos, una clausura judicial.
> III. Abandono: Todos los implicados en la controversia la olvidan y, frecuentemente debido a su propia muerte (Vallverdú, 2005, p.34).

Con respecto a (I.), podría suponerse que la adhesión de los investigadores a las conclusiones de (O-II), o bien, (O-III) obedecía a la adopción de un consenso parcial respecto del carácter *o bien* moderno, *o bien* cuaternario de los vestigios empleados como prueba de la hipótesis ameghiniana. Sin embargo, como se ha visto en el Apartado II, los prejuicios, las creencias, las intuiciones y los temperamentos operaron como componentes intrínsecos de juicio, con lo que la valoración científica incorporaba, también, (II.) motivaciones o intenciones éticas y políticas, que llevaron a la exclusión de los *ameghinistas* de las discusiones institucionales, desde 1924:

6.3.1.1. Clausura por abandono

El cierre posible de la controversia puede obedecer a la premisa de Politis (1988), para quien "un año después de la muerte de F. Ameghino; ninguno de sus seguidores contaba con la energía y la capacidad de éste para defender sus ideas" (Politis, 1988, p.68), lo que debiera coincidir con la muerte de ameghinistas. En las siguientes tablas, por tanto, es posible identificar los agenciamientos de los investigadores en la disputa, ordenados según su fecha de muerte:

Tabla N°3. Fecha de fallecimiento de autores relacionados con la controversia

Autores relacionados con (O-I)	Fecha de muerte
Florentino Ameghino	1911
Santiago Roth	1924
Eduardo Boscá	1924
Lucas Kraglievich	1932
Enrique De Carlés	1934
Alcides Mercerat (modifica su posición a (O-III), en 1925)	1934
Carlos Ameghino	1936
Giuseppe Sergi	1936
Luis María Torres (modifica su posición a (O-III), en 1935)	1937
Rodolfo Senet	1938
Martín Doello-Jurado	1948
Georges Engerrand	1961
Carlos Rusconi	1969
Alfredo Castellanos (modifica su posición a (O-III), en 1943)	1975
Milcíades Vignati (modifica su posición a (O-III), en 1932)	1978

Autores relacionados con (O-II)	Fecha de muerte
Gustav Schwalbe	1916
Eric Boman	1924
William Holmes	1933
Felix Outes	1939
Aleš Hrdlička	1943
Bailey Willis	1949
Guido Bonarelli	1951
José María Blanco	1957

Autores relacionados con (O-III)	Fecha de muerte

Aldobrandino Mochi	1931
Giuseppe Sergi (no desestima la alternativa)	1936
C. Ameghino (no desestima la alternativa)	1936
Luis María Torres (modifica su posición a (O-III), en 1935)	1937
Marcellin Boule (no desestima la alternativa)	1942
Arthur Keith	1955
Joaquín Frenguelli	1958
José Imbelloni	1967
Alfredo Castellanos (modifica su posición a (O-III), en 1943)	1975
Milcíades Vignati	1978

Así, es posible indicar que, hacia 1938 (con excepción de Engerrand, Rusconi y Castellanos), el 70% de los investigadores que apoyaban la hipótesis de Ameghino (O-I) había fallecido, sin constatarse la consecución de una escuela de discípulos, excepto por la "Sociedad ameghiniana" (Martinelli *et al.* 2023); desde 1933 hasta 1945, habían ya fallecido Holmes, Outes, Hrdlička y Willis, defensores de (O-II); en tanto, entre quienes defendían la posibilidad de un Paleoamericano (O-III), el 55,5% fallecería después de la segunda mitad del siglo XX. Al aplicar el criterio (III.) (Vallverdú, 2005, p.34) equivalente a la *natural death clausure* (Beauchamp, 1987) sería evidente indicar que el *abandono* de la controversia aconteció hacia 1947, cuando la mayor parte de los adherentes (O-I) y detractores (O-II) (en posición de disenso radical) había fallecido, excepto los autores relacionados con (O-III). En este sentido, con Kuhn (2014):

> Aunque a veces se requiere de una generación para llevar a cabo el cambio, las comunidades científicas se han convertido una vez tras otra a los nuevos paradigmas. Además, esas conversiones no ocurren a pesar del hecho de que los científicos sean humanos, sino debido a que lo son. Aunque algunos científicos, sobre todo los más viejos y experimentados, puedan resistirse indefinidamente, la mayoría de ellos, en una u otra forma, podrán ser logrados. Las conversiones se

producirán poco a poco hasta cuando, después de que los últimos en oponer resistencia mueran, toda la profesión se encuentre nuevamente practicando de acuerdo con un solo paradigma, aunque diferente (Kuhn, 2014, p.236).

Desde esta perspectiva, la muerte de los agentes que determinaban edades hiperbólicas a los vestigios, asignándolos a precursores o a indios modernos, habría contribuido, parcialmente, a facilitar la *conversión/persuasión* de la comunidad respecto de la posibilidad de comprenderlos como pertenecientes a paleoindios.

6.3.1.2. Clausura por negociación política

Con Beauchamp (1987), la evaluación coste-beneficio (véase ap. I de este cap.) realizada por Frenguelli (1934), podría ser considerada como un intento de *negotiation clausure*, por la que los agentes pactan "una finalización que favorezca sus expectativas, tanto epistémicas como sociales. Es un pacto arbitrario, aunque se produzca en un contexto de conocimiento especializado" (Vallverdú, 2005, p.36). En este sentido, optar por la posibilidad de un Paleoamericano contribuía a:

a) Mitigar la situación de "labilidad institucional" (Podgorny, 2009, p.257) de los museos y de las universidades argentinas.

b) Atribuir un campo de trabajo de consenso por parte de la comunidad nacional e internacional.

Esta resolución, puede ser asociada con la posición de Mazur (1981), que determina el fin de una disputa pública cuando se ha llegado a una determinada posición política: "De esta manera, la clausura procedería de una decisión política que provoca la obligación institucional para las agencias de investigación o reguladoras para considerar finalizada la polémica, dejándola de lado" (Vallverdú, 2005, p.36), lo que coincidiría con el proceso de *disciplinamiento* de las prácticas de investigación, que se proponía a partir de la institucionalización de los estudios en prehistoria, desde la década de 1920 (Shepherd, 2017, p.13). Sin embargo, es posible indicar que la situación política que pudo haber llevado a la negociación, fue la relacionada con la rebelión ameghinista de 1930 y su consecuente diáspora:

6.3.1.2.1. Clausura política-institucional: la rebelión ameghinista de la calle Perú

La clausura por *abandono*, esto es, por muerte de los participantes de la controversia, condujo a una redefinición del problema sobre el origen del poblamiento americano, se yuxtapuso a factores no-epistémicos, eminentemente *políticos*, que llevaron, como se ha dicho, a una progresiva exclusión de *ameghinistas* de los espacios institucionales de disputa. En este sentido, la muerte del 70% de los investigadores que apoyaban la HAA hacia 1938, se vio co-determinada por:

6.3.1.2.1.1. El movimiento sincrónico de contrarreforma universitaria, que se iniciaría en 1922, que contextuaba la discusión de 1924, así como por

6.3.1.2.1.2. La rebelión ameghinista de 1930.

De este modo, si el movimiento de reforma pugnaba por la modernización universitaria porque "nombres como los de Spencer, Darwin, Comte, Alberdi, Sarmiento y Ameghino [...] suenan a herejía a los oídos de los académicos cordobeses" (Gaceta Universitaria 1918, p.1), vale que: "Los primeros debates sobre la obra de Ameghino se dan en el marco del conflicto con los centros de estudiantes católicos y en el de la creación de marcos de cultura popular alternativos a los dominados por los socialistas y los reformistas laicos" (Podgorny, 1997, p.16).

6.3.1.2.1.1. Reforma, contrarreforma y golpe de 1930

La santificación laica de Ameghino, iconizada por socialistas, anarquistas y comunistas tenía por objeto subrayar que la lucha por la modernización tenía "todos los caracteres de una lucha entre la razón y la superstición, entre la ciencia y la teología, entre el principio de
363

libertad y el principio de autoridad" (La Gaceta Universitaria, 1918, p.1), con lo que la figura del sabio naturalista era colocada, en igual medida, junto a la de Sarmiento o Alberdi. Sin embargo, pese a redactar su *Elogio a Ameghino* (1915), desde mediados de la década de 1920, Lugones criticaría:

> A las universidades regidas por la Reforma, señalándolas como instrumento de difusión del comunismo, voceras del odio y de actitudes negativas contra clases y peligros imaginarios en Argentina, tales como la burguesía y el imperialismo. Para Lugones, el mayor problema que había generado la reforma era la politización de los claustros, algo que deterioraba la autoridad (Echeverría, 2018, p.79).

Es en esta disputa entre reformistas y contrarreformistas que se torna inteligible:

d) La solicitud de Romero (1918) de no aceptar una *anarquía* en la interpretación de la obra de Ameghino "que la deforma y perjudica" (Romero, 1918, p.7) por intereses personales, dogmáticos o de secta "que repugnamos por anticientíficos" (Romero, 1918, p.8), o bien:

e) La crítica cristiana de Blanco (1921) y Varetto (1921) contra la introducción de la antropogenia ameghiniana en los contenidos curriculares escolares.

f) La oposición de Frenguelli (1934) en el CIA de La Plata de 1932, no sólo contra la estratigrafía de Roth (1921), sino contra aquellos que "*erróneamente* fueron considerados los continuadores de la obra de este sabio" (Frenguelli, 1934, p.9) (La *cursiva* es nuestra).

La distinción entre *ameghinistas* –dogmáticos deformadores de la obra de Ameghino– y *ameghinianos* –críticos que señalaban el falibilismo de las hipótesis y del sabio naturalista–[129], se debatía en un

---

[129] La distinción es establecida por los detractores de los hallazgos de Miramar. No obstante, contribuye a elucidar un cierto uso político de la HAA por parte de ameghinistas socialistas, por ejemplo. De esto modo, habíase de encontrar casos como: ameghinianos antiameghinistas (Romero o Frenguelli) o ameghinistas (Castellanos).

marco de lucha *política* que, desde aproximadamente 1927, suponía corregir "la degradación moral y política de la Argentina [que] era producto, en buena medida, de la educación impartida en los ámbitos escolares y académicos, obra de la educación laica y de la Reforma Universitaria, por lo cual era necesario revisar los sofismas del subjetivismo filosófico tan extendido, y volver a la filosofía realista, greco-latina y católica" (Echeverría, 2018, p.79); se trataba, pues, de una Reforma que, en su *Manifiesto*, denunciaba la advocación de la Compañía de Jesús para exhortar "a la traición y al pronunciamiento subalterno" (Ministerio de Educación y Justicia, 1985, p.4) y que, entre sus firmantes hallaba a Alfredo Castellanos.

El movimiento de Reforma, sin embargo, no incidió en los pormenores cotidianos de estructuración institucional de los programas analíticos de las asignaturas universitarias reunidas en torno a los estudios en prehistoria sudamericana, tanto en La Plata como en la Facultad de Filosofía y Letras de Buenos Aires, que se caracterizaban por la centralidad de la antropología física, a cargo de la labor docente representativa de Lehmann-Nitsche, así como por el escaso número de estudiantes:

> Vale destacar que ninguna disciplina está en condiciones de afianzarse si no posee nuevos investigadores, nuevos adherentes. Desde esta perspectiva, la tarea docente lejos de ser marginal se constituyó en una actividad central para la consolidación de la disciplina. En el caso de las instituciones argentinas esto se lograría recién en la década de 1950, cuando la carrera universitaria se estableció como la principal opción para la formación en antropología. No obstante, a principios del siglo XX los interesados en la disciplina eran pocos y si bien algunos llegaron a obtener los grados máximos, no todos se dedicarían a la investigación ni a la vida académica (Dávila, 2018, p.225).

Dávila (1918) indica que los planes de estudio y los programas de asignatura fueron modificados periódicamente, aunque los sucesos ocurridos en torno a la Reforma no incidieron en los programas; ello contradice el señalamiento de Ballestero (2016), para quien el reformismo llevó a la modificación de "los requisitos para la obtención del grado de Doctor en la Facultad de Filosofía y Letras de Buenos Aires. Primeramente, habrá que completar las 15 o 16 materias correspondientes a las secciones en los cuales se dividían los cursos desde 1912: Filosofía, Historia y Letras. Posteriormente se presentará una tesis, cuyo tema será elegido libremente por el alumno, y una lección oral ante la comisión evaluadora y otros alumnos de la facultad" (Ballestero *et al.* 2016, p.115). Con independencia de la "labilidad institucional" (Podgorny, 2009, p.257), la discusión de 1924 tuvo lugar el mismo año en que Lugones reclamaba "para bien del mundo, la hora de la espada" (Lugones, 1924, p.4), a fin de evitar las consecuencias malogradas de la democracia: la demagogia o el socialismo: "La fenomenal ola de cambios sociales, en la que sobresale la Revolución rusa de 1917, jugó un papel no desdeñable en el creciente desdén de los sectores conservadores por la sociedad política, y por el sistema democrático así como por la completa pérdida de valor del estado constitucional" (Saguier, 2013, p.76).

La dictadura de la llamada "Década infame" (1930-1943) instituyó la contrarreforma y signó un período de represión y persecución de los movimientos anarquistas, socialistas y comunistas, a partir de medidas autoritarias y fraudulentas que favorecían los intereses de la oligarquía terrateniente, el clero y las potencias extranjeras. En 1931, el gobierno de Uriburu intervino las universidades nacionales, destituyó a los rectores y docentes y reprimió las protestas estudiantiles, en busca de suprimir la influencia del reformismo universitario. De este modo, fueron nombrados interventores militares o civiles afines al régimen, que impusieron una política de censura, persecución y expulsión de los docentes y estudiantes opositores.

6.3.1.2.1.2 La rebelión ameghinista de 1930

La interrupción del orden constitucional no alteró la dirección del Museo de Ciencias Naturales de Buenos Aires, a cargo desde 1923 de Martín Doello Jurado, quien había incorporado como adscriptos *ad honorem* a la Sección Paleontología (de vertebrados) a Rusconi,

Castellanos y Parodi, que se sumaban a la labor de Lucas Kraglievich, designado anteriormente por Carlos Ameghino:

> ¿Qué sucedió en 1930? Es común en el ambiente paleontológico argentino asumir que la actividad de Lucas Kraglievich y sus colegas en el museo de Buenos Aires fue interrumpida como consecuencia directa del golpe militar de 1930. Sin embargo, esto es solo parcialmente correcto. Como señalamos en un artículo de hace varios años (Tonni *et al.* 2000), "La quebrantada salud de Carlos Ameghino lo obligó a dejar en repetidas oportunidades la jefatura de la sección. En esas ocasiones fue reemplazado por Kraglievich, llegando incluso a ser por unos pocos meses director provisional del Museo… Sin embargo, en 1928, cuando Hipólito Yrigoyen asumió la segunda presidencia del país, Doello Jurado fue confirmado como director del Museo (Tonni, 2021, p.69).

Según Tonni (2021), a pocos días del golpe de Uriburu, el 11 de septiembre, Héctor Greslebin, Enrique de Carles, Cándido Villalobos Domínguez, Lucas Kraglievich, Carlos Rusconi, Paul Magne de la Croix, Enrique Deautier, Alfredo Steullet, Alfredo Castellanos y Roberto Dabbene "intentaron aprovecharse del golpe militar que derrocó a Yrigoyen" (Tonni, 2021, p.70) y firmaron una nota contra Doello Jurado, solicitando al ministro de Instrucción Pública y Justicia la intervención del Museo[130]. La *intriga* no obtuvo el resultado esperado y, el 1 de diciembre de ese año, el director dejaba sin efecto las designaciones a los ameghinistas otorgadas años atrás. Según Parodiz *et al.* (1992), la rebelión del 30 no fue repentina y su cerebro había sido Lucas Kraglievich, quien era considerado el sucesor de Ameghino en el Plata, y entendía que el cargo le pertenecía:

> Esta campaña se ligó con algo totalmente ajeno a la dirección del Museo. El campo paleonto-antropológico estaba dividido en relación con la estratigrafía, desde la gran polémica en la Asociación Argentina de Ciencias Naturales en el año 1924, que había durado tres largas y encarnizadas reuniones. La contienda fue entre el grupo ultra

---

[130] La nota contiene 24 razones por las cuales Doello-Jurado no se encontraba a la altura del cargo.

ameghinista -aquellos que se consideraban los legítimos herederos de Ameghino, con Kraglievich a la cabeza, contra los moderados pero irreductibles, como el tenaz Joaquín Frenguelli. Ese debate quedó sin solución hasta muchos años más tarde. Doello también era "ameghinista" sincero pero no fanático, además aunque se ocupaba de paleontología de invertebrados, era ante todo, un biólogo. Su designación después del viaje a Europa, que incrementó su prestigio, permitió que las actividades científicas de la institución fueran más balanceadas. Su propósito fue dar a todas las disciplinas las mismas oportunidades, lo que estuvo especialmente reflejado en las Memorias del Museo de 1924. Las secciones fueron aumentando su personal en la medida que lo permitía el magro presupuesto (Parodiz *et al.* 1992, p.18-19).

Las posiciones asumidas en torno a la argumentación (O) y, en este sentido, la adhesión a (O-I) tuvo consecuencias en el modo radical de agenciamiento de los ameghinistas en el marco de las instituciones museísticas y universitarias, para lo cual el golpe de estado fue comprendido como una oportunidad de acceso, por derecho propio, a la dirección de las colecciones. Sin embargo, es preciso subrayar, con Azpiri (2010), el conflicto permanente que Doello-Jurado habría mantenido con la planta científica del museo y que, como hubiera sucedido con la exoneración de Ameghino del Museo de La Plata, se debía parcialmente a la discontinuidad en la publicación de los trabajos paleontológicos de Kraglievich (solo 2 de 32)[131]:

---

[131] En una obra póstuma, Lucas Kraglievich (1934) ya advertía que: "La descripción extensa, comparada e ilustrada, de estos y otros muchos roedores fósiles de la Argentina, demora en publicarse en los Anales del Museo de Historia Natural de Buenos Aires, cuya dirección retiene, desde hace dos años, los originales de mi trabajo que le entregué bajo la confianza de que serían publicados en un plazo razonable (es un trabajo de apenas 40 páginas); con lo cual la ciencia está sufriendo indudables perjuicios, y más valiera que se me devolvieran los originales e ilustraciones, brindándome la facilidad de remediar tales perjuicios, publicando el trabajo a mis expensas" (p.36). Más adelante, insiste en que "La dirección del Museo de Buenos Aires se ha convertido en un vulgar retén donde se obstaculiza, por una parte, el libre tránsito de la contribución de los estudiosos argentinos al progreso de la ciencia del país, mientras por la otra se prodigan allí, con fútiles pretextos, festejos y exhibicionismos de toda índole que debieran estar proscriptos en absoluto en una institución severa como es el Museo, malos recursos que no necesitaron Burmeister ni Ameghino, quienes se prodigaron por entero a la ciencia y a publicar con

Lejos de instruirse un sumario para investigar la veracidad de las imputaciones, se instrumentó una campaña de desprestigio hacia Kraglievich, acusándolo de elemento disolvente y comunista, lo que motivó la renuncia colectiva de los nombrados. Algunos, para subsistir, tuvieron que desempeñarse como guardadores de fieras en el Jardín Zoológico; otros, cuando finalmente la Justicia acepto la legitimidad de los reclamos, fueron reincorporados en el escalafón de ordenanzas. Kraglievich eligió el amargo camino del destierro (Azpiri, 2010).

En su carta de renuncia, Kraglievich se hacía solidario con el despido de Rusconi, al abrigo de la esperanza "de que llegue también para mi país, el momento en que sus hombres de ciencia dejen de ser apreciados cual meros dientes del engranaje administrativo y se les otorguen las consideraciones que lógicamente les corresponden por su alta jerarquía intelectual y por lo que ellos representan para el país" (Kraglievich 1933, pp.44-52). Al problema de las publicaciones discontinuas, Nicolás Kraglievich (1933), hermano de Lucas, recordaba que en la nota enviada al ministro Ernesto Padilla, se descalificaba al director "por carencia de la elevación de la conducta y temperamento científico necesario a la elevación del cargo, no ha hecho acto de presencia en la casa matriz del museo, situado en la calle Perú y Alsina, ni tampoco el señor Secretario Don Pedro Serié, de tal modo que en esta casa donde los firmantes desempeñamos nuestras respectivas funciones la única representación global es desde entonces la del portero" (Kraglievich, 1933, pp.44-52); se lo acusaba de subejecutar el presupuesto en exploraciones, malgastar el dinero en personal administrativo con funciones burocráticas y corporativas, desestimar la compra de materiales de trabajo e interrumpir las prospecciones a las barrancas de Miramar "cuyos hallazgos dieron lugar a tantas disquisiciones de trascendencia científica y filosófica, y que por eso mismo merecían ser proseguidas muy especialmente con el fin de esclarecer los problemas suscitados por dichos hallazgos. El

---

regularidad los Anales del Museo que hoy aparecen cada tres años" (p.77).

experto que tuvo a su atención la vigilancia del yacimiento es mantenido desde hace años ociosos en esta capital, pese a sus reiteradas demandas de partir para atenderla (Kraglievich, 1933, pp.44-52).

La rebelión de la calle Perú llevó a una diáspora en la constelación de investigadores ameghinistas: "Al fracasar la petición en 1930 ya que no se abrió sumario alguno en contra del director, el Prof. Martín Doello Jurado continuó en su cargo, los firmantes presentaron una renuncia colectiva y tomaron distintos rumbos. Este grupo se desmembró y cada uno siguió caminos separados. Lorenzo Parodi fue el único exonerado" (Castello 1992):

a) Lucas Kraglievich se exilió en Montevideo en 1931 y, tras trabajar durante dos años, retornaba enfermo al país donde moría el 13 de marzo de 1932.

b) Según Parodiz (1992), Enrique de Carlés fue perdonado, pero fallecería en 1934.

c) Alfredo Castellanos se radicaría en el Instituto de Fisiografía y Geología en la Facultad de Ciencias Exactas e Ingeniería de la Universidad del Litoral de Rosario.

d) Con respecto a la familia Parodi, Rodolfo (firmante de la nota), pidió el traslado a la Cárcel de Encausados y se dedicaría, entonces, a la paleontología; Lorenzo Julio, abandonó el museo y, por un tiempo, trabajó en el Zoológico de Buenos Aires y en 1936 se incorporó al Museo de La Plata.

e) Rusconi, en 1936, trabajaría en el Zoológico de Buenos Aires y, en 1937, sería designado director del Museo de Ciencias Naturales y Antropológicas "Juan Cornelio Moyano" de Mendoza.

Con la diáspora de ameghinistas 1930 y las sucesivas muertes de los participantes de la constelación (70% de ellos, hasta 1938), la adhesión a (O-I) fue *abandonada y clausurada* (McMullin 1987; Beauchamp 1987), con lo que la *resolución* ofrecida por Frenguelli/Vignati en el CIA de 1932 parecía obedecer a una *negotiation clausure* (Beauchamp 1987), que requería de la redefinición del problema antropológico en América del Sur, con el fin de dar respuesta *política* (Mazur 1981) a una situación de "labilidad institucional" (Podgorny, 2009, p.257). Tal como se explicitó en 6.3.1., (O-III) contribuyó a generar consenso en una comunidad argentina de investigadores fracturada institucionalmente, en un contexto en el que la escuela ameghiniana se encontraba dispersa y anquilosada, y cuya mayor promesa de continuidad, Lucas Kraglievich, había fallecido prematuramente[132].

La propuesta de Frenguelli/Vignati (1934) en el CIA, que coincidía con los hallazgos de Folsom, se vio además fortalecida por la *conversión* de Castellanos y la interpretación que éste hiciera de los vestigios de Candonga (véase cap. V):

> Las discusiones generadas por estos restos traspasaron las fronteras nacionales y Kirk Bryan se hizo eco de considerar y "validar" la antigüedad de los materiales comparándolos con los hallazgos de Sandía y atribuyendo la importancia del sitio al sitio Folsom en Norteamérica. Por esos años, en Norteamérica y tras el hallazgo de los sitios Sandía, Folsom y Ventana varios años antes, y las discusiones en torno a ellos, Roberts (1940) propuso utilizar el término de "paleoindio" para identificar a los sitios arqueológicos asociados a fauna extinta. En América del Norte y Central se establecieron secuencias cronológicas asignando diferentes términos a la etapa correspondientes a los primeros pobladores americanos basados en características tecnológicas o de subsistencia: Lítica antigua (Phillips y Willey 1953), Preagrícola (Armillas 1957), Sociedades cazadorasrecolectoras (Matos 1982), entre otros términos (Matos 1982). En nuestro país, con la postura de la "Ecología cultural" de la mano de Alberto Rex González, quien se formó con Julien Steward en

---

[132] En el prólogo de 1934 a "Las faunas de Monte Hermoso y Chapadmalal", G. F. C., S.J., refiriéndose a Kraglievich, establecía que "La labor iniciada con tanto acierto por Francisco J. Muñiz en el campo de la paleontología rioplatense y que en forma tan titánica encauzó y robusteció Florentino Ameghino con sus múltiples hallazgos y prolongados estudios, quedó como abandonada en 1911 al fallecer el eximio autor de 'La antigüedad del hombre en la República Argentina'. Parecía que la herencia intelectual de ambos sabios se disiparía por falta de quien la recogiera. Sin embargo, no fue así. Un joven que en aquella fecha cursaba, en Buenos Aires, la carrera de ingeniero-mecánico, sintióse llamado a tan noble misión. Abandonó la carrera, que tenía casi terminada, y levantando la tea casi apagada, se engolfó en los estudios paleontológicos con pasión, con tesón y con gloria" (Kraglievich, 1934, p.5)

Norteamérica, se iniciaron las técnicas de recolección estratigráficas de materiales en grandes superficies a través del trabajo en cuadrículas y la aplicación de una nueva técnica para cronologías: las dataciones radiocarbónicas. El trabajo de campo sistemático aseguró la recolección de los materiales e información del contexto cultural, que implicaba otra concepción del registro arqueológico (Solomita Banfi, 2019, p.40).

1947, por tanto, parece ser un año apropiado en una historiografía que apela a *clausurar* la disputa[133] sobre la HAA, debido a:

a) La muerte del 70% de los adherentes a (O-I) y (O-II) (incluido Hrdlička).

b) La validación de los hallazgos de Candonga, por la *conversión* de Castellanos (1943).

c) La asociación establecida por Kirk Bryan (1945) entre los vestigios de Candonga y Folsom, que reunían el consenso comunitario respecto de la existencia de un paleolítico en las Américas.

d) El consenso sobre la hipótesis *Out of Africa*, promovida a partir de los sucesivos hallazgos de especímenes de *Australopithecus,* desde 1924: "No fue hasta que Le Gros Clarck examinó el material de Taung, Sterkfontein y Swartkrans en 1947 – en el período previo a la primera reunión del *Primer Congreso Panafricano de Prehistoria* – y se declaró satisfecho que el género *Australopithecus* obtuvo aceptación general" (Shepherd, 2017, p.19)[134].

---

[133] Si bien, como se ha reiterado en este libro, las historiografías detienen la disputa tras la muerte de Ameghino y la publicación de EMSA, sin embargo, Bonomo (2002) afirma que "En 1926 el tema ya no estaba presente en los periódicos" (Bonomo, 2002, p.81), mientras que Tonni entiende que "Respecto de los supuestos molares humanos fósiles dados a conocer por Vignati en 1941, Jorge Lucas Kraglievich –el hijo de Lucas–, demostró en 1959 que pertenecen en realidad a un tayasuídeo chapadmalalense del género *Argyrohyus*. Este fue quizá el golpe definitivo al 'hombre terciario' que desapareció de escena excepto por menciones muy puntuales (por ej.: Parodi Bustos, 1978)" (Tonni, 2021, p.47)

[134] El 17 de julio de 1959, en Tanzania, era descubierto por Mary Leakey, el *Paranthropus boisei,* cuya datación en 1961 mostró una antigüedad de 1,8 millones

e) Además, Gundling (2010) sostiene que tras la Segunda Guerra Mundial hubo consenso entre la comunidad de biólogos acerca de la función de la selección darwiniana como marco explicativo de la evolución, de modo que, "Para los antropólogos, aunque las cuestiones de taxonomía y filogenia siguieron siendo importantes, las consecuencias intelectuales de la llamada síntesis neodarwiniana condujeron a una 'Nueva Antropología Física' en la que los primeros fósiles de homínidos, más que representativos de algún arquetipo platónico, fueron interpretados como miembros únicos de poblaciones variables" (Gundling, 2010, p.317). Así también, los estudios en prehistoria se vieron modificados por la incorporación de técnicas de datación absoluta, que posibilitaron formular nuevas preguntas de investigación: "Con la aparición del método radiocarbónico, podían establecerse las fechas, en muchos casos, muy rápidamente y sin el sistema lento y laborioso de la cronología comparada, al que había sido necesario recurrir hasta entonces. Determinar una fecha dejó de ser una de las principales conclusiones de la investigación. Todavía era importante, pero ahora podía realizarse de un modo mucho más eficaz, permitiendo que el arqueólogo pasase a plantearse preguntas más incisivas que las meramente cronológicas" (Renfrew *et al.* 2011, p.40). La datación absoluta intercedió en la modificación del carácter descriptivo de los estudios en prehistoria, lo que favoreció el surgimiento de modelos explicativos-procesuales y ecológicos (o más tarde, postprocesuales), con la llamada *Nueva Arqueología.*

---

de años (ma.,): "La bomba de los Leakey fue el broche perfecto de un cúmulo de evidencias que ya parecían incuestionables: los nuevos fósiles sudafricanos descubiertos por el paleontólogo británico Robert Broom facilitaron que Dart y su niño de Taung recibieran finalmente el reconocimiento merecido" (Díez Martín, 2011, p.43). La reorientación de los estudios en prehistorias hacia África sería ratificada por el descubrimiento que hiciera Louis Leakey, en 1964, del *H. habilis,* lo que suponía un viraje sustantivo en los estudios paleoantropológicos.

Sin embargo, no se pretende en este estudio conmesurar la disputa a una interpretación excluyente, con lo que se hace preciso indicar que la argumentación comunitaria (O) contribuyó a revisar los agenciamientos de los participantes de la constelación de estudios en prehistoria de Pampa-Patagonia y, en efecto, hizo posible la apertura a una nueva modalidad de conflicto respecto de la antigüedad y origen de los americanos, en un marco de deliberación sin *Aufhebung*[135].

---

[135] La clausura político-institucional exhibe la dimensión sociológica de la discusión, de un modo similar a la controversia científica *por cargos académicos (chairs)* entre psicologistas y antipsicologistas que describe Kusch (1995). En este sentido, Kusch (1995) reconstruye los argumentos de la comunidad y deja en evidencia que el análisis de la dimensión "externa" o sociológica no es ciega con respecto a la dimensión "interna" o argumentativa de la disputa. En efecto, afirma que:

> Se debería considerar que las creencias y argumentos de todos los lados diferentes en una controversia tienen variables sociales, no solo las creencias y argumentos de aquellos que resultaron ser perdedores. Sin embargo, me doy cuenta de que ninguna explicación simétrica de una controversia filosófica puede evitar ser interpretada de manera asimétrica por partidarios modernos de una de las posiciones filosóficas bajo escrutinio. Así, al presentar el material en este libro a diferentes audiencias de filósofos, he notado que los defensores de 'La misma historia de siempre' interpretan los argumentos a favor de una filosofía naturalista como una simple cortina de humo para el deseo de cátedras por parte de los psicólogos experimentales. Por otro lado, los partidarios de la revuelta contra el antipsicologismo consideran los proyectos de una psicología filosófica no experimental como simples estrategias mal disfrazadas para retroceder en el tiempo y obstaculizar el progreso. Hay poco, hasta donde puedo ver, que los sociólogos del conocimiento filosófico puedan hacer para evitar que su explicación del programa fuerte se convierta en un relato del programa débil, según el cual los factores sociales son significativos solo cuando los científicos o filósofos se desvían del camino de la razón (Kusch, 1995, p.267).

De este modo, la reconstrucción de argumentos ofrecida en este libro no elude los intereses político-institucionales de la comunidad y el hecho por el que, en cierto sentido, la diáspora de ameghinistas constituyó una consecuencia práctica de la controversia sobre la HAA.

3.1.1.4. Clausura por redefinición de problema

La argumentación comunitaria (O) permite aseverar que la desarticulación de (G) no fue *instantánea*, por lo que:

a) La historiografía que conmesura la refutación a partir de "La visita de los expertos (Hrdlička-Holmes-Willis) de la *Smithsonian Institution* a Buenos Aires (1910) y la publicación de *Early Man in South America* (1912) (Schobinger, 1969; Ratier, 1997; Borrero *et al.* 2007; Prieto, 2016; Pucciarelli, 2011; Politis *et al.* 2011; Podgorny, 2015; Carrizo, 2016; Ratier, 1997; Pasquali *et al.* 1998) de la antropogénesis ameghiniana", no parece considerar que:

   I. Si bien Hrdlička (1910) tuvo la intención preconcebida (Podgorny *et al.* 2000) de practicar una crítica sistemática al trabajo de Ameghino, al momento de realizarse el CCIA la expedición de la *Smithsnonian* siquiera había practicado todavía una prospección sobre los terrenos respecto de los que deliberaría en 1912.

   II. En el CCIA, Holmes (1910) no rechazaba la edad terciaria de la sección inferior de la formación pampeana, como tampoco lo hacía en EMSA, por lo que el consenso respecto de la D-EFG era sincrónico al disenso respecto de la D-VAR y D-VAN.

   III. Aún, el informe petrográfico propuesto por Fechner *et al.* (1912) contradecía incluso las conclusiones ofrecidas por Holmes-Hrdlička-Willis (1912) respecto de D-VAR.

Las historiografías argentinas han comprendido los juicios de la *Smithsonian* como si se trataran de un bloque monolítico que desautorizó, sin más, la antropogénesis ameghiniana, sin problematizar en las diversas perspectivas y orientaciones que conformaban la comunidad plural de investigadores: la clausura de la controversia, por la conmensuración a la perspectiva de una persona (Hrdlička) o grupo (*Smithsonian Institution*), parece *borrar* la adhesión que se daba *simultáneamente* entre investigadores hispano-itálicos

(Engerrand, 1908; Hernández-Pacheco, 1910; Boscá, 1910; Sergi, 1911), frente al rechazo de la fracción anglofrancesa de la comunidad que, con los mismos criterios que objetaba a Ameghino, validaba (no sin controversia) al "hombre de Piltdown".

b) Esta última situación es la que vale para problematizar la versión historiográfica, vista en el *ejemplo genérico*, por la que se conmesura la disputa según cierta "asimetría en el grado de desarrollo de los métodos e instrumentos norteamericanos, que llevó, en Argentina, a un período *caos, punto de inercia* o *vacío teórico* (Madrazo, 1985; Politis, 1988; Garbulsky, 1991-92). Pues, como se ha visto, las normas, los criterios y los valores comunitarios de validación de pruebas y argumentos se encontraban abiertos a crítica o revisión, con lo que las D-EFG, D-VAR y D-VAN invitan a comprender la *inconmensurabilidad* de criterios y, por tanto, de formas de ver el mundo entre las escuelas en pugna. De acuerdo con ello, pese a ciertos acuerdos parciales sobre la validación de los hallazgos, no era posible confirmar la interpretación o aplicación uniforme de criterios por parte de los distintos agentes, lo que conducía a distintas cronologías más o menos hiperbólicas, como las de Ameghino o Hrdlička. La *inconmensurabilidad* no debía suponer, sin embargo, el carácter irracional en la *praxis* de comprensión, interpretación y aplicación de los *nomoi*, tal como se ha problematizado en el ap. I de este cap. En cualquier caso, la deliberación práctica operada por la comunidad carecía de un metamarco o marco *fundamental* de conmesuración que se acordara apropiado. De aquí que el *caos* o *vacío teórico* historizado no implicaba la irracionalidad de las prácticas científicas que se llevaban a cabo en un estado de consenso-disenso, con pluralidad de perspectivas y orientaciones, sin petición de acuerdo final.

c) Politis (1988), subraya que ese "caos teórico" habría sobrevenido por efecto del "eclipse del darwinismo" sin indicar que la deliberación de fase 3 (Tuomi, 1981) se

376

practicaba con independencia de la *praxis fronética* sobre los mecanismos evolutivos (fase 1), que arribaría a la década de 1930 con la formulación de la teoría de la evolución por síntesis biológica. En cualquier caso, las objeciones jesuitas a la antropogénesis ameghiniana (de fase 3), se practicaban en orden a rechazar el evolucionismo darwinista (de fase 1), adoptando para ello perspectivas neolamarckianas. Por otro lado, la incorporación de nuevas metodologías (por ejemplo, el particularismo histórico o la *Nueva arqueología*), no excluía la *persistencia* de un pluralismo epistemológico y metodológico en la práctica de las disciplinas convergentes con el campo de la prehistoria, así como tampoco las controversias en la constelación de investigadores.

d) El *ejemplo genérico* formulado indica una forma de clausura por *abandono*, debido a la ausencia de "una respuesta de la escuela ameghiniana a las objeciones de Hrdlička (Politis, 1988; Pucciarelli, 2011), lo que debe ser contrastado con los trabajos de prospección realizados por Carlos Ameghino; Senet (1911); Castellanos (1923); Kraglievich y otros, así como la reinterpretación de los vestigios de Mochi (1911), Sergi (1911); Keith (1915) Boule (1921); Frenguelli (1920, 1934); Imbelloni (1931) y Vignati (1934) que, pese a rechazar (OI), también objetaban (O-II), sin desestimar las Evidencias (A) y (B) producidas desde 1864 en Buenos Aires, pues "aunque quisiéramos prescindir completamente de este material, será posible adoptar sistemáticamente el mismo criterio para todos los demás hallazgos efectuados por todos los demás investigadores desde F. Seguin, esto es desde 1864 hasta hoy?" (Frenguelli, 1934, p.3). En 1935, dos años antes de su muerte, Luis María Torres advertía que:

> Lo que parece admisible es que existieron en esta región del país, simultáneamente, dos unidades morfológicas, cuya antigüedad no sería muy remota y equivaldría al paleolítico superior europeo. Pero estas conclusiones deben considerarse

provisionales, hasta que puedan constituirse las formas típicas en series, y de manera que se agrupen las formas típicas del hombre fósil del viejo mundo (Torres, 1935, p.91).

Por lo visto, el *ejemplo genérico,* que conmesura la historización de la disputa a una persona (Hrdlička) o grupo (*Smithsonian*), esto es, a una sola interpretación de la *praxis fronética* sobre la disputa antropogénica ameghiniana, elude la *yuxtaposición* de las controversias (D-EFG, D-VAR y D-VAN) y reduce la "refutación" a un evento (CIA/CCIA), publicación (EMSA), abandono ameghinista de la disputa, labilidad institucional o crisis paradigmática, sin considerar que, dada la argumentación (G), es posible indicar una desarticulación diacrónica, fragmentada e inconexa de las pruebas y argumentos ameghinianos. Por tanto, al cierre de la disputa por *muerte natural, negociación* (McMullin, 1987; Beauchamp, 1987) o *política* (Mazur, 1981) puede *yuxtaponerse* a la resolución ofrecida por Bijker (1987): "La clausura mediante la redefinición del problema, de manera que una polémica puede finalizar si se considera que venía dada por un mal planteamiento de base, solucionable a partir de una redefinición del punto manifiestamente conflictivo" (Vallverdú, 2005, p.36).

El fin de la disputa, de este modo, habría ocurrido por un cambio en las interpretaciones sobre los restos fósiles y vestigios arqueológicos sudamericanos: si en la escuela ameghiniana eran comprendidos como implicaciones de prueba de fase 4 (Tuomi, 1981) de los modelos (retro)predictivos de fase 3 del transformismo darwinista (véase cap. II), desde 1932 ya no contribuían a contestar a la pregunta sobre el origen del ser humano, sino más bien, a resolver el problema sobre el origen del poblamiento americano. Así, los distintos criterios teóricos para determinar la clausura de la controversia (Mazur, 1981; Engelhardt, 1987; McMullin, 1987; Bijker, 1987; Beauchamp, 1987; Vallverdú, 2005), parecen indicar que la deliberación comunitaria crítica de la argumentación (G) y la desestimación de (O-II), contribuyó a lograr, en América del Sur, un consenso respecto de (O-III), apoyado por las noticias que, en Estados Unidos, se generaban a propósito de Folsom:

A pesar de su ambigüedad y acritud, y después de resistirse obstinadamente durante casi cuarenta años, la controversia sobre la antigüedad humana en Norteamérica se evaporó repentinamente en Folsom en el otoño de 1927. Folsom no era la prueba largamente buscada de un Paleolítico americano o de una presencia humana en las profundidades del Pleistoceno (o al menos no según los estándares del Viejo Mundo). Era algo muy diferente. Pero después de décadas de disputa, nada acabó pareciendo lo que se esperaba en un principio. En su momento, el problema de la antigüedad humana comprometió y definió como pocos a la incipiente disciplina de la arqueología estadounidense. No lo hizo sólo porque algunos de los mejores y más brillantes arqueólogos de varias generaciones -así como geólogos glaciares, antropólogos físicos y paleontólogos de vertebrados- se sintieran atraídos por él, aunque así fuera. Tampoco fue porque los participantes pensaran que se trataba de un problema importante, aunque así era. Más bien, este problema era tan importante porque afectaba profundamente al núcleo conceptual de la arqueología norteamericana, obligando a la naciente disciplina a enfrentarse a la confusión de sus teorías, métodos y pruebas, mientras que el tiempo pasado y todo lo que se derivaba de él, vital para comprender la prehistoria de Norteamérica, permanecía secuestrado. Hasta que fue liberado, los arqueólogos norteamericanos trabajaron bajo lo que Alfred Kroeber denominó un "pasado plano", en el que el tiempo y el espacio parecían colapsarse unos sobre otros y en el que tenían que "embutir una enorme cantidad de acontecimientos culturales en un contenedor cronológico cada vez más pequeño". Como observa James Snead, incluso después de que Alfred Kidder, Kroeber y Nelson, en la segunda década del siglo XX, desarrollaran y aplicaran nuevos métodos para detectar el cambio cronológico (seriación y estratigrafía), el pasado seguía siendo "simplemente una versión más antigua del presente". Eso no cambiaría hasta Folsom (Meltzer, 2015, p.17).

A diferencia de lo sucedido en Estados Unidos, donde la conclusión (O-II) requería comprimir los argumentos y evidencias en un breve lapso cronológico, la conclusión ameghiniana (O-I) distribuía los vestigios en una escala temporal geológica, que precisaba explicar, por ejemplo, la similitud entre las industrias asociadas al Terciario de Miramar y aquellas utilizadas por los aborígenes *ante* y *post* colombinos (Boman, 1919, p.663). Por tanto, la resolución (O-III), parecía más satisfactoria al momento de dar respuesta a las necesidades científicas y político-institucionales de los investigadores; en este sentido, la propuesta de Frenguelli (1920, 1934) sobre un Paleolítico sudamericano, coincidía temporalmente con el consenso logrado, en el mismo período, en América del Norte.

En el hemisferio sur, la redefinición del problema de investigación (Bijker, 1987) abría un intersticio de *inconmensurabilidad* con respecto a los criterios y normas establecidos por las escuelas de Ameghino y Holmes-Hrdlička-Willis, lo que sin embargo contribuía a reunir a los investigadores argentinos con el consenso de Clovis sobre un poblamiento americano paleolítico. Por otro lado, así como en Estados Unidos:

> Emil Haury pensaba que el descubrimiento de Folsom en 1927 ponía fin a la controversia sobre la antigüedad humana porque aportaba "pruebas inequívocas de la existencia del hombre y de animales extinguidos". Pero sólo fue posible reconocer a Folsom por lo que era porque las décadas de controversia que condujeron a ese momento habían cerrado brechas conceptuales críticas en el conocimiento arqueológico, geológico y paleontológico. De no haber sido así, la controversia habría terminado en 1896 en el yacimiento de Mile Creek, en Kansas (un yacimiento que obtuvo poca aceptación en su momento, pero que en retrospectiva demostró tener una edad pleistocena). Tener el yacimiento adecuado importa, por supuesto, pero aún más la capacidad de reconocerlo como tal (Meltzer, 2015, p.16).

En Argentina, si bien Mochi (1911), Sergi (1911), Keith (1915), Boule (1920) y Carlos Ameghino 1915, 1916, 1917, 1918, 1919) habían ya advertido que, aún con el rechazo de la edad terciaria de los vestigios sudamericanos era viable asignarles una edad cuaternaria, la reinterpretación de los vestigios hecha por Frenguelli (1920, 1934) y Vignati (1934) no hacían más que aceptar la hipótesis producida por Ameghino-Ramorino, la que había sido admitida, en ese entonces, por la comunidad de investigadores locales, entre ellos, por Moreno, Doering o Holmberg, así como por los miembros del *Musée d'Anthropologie.* En vistas de ello, la corrección comunitaria de las hipótesis de Ameghino y Hrdlička permitió unificar las prácticas de deliberación de las escuelas de estudios en prehistoria de ambos hemisferios en torno al problema del poblamiento sudamericano, excluyendo al continente como *topos* que contribuyera a probar el transformismo darwinista a partir de un proceso local de homininización (fase 2 de Tuomi, 1981).

3.1.1.4.1. Revisión comunitaria de argumentación (G)

La *praxis fronética* de deliberación crítica sobre la antropogenia ameghiniana requirió del esfuerzo interdisciplinar de una comunidad que, con diversos criterios y adhesiones institucionales, desarticuló en forma inconexa la argumentación múltiple (G). Desde este enfoque, si se considera:

a) (G-I.4) "Los mamíferos actuales se originaron y dispersaron en y desde América del Sur, o bien los mamíferos actuales no se originaron ni dispersaron en y desde América del Sur. (Conclusión por principio de no contradicción a partir de la premisa 3)", hacia 1913 o 1914, no se detectaban, fuera de Argentina, investigadores que apoyaran la paleografía ameghiniana, mientras que, en el país, la abducción (c) fue sostenida por:

    I.   Roth hasta 1924 (año de su muerte).

    II.   Mercerat, hasta 1925.

    III.   Vignati, hasta su conversión en el CIA de 1932.

El rechazo al origen sudamericano de los mamíferos debía haber sido suficiente para desestimar una hipotética hominización local, de no ser por el trabajo de producción de evidencias (B) propuesto por los ameghinistas en el litoral marítimo bonaerense. Además, la hipótesis se subordinaba a un principio filogenético que las historiografías estiman relevante para subrayar los problemas de clasificación de Ameghino, pero que, sin embargo, estuvo por completo ausente en la *praxis fronética* de cualquiera de los investigadores participantes de los agenciamientos. En definitiva, se trata de la "homoplasia", principio no trabajado en la *Filogenia* (1884) y que Simpson (1954) considera el *talón de Aquiles* de Ameghino:

> En consecuencia, esta ignorancia habría llevado al paleontólogo argentino a considerar que cualquier semejanza era un indicativo de afinidad evolutiva. No se trataba de errores de observación o descripción. Como ya se ha indicado, el trabajo descriptivo solía ser correcto y riguroso. El problema era su incapacidad para aceptar que la semejanza no es debida sólo a la homología, sino que puede ser un indicativo de convergencia o paralelismo. En esta situación, en muchas ocasiones indicaba dos líneas de parentesco o afinidad filogenética, de las que una acostumbraba a ser correcta, mientras que la otra por supuesto no lo era (Casinos, 2012, p.104)[136].

Las estructuras homoplásicas de la fauna mastoozológica terciaria de la formación pampeana fueron empleadas por las historiografías como una forma de valoración *whig* del error cronológico de Ameghino:

> Sucede que los mamíferos del Terciario de Sudamérica ejemplifican la homoplastia en escala probablemente mucho mayor que cualesquiera de las faunas conocidas. Ellos experimentaron una 'radiación adaptativa independiente, que produjo en la mayoría de estos grupos, semejanzas a veces muy cercanas con un grupo holoártico no relacionado, con situación ecológica similar. La llave para este grande y complejo embrollo es homoplastia, y Ameghino no la usó (Simpson, 1954, p.82).

Pero, aun cuando Lankester propusiera el término en 1870

---

[136] Sin embargo, es preciso subrayar que la *homoplasia* es utilizada en el trabajo de reconstrucción filogenética ameghiniana, en el campo restrictivo de trabajo de los mamíferos fósiles (Ameghino, 1915[1884], p.16), fue aplicado en consideración del material osteológico.

(denominándolo entonces "homogenia"), este no tuvo relevancia en la disputa sobre los vestigios, sino hasta que Roth (1921) rechazara, tangencialmente, la *excepcionalidad* de la fauna de los mamíferos pampeanos como un motivo para objetar su carácter arcaico. Frenguelli (1934), por su parte, revisaba un argumento similar cuando afirmaba que:

> Para el error cronológico del Pampeano concurrieron, además, varios factores que fácilmente pueden llevar a conclusiones falaces: el carácter arcaico de sus Mamíferos; su elevado porcentaje de extinción; los cambios frecuentes y aparentemente profundos de asociaciones faunísticas y de las condiciones morfológicas de la superficie de las pampas; la carencia de fenómenos glaciales en toda la extensión del territorio pampásico (Frenguelli, 1934, p.3).

La *homoplasia* no estuvo presente en la deliberación ameghiniana, de modo que parece inapropiado apelar a ella en una comunidad fraccionada que no la empleaba en sus argumentos, ya sea en favor o en contra de la antropogenia.

e) Visto el rechazo de (G-I.4), las probabilidades de (G-II.3) parecían disminuir, junto con (G-II.5). Así como sucedía con la ausencia de la *homoplasia*, tampoco la "deriva continental" de Wegener (1912), que derribaba los puentes de tierra en los que se sostenía la aducción dispersalista de mamíferos ameghiniana, era considerada por la comunidad de investigadores como una hipótesis aceptable, de modo que la hominización y dispersión por estos medios hubiera sido admitida por la paleografía, si no hubiera sido por el rechazo de (G-I.4) o, en específico, de la coexistencia de mamíferos y dinosaurios en el cretáceo patagónico, como presupuesto de la antigüedad terciaria del ser humano pampeano. Así, la objeción a la asociación entre mamíferos y dinosaurios tenía mayor relevancia para la objeción que las *buenas razones* acerca de la deriva continental, por la mayor adhesión comunitaria a los puentes intercontinentales.

Si (G-II.3) y (G-II.5) habían sido ya objetadas por las sospechas respecto de la abducción dispersalista, el rechazo de (G-III.3) traería como consecuencia la descalificación de la edad terciaria de los vestigios (A y B) y, en definitiva, un rechazo conclusivo de (G-II.3) y (G-II.5) que derivaría en la formulación de la alternativa (O-III).

f) De este modo, al considerar las conclusiones de (G), se obtiene que:

I.   (G-I.4) fue rechazada en 1913/1914 por Loomis y Scott y *abandonada* por la muerte de Roth (1924). En ese entonces, no se identifican ya investigadores que sostengan un origen austral de los mamíferos sudamericanos.

II. Pese al rechazo de (G-I.4), y a las objeciones de Mochi (1911), Keith (1915), Bonarelli (1918), Outes (1909, 1924), Hrdlička, Willis y Holmes (1912), Blanco (1916), Varetto (1921), Boule (1921) y Frenguelli (1920, 1934), entre otros, (GII3) y (GII5) fueron sostenidas por Carlos Ameghino, Senet (1911), Castellanos (1923) y Kraglievich, hasta 1932, cuando ocurren tanto la muerte de este último, como la celebración del CIA, en que Frenguelli y Vignati adhieren a (O-III).

III. Con la desarticulación de (G-I.4), (G-II.3) y (G-II.5), la lectura de los vestigios como materiales de un Paleoamericano terminaba por desestimar (G-III.3), para objetar tanto (O-I) como (O-II) y, por ello, permitía negar cada una de las alternativas propuestas en (G). De este modo: "No es cierto que los mamíferos actuales se originaron y dispersaron en y desde América del Sur, ni que los remotos antepasados del hombre evolucionaron en este continente, ni que el ser humano se originó y dispersó en y desde América del Sur, ni que se encuentran antiquísimos restos fósiles de humanos, prehumanos y de industrias primitivas en horizontes terciarios del Pampeano".

La negación de las conclusiones de (G) requirió del esfuerzo mancomunado de una comunidad plural de estudios en prehistoria que deliberó, con diversidad de perspectivas y orientaciones e inconmensurabilidad de criterios, acerca de D-EFG, D-VAR y D-VAN, sin petición de acuerdo final, durante más de cincuenta años. La desarticulación de la argumentación (G) y la redefinición de la pregunta de los estudios prehistóricos en América del Sur ha supuesto que, hacia 1950, no pudieran ser identificados ya investigadores ameghinistas que apoyaran la antropogénesis:

> Ameghino ha tenido extraordinariamente desarrollado el don maravilloso, casi milagroso, de generar discípulos y continuadores. Pero él fué un profeta, y sus continuadores, apóstoles. Y la palabra del maestro, "santa" y virtuosa, obedecida al pie de la letra, y sus esquemas de trabajo, sus sistemas y principios, defendidos contra viento y marea, no con la fidelidad cariñosa y reverente del discípulo, sino con tozudez y empecinamiento religioso, a pesar de su falsía cada vez más evidente. Así, las posibilidades de formación de una escuela arqueológica ameghiniana fueron deteriorándose progresivamente hasta su desintegración total hacia 1950 (Fernández, 1979, p.174).

La conclusión (O-III), lograda en 1932 por la comunidad de investigadores que revisó la antropogénesis ameghiniana (O-I) y las cronologías hiperbólicas de Hrdlička (O-II) (y fortalecida en 1939-1943, a consecuencia de los hallazgos de Candonga) recuperaba la hipótesis propuesta por Ameghino en *La antigüedad* (1881) (coincidente con la postulada en el hemisferio norte por Abbott, en 1872)[137], a partir de la concreción de un proceso de trabajo

---

[137] En América del Sur, Rusconi (1932) insistía en las muchas comprobaciones de la coexistencia de seres humanos y megafauna: "En el supuesto de que, tanto la particular rotura del canino de *Arctotherium,* o las incisiones observadas en el ejemplar número 8 y en la pelvis de *Onohippidion* fuesen el resultado de un trabajo intencional, estos casos, a mi juicio, no tendrían otro valor que el de haber comprobado una vez más la presencia del hombre fósil en los alrededores de la ciudad de Buenos Aires, contemporáneo de los grandes mamíferos extinguidos

deliberativo que constituyó los lazos de socialización de una comunidad nacional de ciencia[138], entramada en un conflicto plural

---

llamados *Megatherium, Scelidotherium, Glyptodon, Typotherium, Arctotherium, etc.,*" (Rusconi, 1932, p.157).

[138] Las dificultades en la formación de una escuela ameghiniana se contraponen a una de las consecuencias prácticas más difundidas del trabajo del sabio naturalista, consistente en haber contribuido a forjar una comunidad de ciencia nacional, pues:

  a) "Esos mismos años corresponden al momento en que en la Argentina, como en el resto del mundo, la práctica de la ciencia pierde parte de su retórica universalista para afirmarse en los límites de una ciencia nacional. En este marco, Ameghino desempeñó el papel de icono, tanto para los propulsores del movimiento de regeneración social a través de una cultura científica popular, como para los mismos científicos deseosos de clausurar el período de importación de sabios extranjeros" (Podgorny, 1988).

  b) En el mismo sentido, Tonni (2011) afirma que "Florentino Ameghino era considerado como paradigma del sabio, lo que implicaba para sus sostenedores la defensa a ultranza de sus hipótesis. En este contexto se desarrolló la construcción de una 'ciencia nacional0, enmarcada en el positivismo, que en la Argentina adquirió caracteres propios, y en el concepto de país internacionalmente significativo" (Tonni, 2011).

  c) Fernicola (2011) sostiene que "Durante el siglo XX, la historiografía sobre Moreno y Ameghino estuvo enmarcada por la biografía hagiográfica donde ambos personajes fueron considerados héroes de la ciencia nacional y según las simpatías del autor de turno se defendía más a uno que a otro (Podgorny 1997, 2007; Farro y Podgorny 1998; Farro, 2009)" (p.44).

Con esto, es posible indicar que una de las consecuencias prácticas de la *praxis fronética* comunitaria, ocurrida desde 1875 hasta 1932, consistió en la formación de una *constelación* plural de investigadores en prehistoria sudamericana y argentina, la cual trazó lazos de socialización científica con la comunidad internacional. La materialización de esta falange nacional de naturalistas contestaba al llamado que, en 1881, Ameghino había hecho en *La antigüedad...* a fin de probar la contemporaneidad del ser humano y la megafauna en la pampa bonaerense, en un "campo descuidado" (Ameghino, 1913-1936k, p.9), por los estudios prehistóricos, en el que todo estaba por realizarse. En 1884 "Ameghino tenía muy en claro la dimensión cooperativa de la Paleontología: ella sólo podía desarrollarse por el esfuerzo mancomunado de una multitud de investigadores que fuesen aportando, baconeanamente, resultados parciales que pudiesen ir convergiendo y articulándose en un mosaico unitario" (p.89). En el "Prólogo" a *La antigüedad...*, cuyo epígrafe -de Agassiz-, enseñaba: "Cada vez que un hecho nuevo y alarmante sale a la luz en la ciencia, la gente dice primero: no es cierto; luego: es contrario a la religión; y finalmente: todo el mundo lo sabía hace tiempo", Ameghino replicaba el llamado que había hecho ya Cuvier[138] (Caponi, 2017, p.89), esta vez, al trabajo cooperativo de la comunidad de investigadores en prehistoria sudamericana, en tanto señala la presencia de jóvenes naturalistas tales como Moreno, Zeballos, Lista, Leguizamón, Liberani, Hernández y otros, en el marco de un proceso de institucionalización de los estudios en prehistoria propiciado, ya no sólo por el Museo Público de Buenos

Aires dirigido por Burmeister, sino por el Museo Antropológico y Arqueológico de Buenos Aires, dirigido por Moreno: "Durante la última década se ha formado ... una falange de jóvenes naturalistas que han abordado la ardua tarea del pronto conocimiento del país y de todos los inmensos recursos de que la naturaleza lo ha dotado" (Ameghino, 1913-1936k, p.7). Con el llamado a la conformación de una comunidad de ciencia local, Ameghino reclamaba también a investigadores de países limítrofes sobre la necesidad de trabajar en el problema de la antigüedad del ser humano en América del Sur, a partir del hallazgo de materiales con los cuales "contribuir de un modo poderoso a la completa solución de esa cuestión, y de un gran número de problemas que le son conexos" (Ameghino, 1913-1936k, p.9), en tanto sentenciaba que la tarea exigía del "esfuerzo de muchos" (p.9). La comunidad de investigadores en prehistoria sudamericana había de ser plural, así como las irreductibles posiciones que eventualmente presentaran sus participantes. Ameghino (1913-1936k) llamaba "la atención de los investigadores sudamericanos, para que, despertando de su letargo, legiones de obreros remuevan los terrenos de las inmensas praderas de estos países para poder presentar así a la luz del día materiales que han de contribuir de un modo poderoso a la comprensión de cuanto nos sea posible los fenómenos cuaternarios que han dado por resultado la formación de los terrenos de transporte de las pampas, haciendo conocer también la fauna que presenció tales fenómenos" (p.9), en un esfuerzo por demostrar la contemporaneidad del ser humano "con esos antiguos colosos" (p.9).

La primacía de la *constelación* (*cfr.* Bernstein, 2017, p.136) de agentes-investigadores y perspectivas irreductibles que conformaba la comunidad hacía ver que la validación teórica no obedecía estrictamente a un orden empírico o a un criterio metateórico apriórico, pues se encontraba sujeta, en cambio, a las prácticas sociales de intercambio de argumentos con pretensión objetiva de verdad. Por eso, Ameghino interpretaba que la comunidad de trabajo había estudiado "hasta en sus más mínimos detalles los terrenos de transporte de la cuenca del Plata" (Ameghino, 1913-1936k, p.9), de la misma manera que había construido colecciones de fósiles en la que se habían incorporado especies desconocidas, fruto de la excavación de paraderos de indígenas prehistóricos, de los que se obtuvieron objetos de distintos tipo; así también, la recolección de materiales paleoantropológicos condujo a la comunidad a convencerse de la antigüedad del hombre en el Plata, resultado de diez años de trabajo "empleados en recorrer los ríos y los arroyos de las pampas unas veces; en hacer remover y remover por nosotros mismos y con nuestras propias manos sus depósitos fosilíferos, otras; y siempre en la observación, clasificación y estudio de las piezas que en esas continuas excursiones y excavaciones conseguíamos" (Ameghino, 1913-1936k, p.10). Dicho convencimiento, sobre la existencia de un Paleolítico en Sudamérica, había sido sometido al examen de "las personas más competentes de Buenos Aires" (p.10), así como a sabios de Europa, a través de la Exposición Universal de París, en la que "el Jurado Especial, encargado de examinarlos, nos acordó un premio, como ya lo había hecho la *Sociedad Científica Argentina*" (p.10). Pues, la tesis sobre la antigüedad del hombre en el Plata había sido aprobada por De Quatrefages, De Mortillet, Gervais, Cope, Cartaihac, Villanova, Capellini, Valdemar, Schmidt, Hamy, Ribeiro, Tubino, quienes examinaron la colección:

Solo después de haber visitado las grandes colecciones prehistóricas de Europa, los yacimiento de Francia, Inglaterra, Bélgica, etc., y de haber reunido una numerosa colección de objetos prehistóricos europeos; solo después de haber presentado nuestros trabajos en Congresos internacionales de sabios, en donde fueron recibidos con marcas de aprobación, y después que se han ocupado de ellos favorablemente las revistas científicas de Europa, es cuando nos hemos resuelto á dar á luz el presente ensayo (Ameghino, 1913-1936k, p.10).

La antigüedad... se abría al falibilismo y, por tanto, sometía a examen crítico los hallazgos y los argumentos con pretensión de verdad acerca de la edad paleolítica del ser humano en el Plata. Por eso afirmaba que, si bien se tenía la convicción de que la antigüedad era indubitable, no creía que "nuestro trabajo esté exento de errores" (p.11), pues "muy lejos estamos de creer que todas nuestras deducciones estén al abrigo de toda crítica" (p.11). Ameghino afirmaba que:

Futuras observaciones, nuevos descubrimientos, hechos hasta ahora desconocidos, sin duda alguna echarán más tarde por tierra gran parte de nuestro trabajo, particularmente en lo que se refiere a la etnografía comparada, á la clasificación de los tiempos prehistóricos argentinos y de la geología de los terrenos cuaternarios de la pampa. Nosotros esperamos esos nuevos materiales y aún nos proponemos tomar una parte activa en su recolección, siempre prontos a rendirnos ante las conclusiones a que su estudio nos conduzca. El célebre geólogo inglés Carlos Lyell dice que, solamente podemos llegar a conocer la larga serie de evoluciones verificadas durante los tiempos cuaternarios, por el esfuerzo repetido de especialistas preparados al fracaso parcial de sus primeras tentativas (Ameghino, 1913-1936k, p.11).

Por tanto, se presentaba abierto a observaciones públicas o privadas sobre su obra, a fin de mejorarla y enmendarla "y llegar por medio de la discusión más fácilmente al conocimiento de la verdad" (Ameghino, 1913-1936k, p.12). No menos relevante era el pasaje de *La antigüedad*, en el que afirmaba que "quien ... admita fórmulas o artículos de fe, sea en filosofía, sea en teología, no puede ser amante de la verdad, ni tampoco un juez imparcial de las opiniones ajenas, porque sus ideas preconcebidas lo hacen intolerante para las convicciones más honorables" (p.12), de aquí que "nunca nos abstendremos de exponer francamente nuestras opiniones por temor de una crítica sistemática" (p.12). De acuerdo con Bernstein, se observa un compromiso falibilista y *ēthos* pluralista en Ameghino, co-implicado en promover un diálogo comunitario que se sustantivara como *locus* referencial de validación de hallazgos y argumentos, en el marco de una *constelación* (Bernstein, 2017, p.136) autocorrectiva de investigadores.

Los agenciamientos vistos a partir de la argumentación comunitaria (O) revelan que la *praxis fronética* contribuyó a:
a) Revisar los compromisos instrumentales y metodológicos asumidos por las fracciones involucradas en la disputa.
b) Institucionalizar las investigaciones a partir de la creación de museos,

que se resistía a la reconciliación final y que determinó, además, la apertura a nuevos *intersticios* de *inconmensurabilidad* científica y política respecto de "cuándo llegaron los primeros seres humanos al continente, qué vía de entrada utilizaron y qué tipo de tecnología empleaban" (Politis, 2016, p.10), con el fin de redefinir "el problema de la procedencia del hombre americano [que] lleva ya cuatrocientos años. A pesar del tiempo transcurrido, reviste aún hoy el mismo interés y misterio de los primeros días la pregunta: ¿Quiénes son y de dónde vienen los indios que el europeo ha encontrado en América? (Imbelloni, 1926, p.17).

La *yuxtaposición* de las D-EFG, D-VAR y D-VAN recupera la posibilidad de historiar una disputa sin *Aufhebung*, esto es, una en que la dialéctica bernsteiniana *inestable ambos/y* no da cuenta de clausuras por conmesuración; en cambio, las conclusiones de (O-I), (O-II) y (O-III) resultan de la intersección inconmensurable de constelaciones críticas y plurales de investigadores, que revisaron sus propias normas y (por relación dialéctica), sus prácticas científicas, concomitante ello con un marco pluralista y falibilista de deliberación pública, que suponía la irreductibilidad de las diferentes perspectivas y orientaciones, y cuya consecuencia consistió en la delimitación de una comunidad nacional de ciencia nutrida de escuelas en conflicto.

6.4. Conclusiones parciales de Capítulo

Esta clausura, a primera vista consistente, no se adecua sin embargo a los requerimientos de desestimar las normas o criterios, las *primeras*

---

universidades, sociedades científicas, revistas, etc., que prometían establecer criterios claros de demarcación entre *savans et amateurs*, así como entre agentes nacionales e internacionales[138].

La *praxis* deliberativa de esta "comunidad nacional de ciencia" o de "ciencia nacional" puede, por tanto, ser significada por la posición falibilista de autocorrección teórica que implican una forma de falibilismo sujeta al intercambio intersubjetivo de argumentos y pruebas, esto es, a la realización de una comunidad deliberativa plural. El carácter falibilista de la comunidad de investigadores en prehistoria de Pampa-Patagonia se manifestó de acuerdo con los valores científicos inscritos en las prácticas de campo, así como a las modalidades de argumentación ejercitadas.

389

personas, los grupos y la petición de consenso final como criterios para conmesurar la historia de la disputa. De este modo, así como al referirse a Kuhn, Bernstein (2018) indica que "Podemos interpretar las observaciones de Kuhn desde otro sentido: no como soluciones propuestas, sino más bien como la apertura de cuestiones que deben investigarse si hemos de comprender como corresponde la investigación científica y los sentidos en los cuales es una actividad racional, cuestiones que han estado en el primer plano de la discusión desde la publicación de *La estructura de las revoluciones científica*" (Bernstein, 2018, p.114).

Es posible admitir que la resolución (O-III) no *cerró* la controversia, sino que *abrió* un nuevo *intersticio* en el conflicto de una comunidad plural de investigadores que, en estado de consenso-disenso, deliberaría ahora entre los modelos de poblamiento americano tardío y temprano (Krieger, 1964; Tamm *et al.* 2007; Fagundes *et al.* 2008; Kitchen *et al.* 2008; Gonzales-José *et al.* 2008; De Azevedo *et al.* 2011; Schurr, 1999, 2001; Greenberg *et al.* 1986, 1989). Por esto, pese a que "Indudablemente [Boman] estaba pidiendo la clausura del debate en el sentido de cerrarlo a los no profesionales. Boman murió en 1924, poco antes de la sesión en que la Sociedad Argentina de Ciencias Naturales discutió el trabajo donde Outes y Frenguelli abogaban por la edad cuaternaria de los estratos" (Podgorny 1997, p.18), es observable una transformación de la disputa, por:

a) La modificación de los agenciamientos de los investigadores.
b) La elucidación de una nueva pregunta de investigación, que conservó, sin embargo, el conflicto plural entre los investigadores en prehistoria americana[139].

---

[139] El sábado 3 de diciembre de 1930, se realizó en el salón de grados de la Facultad de Filosofía y Letras de Buenos Aires la sesión plenaria del CIA, en la que "el doctor Joaquín Frenguelli expuso su trabajo acerca de *El problema de la antigüedad del hombre en la Argentina*, ilustrándolo con proyecciones luminosas y presentación de restos antropológicos y paleontológicos. Su exposición no fué objetada por ninguno de los miembros presentes" (CIA, 1934, XLIV). En su disertación, Frenguelli (1934) indicaba que el problema de la antigüedad del hombre en Argentina – propuesto por Ameghino desde 1875 –, aún no alcanzaba una solución satisfactoria: "Más aún, podemos decir que, después de haber despertado en un tiempo, entusiasmos,

discusiones y polémicas, en estos últimos años ha ido perdiendo poco a poco interés y, por fin, ha sido casi olvidado" (Frenguelli, 1934, p.1), y lo vinculaba con el problema general sobre el poblamiento de América, *estancado* con lo que, consideraba, dos posiciones extremas, opuestas e intransigentes:

> Por un lado, la de Florentino Ameghino y de su escuela, según la cual el Hombre, descendiente de lejanos precursores patagónicos (por lo menos del Eoceno superior), durante el Terciario medio y superior habría nacido en las pampas argentinas, cuna de toda la Humanidad, y en las mismas pampas habríase desarrollado a través de una larga serie de Hominidos, ya provistos de elevadas condiciones morfológicas y psíquicas. Por el otro, la de Ales Hrdlička, « el más irreductible antagonista de la antigüedad del hombre americano», al decir de E. B. Renaud, según la cual la población de América por Amerindianos, todos alóctonos y recientes, se efectuó mediante olas inmigratorias sucesivas que, a partir del Neolítico, o a lo sumo de una época no más antigua que el más reciente paleolítico europeo, comenzaron a penetrar desde el extremo noreste de Asia y, desde el estrecho de Bering hasta Tierra del Fuego, se esparcieron por toda la inmensa amplitud del doble continente americano (Frenguelli, 1934, p.1).

Frenguelli (1934) sospechaba respecto de los trabajos de Rivet, Imbelloni y Max Uhle, ya que no habían contribuido a dar una respuesta satisfactoria al problema. Pues, con respecto a Rivet:
a)   Las relaciones morfológicas, etnográficas y lingüísticas entre indígenas oceánicos y americanos lo relacionaban con la posición extrema de Hrdlička, en lo que respecta a la edad moderna de la población americana: "En efecto, sus asertos de que todos los Americanos han venido del Viejo Mundo habitado por el Hombre desde época incomparablemente más antigua y que la llegada de los primeros invasores del Nuevo Mundo no remonta a una época anterior al fin del Cuaternario, equivalen a las afirmaciones análogas e igualmente categóricas de Hrdlička" (CIA, 1934, p.2).
b)   Max Uhle, por su parte, compartía un poblamiento americano desde el estrecho de Bering, con restos de tan solo 8000 años en Norteamérica y recientes para los sudamericanos. Frenguelli (1934) afirmaba que las ideas de Uhle constituían una reacción en contra del "excesivo unilateralismo de hipótesis empeñadas en descartar de la ecúmene paleolítica ambos continentes americanos, tan vastos y tan favorecidos por su situación y condiciones geográficas" (Frenguelli, 1934, p.2), aunque al mismo tiempo no sostenía sus afirmaciones lógicas en documentación, así como desechaba también por Terciarios los restos hallados en la formación pampeana.

Frenguelli (1934) reclamaba admitir una mayor antigüedad para los restos argentinos, por la contradicción que implicaría excluir de las teorizaciones los restos humanos exhumados, desde 1864, por causa de las "exageradas o erróneas"

391

Esta *inconmensurabilidad,* no obstante, es comprendida ya no como *clausura,* sino como *apertura* a un nuevo modo de practicar la ciencia y ver el mundo, sin *Aufhebung* (véase 6.3.2). Por esto, se pretende afirmar que esta clausura supuesta de la controversia no puede conmesurarse a partir de uno solo de los criterios propuestos en este ap., sino que, desde un abordaje pluralista y falibilista, pareciera más satisfactorio comprender una *praxis fronética* autocorrectiva en la que los investigadores *eligieron* nuevos criterios para interpretar las evidencias (A) y (B), a partir de una revisión de la pregunta que orientaría las prácticas científicas.

En *La estructura...* Kuhn (2014) considera al *rompecabezas* como metáfora-juego que grafica al paradigma, en tanto operativo como modelo de problemas y soluciones garantizadas a una comunidad científica. En este sentido, Kuhn advierte que la selección *azarosa* de piezas de dos cajas de rompecabezas diferentes "tiene probabilidades de desafiar (aunque pudiera no hacerlo) incluso a los hombres más ingeniosos, [pero] no puede servir como prueba de habilidad para resolverlo. En el sentido normal de la palabra, no es ningún enigma. Aunque el valor intrínseco no constituye un criterio para un enigma, sí lo es la existencia asegurada de una solución" (Kuhn, 2014, p.71). La fase de *ciencia normal* presupone, por tanto, el ajuste y precisión de las piezas, en orden a lograr una solución ya garantizada.

---

conclusiones de Ameghino:

> A mi modo de ver, el error básico de las extraordinarias conclusiones de F. Ameghino es esencialmente cronológico, y su decisiva influencia empieza especialmente desde el momento en que, por erróneas informaciones, creyó en la coexistencia, en el cretáceo superior de la Patagonia, de Dinosaurios y de Mamíferos placentarios (de la zona con Notostylops). De esta manera, terrenos en realidad eocénicos y oligocénicos se hicieron senonianos; el Patagoniano y el Santacruziano, en su mayor parte miocénicos, se declararon eocénicos; el Entrerriano y el Araucaniano, seguramente coevos y pliocénicos, se tornaron respectivamente oligocénico y miocénico; y el Pampeano pleistocénico se atribuyó al Plioceno (Frenguelli, 1934, p.3).

Por esto ¿Cómo se resuelven las controversias científicas, si las piezas del rompecabezas proceden de cajas diferentes? ¿Qué tipo de *clausura* de la deliberación se obtiene cuando las piezas garantizan tres soluciones distintas (O-I), (O-II) y (O-III)? El rechazo al *azar* en la elección de criterios no exime la posibilidad de postular una *yuxtaposición* o *superposición* de estos en la *praxis fronética*, sin que ello sea señalativo de irracionalidad en las elecciones teóricas hechas. Tal parece que el *rompecabezas* es insuficiente como metáfora-juego que permita comprender la *resolución* de disputas cuando los criterios, plurales y diversos, se hallan también abiertos a revisión comunitaria. Y, si bien los criterios que determinan la *clausura* de la controversia (Mazur, 1981; Engelhardt, 1987; McMullin, 1987; Bijker, 1987; Beauchamp, 1987; Vallverdú, 2005), llevan a una resolución en apariencia consistente de la disputa, parecen, sin embargo, ser insuficientes para describir la *inconmensurabilidad* entre escuelas rivales, por la *yuxtaposición* de criterios diversos, en un marco de controversia *sin petición de acuerdo final*, en el que dicha redefinición *abrió* un nuevo conflicto.

Podría suponerse, en primer lugar, que la resolución de un rompecabezas es análoga a la de un laberinto, pues, en ambos casos, la imagen final y la salida se alcanzan a partir de la deducción de las piezas (compromisos instrumentales) y de los caminos (compromisos metodológicos) más pertinentes: en ambos casos, hay una expectativa cierta de solución asegurada para quien participa del juego. En segundo lugar, en "los juegos comunes y los juegos de niños, Gadamer resalta la primacía del juego o del jugar del cual participamos. 'El juego cumple su propósito sólo si el jugador se pierde en él' (TM, pág. 92; WM, pág. 97)" (Bernstein, 2018, p.195), con lo que, antes bien, el juego se constituye en un *acontecimiento* en el que los participantes determinan su propio modo de ser: "Si en realidad estamos hablando de juegos humanos y de jugar, entonces no hay juego sin jugadores - los sujetos. Y los objetos aquí, en la medida en la que hablamos sobre juegos (y no sólo sobre el 'libre jugar') son las reglas del juego y el objetivo que debe alcanzarse" (Bernstein, 2018, p.196). El juego ejemplifica la vivencia hermenéutica de los "agentes que están
393

formados por prácticas sociales normativas y participan activamente en su conformación" (Bernstein, 2010, p.x), como lo hace la comunidad activa de ciencia peirciana, en que la unidad dialéctica de *praxis* y teoría supone agentes críticos y activos que revisan sus propias normas regulativas. Es esa comunidad activa *en juego* la que sirve de base "para distinguir lo real de lo irreal y lo verdadero de lo falso, funciona como un ideal regulativo en el esquema filosófico de Peirce" (Bernstein, 1971, p.191).

Como en la obra de arte, los agentes interactúan con el juego en su condición de participantes, produciendo significados de un modo análogo a como los textos adquieren un sentido vivo con el proceso hermenéutico de comprensión. Según Gadamer "La obra de arte se completa recién cuando se la 'presenta' y eso nos forzó a la conclusión de que todas las obras de arte literarias pueden alcanzar su completitud recién cuando se las lee" (Gadamer, 1975, p.156). La *praxis fronética* de los participantes hace indispensable, en la interacción dialógica, la posición de *primera persona* de los participantes y, con ello, la posibilidad de presenciar diversas interpretaciones, en el juego dialéctico que relaciona las partes y el todo del círculo de comprensión, pues:

> No tiene sentido hablar de *la* única interpretación o *la* interpretación correcta. Reconocemos que puede haber una variedad de interpretaciones e incluso podemos discriminar interpretaciones peculiares tales como las que Schnabel hace de las sonatas de Beethoven. También podemos distinguir entre mejores y peores ejecutores, entre las ejecuciones brillantes de un artista distinguido y las de un novato. Aquí, también, es muy sencillo comprender a qué nos referimos cuando decimos que la obra de arte se realiza por completo cuando se ejecuta (Bernstein, 2018, p.200).

Los criterios para determinar la elección de mejores o peores interpretaciones pueden hallarse en situación de consenso comunitario, o bien, estar abiertos a revisión crítica, lo que supone, en todo caso, que *praxis* y teoría se encuentran unidos, en el entramado de un círculo hermenéutico que incluye prejuicios, creencias, intuiciones y temperamentos como componentes determinativos del modo de estar-en-el-mundo, en el que los intérpretes practican sus elecciones; la comprensión gadameriana del círculo hermenéutico, que involucra el reconocimiento de las estructuras previas del intérprete (dadas, a lo más, por *tradición*), denota que "desde el punto de vista ontológico, el proceso de comprensión nunca puede alcanzar finalidad, porque siempre está abierto y es anticipatorio. Siempre estamos comprendiendo e interpretando a la luz de nuestros juicios y prejuicios, que en sí cambian a lo largo de la historia" (Bernstein, 2018, p.219), con lo que el sentido "siempre está llegando a ser mediante el 'acaecer' del entendimiento" (p.219)

Se ha dicho que el rompecabezas no parece ser una metáfora-juego satisfactoria para ilustrar la *resolución* de controversias científicas, mientras que la hermenéutica gadameriana indica la necesidad "del otro o lo que es lo mismo, en tomar en serio al tiempo." (Rosenzweig, 2005:34), en tanto que los juicios previos o los prejuicios "son constitutivos de cuanto somos ahora (y estamos en proceso de devenirnos); y son anticipatorios -siempre abiertos a pruebas y transformación futuras" (Bernstein 2018, p.221), con lo que las elecciones teóricas practicadas se hallan atravesadas por la temporalidad (presente-pasado-futuro) de las tradiciones que determinan, además, las preguntas que se formulan: el autoconocimiento de los intérpretes no parece llegar a un estado final, ni se disocia de las prácticas históricas en las que está situado:

> Todo presente finito tiene sus limitaciones. Para definir el concepto de 'situación', decimos que representa un punto de vista que limita la posibilidad de la visión, Por lo tanto, el concepto de 'horizonte' es parte esencial del concepto de situación. El horizonte es el espectro de visión que incluye todo lo que puede verse desde un punto de vista particular (Gadamer, 1975, p.286).

El horizonte se define por su carácter limitado y, a la vez, por la posibilidad que suscita de comprender o *fusionar* otros horizontes, esto es, de poner a prueba los propios prejuicios, por lo que "Con el lenguaje de la inconmensurabilidad, podemos decir que la inconmensurabilidad de las formas de vida o las diferentes épocas históricas siempre representa un desafío para nosotros, un desafío que requiere aprender a formular las preguntas adecuadas y basarnos en los recursos de nuestro propio horizonte lingüístico para comprender lo ajeno" (Bernstein, 2018, p.225).

Como se ha problematizado en el Apartado II de este cap., la resolución de las controversias no puede reducirse a una norma finita e histórica de conmesuración, lo que involucra, también, la imposibilidad de privilegiar una de las perspectivas en pugna, en detrimento de otra. Por esto, la comprensión *fronética* tampoco apela a criterios, primeras personas, comunidades o petición de consenso final previamente dados, sino que "La 'virtud intelectual' de la *frónesis* es una forma de razonamiento que produce un tipo de saber como ético en el cual lo universal y lo particular se determinan entre sí. Además, involucra un "entrelazamiento peculiar de ser y conocimiento, determinación mediante el llegar a ser propio de uno, *Hexis,* reconocimiento del Bien situacional y *Logos*". No debe identificársela con el tipo de conocimiento objetivo, independiente del ser y llegar a ser propios de uno" (Bernstein, 2018, p.227), por lo que, a diferencia de la *épísteme* o de la *tecné*, en que el razonamiento aplica lo universal invariable a una situación concreta, la *frónesis* "se encarga de lo variable y siempre involucra una mediación entre lo universal y lo particular que requiere de deliberación y elección" (p.228) y, por lo tanto, *aplica* las normas a una situación particular: la unidad dialéctica de *praxis* y *frónesis* requiere considerar que no hay criterios inmutables o atemporales para determinar la verdad o falsedad de las *buenas razones* ofrecidas para creer en "x", de modo que "El problema para nosotros, hoy en día, la principal característica de nuestra situación hermenéutica, es que estamos en un estado de gran confusión e incertidumbre (algunos incluso podrían decir de caos) sobre qué normas o 'universales deberían gobernar nuestras vidas prácticas" (p.242), en un situación análoga a la que se encontraba la comunidad de investigadores en prehistoria sudamericana, respecto de los muchos y diversos criterios que podían *aplicarse* para interpretar los vestigios ofrecidos como prueba de la antropogénesis ameghiniana.

La unidad dialéctica de *praxis* y *frónesis* hace ver la inestabilidad de las oposiciones entre los agentes participantes de las deliberaciones, con lo que el estado abierto de las normas o de los criterios de evaluación, a partir de la dialéctica *ambos/y*, conduce a afirmar la contingencia y la pluralidad que implica la *diferencia* en una *constelación* que:

> implica la yuxtaposición de opuestos. Ahora bien, las constelaciones construyen relaciones significativas entre las estrellas en función de su proximidad espacial. En una constelación, la relación entre las estrellas no es necesaria. Es una cuestión de contingencia. Sin embargo, al permitir que cada estrella brille en su singularidad, una constelación permite que cada estrella aparezca en su verdad. Una constelación también revela la verdad del conjunto de relaciones que construye. Una constelación no revela la verdad de una estrella fuera de la constelación, o de la constelación sin sus estrellas particulares. De este modo, hace justicia a la singularidad de cada elemento y, por tanto, a la pluralidad irreductible de los elementos. Sin embargo, también se reconoce la verdad de la relación, apelando a la responsabilidad de lo revelado por la constelación (Zambrana, 2017, p.136).

Como sucede con el rompecabezas de Kuhn (2014), la metáfora de las constelaciones de Bernstein (1991) es *espacial,* y *yuxtapone* los opuestos tal que los "elementos cambiantes ... se resisten a la reducción a un denominador común, un núcleo esencial o un primer principio generativo" (Bernstein, 1991, p.309). Pero, un *laberinto temporal sin centro* (sin denominador común)[140] se presenta como una

---

[140] En *El jardín de los senderos que se bifurcan,* Borges "propone sin saberlo (no podría haberlo sabido) una solución a un problema de la física cuántica todavía no resuelto. Publicado en 1941, 'El jardín…" se anticipa de manera prácticamente literal a la tesis de doctorado de Hugh Everet III, dada a conocer en 1957 con el título 'Relative State Formulation of Quantum Mechanics', a la que Bryce DeWitt habría de popularizar como 'La interpretación de los muchos mundos de la mecánica cuántica" (Rojo, 2013, p.20). El cuento narra la historia de Yu Tsun, un espía chino al servicio de Alemania, en el transcurso de la "Gran Guerra", que debe llevar un mensaje secreto a sus superiores antes de ser muerto por un agente británico, Richard Madden. Con ello, decide visitar a Stephen Albert, experto sinólogo en la obra de Ts'ui Pên, quien renunciara a su cargo como gobernador chino para escribir una

metáfora, en principio, más satisfactoria para graficar la *yuxtaposición* de las elecciones (*fronéticas*) histórico-efectivas que los agentes de la comunidad de estudios en prehistoria sudamericana hizo, desde sus respectivos horizontes de interpretación, de criterios abiertos a crítica para valorar los materiales y argumentos.

Este *laberinto temporal sin centro* no garantiza una resolución final de las controversias, ni por consenso comunitario[141] o apelación a un término final de la investigación, como los propuestos por Mazur (1981); Engelhardt (1987); McMullin (1987); Bijker (1987); Beauchamp (1987) o Vallverdú (2005), lo que garantiza, además, con Gadamer (1989) un autoconocimiento sin límites y, con Peirce (1992), un crecimiento sin límites definidos del conocimiento. Las elecciones

---

novela infinita y construir un laberinto, ambos proyectos, reunidos en un libro que contenía todas las posibilidades del tiempo:

> Dejo a los varios porvenires (no a todos) mi jardín de senderos que se bifurcan". Casi en el acto comprendí; El jardín de senderos que se bifurcan era la novela caótica; la frase "varios porvenires (no a todos)" me sugirió la imagen de la bifurcación en el tiempo, no en el espacio. La relectura general de la obra confirmó esa teoría. En todas las ficciones, cada vez que un hombre se enfrenta con diversas alternativas, opta por una y elimina las otras; en la del casi inextricable Ts'ui Pên, opta - simultáneamente- por todas. Crea, así, diversos porvenires, diversos tiempos, que también proliferan y se bifurcan (Borges, 1987, p.112).

El antepasado de Yu Tsun, en palabras de Albert, creía que:

> El jardín de senderos que se bifurcan es una imagen incompleta, pero no falsa, del universo tal como lo concebía Ts'ui Pên. A diferencia de Newton y de Schopenhauer, su antepasado no creía en un tiempo uniforme, absoluto. Creía en infinitas series de tiempos, en una red creciente y vertiginosa de tiempos divergentes, convergentes y paralelos. Esa trama de tiempos que se aproximan, se bifurcan, se cortan o que secularmente se ignoran, abarca todas las posibilidades. No existimos en la mayoría de esos tiempos; en algunos existe usted y no yo; en otros, yo, no usted; en otros, los dos. En éste, que un favorable azar me depara, usted ha llegado a mi casa; en otro, usted, al atravesar el jardín, me ha encontrado muerto; en otro, yo digo estas mismas palabras, pero soy un error, un fantasma (Borges, 1987, p.114).

[141] Tal es la propuesta convencionalista (Bernstein, 2013, p.33)

teóricas, que presuponen la unidad con la *praxis*, así como los componentes estructurales del juicio dados por la tradición en la que el intérprete se encuentra inserto, determinan las formas en que los investigadores "ven el mundo", esto es, la *Gestalt:* "En tiempos de revolución, cuando la tradición científica normal cambia, la percepción que el científico tiene de su medio ambiente debe ser reeducada, en algunas situaciones en las que se ha familiarizado, debe aprender a ver una forma (Gestalt) nueva" (Kuhn, 2004, p.177). En este *laberinto* hermenéutico-pragmático, la elección de criterios distintos de resolución conduce a un modo diferente de "ver" y "estar" en el mundo, en tanto cada criterio implica una valoración *fronética* atravesada por juicios previos, prejuicios, creencias, intuiciones y temperamentos, también *yuxtapuestos*, lo que excluye la existencia de un algoritmo único de elección de teorías.

El participante de este *juego* lo hace desde su propio horizonte de conmesuración, lo que, pese a la *inconmensurabilidad*, no excluye la posibilidad de *contrastar* y *comparar* los criterios aplicados en otros horizontes: esta imagen hace ver el carácter abierto de la ciencia, ahora, por la posibilidad de modificar las propias elecciones teóricas cada vez, luego, por la ausencia de todo centro. Con esto, se accede a una comprensión de la deliberación *fronética* de temporalidad no-lineal, que determina prácticas científicas construidas a partir de diversas perspectivas y orientaciones y en las que el conflicto es sustantivo en el desarrollo de las controversias, ya que implica un conjunto de caminos intrincados y confusos, entre los cuales uno o algunos conducen a una meta que no es, sin embargo, clara ni definitiva, sino que cambia constantemente según los nuevos hallazgos, las nuevas interpretaciones y las nuevas hipótesis propuestas, en un marco en que se presentan obstáculos y dificultades que impiden avanzar o retroceder, como la escasez de evidencias, la destrucción de sitios arqueológicos o pruebas asesinadas (Podgorny 2008), las influencias políticas e ideológicas, las filiaciones institucionales, diásporas o muertes, etc.

Con la introducción de esta metáfora-juego, es posible indicar que la controversia no está ni abierta ni cerrada (lo que es indicativo de un estado de *yuxtaposición*)[142]: Latour (1992) ilustra, con la metáfora de las "cajas negras", las fases de *ciencia en proceso de elaboración* y de la *ciencia acabada*: cuando una máquina está siendo construida "no puede convencer a nadie por su funcionamiento. Es sólo después de que los interminables errores, cada uno de ellos revelado por una nueva prueba impuesta por un grupo de interés, han sido extirpados, que la máquina se pondrá, *al fin y progresivamente*, a funcionar" (Latour, 1992, p.11). En el esquema de Latour, las cajas se abren y se cierran junto con la correlativa aparición de situaciones controversiales; esta interpretación coincide con los criterios historiográficos que distinguen entre fases dicotómicas de consenso y de disenso (Politis, 1988) y que clausuraron la controversia ameghiniana, sin más, tras la muerte del naturalista (1911) o la publicación de la obra de Hrdlička (1912).

Al suponer que la controversia no está ni abierta ni cerrada, el conflicto y la resistencia de las partes a una reconciliación final son conservadas en un *laberinto temporal sin centro* como metáfora que rompe con la sucesión alternativa y secuencial de fases de consenso y disenso, ya que, en el mejor de los casos, ciertos investigadores acordarán, temporalmente, en la aplicación de ciertos criterios similares para valorar pruebas y argumentos (O-I) o (O-II), lo que no excluye la sincrónica elección de criterios alternativos (O-III) e, incluso, opuestos, por parte de otra escuela o fracción de una comunidad que puede encontrarse y desencontrarse, alternativamente, en un mismo o en diferentes mundos, según las elecciones teóricas practicadas. Esta determinación de las formas científicas de "ver el mundo" según los criterios empleados, puede aplicarse, también, para evaluar los modos a partir de los cuales las historiografías escogieron perspectivas conmensurables para interpretar la deliberación sobre la antropogénesis ameghiniana.

---

[142] Se subraya la diferencia con respecto a la propuesta de Latour (1992), que utiliza la metáfora de las cajas abiertas para ilustrar los estados de desacuerdo comunitario: "La gente en desacuerdo abre cada vez más cajas negras y es arrastrada, por así decirlo, río arriba, cada vez más lejos, hacia las condiciones de producción de los enunciados" (Latour, 1992, p.30)

7. Conclusiones

Con Guber (2009), este estudio se inserta en la segunda fase de indagación del pasado disciplinar de la antropología argentina, orientado por la selección de problemas historiográficos acotados (Guber, 2009, p.4). En este sentido, es crítico con respecto al primer momento de problematización de la disciplina (tras la apertura democrática de 1982-1983), que presuponía, *o bien* la acientificidad (Orquera, 1987) del "Estadio 1" (1875-1910), *o bien* el "vacío teórico" (Garbulsky, 1991-92), sucedido tras la muerte de Ameghino (1911) y la publicación de EMSA (1912). Por este motivo, la *yuxtaposición* de las D-EFG, D-VAR y D-VAN, tratadas en la Sección II, contribuye a problematizar una polémica que fue *soslayada* por las historiografías argentinas (Tonni 2011) y que, en esta conclusión, es comprendida como el capítulo sudamericano de deliberación crítico-*fronética* acerca de la antigüedad humana en Pampa-Patagonia, en tanto contemporáneo de la "guerra paleolítica" (Meltzer, 2015) sucedida en los Estados Unidos (1870-1927).

Meltzer (2015) sugiere que el interrogante sobre el Paleolítico en América del Norte era relevante por la persistencia de la comunidad de investigadores en la necesidad de comprender las relaciones entre el pasado prehistórico y el de los pueblos nativos actuales, la sincronización de los registros arqueológicos y geológicos entre el Viejo y el Nuevo Mundo o el papel de Norteamérica en la evolución humana:

> El proceso de criba empírica que supuso esta controversia no sólo despejó el terreno de muchas afirmaciones sin fundamento, sino que también tuvo el importante efecto de poner continuamente al descubierto lagunas conceptuales en el conocimiento, en particular las relacionadas con el contexto, la cronología y la datación. A medida que esas lagunas se iban cerrando en una respuesta adaptativa a lo que era, en efecto, la intensa 'presión selectiva' científica que conlleva la controversia, se aprendía mucho, por dura que fuera a veces la retórica (Meltzer, 2015, p.321).

En este estudio, se propuso comprender la deliberación crítica practicada por la comunidad de investigadores en prehistoria de Pampa-Patagonia relativa a la HAA, en el período 1875-1950. En efecto, es posible indicar, por ello, que se trató de una *praxis fronética* de autocorrección comunitaria referida a la argumentación ameghiniana (G), que derivó en la formulación de la argumentación múltiple (O), a partir de la cual puede determinarse la conflictividad de una constelación de investigadores, con diversidad de perspectivas y orientaciones, que asumía sus posiciones de acuerdo con, al menos, cinco formas de lectura de la hipótesis ameghiniana:

a) (O-I) era apoyada por:

I. Lectura ameghinista-socialista (radical) ligada al movimiento de Reforma universitaria, la cual se instituyó tras la muerte de Ameghino y tuvo a bien comprender la antropogenia en su dimensión política, frente al rechazo clerical antirreformista.

II. Lectura nacional-racialista hispano-itálica, en especial, hecha por la comunidad de investigadores valencianos (en pugna contra la tradición universitaria clerical), así como por Sergi (1911), que debatía el criterio europeísta/monogenista en la interpretación de los vestigios sudamericanos.

b) (O-II) era apoyada por:

I. Lectura nacional-racialista anglofrancesa, que, como se ha dicho, con los mismos criterios que rechazaba a *Tetraprothomo argentinus, Diprothomo platensis* o a *Homo pampeaus,* validaba a *The Earliest Englishman.*

II. Lectura católica-lamarckiana/creacionista, observada por Bowler (1983) y que, en

402

Argentina, suponía el rechazo católico a Ameghino como instrumento de arremetida contra el evolucionismo de fase 1 (Tuomi, 1981) y la reforma universitaria.

c) (O-III) era apoyada por:

    I.   Lectura de adherentes y detractores a la HAA, que apelaban a una alternativa teórica para reinterpretar los vestigios sudamericanos.

Estas lecturas –las que no deben ser interpretadas como bloques monolíticos en los que primaba el consenso– se encontraban atravesadas por prejuicios, juicios previos, creencias intuiciones y temperamentos, como componentes *tradicionales* de las adhesiones y rechazos a la HAA, por parte de una constelación de investigadores que adecuaba sus agenciamientos en conformidad con intereses político-institucionales o reputacionales-personales.

Las argumentaciones (G) y la revisión comunitaria (O), además, permiten dar respuesta a los objetivos específicos:

a) "Reconstruir la HAA de acuerdo con un modelo arquitectural de *argumentación múltiple*", así como a:

b) Esto es: "Identificar las modalidades de *agenciamiento* de la *constelación* de investigadores en la controversia pública".

De este modo, es posible señalar un estado de *yuxtaposición* de las posiciones radicales (O-I) y (O-II), en principio, hasta 1947, año en el que parece haberse alcanzado un consenso en ambas Américas acerca de (O-III), es decir, sobre la existencia de un Paleolítico americano y un origen africano del ser humano.

Con respecto al objetivo:

c) "Especificar las *normas comunitarias* referenciales de prueba y validación de la hipótesis ameghiniana", vale indicar que las D-EFG, D-VAR y D-VAN suponían una *inconmensurabilidad* de criterios (véase ap. I del cap. VI) como problema sustantivo a partir del cual las escuelas en pugna participaban en su revisión. Por otro lado, los investigadores coincidían en ciertas normas comunitarias de validación de los hallazgos, en el contexto de las tumbas.

En síntesis, se ha reconstruido la argumentación ameghiniana (G), así como la revisión comunitaria (O), a partir de la cual se han detectado los agenciamientos de una comunidad plural de investigadores (con estilo agonista o dialógico), según cinco lecturas posibles de la HAA, en un marco de criterios (estratigráficos, craneométricos y arqueológicos) *inconmensurables* y en proceso de revisión comunitaria, así como normas consensuadas de validación de hallazgos. En los Estados Unidos, mientras tanto:

> El hecho de que la controversia amargara a los participantes y tuviera muchos momentos tóxicos se debió, sin duda, en parte a la dificultad de llegar a una solución, así como al escepticismo y la polarización de posturas que siguieron. Pero hubo otros elementos que la alimentaron, epistémicos y no epistémicos por igual (…) Entre ellos estaban las disparidades de financiación entre instituciones, que significaban poder para unas y profunda envidia y resentimiento para otras (…); las diferencias en los preceptos teóricos y metodológicos aportados a la investigación (…); tensiones derivadas de las plataformas institucionales y regionales de defensores y detractores (…); y cambios más amplios que se estaban produciendo en la ciencia estadounidense hacia un concepto de ciencia cada vez más nacionalista, más estrechamente especializado y, sobre todo, deliberada y conscientemente profesional y no igualitario (…). Estos cambios exacerbaron los conflictos intradisciplinares e interdisciplinares (…), creando una profunda desconfianza a través de la polémica división. Fue una consecuencia especialmente problemática en una disciplina como la arqueología, en la que las pruebas objetivas son finitas e irreproducibles una vez extraídas de la tierra, y en la que tanto depende del conocimiento y la comprensión del contexto y la asociación de los hallazgos en el momento en que se producen, algo difícil de transmitir con palabras o imágenes (…). Esta dificultad se vio agravada por el hecho de que muchas de las principales figuras de ambas partes de la controversia se odiaban y desconfiaban profundamente unas de otras (…) y aportaron a la disputa sus propias agendas conflictivas. A pesar de todo ello, la resolución de la controversia se logró de forma repentina y prácticamente sin resistencia en Folsom, incluso por parte de Holmes y Hrdlička, cuyo casi silencio poco característico en respuesta a Folsom hablaba de aceptación a regañadientes (Meltzer, 2015, p.321).

En Argentina, por su parte, a la *inconmensurabilidad* de criterios se yuxtaponían las rencillas de temperamentos científicos enemistados, lo cual se constató con la discusión de 1924 o la rebelión ameghinista de la calle Perú, en las que la desconfianza entre las fracciones se superponía a los intentos de dar una respuesta política y científica a la HAA. Además, la situación de "labilidad institucional" (Podgorny, 2009, p.257) se debía a:

a) Las dificultades de financiamiento de los museos.

b) La búsqueda de un edificio para las colecciones del Museo de Buenos Aires, que contribuyera a ordenar los vestigios almacenados en la Manzana de las Luces.

c) El conflicto entre reformistas y contrarreformistas universitarios.

La diáspora ameghinista de 1930 hacia instituciones situadas fuera del contexto de las discusiones practicadas en Buenos Aires[143], así como las muertes de Roth (1924), Kraglievich (1932), De Carlés (1934), Mercerat (1934) o Carlos Ameghino (1936), terminarían por disgregar las adhesiones a la argumentación (G), o bien a (O-I), si se suma a ello la conversión de Mercerat en 1925 (a la posición de Scott y Loomis), de Vignati en 1932 (a la posición de Frenguelli) y de Castellanos en 1943 (que desestima los vestigios antropológicos ameghinianos). A su vez, el *abandono* por muerte de los adherentes a (O-II), suponía dejar abierto el intersticio de apoyo a la posibilidad de un Paleolítico en ambos hemisferios, a partir de los hallazgos de Folsom (1927) y de Candonga (1939-1943).

Al recapitular las hipótesis de trabajo, es posible indicar que la deliberación aconteció:

a) En un estado de "consenso-disenso equiprimordial" (*Cfr.* Bernstein, 2013, p.129) entre la *constelación* de adherentes y detractores a una hipótesis elaborada por medio de

---

[143] Castellanos fundó en 1930 el Museo de Antropología y Anatomía Comparada de la Facultad de Ciencias Médicas de Rosario; y, desde 1937, Rusconi sería director del Museo de Ciencias Naturales y Antropológicas "Juan Cornelio Moyano" de Mendoza.

"argumentación múltiple" (Bernstein, 2013, p.42), que requirió ser, entonces, revisada en distintos órdenes (geológico, paleontológico y arqueológico), de los que la HAA era sólo una de sus dimensiones. En específico, disenso respecto de los criterios y consenso sobre ciertas normas de excavación, inscripción y publicación que, sin embargo, eran transgredidas por la comunidad.

b) El "desacuerdo razonable" (Bernstein, 2018, p.260) (véase ap. I del cap. VI) suponía un estado controversial en el que el intercambio de pruebas y argumentos acontecía sin perspectiva privilegiada, ideales regulativos o petición de consenso final (Bernstein, 2013) (véase ap. III del cap. VI), de modo que las normas científicas se hallaban abiertas a revisión, tal como se deduce de la Sección II de este libro.

c) Pese a que se conjeturó que "Con la muerte de Ameghino (1911), la comunidad nacional de investigadores reconfiguró sus prácticas reorientándolas desde la competencia 'agonística', reglada por el principio de autoridad taxonómica, a la cooperación de 'estilo dialógico' (Bernstein, 201, p.217): ello condujo a nuevas formas agenciamiento en posiciones 'conflictivas y contradictorias' (Bernstein, 1971, p.3)". Sin embargo, el *estilo dialógico* o *agonista* obedeció a la posición particular de los investigadores en el agenciamiento y ya no a un acontecimiento histórico específico. Vale, no obstante, que la prospección a los terrenos del litoral marítimo bonaerense fue realizada por la cooperación establecida entre los museos de La Plata y de Buenos Aires, los que en décadas pasadas habían competido en la llamada "guerra de los fósiles" patagónica, con lo que es parcialmente cierto que hubo una mayor apertura al diálogo por parte de las instituciones, en especial, a partir de la sanción de la Ley 9080, de 1913 (véase ap. I del cap. VI). Ello no impidió que los adherentes a (O-I), (O-II) o (O-III) transformaran la deliberación en una "refriega de las pretensiones en competencia" (Bernstein, 2013, p.134) similar a una lucha de poder, que no excluía las intuiciones y los temperamentos.

d) "La posición de Hrdlička (1912) constituyó *una más* de las irreductibles diferencias de orientaciones y perspectivas en la *constelación plural* de investigadores, en una disputa en la que el *locus* referencial de validación lo constituía la comunidad de ciencia europea". En efecto, en el ap. I del cap. VI (6.1.3.), se señalaba que la desestimación de la ciencia norteamericana como norma de conmensuración historiográfica, contribuía a superar la distinción *o bien predisciplinaria/o bien disciplinaria,* con la cual se ha historiado la disputa, para establecer la existencia de normas de racionalidad diferentes (Bernstein, 2018, p.169). En este sentido, similar operación debe ser aplicada a la comprensión de la comunidad de ciencia europea como término de clausura o conmensuración de la controversia, ya que, como se ha visto, hubo en el Viejo Mundo, al menos, dos lecturas diferenciadas de la HAA (una anglofrancesa y, la otra, hispano-itálica).

La contrastación de las hipótesis permite revisar el *ejemplo genérico* construido a partir de la colección de diez historiografías sobre la disputa, escritas desde 1969 hasta 2016. En rigor, este ejemplo indicaba que:

La visita de los expertos (Hrdlička-Holmes-Willis) de la *Smithsonian Institution* a Buenos Aires (1910) y la publicación de EMSA (1912), constituyeron los eventos refutatorios (Schobinger, 1969; Ratier, 1997; Borrero *et al.* 2007; Prieto, 2016; Pucciarelli, 2011; Politis, *et al.* 2011; Podgorny, 2015; Carrizo, 2016; Ratier, 1997; Pasquali *et al.* 1998) de la antropogénesis ameghiniana, debido a una asimetría en el grado de desarrollo de los métodos e instrumentos norteamericanos, que llevó, en Argentina, a un período *caos, punto de inercia* o *vacío teórico* (Madrazo, 1985; Politis, 1988; Garbulsky, 1991-92), coincidente con el eclipse del darwinismo (Huxley, 1942), en el que no se advierte una respuesta de la escuela ameghiniana a las objeciones de Hrdlička (Politis, 1988; Pucciarelli, 2011), abandonándose todo estudio arqueológico sistemático relacionado con hallazgos de fauna pleistocena, que contribuyera a sostener un modelo de poblamiento temprano (Borrero *et al.* 2007, p.7; Daino,

1979; Bonomo, 2002).

A lo largo de los aps. del cap. VI, se abandonó la conmesuración de la historización de la disputa según diferentes criterios, en especial, las versiones que sostienen como motivos de rechazo:

a) La visita de los expertos de la *Smithsonian* al CIA de Buenos Aires de 1910 o la publicación de EMSA (1912).

b) La acusación de fraude difundida por Blanco (1916) o Bonarelli (1918) y replicada en Alinovi (2009) o Tonni *et al.* (2011).

c) La ausencia de una respuesta por parte de ameghinianos/ameghinistas (Politis, 1988; Pucciarelli, 2011).

d) La existencia de un período caos, punto de inercia o vacío teórico (Madrazo, 1985; Politis, 1988; Garbulsky, 1991-92).

e) El abandono de todo estudio arqueológico sistemático relacionado con hallazgos de fauna pleistocena, que contribuyera a sostener un modelo de poblamiento temprano (Borrero *et al.* 2007, p.7; Daino, 1979; Bonomo, 2002).

En cambio, la lectura pragmatista propuesta por este estudio supone que, sin conmensurar la deliberación crítica a un término específico de clausura, se obtiene que:

a) La visita de los expertos (Hrdlička-Holmes-Willis) de la *Smithsonian Institution* a Buenos Aires (1910) y la publicación de EMSA (1912), *no* constituyeron los eventos refutatorios (en oposición a: Schobinger, 1969; Ratier, 1997; Borrero *et al.* 2007; Prieto, 2016; Pucciarelli 2011; Politis *et al.* 2011; Podgorny, 2015; Carrizo, 2016; Ratier, 1997; Pasquali *et al.* 1998) de la antropogénesis ameghiniana, debido a la *inconmensurabilidad* en los criterios de interpretación de los vestigios utilizados como prueba de la hipótesis –distribuidos, con Podgorny (2009), en forma de *antigüedades portátiles*– así como a la transgresión comunitaria de las normas de validación de los hallazgos, de acuerdo con prejuicios nacional-racialistas (tal como sucedió, en términos ejemplares, con el "Hombre de Piltdown").

b) Entonces, no es lícito suponer una asimetría en el grado de desarrollo de los métodos e instrumentos norteamericanos, que llevara, en Argentina, a un período *caos, punto de inercia* o *vacío teórico* (Madrazo, 1985; Politis, 1988; Garbulsky, 1991-92); en cambio, las diversas escuelas y, aún, participantes de la controversia, presentaban diversidad de perspectivas y orientaciones, en un marco plural y falibilista de autocorrección comunitaria de hipótesis, pruebas y argumentos, en el que las pretensiones de verdad objetiva eran revisadas en el entramado de una "lucha de poder" que presuponía intereses institucionales-políticos y reputacionales-personales (nacionales e internacionales). Por otro lado, se identifica una desarticulación diacrónica, fragmentada e inconexa de la argumentación (G) ameghiniana, elaborada por "argumentación múltiple" y disputada en deliberaciones intra/interdisciplinares (D-EFG, D-VAR y D-VAN) *yuxtapuestas*.

c) El eclipse del darwinismo (Politis, 1988) sólo tuvo relevancia en las objeciones practicadas por la lectura católica-lamarckiana/creacionista en Buenos Aires y Valencia, ya que el rechazo católico a Ameghino era un instrumento de arremetida contra el evolucionismo de fase 1 (Tuomi, 1981). En efecto, el uso kuhniano del "paradigma" en la historización de Willey *et al.* (1974) difundida por las historiografías argentinas, invisibiliza el estado de consenso-disenso en las distintas fases de disputa sobre el transformismo evolucionista (Tuomi, 1981), con lo que la deliberación de fase 3 y 4 sobre la HAA aconteció, en su mayor parte, disociada con respecto a las polémicas sobre de los mecanismos evolutivos (Caponi, 2017).

d) Además, parece ser dudoso que no haya habido una respuesta de la escuela ameghiniana a las objeciones de Hrdlička

(Politis, 1988; Pucciarelli, 2011), ya que, desde 1913 hasta 1932, los ameghinistas/ameghinianos cuestionaron públicamente las conclusiones de EMSA que, a la inversa, no fueron contestadas ni por la constelación de investigadores angloamericanos, ni por los hipano-itálicos que otrora participaran de la deliberación; no obstante, las respectivas publicaciones de Keith (1915) y Boule (1921), objetaban la posición de Hrdlička *et al.* (1912) y admitían la posibilidad de reinterpretar los vestigios recolectados en Argentina, desde 1862, como paleolíticos.

e) Según Borrero *et al.* (2007), Daino (1979) y Bonomo (2002), una de las consecuencias de la disputa consistió en el abandono de todo estudio arqueológico sistemático relacionado con hallazgos de fauna pleistocena, que contribuyera a sostener un modelo de poblamiento temprano. Sin embargo, esta lectura excluye tanto la diáspora ameghinista de 1930, como la situación de "labilidad institucional" (Podgorny, 2009, p.257) que presuponía, entre otras cuestiones, la contrarreforma universitaria fruto del golpe de Estado, así como la crisis económica por la "Gran Depresión". En efecto, en 1943, es Castellanos quien publica los hallazgos del yacimiento de Candonga con los que general las condiciones para alcanzar un consenso parcial respecto de la existencia de un Paleolítico en ambas Américas, en acuerdo con los vestigios de Folsom.

La revisión ofrecida, por tanto, incorpora a la historiografía de la disputa sobre la antropogénesis ameghiniana las deliberaciones críticas hechas por una comunidad en estado de consenso-disenso, que presentaba diversas perspectivas y orientaciones y que se resistía a una reconciliación (*Aufhebung*) final, con lo que, como se ha visto en el ap. III del cap. VI, fue el *abandono* o la *persuasión racional* de los investigadores la que llevó a la apertura de una nueva modalidad de conflicto en la que la disputa sobre la edad de los americanos era *desincrustada* de la escuela darwinista. Con esto, hacia 1947,

Frenguelli/Vignati (1932)[144] y más tarde Castellanos (1943), nutrían

---

[144] Es preciso, sin embargo, indicar que, en 1963, Vignati practicaba, en un artículo "Rectificaciones referentes a los hallazgos antropológicos de Miramar". Así es que:

a) Con respecto a los hallazgos de Miramar, entendía que "el comportamiento del limo pampeano suspende la acción y el valor testimonial de todas las actuaciones realizadas y hace posible la tesis de una acción premeditadamente dolosa" (Vignati, 1963, p.68). Con ello, se adhería a la posición original de Blanco (1916), Romero (1918) y Boman (1921).
b) Contra la relevancia atribuida por Meghin a los molares de Miramar, Vignati hacía mención a una conversación que mantuviera con Jorge L. Kraglievich. En efecto:

> El señor Jorge L. Kraglievich –que, desde hace años, siguiendo las huellas de su ilustre padre, se ha especializado en paleontología de mamíferos del Terciario-Cuaternario– me preguntó en cierta ocasión, si al abocarme al estudio de los molares en cuestión, había tomado en consideración los restos de *Tajassuidae*. Le manifesté afirmativamente ero que, para la época en que realicé los cotejos y comparaciones con otros elementos faunísticos del piso, el material existente era pobre. Me expresó, entonces, que actualmente, el Museo de Buenos Aires contaba con una serie abundante y que en base a ella creía que los molares de mi estudio no eran humanos y pertenecían, en verdad a un *Platigodon*. Con una obsequiosidad que nunca podré agradecer debidamente, trajo a mi casa una amplia y variada colección y, con todo ese material a la vista, intercambiamos ideas y opiniones. El resultado de ese estudio, lo concreté en una carta que le dirigí a los pocos días; tal asimilación no era posible (…) Mi equivocación no fincaría exclusivamente en el error de confundir a un pecarí con un hombre sino, también, que habría interpretado mal el orden sucesivo de los elementos dentarios (…) Es verdad que he hecho hincapié respecto a la implantación de los molares de Miramar que es casi vertical (carácter primitivo de *Hominidae*) pero nadie puede negar el encurvamiento hacia atrás de la parte apicular de las raíces ¿Será posible que los pecaríes tengan raíces dirigidas hacia adelante? (Vignati, 1963, p.72)

Con ello, Vignati (1963) le atribuía a los molares un origen humano, aunque rejuveneciéndoles su edad.

c) Sobre los hallazgos de Candonga, indicaba que "como tantos otros dados a conocer por el doctor Alfredo Castellanos, no habría motivado comentario de mi parte. Pero el señor Dale Steward ha tenido la virtud de hacerme

el consenso respecto de la coexistencia de humanos y megafauna pleistocénica que, Abbott (1872) en los Estados Unidos y Ameghino-Ramorino (1869-1881) en Argentina, hubieran postulado unos 80 años atrás.

---

variar en mi resolución de indiferencia –que he mantenido a través de un cuarto de siglo– al postular valor geológico a un hallazgo que no cuenta ni antigüedad ni valor antropológico, y ello no porque quiera yo así considerarlo, sino por la fuerza brutal de la propia documentación presentada por el autor" (Vignati, 1963, 984).

Vignati (1963) practicaba, por tanto, un rechazo sistemático al consenso que la comunidad científica había alcanzado con respecto a la autenticidad y posición *in situ* de los materiales del litoral marítimo, la procedencia y naturaleza de los molares de Miramar y la edad de los vestigios de Candonga. Sin embargo, dicho rechazo se inscribió en una lógica *subjetiva* que, si bien ofrecía las que él entendía *buenas razones*, éstas no tuvieron ningún tipo de acogida en la deliberación *intersubjetiva* pública de la comunidad de ciencia.

BIBLIOGRAFÍA

Abbott, C. (1872). *The Stone Age In New Jersey.* Salem: Salem Press

Acuña Alonzo, V. (2005). Antropología física, racismo y antirracismo. *Estudios de Antropología Biológica,* (7), 65-76. Recuperado de: https://www.revistas.unam.mx/index.php/eab/article/view/18848

Alinovi, M. (2009). *Historia universal de la infamia científica: imposturas y estafas en nombre de la ciencia.* Buenos Aires: Siglo veintiuno.

Ambrosetti, J. (1912). Doctor Florentino Ameghino. *Anales del Museo Nacional de Historia Natural de Buenos Aires,* (22), 7-72.

Ameghino, F., Gervais, H. (1913-1936). *Los mamíferos fósiles de la América del Sur.* En A. Torcelli (Ed.), *Obras completas y correspondencia científica (Vol. 2,* pp. *511-645).* La Plata: Tall. de Impresiones Oficiales. (Obra original publicada en 1880)

Ameghino, C. (1890). Exploraciones geológicas en la Patagonia. *Boletín del Instituto Geográfico Argentino,* (9), 3-46.

———. (1915a). El fémur de Miramar. Una prueba más de la presencia del hombre en el Terciario de la República Argentina. *Anales del Museo Nacional de Historia Natural de Buenos Aires,* (26), 433-450.

———. (1915b). Sur un fémur de Toxodon chapalmalensus du Tertiaire de Miramar, portant une pointe de quartzite introduite par l'homme. *PHYSIS, 2,* 36-39.

———. (1915-1916). Sobre una punta de flecha o de lanza del pampeano de Lujan. *PHYSIS,* (9-12), 427-428.

———. (1917). Los nuevos hallazgos en Miramar. *PHYSIS,* (15), 454.

———. (1918). Los yacimientos arqueolíticos y osteolíticos de Miramar. *PHYSIS,* (16), 14-27.

———. (1918-1919). La cuestión del hombre Terciario en la Argentina, resumen de los principales descubrimientos después del fallecimiento de Florentino Ameghino. *Primera Reunión de la Sociedad Argentina de Ciencias Naturales,* 161-165.

———. (1919a). El hombre Terciario argentino y las predicciones de Florentino Ameghino. *La revista del mundo,* (2), 9-15.

———. (1919b). Nuevos objetos del hombre pampeano: los anzuelos fósiles de Miramar y Necochea. *PHYSIS,* (18), 562.

Ameghino, F. (1915f). Ensayos para servir de base a un estudio de la Formación Pampeana. En A. Torcelli (Ed.), *Obras completas y correspondencia científica (Vol. 3,* pp. *9-10).* La Plata: Tall. de Impresiones Oficiales. (Obra original publicada en 1875)

———. (1934w). Enumeración cronológica y crítica de las noticias sobre las tierras cocidas y las escorias antrópicas de los terrenos sedimentarios neógenos de la Argentina, aparecidas hasta fines del año 1907. En A. Torcelli (Ed.), *Obras completas y correspondencia científica (Vol. 18, pp. 171-207).* La Plata: Tall. de Impresiones Oficiales. (Obra original publicada en 1875)

———. (1914a). Nouveaux débris de l'homme et de son industrie mêlés à des ossements d'animaux quaternaires recueillis auprès de Mercedes (République Argentine). En A. Torcelli (Ed.), *Obras completas y correspondencia científica (Vol. 2, pág. 6).* La Plata: Tall. de Impresiones Oficiales. (Obra original publicada en 1875)

———. (1921e). Sinópsis geológica-paleontológica de la Argentina. En A. Torcelli (Ed.), *Obras completas y correspondencia científica (Vol. 12, pp. 485-734).* La Plata: Tall. de Impresiones Oficiales. (Obra original publicada en 1875)

———. (1914b). Diario de un naturalista. En A. Torcelli (Ed.), *Obras completas y correspondencia científica (Vol. 2, pp. 41-50).* La Plata: Tall. de Impresiones Oficiales. (Obra original publicada en 1875-76)

———. (1914c). El hombre cuaternario en la Pampa (Memoria presentada a la Sociedad Científica Argentina en 1876). En A. Torcelli (Ed.), *Obras completas y correspondencia científica (Vol. 2, pp. 9-27).* La Plata: Tall. de Impresiones Oficiales. (Obra original publicada en 1876)

———. (1914d). Ensayo de un estudio de los terrenos de transporte cuaternarios de la provincia de Buenos Aires. En A. Torcelli (Ed.), *Obras completas y correspondencia científica (Vol. 2, pp. 6-138).* La Plata: Tall. de Impresiones Oficiales. (Obra original publicada en 1876)

———. (1914e). El hombre fósil argentino. En A. Torcelli (Ed.), *Obras completas y correspondencia científica (Vol. 2, pp. 139-144).* La Plata: Tall. de Impresiones Oficiales. (Obra original publicada en 1878)

———. (1878). The Man of the Pampean Formation. *The American Naturalist (XII), 828-831.*

———. (1879). La plus haute antiquité de l'homme dans le Nouveau Monde. *Comptes-rendus du Congrès International des Americanistes, (pp. 198-247).*

———. (1879). L'homme prehistorique dans la Plata. *Revue d'Anthropologie de Paris, 2, 210-249.*

———. (1914f). 1878, Catalogue special de la section anthropologique a l'Exposition Universelle de Paris. En A. Torcelli (Ed.), *Obras completas y correspondencia científica (Vol. 2, pág. 242).* La Plata: Tall. De Impresiones Oficiales. (Obra original publicada en 1878)

———. (1914f2). Armas e instrumentos del hombre prehistórico. En A. Torcelli (Ed.), *Obras completas y correspondencia científica (Vol. 2, pág. 493-509).* La Plata: Tall. De Impresiones Oficiales. (Obra original publicada en 1879)

————. (1914g). L'homme préhistorique dans le bassin de la Plata. En A. Torcelli (Ed.), *Obras completas y correspondencia científica (Vol. 2*, pp. *330-360)*. La Plata: Tall. de Impresiones Oficiales. (Obra original publicada en 1878)

————. (1915e). La antigüedad del hombre en el Plata. En T. A. (Ed.), *Obras completas y correspondencia científica (Vol. 3*, pp. *4-821)*. La Plata: Tall. de Impresiones Oficiales. (Obra original publicada en 1880)

————. (1914h). La Formación Pampeana. En A. Torcelli (Ed.), *Obras completas y correspondencia científica (Vol. 2*, pp. *647-771)*. La Plata: Tall. de Impresiones Oficiales. (Obra original publicada en 1880)

————. (1916a). Filogenia: principios de clasificación transformista basados sobre leyes naturales y proporciones matemáticas. En A. Torcelli (Ed.), *Obras completas y correspondencia científica (Vol. 4*, pp. *215-478)*. La Plata: Tall. de Impresiones Oficiales. (Obra original publicada en 1884)

————. (1916b). Apuntes preliminares sobre algunos mamíferos extinguidos del yacimiento de Monte Hermoso. En A. Torcelli (Ed.), *Obras completas y correspondencia científica (Vol. 5*, pp. *337-354)*. La Plata: Tall. Impresiones Oficiales. (Obra original publicada en 1887)

————. (1916c). El yacimiento de Monte Hermoso y sus relaciones con las formaciones cenozoicas que lo han precedido y sucedido. En A. Torcelli (Ed.), *Obras completas y correspondencia científica (Vol. 5*, pp. *431-444)*. La Plata: Tall. de Impresiones Oficiales. (Obra original publicada en 1887)

————. (1917). Contribución al conocimiento de los Mamíferos fósiles de la República Argentina. En A. Torcelli (Ed.), *Obras completas y correspondencia científica (Vol. 7*, pp. *5-525)*. La Plata: Tall. de Impresiones Oficiales. (Obra original publicada en 1889)

————. (1916d). Contribución al conocimiento de los Mamíferos fósiles de la República Argentina. En A. Torcelli (Ed.), *Obras completas y correspondencia científica (Vol. 6*, pp. *5-621)*. La Plata: Tall. de Impresiones Oficiales. (Obra original publicada en 1889)

————. (1918a). Las antiguas conexiones del continente Sudamericano y la fauna eocena argentina. En A. Torcelli (Ed.), *Obras completas y correspondencia científica (Vol. 8*, pp. *277-282)*. La Plata: Tall. de Impresiones Oficiales. (Obra original publicada en 1891)

————. (1918b). Los Monos fósiles del Eoceno de la República Argentina. En A. Torcelli (Ed.), *Obras completas y correspondencia científica (Vol. 8*, pp. *381-382)*. La Plata: Tall. de Impresiones Oficiales. (Obra original publicada en 1891)

————. (1921a). Notas sobre cuestiones de Geología y Paleontología argentina. En A. Torcelli (Ed.), *Obras completas y correspondencia científica (Vol.*

12, pp. *5-34).* La Plata: Tall. de Impresiones Oficiales. (Obra original publicada en 1896)

———. (1921b). Mamíferos cretáceos de la Argentina - Segunda contribución al conocimiento de la fauna mastológica de las capas con restos de *Pyrotherium.* En A. Torcelli (Ed.), *Obras completas y correspondencia científica (Vol. 12,* pp. *299-462).* La Plata: Tall. de Impresiones Oficiales. (Obra original publicada en 1897)

———. (1921c). La Argentina a través de las últimas épocas geológicas. En A. Torcelli (Ed.), *Obras completas y correspondencia científica (Vol. 12,* pp. *261-286).* La Plata: Tall. de Impresiones Oficiales. (Obra original publicada en 1898)

———. (1932a). Cuadro sinóptico de las formaciones sedimentarias, terciarias y cretáceas de la Argentina en relación con el desarrollo y descendencia de los Mamíferos. En A. Torcelli (Ed.), *Obras completas y correspondencia científica (Vol. 13,* pp. *603-614).* La Plata: Tall. de Impresiones Oficiales. (Obra original publicada en 1902)

———. (1921d). La edad de las formaciones sedimentarias de Patagonia. En A. Torcelli (Ed.), *Obras completas y correspondencia científica (Vol. 12,* pp. *205-602).* La Plata: Tall. de Impresiones Oficiales. (Obra original publicada en 1900-1903)

———. (1932b). Las formaciones sedimentarias del Cretáceo superior y del Terciario de Patagonia, con un paralelo entre sus faunas mastológicas y las del antiguo continente. En A. Torcelli (Ed.), *Obras completas y correspondencia científica (Vol. 16,* pp. *6-741).* La Plata: Tall. de Impresiones Oficiales. (Obra original publicada en 1906)

———. (1934a). Las formaciones sedimentarias de la región de Mar del Plata y Chapadmalal. En A. Torcelli (Ed.), *Obras completas y correspondencia científica (Vol. 17,* pp. *453-536).* La Plata: Tall. de Impresiones Oficiales. (Obra original publicada en 1908)

———. (1934b). Notas preliminares sobre el Tetraprothomo argentinus, un precursor del Hombre, del Mioceno superior de Monte Hermoso. En A. Torcelli (Ed.), *Obras completas y correspondencia científica (*pp. *155-292).* La Plata: Tall. de Impresiones Oficiales. (Obra original publicada en 1907)

———. (1934c). El Diprothomo platensis: un precursor del Hombre del Plioceno inferior de Buenos Aires. En A. Torcelli (Ed.), *Obras completas y correspondencia científica (Vol. 17,* pp. *592-707).* La Plata: Tall. de Impresiones Oficiales. (Obra original publicada en 1909)

———. (1934d). Dos documentos testimoniales a propósito de las escorias producidas por la combustión de los cortaderales. En A. Torcelli (Ed.), *Obras completas y correspondencia científica (Vol. 17,* pp. *579-591).* La Plata: Tall. de Impresiones Oficiales. (Obra original publicada en

1909)

———. (1934e). El litigio de las escorias y de las tierras cocidas antrópicas de las formaciones neógenas de la República Argentina. En A. Torcelli (Ed.), *Obras completas y correspondencia científica (Vol. 17,* pp. *563-578).* La Plata: Tall. de Impresiones Oficiales. (Obra original publicada en 1909)

———. (1934f). Escorias y tierras cocidas no volcánicas. En A. Torcelli (Ed.), *Obras completas y correspondencia científica (Vol. 17,* pp. *559-561).* La Plata: Tall. de Impresiones Oficiales. (Obra original publicada en 1909)

———. (1934g). Examen crítico de la Memoria del señor Outes sobre las escorias y las tierras cocidas. En A. Torcelli (Ed.), *Obras completas y correspondencia científica (Vol. 18,* pp. *72-169).* La Plata: Tall. de Impresiones Oficiales. (Obra original publicada en 1909)

———. (1934h). Productos píricos de origen antrópico en las formaciones neogenas de la República Argentina. En A. Torcelli (Ed.), *Obras completas y correspondencia científica (Vol. 17,* pp. *537-558).* La Plata: Tall. de Impresiones Oficiales. (Obra original publicada en 1909)

———. (1934i). Descubrimiento de dos esqueletos humanos fósiles en el Pampeano inferior del Moro. En A. Torcelli (Ed.), *Obras completas y correspondencia científica (Vol. 18,* pp. *357-364).* La Plata: Tall. de Impresiones Oficiales. (Obra original publicada en 1910)

———. (1934j). Descubrimiento de un esqueleto humano fósil en el Pampeano superior del arroyo Siasgo. En A. Torcelli (Ed.), *Obras completas y correspondencia científica (Vol. 18,* pp. *407-414).* La Plata: Tall. de Impresiones Oficiales. (Obra original publicada en 1910)

———. (1934k). Geología, paleografía, paleontología y antropología de la República Argentina. En A. Torcelli (Ed.), *Obras completas y correspondencia científica (Vol. 18,* pp. *297-356).* La Plata: Tall. de Impresiones Oficiales. (Obra original publicada en 1910)

———. (1934l). La antigüedad del Hombre en la República Argentina. En T. A. (Ed.), *Obras completas y correspondencia científica (Vol. 18, pág. 699).* La Plata: Tall. de Impresiones Oficiales. (Obra original publicada en 1910)

———. (1934m). La antigüedad geológica del yacimiento antropolítico de Monte Hermoso. En A. Torcelli (Ed.), *Obras completas y correspondencia científica (Vol. 18,* pp. *365-372).* La Plata: Tall. de Impresiones Oficiales. (Obra original publicada en 1910)

———. (1934n). La calota del Diprothomo según la orientación frontoglabelar. En A. Torcelli (Ed.), *Obras completas y correspondencia científica (Vol. 18,* pp. *524-541).* La Plata: Tall. de Impresiones Oficiales. (Obra original publicada en 1910)

———. (1934o). La edad de las formaciones sedimentarias terciarias de la Argentina en relación con la antigüedad del Hombre. En A. Torcelli (Ed.), *Obras completas y correspondencia científica (Vol. 18, pp. 543-623).* La Plata: Tall. de Impresiones Oficiales. (Obra original publicada en 1910)

———. (1934p). La industria de la piedra quebrada en el Mioceno superior de Monte Hermoso. En A. Torcelli (Ed.), *Obras completas y correspondencia científica (Vol. 18, pp. 391-398).* La Plata: Tall. de Impresiones Oficiales. (Obra original publicada en 1910)

———. (1934q). La industria lítica del Homo pampeaus, procedente de la región litoral de Mar del Plata a Necochea. En A. Torcelli (Ed.), *Obras completas y correspondencia científica (Vol. 18, pp. 293-296).* La Plata: Tall. de Impresiones Oficiales. (Obra original publicada en 1910)

———. (1934r). Observaciones con respecto a las Notas del doctor Mochi acerca de la paleoantropología argentina. En A. Torcelli (Ed.), *Obras completas y correspondencia científica (Vol. 18, pp. 624-698).* La Plata: Tall. de Impresiones Oficiales. (Obra original publicada en 1910)

———. (1934s). Otra nueva especie extinguida del género Homp. En A. Torcelli (Ed.), *Obras completas y correspondencia científica (Vol. 18, pp. 399-406).* La Plata: Tall. de Impresiones Oficiales. (Obra original publicada en 1910)

———. (1934t). Sobre la orientación de la calota del Diprothomo. En A. Torcelli (Ed.), *Obras completas y correspondencia científica (Vol. 18, pp. 421-436).* La Plata: Tall. de Impresiones Oficiales. (Obra original publicada en 1910)

———. (1934u). Una nueva industria lítica: la industria de la piedra hendida en el Terciario de la región litoral al Sur de Mar del Plata. En A. Torcelli (Ed.), *Obras completas y correspondencia científica (Vol. 18, pp. 273-292).* La Plata: Tall. de Impresiones Oficiales. (Obra original publicada en 1910)

———. (1934v) La edad de las formaciones sedimentarias terciarias de la Argentina en relación con la antigüedad del hombre. En A. Torcelli (Ed.), *Obras completas y correspondencia científica (Vol. 18, pp. 542-603).* La Plata: Tall. de Impresiones Oficiales. (Obra original publicada en 1911)

———. (1935-1936a). *Correspondencia científica.* En A. Torcelli, *Obras completas y correspondencia científica (Vol. 20).* La Plata: Tall. de Impresiones Oficiales.

———. (1935-1936b). *Correspondencia científica.* En A. Torcelli, *Obras completas y correspondencia científica (Vol. 21).* La Plata: Tall. de Impresiones Oficiales.

———. (1935-1936c). *Correspondencia científica*. En A. Torcelli, *Obras completas y correspondencia científica (Vol. 23)*. La Plata: Tall. de Impresiones Oficiales.

———. (1935-1936d). *Correspondencia científica*. En A. Torcelli, *Obras completas y correspondencia científica (Vol. 22)*. La Plata: Tall. de Impresiones Oficiales.

———. (1935). El Diprothomo en el concepto de Schwalbe y en el mío. En A. Torcelli (Ed.), *Obras completas y correspondencia científica (Vol. 19, pp. 656-707)*. La Plata: Tall. de Impresiones Oficiales.

———. (1900-1903). L'age des formations sedimentaires de Patagonie. *Anales de la Sociedad Científica Argentina,* 50, 109-130, 145-165, 209-229; 51, 20-39, 65-91; 52, 189-197, 244-250; 54, 161-180, 200-249, 283-342.

———. (1915a). *Filogenia*. Buenos Aires: La Cultura Argentina. (Obra original publicada en 1884)

———. (1915b). *Doctrinas y descubrimientos*. Buenos Aires: La Cultura Argentina.

———. (1917). *Origen y emigraciones de la especie humana. Doctrinas y descubrimientos*. Buenos Aires: La Cultura Argentina. (Obra original publicada en 1915)

———. (1932d). *Filogenia*. Buenos Aires: Ediciones Anaconda. (Obra original publicada en 1884)

Ametrano, S., Podgorny I., Lopes, M. (2012). Buenos Aires, 1884. De cómo la fragilidad de unos esqueletos derrumbaron el proyecto de un Gran Museo Nacional. *Revista del Museo Argentino de Ciencias Naturales, 14*(2), 167-174. Recuperado de: http://www.scielo.org.ar/scielo.php?pid=S1853-04002012000200001&script=sci_arttext&tlng=en

Anales de la Universidad de Chile (1910). El Congreso de los Americanistas en Buenos Aires, Marzo de 1910. *Anales de la Universidad de la República de Chile, 127*(68), 633-859.

Anthony, R. (1913). Les restes humains fossiles de Piltdown (Sussex). *Revue anthropologique,* (23), 293-306.

Apel, K.-O. (1981). *Charles S. Peirce: From Pragmatism to Pragmaticism*. Amherst: University of Massachusetts Press.

Arber, A. (1919). On atavism and the Law of irreversibility. *American Journal of Science, 48*(383), 27-32.

Arnold, S. (2003). Too much natural history, or too little? *Animal Behavior,* (65), 1065-1068. https://doi.org/10.1006/anbe.2003.2143

Arriscado Nunes, J. (2015). El rescate de la epistemología. En M. M. de Sousa Santos., *Epistemologías del Sur* (pp. 219-244). Madrid: Akal.

Ayala, F. C.-C. (2017). *Processes in Human Evolution*. Nueva York: Oxford University Press.

Azcona, M. (2019). Abducción e Inferencia a la Mejor Explicación: criterios para su delimitación metodológica. *Epistemología e Historia de la Ciencia*, *4*(1), 33-55. Recuperado de: https://revistas.unc.edu.ar/index.php/afjor/index

Azpiri, J. (2010). Lucas Kraglievich (1886-1932). *agendadereflexion.com.ar*, (684).

Babini, J. (1954). *La evolución del pensamiento científico en la Argentina*. Buenos Aires: Fragua.

———. (1986). *Historia de la ciencia en la Argentina*. Buenos Aires: Ediciones Solar.

———. (2008). Los "Tres Grandes": Ameghino, Moreno y Holmberg. En G. G. Ferrari, *La Argentina del Ochenta al Centenario* (pp. 819-827). Editorial Sudamericana.

Baker, L. (1998). *From Savage to Negro: Anthropology and the Construction of Race: 1896–1954*. Berkeley: University of California Press.

Balan, B. (1979). *L'ordre et le temps*. Paris: Vrin.

Balasch, J. (1920). Nota sobre el esqueleto humano fósil del arroyo de Samborombón (América del Sur). En C. d. Sevilla, *Asociación Española para el progreso de las ciencias*, (pp. 63-71). Madrid: Eduardo Arias.

Ballestero, D. S. (2016). Enseñanza de la Antropología física en la Argentina de comienzos de siglo XX. Robert Lehmann-Nitsche y la formación de discípulos. *Revista del Museo de Antropología, 9*(1), 107-120. https://doi.org/10.31048/1852.4826.v9.n1.11881

Barberá, F. (1907). Nota relativa al esqueleto humano de la colección paleontológica Botet en Valencia. En M. Escar, *Linneo en España* (pp. 505-516). Valencia.

Bartolomé, L. (1980). La Antropología en Argentina: Problemas y Perspectivas. *América Indígena, 60*(2), 207-215.

Beauchamp, P. (1987). Ethical theory and the problem of closure. En J. Engelhardt, *Scientific Controversies (Case studies in the resolution and closure of disputes in science and technology* (pp. 423-451). USA: Cambridge University Press.

Beckner, M. (1968). *The biological way of though*. Berkeley: Univ. California Press.

Bernstein, R. (1961). John Dewey's Metaphysics of Experience. *Journal of Philosophy(58)*, 5-14.

———. (1966). *John Dewey*. Nueva York: Washington Square Press.

———. (1976). *Praxis and Action*. Philadelphia: University of Pennsylvania Press.

———. (1976). *The Reconstructingof Socialand PoliticalTheory*. Pennsylvania : University of Pennsylvania Press.

———. (1983). *Beyond Objectivism and Relativism: Science, Hermenentics, and Praxis*. Philadelphia: University of Pennsylvania Press.

———. (1986). *Philosophical Profiles*. Philadelphia: Polity Press.

———. (1991). *The New Constellation*. Cambridge: Polity Press.

————. (1991). *The New Constellation: The Ethical-Political Horizons of Modernity/ Postmodernity*. Cambdrige: Polity.

————. (2006). *The Pragmatic Century*. En S. F. Greeve Davaney, *The Pragmatic Century* (pp. 1-14). Albany: State University of New York Press.

————. (2013). *El giro pragmático*. México: Anthropos Editorial.

————. (2016). *Pragmatic Encounters*. Nueva York: Routledge.

————. (2017). Engage Fallibilistic Pluralism. En M. M. Craig, *Richard J. Bernstein and the Expansion of American Philosophy* (pp. 215-228). Lanham: Lexington Books.

————. (2018). *Más allá del objetivismo y del relativismo: ciencia, hermenéutica y praxis*. Prometeo: Buenos Aires.

Biagini, H. (1985). *El movimiento positivista argentino*. Buenos Aires: Editorial de Belgrano.

Bijker, W. (1987). *The Social Construction of Technological Systems: New Directions in the Sociology and History of Technology*. USA: The MIT Press.

Binford, L. (1962). Archaeology as anthropology. *American Antiquity, 28*(2), 217-255.

————. (1964). A consideration of archaeological research design. *American Antiquity, 29*(3), 425-141.

————. (1965). Archaeological Systematics and the Study of Cultural Processes. *American Antiquity, 31*(2), 203-210. https://doi.org/10.2307/2693985

————. (1981). *Bones: Ancient men and modern myths*. Nueva York: Academic Press.

————. (1991). *En busca del pasado; descifrando el registro arqueológico*. Barcelona: Editorial Crítica.

Blanco, J. (1916). El 'Credo' de Ameghino. *Estudios*, (11), 251-259.

————. (1916). La evolución antropológica y Ameghino. *Estudios*, (11), 419-440.

————. (1916). La vida en el Credo de Ameghino. *Estudios*, (11), 335-355.

————. (1917). Dos cráneos singulares y la orientación fronto-glabelar. Contribución al estudio de la calota Ensenadense. *Estudios*, (13), 81-98.

————. (1917). La evolución antropológica y Ameghino. *Estudios*, (12), 180-202.

————. (1917). La evolución antropológica y Ameghino. *Estudios*, (12), 101-121.

————. (1917). La evolución antropológica y Ameghino. *Estudios*, (12), 8-18.

————. (1917). Las ideas preconcebidas y la ciencia. *Estudios*, (13), 423-435.

————. (1917). Tetraprotho.- [sic] Diprothomo. Homo pampaeus. *Estudios*, (13), 18-34.

————. (1918). Más sobre los cráneos singulares. Segunda y última réplica al señor Castellanos, de Córdoba. *Estudios, 15*(42-52), 115-125, 205-213.

————. (1919). Sobre plasmogenia. *Estudios*, (16), 419-428.

————. (1921). Ameghino juzgado por Boule. Les hommes fossiles. *Estudios*, (20), 419-426.

————. (1921). *La antropometría y la ciencia: estudio crítico*. Buenos Aires: Amorrortu.

————. (1921). Las bolas de Parodi ¿serán bolas? *Estudios*, (20), 31-35.

————. (1922). Hablan los hombres de ciencia del país sobre las asendereadas teorías de Ameghino. *Estudios*, (22), 428-445.

————. (1923). La antigüedad del hombre. *Estudios*, (25), 161-174.

————. (1925). ¿Es posible la evolución del hombre? *Estudios*, (29), 40-51.

Blasi, A. P. (2009). Análisis de las nomenclaturas y de los esquemas estratigráficos del Pleistoceno tardío-Holoceno en la cuenca del río Luján, Buenos Aires, Argentina. *Ameghiniana, 46*(2). Recuperado de: https://www.ameghiniana.org.ar/index.php/ameghiniana/article/view/101

Bloch-Alain Hus, R. (1974). *Las conquistas de la arqueología*. Madrid: Ediciones Guadarrama.

Boman, E. (1919). Encoré l'homme tertiaire dans l'Amérique du Sud. *Journal de la Société des Américanistes*, (11), 657-664.

————. (1921). Los vestigios de industria humana encontrados en Miramar (República Argentina) y atribuidos a la época terciaria. *Revista Chilena de Historia y Geografía*, (43), 330-352.

Bonarelli, G. (1918). Sobre los hallazgos paleoelnológicos de Miramar. *PHYSIS, 17*, 339.

Bond, M. (1998). Santiago Roth. *Revista MUSEO*, (13), 33-37. Recuperado de: http://sedici.unlp.edu.ar/handle/10915/49351

————. (1999). Obra de los hermanos Ameghino. En *Jornadas Argentinas de Paleontología de Vertebrados* (pp. 33-41). La Plata-Luján, Argentina.

Bonfantini, M., Proni, G. (1989). To Guess or Not to Guess? En U. S. Eco, *El signo de los tres* (pp. 164-184). Barcelona: Lumen.

Bonney, G. (1895). *Charles Lyell and Modern Geology*. Nueva York: MACMILLAN & CO.

Bonomo, M. (2002). El Hombre Fósil de Miramar. *Intersecciones en Antropología*. (3), 69-85

————.(2005). *Costeando las llanuras: arqueología del litoral marítimo pampeano*. Sociedad Argentina de Antropología.

Bonomo, M., Scabuzzo, C., Catriel León, D. (2013). Cronología y dieta en la costa atlántica pampeana, Argentina. *Intersecciones en Antropología*, (14), 123-136. Recuperado de: http://www.scielo.org.ar/scielo.php?script=sci_arttext&pid=S1850-373X2013000100007

Bonomo, M., Prates, L. (2019). *Historias de la Arqueología en el Museo de La Plata: las voces de sus protagonistas*. Buenos Aires: Ediciones de la Sociedad Argentina de Antropología y la División Arqueología del Museo de La Plata.

Bordas, A. (1942). Anotaciones sobre un "Cebidae" fósil de Patagonia. *PHYSIS,* (19), 265-269.

———. (1942). La posición sistemática del Tetraprothomo argentinus Amegh. *Relaciones de la Sociedad Argentina de Antropología,* (3), 53-57.

Borges, J. (1987). El jardín de los senderos que se bifurcan. En *Ficciones* (pp. 101-116). Madrid: Alianza Editorial.

Borrero, L., Miotti, L. (2007). La tercera esfinge indiana. *Relaciones de la Sociedad Argentina de Antropología,* (32), 55-74. Recuperado de: http://sedici.unlp.edu.ar/handle/10915/21026

Boschín, M. (1991-1992). Historia de las investigaciones arqueológicas en Pampa y Patagonia. *Runa,* (20), 111-144.

Boucher de Perthes, J. (1860), *L'Homme antédiluvien et de ses oeuvres.* París. Recuperado de: https://patrimoniodigital.ucm.es/s/patrimonio/item/708719

Boule, M. (1894). Enseignement des Sciences. Cours spéciaux des Voyageurs. Conférence de Paléontologie. *Revue Scientifique (Revue Rose),* (24), 737-746.

———. (1915). La paléontologie humaine en Angleterre. *L'Anthropologie,* (26), 1-67.

———. (1921). *Les hommes fossiles: éléments de paléontologie humaine.* Masson et Cie, Éditeurs.

Bowler, P. (1889). *Evolution: The History of an Idea.* Berkeley: University of California Press.

———. (1976). *Fossils and progress : paleontology and the idea of progressive evolution in the nineteenth century.* Nueva York: Science History Publications.

———. (1983). *El eclipse del darwinismo: teorías evolucionistas antidarwinistas en las décadas en torno a 1900.* Barcelona: Labor.

———. (1986). *Theories of human evolution: a century of debate, 1844-1944.* Baltimore: Johns Hopkins University Press.

———. (1987). *Theories of Human Evolution. A century of debate, 1844-1944.* Baltimore: The Johns Hopkins University Press.

———. (1989). *The Mendelian revolution : the emergence of hereditarian concepts in modern science and society.* Nueva York: PACE University.

———. (1990). *Charles Darwin: the man and his influence.* Oxford, UK ; Cambridge, Mass., USA: Blackwell.

———. (1992). *The eclipse of Darwinism : anti-Darwinian evolution theories in the decades around 1900.* Baltimore; London: Johns Hopkins University Press.

———. (1993). *The Norton history of the environmental sciences.* New York: W.W. Norton.

———. (1996). *Life's splendid drama. Evolutionary biology and the reconstruction of Life's ancestry. 1860-1940*. Chicago: The University of Chicago Press.

———. (2003). *Evolution: the history of an idea*. Berkeley: University of California Press.

———. (2005). *Making modern science: a historical survey*. Chicago: The University of Chicago Press.

———. (2009). *Science for all: the popularization of science in early twentieth-century Britain*. Chicago: University of Chicago Press.

Braidwood, R. (1960). *Archaeologists and What they Do*. Nueva York: Franklin Watts.

Brandom, M. (2020). *The Racial World of Aleš Hrdlička*. München: Universitätsbibliothek der Ludwig-Maximilians-Universität.

Brandom, R. (1994). *Making It Explicit*. Cambridge: Harvard University Press.

———. (1990). *Adaptation and Environment*. Princeton, New Jersey: Princeton University Press.

Bravard, A. (1857a). *Observaciones geológicas sobre diferentes terrenos de transporte en la hoya del Plata*. Buenos Aires: Biblioteca del diario La Prensa.

———. (1857b). *Geología de las pampas*. En Territorio, Estado Físico del Territorio, Registro Estadístico del Estado de Buenos Aires. Imprenta de la Tribuna.

———. (1858). *Monografía de los terrenos marinos Terciarios de las cercanías del Paraná*. Paraná: Imprenta del Registro Oficial.

Buffetaut, E. (1993). *Fósiles y hombres*. Barcelona: RBA editore.

———. (1998). *Histoire de la Paleontologie*. Paris: PUF.

———. (2008). *Cuvier y la historia natural. Actas años XV y XVI*. Santa Cruz de Tenerife. Ediciones Educativas Canarias, Consejería de Educación, Cultura y Deportes, Dirección General de Ordenación e Innovación Educativa. Recuperado de: https://www.uv.mx/personal/tcarmona/files/2010/08/buffetaut-.pdf

Buffon, G. (1749-1775). *Histoire Naturelle Générale et Particulière*. París: L'Imprimerie Royale.

Burmeister, H. (1870). *Histoire de la Creation*. París: Savy.

Butterfield, H. (1951). *The Whig Interpretation of History*. Nueva York: Charles Scribner's Sons.

Cabrera, A. (1926). *Cetáceos fósiles del Museo de La Plata*. Revista del Museo de La Plata(29), 363-411.

———. (1936). *Estado actual de la cuestión del límite cretáceo-Terciario en la Argentina desde el punto de vista paleontológico*. Museo de La Plata, Obra del Cincuentenario, (2), 3-22.

———. (1944). *El pensamiento vivo de Ameghino*. Buenos Aires: Losada.

Camarero, H. (2007). *A la conquista de la clase obrera*. Buenos Aires: Siglo XXI.

———. (2007). *Consideraciones sobre la historia social de la Argentina urbana en las décadas de 1920-1930.* Nuevo Topo, (4), 35-60.

Canals Frau, S. (1973). *Prehistoria de América.* Buenos Aires: Editorial Sudamericana.

Caplan, A. (1978). *Testability, disreputability, and the structure of the modern.* Erkenntnis (13), 261-278. https://doi.org/10.1007/BF00160897

Caponi, G. (2017). *El darwinismo de Ameghino: una lectura de Filogenia.* Florianópolis: NEL/UFSC.

———. (2017). *Las flechas de la evolución: Florentino Ameghino y las leyes de la filogenia.* Scientiæ zudia, *15*(2), 365-386.

———. (2018). El darwinismo de Ameghino. En G. M. Vallejo, *Darwin y el darwinismo desde el sur del sur* (pp. 161-174). Marid: Doce Calles.

Carnese, F., Pucciarelli, H. (2007). *Investigaciones antropobiológicas en Argentina desde la década de 1930 hasta la actualidad.* Relaciones de la Sociedad Argentina de Antropología, XXXVI, 243-280. Recuperado de: http://sedici.unlp.edu.ar/handle/10915/21040

Carrizo, S. (2014). Los inicios de la trayectoria académica de José Imbelloni en la antropología argentina. En: R. Guber (Ed.), *Antropologías argentinas* (pp. 43-86). La Plata: Al Margen.

Casamiquela, R. (1974-76). *Novedades sobre "La Antigüedad del Hombre en el Plata".* Anales de Arqueología y Etnología, (29-31), 185-206.

Casey, E. (2017). Richard Bernstein and the Legacy of Pluralism. En M. M. Craig, *Richard J. Bernstein and the Expansion of American Philosophy* (pp. XXXVII-LI). Lanham: Lexington Books.

Casinos, A. (2012). *Un evolucionista en el Plata: Florentino Ameghino.* Buenos Aires: Fundación de Historia Natural Félix de Azara.

Castallenos, A. (1916a). *Florentino Ameghino. Contribución al conocimiento de su producción científica.* Revista de la Universidad Nacional de Córdoba (7), 230-456.

———. (1916b). *Una página de la vida de Ameghino. Su estadía en Córdoba.* Revista de la Universidad Nacional de Córdoba, (4), 220-251.

———. (1916-1917). Florentino Ameghino. *PHYSIS*, (13-15), 127.

———. (1917). *Cráneos singulares. Réplica al señor Blanco.* Revista de la Universidad Nacional de Córdoba, *4*(10), 568-588.

———. (1917). *Demostración que las escorias y tierras cocidas del Chapalmalense de Miramar están in situ.* La voz del interior.

———. (1917). *Sobre la orientación frontoglabelar de Ameghino. Réplica al señor José M. Blanco.* Revista de la Universidad Nacional de Córdoba, *4*(6), 188-195.

———. (1922). La presencia del hombre fósil en el pampeano del Valle de Los Reartes (Sierra de Córdoba). *Boletín de la Academia Nacional de Ciencias de Córdoba,* (25), 369-382.

——. (1923). La familia primitiva. Conferencia de Extensión Universitaria (pp. 3-19). Rosario: Universidad Nacional del Litoral.

——. (1923). La limite plio-pléistocène et le problème de l'homme tertiaire dans la République Argentine. *Revista de la Universidad Nacional de Córdoba, 10*(2-3), 110-122.

——. (1927). Contribución al estudio de la Paleoantropología Argentina. Apuntes sobre el Homo chapadmalensis. *Revista Médica de Rosario,* (8), 410-424.

——. (1928). La existencia del hombre fósil en la Argentina. *Atti del XXII Congresso Internazionale degli Americanisti,* (1), 277-282.

——. (1929). Nuevos restos del hombre fósil. *PHYSIS,* (10), 175-181.

——. (1934). La discusión sobre la existencia del hombre fósil en la Argentina. *Congreso Internacional de Americanistas.* La Plata: Universidad Nacional de La Plata.

——. (1937). Ameghino y la antigüedad del hombre sudamericano. Conferencia en Homenaje a Ameghino del 16 de septiembre de 1936 (pp. 47-192). Rosario: Asociación Cultural de Conferencias de Rosario.

——. (1943). Antigüedad geológica del yacimiento de los restos humanos de la "Gruta Candonga". *Instituto de Fisiografía y Geología de la Fac. de Cs. Matemáticas, etc, 5-109.*

——. (1943). *El PreEnsenadense ¿es un horizonte geológico o una facies?* Instituto de Fisiografía y Geología de la Facultad de Ciencias Matemáticas, etc. (18), 5-84.

Catalá Gorgues, J. (2012). La polémica sobre el hombre Terciario y su expresión en la Valencia de comienzos del siglo XX. *Asclepio. Revista de Historia de la Medicina y de la Ciencia, 64*(1), 63-96. https://doi.org/10.3989/asclepio.2012.v64.i1.513

Castello, H. (1992). *La Rebelión en 1930 de los paleontólogos de la calle Perú.* Recuperado de: https://museonacionaldecienciasnaturales.blogspot.com/2012/12/parte-iva-la-rebelion-en-1930-de-los_3220.html

CIA (1932) XXV° *Congreso Internacional de Americanistas.* La Plata: Imprenta y Casa Editorial CONI.

Ciencias, I. C. (1909). Guía de Valencia publicada en obsequio a los señores congresistas. Valencia: Vives Mora.

Clarck, D. (1977). *Spatial archaeology.* Nueva York: Academic Press.

——. (1978). *Analytical archaeology.* Nueva York: Columbia University Press.

Codes, M. d. (1988). El positivismo argentino: una mentalidad en tránsito en la Argentina del Centenario. *Quinto centenario,* 193-226.

Colles, D. (1969). The Relationship of Evolutionary Theory to Phenetic Taxonomy. *Evolution,* (13), 261-278.

Comas, J. (1952). Consideraciones en torno a la "Prehistoria de América" de S.

Canals Frau. México [s. e.].

———. (1961). El origen del hombre americano y la antropología física. *Universidad Nacional Autónoma de México*.

Cormick, C. (2019). El problema de la racionalidad y el debate entre internismo y externismo epistemológicos. Una intervención a propósito del debate entre Williams y Goldman. *Philosophia 79*(1), 35-62.

———. (2019). Sobre el etnocentrismo y la paradoja de la convicción. *Factótum. Revista de Filosofía 20*(21), 1-12.

———. (2020). Habermas, Rorty, and the Problem of Competent Interlocutors. *Análisis Filosófico 40*(2), 213-246.

Cormick, C., Edelsztein, V. (2021) *Argumentos en una baldosa*. Buenos Aires: Tantaagua editorial.

Cosmann, M. (1910). *Revue critique de Paléozoologie. Quatoraieme Anne, 1910,* 106-107

Craig, M., Morgan, M. (2017). *Richard J. Bernstein and the Expansion of American Philosophy*. Lanham: Lexinton Books.

Cuvier, G. (1805). *Leçons d'Anatomie Comparée*. París: Baudouin.

———. (1817). *Le règne animal distribué d'après son organisation: Pour servir de base à l'histoire naturelle des animaux et d'introduction à l'anatomie comparée*. París: Déterville libraire, Imprimerie de A. Belin.

———. (1992). *Discours Préliminaire a las Recherches sur les ossements fósiles de quadrupède*. París: Flammarion. (Obra original publicada en 1812)

Daino, L. (1979). Exégesis histórica de los hallazgos arqueológicos de la costa atlántica bonaerense. *Prehistoria bonaerense*, 93-195. Recuperado de: https://fundacion-rama.com/wp-content/uploads/2022/07/1749.-Exegesis-historica-de-los-%E2%80%A6-Daino.pdf

Daria, F. (2019). O "Filogenia" de Ameghino: além de uma análise epistemológica. *Boletim do Museu Paraense Emílio Goeldi Ciências Naturais,* (14), 129-132.

Darwin, C. (1844), "Essay of 1844", en: Darwin, F. (ed.), *The Foundations of the Origin of Species. Two Essays Written in 1842 and 1844*. Cambridge: University Press,

———. (1845). *The Voyage of the Beagle (Journal of researches) into the natural history and geology of the countries visited during the voyage of H.M.S. Beagle round the world, under the Command of Capt. Fitz Roy, R.N.* Londres: John Murray,

———. (1871), *The descent of man*. Londres: John Murray

———. (2007) *Charles Darwin: La fecundación de las orquídeas*. Pamplona: Laetoli.

———. (2022) *El origen de las especies*. Feedbooks. Recuperado de: https://www.uls.edu.sv/libroslibres/cienciasnaturales/origen_especias.pdf

Davaney, S.G., Frisina, W.G. (2006). *The Pragmatic Century: Conversations with Richard J. Bernstein*. Albany: SUNY Press.

Dávila, L. (2018). Robert Lehmann-Nitsche y la enseñanza de la Antropología en la Universidad argentina a comienzos del siglo XX. *Temas Americanistas*, *40*, 213-238. https://doi.org/10.12795/Temas-Americanistas.2018.i40.10

De Asúa, M. (2009). Los artículos del P. José María Blanco S.I. en la revista Estudios sobre la evolución y las teorías antropológicas de Ameghino. *Stromata*, (65), 313-355.

———. (2012). La ciencia del centenario: las discusiones del Congreso Internacional Americano de 1910. *Academia Nacional de Ciencias de Buenos Aires*, *12*(126), 14-20. Recuperado de: https://www.cienciahoy.org.ar/ch/ln/hoy125/LaFiesta.htm

———. (2015). *La evolución de la vida en la tierra*. Buenos Aires: Logos.

De Azevedo, S., Nocera, A., Paschetta, C., Castillo, L., Martínez-Abadías, N., Rolian, C., González-José, R. (2011). The effect of spatially varying selection on craniofacial shape diversification across human populations. *Journal of Evolutionary Biology*, *24*(11), 2392-2403.

De Carlés, E. (1918-19). Los vestigios industriales de la presencia del hombre Terciario en Miramar. *PHYSIS*, (16), 125-127.

Debus, A. (1985). *El hombre y la naturaleza en el Renacimiento*. Ciudad de México: FCE.

Dennell, R. (2001). From Sangiran to Olduvai, 1937–1960: The quest for 'centres' of hominid origins in Asia and Africa. En R. W. Corbey R., *Studying human origins* (pp. 145–166). Amsterdam: Amsterdam University Press.

Descartes, R. (2010). *El discurso del método*. Madrid: Espasa Calpe.

———. (2010). *Meditaciones metafísicas*. Buenos Aires: Aguilar.

Di Stefano, R. (2010). *Ovejas negras. Historia de los anticlericales argentinos*. Buenos Aires: Sudamericana.

Díaz-Andreu, M. (2007). *A World History of Nineteenth-Century Archaeology*. Oxford: Oxford University Press.

Diez Martín, F. (2011). *Breve historia de los neandertales*. Madrid: Ediciones Nowtilus.

Doello-Jurado, M. (1917). Al Señor Director de la Revista de la Sociedad Científica Argentina. *PHYSIS*, (3), 294-296

Doering, A. (1881). Geología. En *Informe oficial de la Comisión Científica agregada al Estado Mayor General de la Expedición al Río Negro* (pp. 297-530). Buenos Aires: Imprenta de Oswald y Martínez.

Duckworth, W. (1913). The problem of the Galley Hill skeleton. En E. a. Ridgeway, Quiggin, E. (pp. 458-473). Cambridge: Cambridge University Press.

Dumont, L. (1873). *Haeckel et la théorie de l'évolution en Allemagne*. París:

Baillièr.

Echeverría, O. (2018). El proceso de la Reforma Universitaria como preocupación de la derecha nacionalista: entre el rechazo a la democratización y el anticomunismo (décadas de 1920 y 1930). En D. Z. Mauro, *La reforma universitaria cuestionada* (pp. 67-86). Rosario: Humanidades y Artes Ediciones - HyA ediciones.

Eco, U. (1989). *Cuernos, cascos, zapatos: algunas hipótesis sobre tres tipos de abducción*. En U. S. Eco, *El signo de los tres* (pp. 65-294). Barcelona: Lumen.

Elórtegui Francioli, S. (2015). Historia natural: La discusión. Una revisión del concepto, el conflicto y sus ecos a la educación de las Ciencias Biológicas. *Estudios Pedagógicos, XLI*, 267-281. Recuperado de: https://www.redalyc.org/articulo.oa?id=173544961017

Endier, J. A. (1986). *Natural Selection in the Wild*. Princeton, New Jersey: Princeton University Press

Engelhardt, H. (1989). *Scientific Controversies (Case studies in the resolution and closure of disputes in science and technology)*. USA: Cambridge University Press.

Engerrand, G. (1908). Correspondencia. En A. Torcelli (Ed.), *Obras completas y correspondencia científica (Vol. 23,* pp. *128-129)*. La Plata: Tall. de Impresiones Oficiales.

Escosteguy, P., Scabuzzo, C., González, M. (2017). Análisis bioarqueológico de los restos de Arroyo El Siasgo (supuesto Homo caputinclinatus de Ameghino 1910). *Revista Argentina de Antropología Biológica, 19*(2). https://doi.org/10.17139/raab.2017.0019.02.04

Fagundes, N., Kanitz, R., Eckert, R., Valls, A., Bogo, M. Salzano, F., Bonatto, S. (2008). Mitochondrial population genomics supports a single pre-Clovis origin with a coastal route for the peopling of the Americas. *The American Journal of Human Genetics, 82*(3), 583-592. https://doi.org/10.1016/j.ajhg.2007.11.013

Fann, K. (1970). *Peirce's Theory of Abduction*. La Haya: Nijhoff.

Farber, P. (2000). *Finding Order in Nature: The Naturalist Tradition from Linnaeus to E. O. Wilson*. Baltimore, Maryland: John Hopkins University Press.

Faria, F. (2012). *Georges Cuvier: do estudo dos fósseis à paleontologia*. Editora 34/Associação Filosófica Scientiæ Studia.

———. (2019). O "Filogenia" de Ameghino: além de uma análise epistemológica. *Boletim do Museu Paraense Emílio Goeldi - Ciências Naturais, (14)*1, 129-132

Farro, M. (2009). *La formación del Museo de La Plata. Coleccionistas, comerciantes, estudiosos y naturalistas viajeros a fines del siglo XIX*. Rosario: Prohistoria Ediciones.

———. (2008). *Historia de las colecciones en el Museo de la Plata, 1884 – 1906:*

naturalistas viajeros, coleccionistas y comerciantes de objetos de historia natural a fines del Siglo XIX. La Plata: Facultad de Ciencias Naturales y Museo – UNLP. Recuperado de: https://core.ac.uk/download/pdf/19331504.pdf

Fernández, J. (1979). *Historia de la arqueología argentina.* Universidad de Cuyo.

Fernicola, J. (2011a). 1886-1888: ascenso, auge y caída de la sociedad entre Florentino Ameghino y Francisco P. Moreno. *Asociación Paleontológica Argentina,* (12), 35-49. Recuperado de: https://ri.conicet.gov.ar/bitstream/handle/11336/102768/CONICET_Digital_Nro.ec63d964-1b13-43e9-9774-ded103ba24ee_A.pdf?sequence=2&isAllowed=y

———. (2011b). Implicancias del conflicto Ameghino-Moreno sobre la colección de mamíferos fósiles realizada por Carlos Ameghino en su primera exploración al río Santa Cruz, Argentina. *Revista del Museo Argentino de Ciencias Naturales, 13*(1), 41-57. Recuperado de: http://revista.macn.gob.ar/ojs/index.php/RevMus/article/view/230

Feruglio, E. (1931). Nuevas observaciones geológicas en la Patagonia Central, en Dirección General de Yacimientos Petrolíferos Fiscales. *Contribución de la Primera Reunión Nacional de Geografía.*

———. (1934). Sobre un depósito reciente de ceniza volcánica en los alrededores de Comodoro Rivadavia. *Notas Preliminares del Museo de La Plata,* (2), 41-49.

———. (1938). Relaciones estratigráficas entre el patagoniano y el santacruciano en la Patagonia austral. *Revista del Museo de La Plata, 1*(4), 129-159. Recuperado de: https://publicaciones.fcnym.unlp.edu.ar/rmlp/article/view/1550

———. (1949). *Descripción geológica de la Patagonia.* Buenos Aires: Impr. y Casa Editora "Coni".

Feyerabend, P. (2018). Cómo defendera la sociedad contra la ciencia. En I. Hacking, *Revoluciones científicas* (pp. 294-314). Ciudad de México: FCE.

Fleagle, J., Shea, J., Grine, F., Baden, A., Leakey, R. (2005). *Out of Africa: The First Hominin Colonization of Eurasia.* Nueva York: Springer.

Flórez Quintero, D. (2020). El argumento de los intermediarios epistémicos. *Tópicos, (59),* 89-119. https://doi.org/10.21555/top.v0i59.1100

Forestier, A. (1913). *Periods of prehistoric man: Pleistocene types, weapons and tools. Illustrated London News,* (143), 296-297.

Frenguelli, J. (1920). *Los terrenos de la costa atlántica de los alrededores de Miramar (Provincia de Buenos Aires) y sus correlaciones. Boletín de la Academia Nacional de Ciencias,* (24), 325-485.

———. (1921). *Los terrenos de la costa atlántica en los alrededores de Miramar (Prov. de Buenos Aires) y sus correlaciones. Boletín De La Academia Nacional De Ciencias De Córdoba,* (23), 325-485.

———. (1930). *Apuntes de geología uruguaya. Boletín del Instituto de Geología y Perforaciones de Montevideo,* (11), 33.

———. (1934). El problema de la antigüedad del hombre en la Argentina. *XXV Congreso Internacional de Americanistas* (pp. 1-22). La Plata: Universidad Nacional de La Plata.

———. (1936). *La serie geológica de la República Argentina en sus relaciones con la antigüedad del Hombre.* En Levene, R., *Historia de la Nación Argentina: desde los orígenes hasta la organización definitiva en 1862* (Vol. I, pp. 3-18). Academia Nacional de la Historia de Buenos Aires.

———. (1950). *The present status of the theories concerning primitive man in Argentina.* En J. Steward, *Handbook of South American Indians* (Vol. 6, pp. 11-17). Washington.

———. (1955). *Loess y limos pampeanos. Museo de La Plata, Serie Técnica y Didáctica,* (7), 5-84.

Gabriel, J. (1949). *El loco de los huesos.* Buenos Aires: Imán.

Gadamer, H.-G. (1975). *Truth and Method.* Nueva York: Seabury Press.

———. (1989). *Truth and Method.* Nueva York: Crossroad.

Garbulsky, E. (1991-92). *La antropología social en la Argentina. RUNA,* (20), 11-33.

———. (2000). *Historia de la antropología en la Argentina.* En M. Taborda, *Problemáticas antropológicas.* Rosario: Laborde editor.

Gaudry, A. (1868). *Cours annexe de Paléontologie: leçon d'ouverture.* Paris: Baillière.

———. (1878) *Les enchainements du monde animal dans les temps géologiques: mammifères tertiaires.* Paris: Hachette.

———. (1896) *Essai de Paléontologie Philosophique.* Paris: Masson

Génova, G. (1997). *Charles S. Peirce: La lógica del descubrimiento.* Pamplona: Servicio de Publicaciones de la Universidad de Navarra.

Geoffroy Saint-Hilaire, É. (1807). Considérations sur les pièces de la téte osseuse des animaux vertébrés, et particulièrement sur celles du crâne des oiseaux. *Annales du Muséum d'Historie Naturelle,* (10), 342-365.

———. (1998). Principes de Philosophie Zoologique. En Le Guayader, H. (1998). *Geoffroy Saint-Hilaire.* Paris: Berlin, pp. 129-248.

Georges, C. (1910). Le Congrès scientifique international américain à Buenos-Aires. *Bulletins et Mémoires de la Société d'anthropologie de Paris,* 535-549. https://doi.org/10.3406/bmsap.1910.7176

Germinal. (s.f.). 1914-1927. Santa Rosa.

Ginnobili, S. (2005). *La teoría de la selección natural darwiniana.* Buenos Aires: Repositorio de la Facultad de Filosofía y Letras de la Universidad de Buenos Aires.

———. (2010). *La estructura de la teoría de la selección natural. Elucidación de sus conceptos fundamentales, reconstrucción de su estructura y consecuencias del análisis sobre algunas discusiones metateóricas a su alrededor*. Facultad de Filosofía y Letras de la Universidad de Buenos Aires.

———. (2014). Explicaciones seleccionistas históricas y ahistóricas. *Ludus Vitalis 22*(41), 21-41.

———. (2018). *La teoría de la selección natural: una exploración metacientífica*. Quilmes: Universidad Nacional de Quilmes Editorial.

Ginnobili, S., Roffé, A. (2017). Dos usos de los modelos de optimalidad en las explicaciones por selección natural. *Metatheoria, 8*(1), 43-55. Recuperado de: http://ridaa.unq.edu.ar/handle/20.500.11807/2496

Giuffrida-Ruggeri, V. (1908). Die Entdeckungen Florentino Ameghinos und der Ursprung des Menschen. *Globus, 94*(2), 21-26.

———. (1909). Un nuovo precursore dell'uomo. Il 'TETRAPROTHOMO ARGENTINUS. *Rivista d'Italia, 12*(1), 137-147.

———. (1913). *L'uomo attuale, una specie collettiva*. Milán: Albrighi, Segati e C,.

Glyn, D. (1967). *The Origins and Growth of Archeology*. Harmondsworth: Penguin.

———. (1986). *Historia de la arqueología: de los anticuarios a V. Gordon Childe*. Madrid: Alianza Editorial.

González, A. (1991-92). A cuatro décadas del comienzo de una etapa. Apuntes marginales para la historia de la antropología argentina. *RUNA, (20)*, 91-110.

González-José, R. B. (2008). The peopling of America: craniofacial shape variation on a continental scale and its interpretation from an interdisciplinary view. *American Journal of Physical Anthropology, 137*(2), 175-187. https://doi.org/10.1002/ajpa.20854

Gould, J. (1980). *Living Archaeology*. Cambridge: Cambridge University Press.

———. (1977). *Ontogeny and Phylogeny*. Cambridge: Harvard University Press.

———. (1983). *Hen's teeth and horse's toes*. Nueva York: Norton.

———. (2002). *The structure of evolutionary theory*. Cambridge: Harvard University Press.

———. (2004). *La estructura de la teoría de la evolución*. Barcelona: Tusquets.

Gramsci, A. (1999). *Cuadernos de la cárcel 1932-1934*. Puebla: Universidad Autónoma de Puebla.

Green, J. (2014). *Richard J. Bernstein and the Pragmatist Turn in Contemporary Philosophy*. Nueva York: PALGRAVE MACMILLAN.

Greenberg, J. H. (1986). The settlement of the Americas: a comparison of the linguistic, dental, and genetic evidence. *Current Anthropology, 27*(5), 477-497.

———. (1989). The settlement of the Americas: reply to comments. *Current Anthropology, 30*(2), 181-182.

Greeve Davaney, S., & Frisina, W. (2006). *The Pragmatic Century*. Albany: State

University of New York Press.

Gregory, W. (1914). The Dawn Man of Piltdown, England. *American Museum Journal(14)*, 188-200.

Grine, F. J. (2006). *The First Humans*. Nueva York: Springer.

Guber R., & Ferrero, L. (2020). *Antropologías hechas en la Argentina*. Asociación Latinoamericana de Antropología.

Guber, R. (2009). Política nacional, institucionalidad estatal y hegemonía socio-antropológica en las periodizaciones de la antropología argentina. *Cuadernos del ides*, 3-28. Recuperado de: https://publicaciones.ides.org.ar/libro/politica-nacional-institucionalidad-estatal-hegemonia-socio-antropologica-periodizaciones

Gundling, T. (2010). Human Origins Studies: A Historical Perspective. *Evolution: Education and Outreach*, (3), 314-321. https://doi.org/10.1007/s12052-010-0248-7

Haber, A. (2013). Anatomía disciplinaria y arqueología indisciplinada. *Arqueología, 19*(3), 53-60. https://doi.org/10.34096/arqueologia.t19.n0.1674

Haeckel, E. (1866). *Generelle Morphologie*. Berlin: Verlag Von Georg Reimer

———. (1868) *Natürliche Schöpfungsgeschichte*. Berlín: Reimer

———. (1912) *The Evolution of Man*. Londres: WATTS & CO. Recuperado de: https://www.gutenberg.org/files/8700/8700-h/8700-h.htm

———. (1947). *Histoire de la creátion des êtres organisés d'après les lois naturelles*. París: Reinwald. (Obra original publicada en 1868)

Hanson, N. (1977). *Patrones de descubrimiento*. Madrid: Alianza. (Obra original publicada en 1958)

Hatcher, J. (1897). On the Geology of Southern Patagonia. *American Journal of Science*, (4), 326-354.

———. (1900). Sedimentary Rocks of Southern Patagonia. *American Journal of Science*, (9), 85-108.

———. (1903). *Narrative of the Expeditions Geography of Southern Patagonia*. Stuttgart: Princeton.

Henke, W. (2013). Historical Overview of Paleoanthropological Research. En *W. Henke, Handbook of Paleoanthropology* (pp. 1-84). Springer Link.

Hernández Pacheco, E. (1910). El Diprothomo platensis. Un precursor del hombre del Plioceno. *Boletín de la Real Sociedad Española de Historia Natural*, (10), 311-316.

Herrero Ducloux, E. (1908). Estudio de las supuestas "escorias" y "tierras cocidas" de la serie pampeana de la República Argentina. *Revista del Museo de La Plata*, (15), 162-184.

Hester, T., Shafer, H., & Feder, K. (2009). *Field Methods in Archaeology*. Londres, Nueva York: Routledge.

Hoffecker, J. (2017). *Modern Humans*. Nueva York: Columbia University Press.
433

Holmes, W. H. (1899). Preliminary Revision of the Evidence Relating to Auriferous Gravel Man in California. *American Anthropologist, 1*(4), 614–645. http://www.jstor.org/stable/658643

———. (1912). Peculiar stone industries of the Argentine coast. En A. Hrdlicka, W.H. Holmes, B. Willis, F. E. Whright, C. Fenner: *Early Man in South America*, pp. 125-150. Washington: Smithsonian Institution

Hook, S. (1974). *Pragmatism and the Tragic Sense of Life*. Nueva York: Basic Books.

Hrdlička, A. (1912a). General considerations. En A. Hrdlicka, W.H. Holmes, B. Willis, F. E. Whright, C. Fenner: *Early Man in South America*, pp. 1-11. Washington: Smithsonian Institution

———. (1912b). The skeletal remains of early man in South America. En A. Hrdlicka, W.H. Holmes, B. Willis, F. E. Whright, C. Fenner: *Early Man in South America*, pp. 153-269. Washington: Smithsonian Institution

———. (1913). The most ancient skeletal remains of man. *Annals of the Smithsonian Institution*, 491-552.

———. (1924). New data on the teeth of early man and certain fossil European apes. *American Journal of Physical Anthropology, 7*(1), 109-132.

———. (1930). The skeletal remains of early man. *Smithsonian Miscellaneous Collections,* (83), 379.

Huene, F. (1929). *Los Saurisquios y Ornitisquios del Cretaceo Argentino. Anales del Museo de La Plata,* (3), 1-196.

Huneman, P. (2014). Evolutionary Theory in Philosophical Focus. En *W. Henke, Handbook of Paleoanthropology* (pp. 1-41). Springer Link.

Hutton, J. (1789). Teoría de la Tierra. I. Resumen de una Disertación leída en la Royal Society de Edimburgo el 7 de Marzo y el 4 de Abril de MDCCLXXXV, sobre el Sistema de la Tierra, su Duración y Estabilidad. *Enseñanza de las Ciencias de la Tierra, 12*(2), 53-156, Recuperado de: https://raco.cat/index.php/ECT/article/view/88987.

Huxley, T. (1863). *Evidence as to man's place in nature*. Londres: Williams and Norgate.

Ihering, v. H. (1909). Mollusques du pampeen de Mar del Plata et Chapalmalal recueillis par M le docteur Florentino Ameghino en 1908. *Anales del Museo Nacional de Buenos Aires,* (10), 429-438.

Imbelloni, J. (1921). Introducción a nuevos estudios de Craneotrigonometría (Estudios de Morfología exacta, Parte 1). *Anales del Museo Nacional de Historia Natural de Buenos Aires*, 31-94.

———. (1923). Introducción a nuevos estudios de craneotrigonometría. *Anales del Museo Nacional de Historia Natural de Buenos Aires,* (31), 31-94.

———. (1925a). Deformaciones intencionales del cráneo en Sudamérica. *Revista del Museo de La Plata,* (28), 329-407.

———. (1925b). Sobre el número de tipos fundamentales a los que deben referirse las deformaciones craneanas de los pueblos indígenas de Sudamérica. *Anales de la Sociedad Argentina de Estudios Geográficos GAEA*, 183-199.

———. (1926). *La esfinge indiana*. Buenos Aires: El Ateneo.

———. (1928). La industria de la piedra de Monte Hermoso. *Anales de la Facultad de Ciencias de la Educación de la Universidad del Litoral*, (2), 147-178.

———. (1931). La industria de la piedra en Monte Hermoso. Paraná: Escuela Normal Superior "José María Torres".

———. (1949). Antropología. Investigadores e investigaciones. Etapas de esta ciencia en nuestro país. Primer cinclo anual de conferencias. Subsecretaría de Cultura.

———. (1956). *La segunda esfinge indiana*. Buenos Aires: Librería Hachette.

Ingenieros, J. (1911). Sarmiento y Ameghino. *Archivos de Pedagogía y Ciencias Afines, 9*(26), 203-224.

———. (1919). *Las doctrinas de Ameghino*. Buenos Aires: Editorial Ramon J. Roggero.

———. (1951). *Las doctrinas de Ameghino*. Buenos Aires: Editorial Ramon J. Roggero.

———. (1957). *La formación de una raza argentina*. Buenos Aires: Elmer (Obra original publicada en 1918).

Irving, A. (1914). Some recent work on later Quaternary geology and anthropology, with its bearing on the question of "pre-boulder-clay man.". *Journal of the Royal Anthropological Institute*, (4), 385-393.

———. (1914b). The Piltdown skull. *Morning Post*.

James, W. (1907). *A Pluralistic Universe*. Cambridge, Massachusetts: Harvard University Press. (Obra original publicada en 1907)

———. (1975). *Pragmatism*. Cambridge: Harvard University Press.

Jordá Cerdá, F. (1947). *El hombre fosil*. Barcelona: Seix Barral.

Jordanova, L. (1990). *Lamarck*. Ciudad de México: FCE.

Kantor, M. (1922). *Monte Hermoso en relación con el origen del limo y loess pampeano*. Revista del Museo de La Plata, (26), 281-332.

Keith. (1948). Foreword. En A. Smith Woodward, *The Earliest Englishman* (pp. IX-XIII). Londres: Watts & Co.

———. (1915). *The Antiquity of Man*. Williams and Norgate.

King, W. (1864). *The reputed fossil man of the Neanderthal*. The Quarterly Journal of Science, (1), 88-97.

Kingsland, S. (1985). *Modeling Nature: Episodes in the History of Population Ecology*. Chicago: University of Chicago Press.

Kirk, B. (1945). Recent work on early man at the Gruta de Candonga in the Argentine Republic. *American Antiquity, 9*(1), 58-61.

Kitchen, A. M. (2008). *A three-stage colonization model for the peopling of the Americas.* PLoS One, *3*(2). https://doi.org/10.1371/journal.pone.0001596

Kitcher, P. (1981), Explanatory Unification, *Philosophy of Science*, *48*(4), 507-53

———. (1993), *The advancement of science: science without legend, objectivity without illusions.* New York: Oxford

KN. (1917). *Primera Reunión Nacional de la Sociedad Argentina de Ciencias Naturales. PHYSIS, 3*(14), 289.

Kragh, H. (1989). *Introducción a la historia de la ciencia.* Barcelona: Crítica.

Kraglievich, J. (1951). *Contribuciones al conocimiento de los primates fósiles de la Patagonia. Revista del Museo Argentino de Ciencias Naturales "Bernardino Rivadavia",* (2), 57-82.

Kraglievich, L. (1920). Trascendencia de las investigaciones paleontológicas de Ameghino. *Anales de la Sociedad Científica Argentina*, (71), 105-121.

———. (1934). *La antigüedad pliocena de las faunas de Monte Hermoso y Chapadmalal, deducidas de su comparación con las que le precedieron y sucedieron.* Montevideo: El Siglo Ilustrado.

———. (1940). *Obras de geología y paleontología.* La Plata: Ministerio de Obras Públicas de la Provincia de Buenos Aires.

Kraglievich, N. (1933). *Yo acuso.* La Plata: Olivieri y Dominguez.

Krieger, H. (1964). *The prehistory of South America.* En *J. (. Steward, Handbook of South American Indians* (pp. 1-55). Washington: Smithsonian Institution.

Kuhn, T. (1970). *The Structure of Scientific Revolutions.* Chicago: University of Chicago Press.

———. (2004). *La estructura de las revoluciones científicas.* México: FCE.

Kusch, M. (1995). *Psycologism: A case study in the sociology of philosophical knowledge.* Londres; Nueva York: Routledge.

Laet, S. (1957). *Archaeology and Its Problems.* Nueva York: Macmillan.

Lafón Quevedo, C. (1977). *Antropología argentina.* Buenos Aires: Bonum.

La Gaceta Universitaria (6 de mayo de 1918). *La Gaceta Universitaria. La Gaceta Universitaria*, pp. 6-5.

Lakatos, I., Musgrave, A. (1965). *Criticism and the Growth of Knowledge.* Cambridge: Cambridge University Press.

Lamarck, J. (1801). *Systême des animaux sans vertèbres; ou, Tableau général des classes, des classes, des orres et des genres de ces animaux.* París.

———. (1802). *Hydrogéologie.* París.

———. (1802). *Recherches sur l'organisation des corps vivants.* París.

———. (1809). *Philosophie zoologique, ou Exposition des considérations relatives à l'histoire naturelle des animaux.* París.

———. (1986). *Filosofía zoológica.* Barcelona: Alta Fulla. (Obra original publicada en 1809)

Lanketer, E. (1880). *Degeneration, a chapter in Darwinism*. Londres: Macmillan.

Larson, E. (2007). *Evolución: la asombrosa historia de una teoría científica*. Buenos Aires: DEBATE.

Latham, K., Finnegan, M. (2010). *Age Estimation of Human Skeleton*. Springfield: Charles C. Thomas Publisher.

Lankester, R. (1913). Discussion of the Piltdown skull. *The Quarterly journal of the Geological Society of London,* (69), 147-148

Latour, B. (1992). *Ciencia en acción. Cómo seguir a los científicos e ingenieros a través de la sociedad*. Barcelona: Labor.

Latour, B., Woolgar, S. (1995). *La vida en el laboratorio. La construcción de los hechos científicos*. Madrid: Alianza Universidad.

Laudan, L. (1981). Peirce and the Trivialization of the Self-Corrective Thesis. Science and hypothesis. *Historical Essays on Scientific Methodology,* 225-252.

Laurent, G. (1989). *Idées sur l'origine de l'homme en France de 1800 à 1871 entre Lamarck et Darwin. Bulletins et Mémoires de la Société d'Anthropologie de Paris, 1*(3-4), 105-129.

Laza, J. (2019). *Historia de las técnicas paleontológicas y su desarrollo en la Argentina*. Ciudad Autónoma de Buenos Aires: Fundación de Historia Natural Félix de Azara.

Lazo Briones., L. G. (2013). *Estudio introductorio*. En R. Bernstein, *El giro pragmático* (pp.IV-XXXII). Barcelona: Anthropos Editorial.

Lehmann-Nitsche, R. (1907). *Nouvelles recherches sur la formation pampéenne et l'homme fossile de la République Argentine. Revista del Museo de la Plata,* (14), 191-453.

Lértora Mendoza, C. (2002). *Lineamientos para una historia de la universidad latinoamericana. Cuadernos de la Facultad de Humanidades y Ciencias Sociales - Universidad Nacional de Jujuy,* (15), 43-51. Recuperado de: https://www.redalyc.org/articulo.oa?id=18501505

Lindenman, J. (2020). *Indigenous Evolution in a 'Post-Racial' America in Tommy Orange's There There. The Mackesy Journal,* (1), 1-15. Obtenido de https://www.mackseyjournal.org/publications/vol1/iss1/153

Lischetti, M. (2010). *Antropología*. Buenos Aires: EUDEBA.

———. (2016). *Antropología*. Buenos Aires: EUDEBA.

Long, C. (2017). *Pragmatism and the Cultivation of Digital Democracies*. En M. Craig, *Richard J. Bernstein and the Expansion of American Philosophy* (pp. 37-60). Lanham: Lexington Books.

Loomis, F. (1914). *The Deseado Formation of Patagonia*. Nueva York: Concord, N.H The Rumford press.

Lopes, M., Podgorny, I. (2014). *Entre mares e continentes: aspectos da trajetória científica de Hermann von Ihering, 1850-1930. História, Ciências,*

Saúde, 3(21), 809-826.

Lorenzano, Pablo. (2008). Inconmensurabilidad teórica y comparabilidad empírica: el caso de la genética clásica. *Análisis filosófico, 28*(2), 239-279. Recuperado de: http://www.scielo.org.ar/scielo.php?script=sci_arttext&pid=S1851-96362008000200005&lng=es&tlng=es.

Lovejoy, A. (1961). *The Great Chain of Being: A Study of the History of an Idea.* Cambridge, Massachusetts: Harvard University Press.

Lubbock, J. (1865). *Pre-Historic Times as Illustrated by Ancient Remains and the Manners and Customs of Modern Savages.* Londres: William & Norgate.

Lugones, L. (1915). *Elogio de Ameghino.* Buenos Aires: Otero & Co.

——. (1924). *Discurso de Leopoldo Lugones en el centenario de la batalla de Ayacucho, donde defiende la injerencia de las Fuerzas Armadas en el sistema político.* Recuperado de: https://cdn.educ.ar/repositorio/Download/file?file_id=2128ad00-e9ec-4460-9d94-8cc381a137b2

Lyell, C. (1830-1833). *Principles of Geology.* Londres: John Murray.

——. (2013). *The Geological Evidence of The Antiquity of Man.* Londres: J.M. Dent & Sons Ltd. (Obra original publicada en 1863)

Macalister, R. (1921). *A Text-book of European Archaeology.* Cambridge: The University Press,

Madrazo, G. (1985). *Determinantes y orientaciones en la Antropología Argentina. Boletín del Instituto Interdisciplinario de Tilcara,* (1), 13-56.

Mann, C. (2005). *1491: una nueva historia de las Américas antes de Colón.* s/d: casc.

Márquez Miranda, F. (1951). *Ameghino: una vida heroica.* Buenos Aires: Nova.

——. (1959) *Siete arqueólogos.* Buenos Aires: Hachette.

Martinelli, A. C. (2023). *"Sociedad Ameghiniana de Ciencias Naturales e Instituto de Historia Americana", un fragmento de historia desconocida de la paleontología argentina del siglo XX. Revista del Museo de La Plata, 8*(1), 51-71. https://doi.org/10.24215/25456377e165

Martínez de Codes, R. (1988). *El positivismo argentino: una mentalidad en tránsito en la Argentina del Centenario. Quinto centenario,* (14), 193-226.

Martínez, S. (2 de septiembre de 1917). *Ameghinismo y ameghinofobia. La Nación.*

Martinic, M. (1996). *La cueva del Milodon: Historia de los hallazgos y otros sucesos. Relación de los estudios realizados a lo largo de un siglo (1895-1995). Anales del Instituto de la Patagonia,* (24), 43-80. Recuperado de: https://www.memoriachilena.gob.cl/602/w3-article-85657.html

Martocci, F. (2014). *La política cultural del Partido Socialista en el territorio de la pampa (1913-1939). La Pampa: EdUNLPam.*

Maslin, M. S. (2021). *A synthesis of the theories and concepts of early human evolution. Philosophical Transactions, 1-12.* https://doi.org/10.1098/rstb.2014.0064

Masterman, M. (1970). The nature of e paradigm. En I. Lakatos; A. Musgrave (Eds). *Criticism and the Growth of Knowledge.* Cambridge: Cambridge University Press.

Mayr, E. (1982). *The Growth of Biological Thought, Diversity, Evolution and Inheritance.* Cambridge, Massachusetts: Belknap Press.

Mazur, A. (1981). *The Dynamics of Technical Controversy.* Washington: Communications Press.

McMullin, E. (1987). *Scientific Controversy and Its Termination.* En H. Engelhardt, *Scientific Controversies (Case studies in the resolution and closure of disputes in science and technology.* USA: Cambridge University Press.

McNabb, D. (2018). *Hombre, signo y cosmos.* México: FCE.

Meltzer, D. (2015). *The Great Paleolithic War: How Science Forged an Understanding of America's Ice Age Past.* Chicago, Londres: The University of Chicago Press.

Mercante, V. (1911). *Florentino Ameghino: su vida y sus obras. Archivos de Pedagogía y Ciencias Afines, 9*(26), 93-132. Obtenido de http://www.memoria.fahce.unlp.edu.ar/art_revistas/pr.1584/pr.1584.pdf

Mercerat, A. (1896). *Essai de classification des Terrains sédimentaires du versant oriental de la Patagonia Australe. Anales del Museo Nacional Buenos Aires, 2*(5), 105-130.

———. (1897). *Coupes géologiques de la Patagonia Australe. Anales del Museo Nacional Buenos Aires, 2*(5), 309-319.

———. (1915). *Nuevas investigaciones geológicas y antropológicas en el litoral marítimo sur de la provincia de Buenos Aires. Anales del Museo Nacional de Buenos Aires,* (26), 417-431.

———. (1917). *Las formaciones eolíticas de la República Argentina. Revista Estudios,* (13), 1-14.

———. (1924/25). *Rasgos que caracterizan los problemas de la geología argentina. Revista del Museo de La Plata,* (28), 243-328.

Miller, H. (2007). *Archaeological Approaches to Technology.* Toronto: Academic Press- ELSEVIER.

Millet, J. (1998). *Comprensión del sentido y normas de racionalidad. Una defensa de Peter Winch. Revista Hispanoamericana de Filosofía, 30*(89), 45-93.

Ministerio de Educación y Justicia. (1985). *Manifiesto Liminar de la Reforma Universitaria de 1918.* Buenos Aires: Talleres Gráficos. (Obra original publicada en 1918)

Miotti, L. (2006). *El poblamiento americano visto desde la periferia teórica. Arqueología suramericana/Arqueología sul-americana, 2*(2), 244-262. Recuperado de: https://www.researchgate.net/profile/Miotti-Laura/publication/267956112_EL_POBLAMIENTO_AMERICAN O_VISTO_DESDE_LA_PERIFERIA_TEORICA/links/56b5f1bf08a e3c1b79ad1778/EL-POBLAMIENTO-AMERICANO-VISTO-DESDE-LA-PERIFERIA-TEORICA.pdf

Miotti, L., Terranova, E. (2015). *A Hill Full of Points in Terra Incognita from Patagonia: Notes and Reflections for Discussing the Way and Tempo of Initial Peopling. PaleoAmerica, 1*(2), 181-196. https://doi.org/10.1179/2055556315Z.00000000019

Misak, C. (1991). *Truth and the End of Inquiry: A Peircian Account of Truth.* Oxford: Clarendon Press.

———. (2007). *Pragmatism and Deflationism.* En C. (Misak, *New Pragmatists (*pp. *68-90).* Oxford: Oxford University Press.

Mochi, A. (1910-11). *Nota preventiva sul Diprothomo platensis Ameghino. Revista del Museo de La Plata,* (17), 69-70.

———. (1910). Appunti sulla Paleoantropologia argentina. *Archivio per l'Antropologia e la Etnologia,* (40), 203-254.

Moreno, F. (1882). *Patagonia, resto de un antiguo continente hoy sumergido. Anales de la Sociedad Científica Argentina,* (14), 97-131.

Morgan, M. E. (1927, 28 de febrero). [Carta a A. Hrdlička]. Correspondencia. Caja 42, "Modell-Morrow, 1918-43".

Morrone, J. (2011). *La teoría biogeográfica de Florentino Ameghino y el carácter episódico de la evolución geobiótica de los mamíferos terrestres de América del Sur. Asociación Paleontológica Argentina,* (12), 81-89. Recuperado de: https://www.peapaleontologica.org.ar/index.php/peapa/article/view/5 9

Moses, D. (2008). *Moving the genocide debate beyond the history wars. Australian Journal of Politics and History, 54*(2), 241-270. https://doi.org/10.1111/j.1467-8497.2008.00497.x

Moulines, C. (2011). *Cuatro tipos de desarrollo teórico en las ciencias empíricas. Metatheoria, 1*(2), 11-27. https://doi.org/10.48160/18532330me1.46

Name, M. (2015). *El campo de estudios de la historia de la antropología en la Argentina: panorama y debates actuales. Tabula Rasa,* (23), 157-179. https://doi.org/10.25058/20112742.45

Naturales, S. A. (1916). *Primera reunión nacional.* Buenos Aires: Impr. de Pablo E. Coni.

Navas, L. (1915). *La Sociedad Aragonesa de Ciencias Naturales en el Congreso de la Asociación Española para el Progreso de las Ciencias de Valladolid. Boletín de la Sociedad Aragonesa de Ciencias Naturales,*

(14), 231-232.

Ochoa, C. (2009). *El debate entre Cuvier y Geoffroy, y el origen de la homología y analogía. Ludus Vitalis, 17*(32), 37-54.

Okasha, S. (2011). *Theory choice and social choice: Kuhn versus Arrow. Mind,* (120), 83-115. Recuperado de: https://www.jstor.org/stable/23012298

Onaha, M., Etchegoyen, M. (2018). "La Teoría de la evolución darwiniana: reflexión acerca del modelo dinámico de niveles múltiples". En: *IV encuentro de Filosofía e Historia de la Ciencia del Cono Sur*, Buenos Aires.

———. (2020) Florentino Ameghino, las leyes de la evolución y sus ideas científicas-filosóficas. Recuperado de: http://www.afhic.com/wp-content/uploads/2020/04/600_AFHIC_Seleccion-AFHIC.pdf

Orione, J. (1987). *Florentino Ameghino y la influencia de Lamarck en la paleontología argentina del siglo XIX. Quipu,* (4), 447-471.

Orquera, L. (1987). *Advances in the Archaeology of the Pampa and Patagonia. Journal of World Prehistory,* (1), 333-413.

Outes, F. (1909). *Les scories volcaniques et les tufs éruptifs de la série pampéenne de la République Argentine. Revista del Museo de La Plata,* (16), 34-36.

———. (1908). *Estudio de las supuestas "escorias" y "tierras cocidas" de la serie pampeana de la República Argentina. Revista del Museo de La Plata,* (15), 140-161.

———. (1914) El litigio de las escorias y de las tierras cocidas antrópicas de las formaciones neógenas de la República Argentina. En A. Torcelli (Ed.), *Obras completas y correspondencia científica (Vol. 17, pp. 562-563).* La Plata: Tall. Impresiones Oficiales. (Obra original publicada en 1909)

Outes, F., Herrero Ducloux, E., Bucking, H. (1908). *Estudio de las supuestas escorias y tierras cocidas de la serie pampeana de la República Argentina. Revista del Museo de La Plata,* (15), 138-197.

Outes, F., Bücking, H. (1910). *Sur la structure des scories et "terres cuites" trouvées dans la serie pampéenne, et quelques éléments de comparaison. Revista del Museo de La Plata(17)*, 78-85.

Parodiz, J., Balech, E. (1992). *El Museo Argentino de Ciencias Naturales "B. Rivadavia"... en pantuflas.* Buenos Aires: Edición Mimeo.

Pasquali, R., Tonni, E. (1999). "Escorias" y "tierras cocidas". *Revista MUSEO,* (13), 17-22

Peirce, C. (1931-1935). *Collected Papers, vols. 1-5.* Cambridge: Harvard University Press.

———. (1992). *The Essential Peirce: Selected Philosophical Writings, Vol. 1: 1867-1893.* Bloomington: Indiana University Press.

———. (2012a). *Algunas consecuencias de cuatro incapacidades". C. S. Peirce, obra filosófica reunida (1867-1893).* Ciudad de México: Fondo de

Cultura Económica.

———. (2012b). *Cómo esclarecer nuestras ideas*. Ciudad de México: Fondo de Cultura Económica.

———. (2012c). *Deducción, inducción e hipótesis*. Ciudad de México: Fondo de Cultura Económica.

———. (2012d). *La fijación de la creencia*. Ciudad de México: Fondo de Cultura Económica.

———. (2012e). *El pragmatismo como lógica de la abducción*. Ciudad de México: Fondo de Cultura Económica.

———. (2012f). *Qué es el pragmatismo*. Ciudad de México: Fondo de Cultura Económica.

———. (2002). *Abducción y retroducción*. Recuperado de: http://www.centro-de-semiotica.com.ar/abducc.html#ABDUCC

Petrie, W. (1904). *Methods and aims in archaeology*. Nueva York: Macmillan.

Piggott, S. (1965). *Approach to Archaeology*. Nueva York: McGraw-Hill.

Pilgrim, G. (1915). *New Siwalik primates and their bearing on the question of the evolution of Man and the Anthropoidea. Records of the Geological Survey of India, 45*(1), 1-74.

Pitt-Rivers, A. (1887-1898). *Excavations in Cranborne Chase, near Rushmore, on the borders of Dorset and Wilts*. Londres: Harrison and Sons, Printers.

Podgorny, I. (1997). *De la santidad laica del científico Florentino Ameghino y el espectáculo de la ciencia en la Argentina moderna. Interpasados, 13*, 37-62. Recuperado de: https://www.academia.edu/1900226/De_la_santidad_laica_del_cient%C3%ADfico_Florentino_Ameghino_y_el_espect%C3%A1culo_de_la_ciencia_en_la_Argentina_moderna

(1998). Frente a la Tumba del Sabio. *Ciencia hoy, 8*(47), Recuperado de: https://www.cienciahoy.org.ar/ch/hoy47/tumb05.htm

———. (2001). *La clasificación de los restos arqueológicos en la Argentina, 1880-1940. Primera parte: La diversidad cultural y el problema de la antigüedad del hombre en el Plata. Saber y tiempo*, (12), 5-26. Recuperado de: https://envios.unsam.edu.ar/publicaciones/Archivos/Saberytiempo12.pdf

———. (2002). *La clasificación de los restos arqueológicos en la Argentina, 1880-1940. Segunda parte: Algunos hitos de las décadas de 1920 y 1930. Saber y tiempo*, (413), 5-32. Recuperado de: https://envios.unsam.edu.ar/publicaciones/Archivos/Saberytiempo13.pdf

———. (2004). *Tocar para creer. Anales del Museo de América*, (12), 147-182.

———. (2005a). *Bones and Devices in the Constitution of Paleontology in Argentina at the End of the Nineteenth Century. Science in Context, 18*(2), 249-

283.

———. (2005b). *La Derrota del Genio. Cráneos y cerebros en la filogenia argentina.* *Saber y tiempo, 5(20)*, 63-106. doi:10.1017/S0269889705000475

———. (2008). *Antigüedades portátiles: transportes, ruinas y comunicaciones en la arqueología del siglo XIX. História, Ciências, Saúde, 15*(3), 577-595.

———. (2009). *El sendero del tiempo y de las causas accidentales. Los espacios de la prehistoria en la Argentina, 1850-1910.* Rosario: Prohistoria.

———. (2011a). *Fronteras de papel: archivos, colecciones y la cuestión de límites en las naciones americanas. Historia Crítica,* (44), 56-79.

———. (2011b). Los reyes del *diluvium.* La geología del cenozoico sudamericano en la década de 1880. *Asociación Paleontológica Argentina,* (12), 21-34

———. (2015). *Human Origins in the New World? Florentino Ameghino and the Emergence of Prehistoric Archaeology in the Americas (1875–1912). PaleoAmerica, 1*(1), 68-80.

———. (2018). *Las instrucciones y las cosas. Revista Hispánica Moderna, 71*(1), 23-38.

———. (2020a). *Florentino Ameghino entre Luján et Moscou (1911-1954): Des usages politiques d'une figure de la paléontologie humaine. Revue d'historiore des sciences humaine,* (36), 79-102.

———. (2020b). *La eternidad de lo provisorio: el sistema geográfico de Enrique Delachaux y el orden de las colecciones antropológicas en la Argentina.* En R. F. Guber, *Antropologías hechas en la Argentina* (pp. 47-76). Asociación Latinoamericana de Antropología.

———. (2021). *Florentino Ameghino y hermanos.* Ciudad Autónoma de Buenos Aires: Edhasa.

Podgorny, I. (2000). *El argentino despertar de las faunas y de las gentes prehistóricas.* Buenos Aires: EUDEBA.

Podgorny, I., Politis, G. (2000). *It is not all roses here. Ales Hrdlička's travelog and his trip to Argentina in 1910. Revista de Historia da Arte e Arqueología,* (3), 95-105.

Politis, G. (1988). *Paradigmas, modelos y métodos en la arqueología de la Pampa Bonaerense.* En H. L. Yacobaccio, *Arqueología contemporánea argentina* (pp. 59-108). Ediciones Búsqueda.

———. (1989). *¿Quién mató al Megaterio? Ciencia Hoy, 1(2).*

Politis, G., Bonomo, M., (2011). *Nuevos datos sobre el "hombre fósil" de Ameghino. Asociación Paleontológica Argentina,* (12), 101-119.

Politis, G., Prates, L., Pérez, I. (2016). *El poblamiento de América.* Ciudad de Buenos Aires, EUDEBA.

Popper, K. (1959). *The Logic of Scientific Discovery.* Nueva York: Basic Books.

———. (1957). *The povery of historicism.* Londres: Routiedge & IKegan Paul

———. (1963). *Conjectures and Refutations: The Growth of Scientific Knowledge.* Londres: Routledge & Kegan Paul.

––––––. (1974). *Normal Science and its Dangers*. En I. M. Lakatos, *Criticism and the Growth of Knowledge* (pp. 51-58). Cambridge University Press.

––––––. (1980). *La lógica de la investigación científica*. Madrid: Tecnos.

Prieto, A. (2016). *La Paleontología en la Argentina del Centenario. Revista del Museo de La Plata,* (1), 205-216.

Pro, F. (1960). *Coriolano Alberini*. Buenos Aires: Edic. Imprenta López.

Pucciarelli, H. (2011). *Ensayo sobre una disputa hipotética sostenida por Ameghino y Hrdlička en torno al concepto de masa crítica y su eventual aplicación en antropología biológica. Relaciones de la Sociedad Argentina de Antropología, XXXVI,* 315-324. Recuperado de: http://sedici.unlp.edu.ar/handle/10915/24918?show=full

Puccioni, N. (1913). *Appunti intorno al frammento mandibolare fossile di Piltdown (Sussex). Archivio per l'Antropologia e la Etnologia,* (43), 167-175.

Pujiula, J. (1915). *Conferencias sobre la vida y su evolución filogenética esta última particularmente con relación al hombre dadas del 23 al 28 de noviembre 1914 en el paraninfo de la Universidad de Valencia a petición del Instituto Médico Valenciano*. Barcelona: Tipografía Católica.

––––––. (1919). *Espinas del transformismo. Estudios,* (16), 164-173.

––––––. (1920). *Espinas del transformismo. Estudios,* (18), 202-211.

––––––. (1921). *Espinas del transformismo. Estudios,* (20), 47-53.

Pupio, M. (2013). *Archivos para una historia de la práctica de la arqueología. Revista Electrónica de Fuentes y Archivos, 4*(4), 24-33.

Putnam, H. (2002). *The Collapse of the Fact/Value Dichotomy*. Cambridge: Harvard University Press.

Quatrefages, A. (1896). *L'espèce humaine*. París: Felix Alcan, Éditeur.

Quereilhac, S. (2016). *Cuando la ciencia despertaba fantasías*. Buenos Aires: Siglo veintiuno.

Ramundo, P. (2010). *Arqueología argentina: una lectura arqueológica de su devenir histórico. Investigaciones y ensayos,* (59), 469-510. Recuperado de: https://iye.anh.org.ar/index.php/iye/article/download/144/124

Ratier, H. (2010). *La antropología social argentina: su desarrollo. Publicar,* (9), 17-47.

Ratier, H., Ringuelet, R. (1997). *La antropología social en la Argentina: un producto de la democracia. Horizontes Antropológicos, 3*(7), 10-23.

Reig, O. (1961). *La Paleontología de Vertebrados en la Argentina. Retrospección y Prospectiva. Holmbergia, 6*(17), 1-127.

Renfrew, C. (2014). *The Cambridge World Prehistory*. Nueva York: Cambridge University Press.

Renfrew, C., Bahn, P. (1996). *Archaeology: Theories Method and Practice*. Londres: Thames and Hudson.

———. (2011). *Arqueología: teorías, métodos y práctica*. Madrid: Akal.

Restrepo Jiménez, M. (2010). *Representación, relación triádica: en el pensamiento de Charles S. Peirce*. Bogotá: Universidad Nacional de Colombia.

Restrepo, E. (2012). *Antropología y estudios culturales. Disputa y confluencias desde la periferia*. Buenos Aires: Siglo veintiuno.

Rieznik, M. (2011). *Charlatanes, ciencia y Estado en la Argentina del siglo XIX. (U. N. Quilmes, Ed.) Redes, 17*(32), 245-268. Recuperado de: http://ridaa.unq.edu.ar/handle/20.500.11807/390

Rojo, A. (2013). *Borges y la física cuántica*. Buenos Aires: Siglo veintiuno.

Romero, A. (1911). *Las escorias y tierras cocidas de las formaciones sedimentarias neógenas de la República Argentina. Anales del Museo Nacional de Buenos Aires,* (15), 11-44.

———. (1918). *El Homo pampaeus. Contribución al estudio del origen y antigüedad de la raza humana en Sud América, según recientes descubrimientos. Anales de la Sociedad Científica Argentina,* (86), 5-48.

Rorty, R. (1997). *What Do You Do When They Call You a 'Relativist'?. Philosophy and Phenomenological Research,* (57), 173-177. https://doi.org/10.1177/0191453723121103

Roth, S. (1894). *Embrollos científicos. Anales de la Sociedad Científica Argentina,* (37), 5-29.

———. (1904). *Noticias preliminares sobre nuevos mamíferos fósiles del Cretáceo superior y Terciario inferior de la Patagonia. Revista del Museo de La Plata*, 135-158.

———. (1921). *Investigaciones geológicas en la llanura pampeana. Revista del Museo de La Plata,* (25), 135-342.

Roth, S., Schiler, W., Witte, L., Kantor, M., Torres, L., Ameghino, C. (1915). *Nuevas investigaciones geológicas y antropológicas en el litoral marítimo sur de la provincia de Buenos Aires. Anales del Museo Nacional de Historia Natural de Buenos Aires,* (26), 417-425.

Rusconi, C. (1932). *Huesos fósiles roídos y huesos trabajados. Publicaciones del Museo Antropológico y Etnográfico de la Facultad de Filosofía y Letras*.

———. (1935a). *Contribución al conocimiento de la geología de la ciudad de Buenos Aires y sus alrededores y referencia de su fauna. Revista Argentina de Palealogia y Antropologia AMEGHINIA*, 177-384.

———. (1935b). *Las especies de primates del oligoceno de Patagonia (gen. Homunculus). Revista Argentina de Paleontología y Antropología AMEGHINIA,* (1), 103-125.

Ruse, M. (1973). *Philosophy of Biology*. Londres: Hutchinson's Univ.Library.

Saguier, E. M. (2013). *Ilustración, reforma y contra-ilustración*. Buenos Aires, Corrientes: Eduardo R. Saguier.

Salgado, L. (2011). *La evolución biológica en el pensamiento y la obra de Florentino*

Ameghino. Asociación Paleontológica Argentina, (12), 121-131. Recuperado de: https://www.peapaleontologica.org.ar/index.php/peapa/article/downl oad/62/58/139

Salgado, L., Arcucci, A. (2016). *Teorías de la evolución.* Viedma: Editorial UNRN.

Salgado, L., Azar, P. (2003). *Nuestro lugar entre los primates. Un resumen de las principales ideas de Florentino Ameghino sobre la evolución humana. Saber y tiempo, 4*(15), 5-18.

Salgado, L., Navarro Floria, P. (2004). *Antiguos cráneos humanos de Patagonia: observaciones sobre el significado evolutivo del "índice cefálico" en la literatura científica argentina (1870-1915). LLULL,* (27), 769-790.

Sallaberry, J. (1917). *La evolución ante los hechos. Estudios,* (13), 436-456.

Salmon, M. (1982). *Philosophy and Archaeology.* Nueva York, Londres: Academic Press.

Samaja, J. (1993). *Epistemología y metodología de la investigación.* Buenos Aires: Eudeba.

———. (2002). *Aspectos lógico-epistemológicos.* Buenos Aires: Docencia.

———. (2008). *Epistemología y metodología de la investigación.* Buenos Aires: Eudeba.

Samperio, M. (1918). *Cuestiones de paleoantropología argentina. (Réplica al señor Milcíades J. Vignati). Estudios,* (15), 186-204.

Sánchez Arteaga, J. (2007). *La racionalidad delirante: el racismo científico en la segunda mitad del siglo XIX. Revista de la Asociación Española de Neuropsiquiatría, 27*(2), 111-126.

Santos, B. (2008). *Um discurso sobre as ciências.* São Paulo: Cortez.

Schávelzon, D. (2018). *La calota de Ameghino: reconsiderando un viejo tema antropológico desde la arqueología histórica. Revista de Arqueología Histórica Argentina y Latinoamericana,* (12), 67-83.

Schobinger, J. (1969). *Prehistoria de Suramérica.* Barcelona: Labor.

Schurr, T. G. (1999). *Mitochondrial DNA variation in Koryaks and Itel'men: population replacement in the Okhotsk Sea-Bering Sea region during the Neolithic. American Journal of Physical Anthropology, 108*(1), 1-39.

———. (2001). *Mitochondrial DNA and the peopling of the New World. American Scientist. American Scientist, 89*(3), 246-253. http://dx.doi.org/10.1511/2000.23.772

Scott, W. (1907a). *La corrélation des formations tertiaires et quaternaires dans l'America du Sud. Revista del Museo de La Plata,* (14), *465-470.*

———. (1913). *A History of Land Mammals in the Western Hemisphere.* Nueva York: The Macmillan Company.

Sellars, M. (1997). *Empiricism and the Philosophy of Mind.* Cambridge: Harvard University Press.

Senet, R. (1906a). *Programa de antropología. Archivos de Pedagogía y Ciencias Afines, 1*(1), 36-38.

———. (1906b). *Questions d'Anthropogénie. Archivos de Pedagogía y Ciencias Afines, 1*(3), 312-339.

———. (1907). *El surmenage intelectual y la neurastenia. Archivos de Pedagogía y Ciencias Afines, 3*(8), 209-219.

———. (1911). *Las conclusiones antropogenéticas de Ameghino y las ciencias afines. Archivos de Pedagogía y Ciencias Afines, 9*(26), 193-202.

———. (1912). *Concepto psicofisiológico, clasificación genética y proceso de integración del carácter. Archivos de Pedagogía y Ciencias Afines, 9*(27), 281-299.

Sergi, G. (1900). *La decadenza delle nazioni latine*. Torino: Fratelli Bocca.

———. (2018). *Europa, l'origine dei popoli europei e loro relazioni coi popoli d'Africa, d'Asia e d'Oceania*. Forgotten Books. (Obra original publicada en 1908)

———. (1909). *The Mediterranean race: a study of the origin of European peoples*. Nueva York: W. Scott, C. Scribner's sons.

———. (1911). *L'Uomo secondo le origini, l'antichità*. Torino: Fratelli Bocca Editori.

Shanklin, E. (1998). *The Profession of the Color Blind: Sociocultural Anthropology and Racism in the 21st Century. American Anthropologist, 100*(3), 669-679.

Shepherd, N. (2017). *La mano del arqueólogo*. Buenos Aires: Del signo.

Shipman, P. (2001). *The man who found the missing link: the extraordinary life of Eugene Dubois*. Londres: Weidenfeld & Nicolson.

Shook, J. (2005). *The Dictionary of Modern American Philosophers, Volumes 1, 2, 3 and 4*. Bristol: Thoemmes.

Simón, C. (2018). *Los dispositivos visuales y la constitución de evidencias en la arqueología argentina 1850-1920*. Buenos Aires: Facultad de Filosofía y Letras - Universidad de Buenos Aires.

Simpson, G. (1937). *Notas sobre los mamíferos más antiguos de la colección Roth. Obra del Cincuentenario del Museo de La Plata*, (2), 63-94.

———. (1953). *The Major Features of Evolution*. Nueva York, West Sussex: Columbia University Press. https://doi.org/10.7312/sEVI93764

———. (1954). *La obra de los Ameghino. Revista de la AsociaciónGeológica Argentina, 9*(2), 75-88.

Slice, D. (2005). *Modern Morphometrics in Physical Anthropology*. Nueva York: Kluwer Academic/Plenum Publisher.

Skipper, R. A. y R. L. Millstein (2005), Thinking about evolutionary mechanisms: natural selection, *Studies in History ajid Philosophy of Biological and Biomedical Sciences* (36), 237-347

Smith Miller, G. (1915). *The Jaw of the Piltdown Man*. Washington: Smithsonian
447

Institution.

Smith Woodward, A. (1948). *The Earliest Englishman*. Londres: Watts & Co.

Sober, E. (1993). *The Nature of Selection*. Chicago: The University of Chicago Press

Sociedad Argentina de Ciencias Naturales (1916). *Primera reunión nacional*. Buenos Aires: Impr. de Pablo E. Coni.

Soibelzon, E., Soibelzon, L., Gasparini, G., Tonni, E. (s.f.). *El Pleistoceno de la provincia de Buenos Aires y sus mamíferos*. *Opera lilloana*, (52), 606-637.

Sollas, W. (1915). *Ancient hunters and their modern representatives*. Londres: Macmillan and Co.

Solomita Banfi, F. (2019). *Antropología del registro temprano: situación de evidencias documentales entre 1880 y 1950 en Argentina*. Universidad Nacional de Rosario.

Soprano, G. (2009). *La Antropología Física entre la universidad y el Estado. Análisis de un grupo académico universitario y sus relaciones con las políticas públicas del Instituto Étnico Nacional (1946-1955)*. *Estudios Sociales*, (37), 63-95. Recuperado de: https://www.bfa.fcnym.unlp.edu.ar/catalogo/doc_num.php?explnum_id=1822

Spencer, F. (1979). *Aleš Hrdlička, M.D., 1869 – 1943: A Chronicle of the Life and Work of an American Physical*. *University of Michigan ProQuest Dissertations Publishing*.

Stagnaro, A. (1993). *La antropología en la comunidad científica: entre el origen del hombre y la caza de cráneos-trofeo (1870-1910)*. *Alteridades*, 3(6), 53-65. Recuperado de: https://www.redalyc.org/articulo.oa?id=74711380008

Steel, L., Buffetaut, E. (2016). *Arthur Smith Woodward, Florentino Ameghino and the first Jurassic 'Sea Crocodile' from South America*. *Natural History Museum*. https://doi.org/10.1144/SP430.6

Steffoff, R. (2010). *First Humans*. Nueva York: Marshall Cavendish Benchmark.

Steffoff, R. (2010). *Origins*. Nueva York: Marshall Cavendish Corporation.

Steinmann, G. (1883). *Reisenotizen aus Patagonien*. *Neues Jahrb. Min. Geol. u Pal*. (2), 255-258.

———. (1907). *Sur les scories intercalées dans la formation pampéenne inférieure*. *Revista del Museo de La Plata*, (14), 63-94.

———. (1930). *Sobre Archamphiroa jurassica, una coralínea del jurásico de la cordillera Argentina*. *Revista del Museo de La Plata*, (32), 1-7.

Steward, J. (1950) *Handbook of South American Indians, Volume 6. Physical Anthropology, Linguistics and Cultural Geography of South American Indians*. Washington: Smithsonian Institution. Bureau of American Ethnology

Stolyhwo, K. (1912). *Contribución al estudio del hombre fósil sudamericano. La semana médica.*

Sutcliffe, W. (1913). *A criticism of some modern tendencies in prehistoric anthropology. Memoir and Proceedings of the Manchester Literary and Philosophical Society, 57*(7), 1-25.

Tamm, E., Kivisild, T., Reidla, M., Metspalu, M., Smith, D., Mulligan, C. Schurr, T. (2007). *Beringian standstill and spread of Native American founders. PLoS One, 2*(9).

Tattersall, I. (2000). *Extinct humans.* Westview: Nueva York.

Teruggi. (1949). *Contribución a la Psamografía Argentina: las arenas de la zona de Mar de Ajó. Notas del Museo de La Plata,* (61), 409-441.

———. (1950). *Las rocas eruptivas al microscopio, su sistemática y nomenclatura. Instituto Nacional de Investigación de las Ciencias Naturales y Museo Argentino de Ciencias Naturales "Bernardino Rivavavia", Publicaciones de extensión cultural y didáctica,* (5), 1-401.

———. (1955). *Algunas observaciones microscópicas sobre vidrio volcánico y ópalo organógeno en sedimentos pampianos. Notas del Museo de La Plata,* (26), 17-26.

Thacker, A. (1913). *The significance of the Piltdown discovery. Science Progress, 8*(30), 275-290.

Tobias, P. (1984). *Dart, Taung and the 'missing link'. An essay on the life and work of Emeritus Professor Raymond Dart.* Johannesburg: Witwatersrand University Press.

Tognetti, L. (2001). *La Academia Nacional de Ciencias y los naturalistas argentinos de fines de siglo XIX: El caso de Florentino Ameghino.* En R. L. Caracciolo (Ed.), *Epistemología e Historia de la Ciencia.* (7), pp. 515-521. Córdoba: Área Lógico-Epistemológica de la Escuela de Filosofía - Centro de Investigaciones de la Facultad de Filosofía y Humanidades de la Universidad Nacional de Córdoba.

Toledo, M. (2016). Ameghino en contexto. Nuevos datos históricos y revisión geoarqueológica del sitio Arroyo Frías (1870 - 1874). Mercedes, provincia de Buenos Aires, Argentina. *Revista del Museo Argentino de Ciencias Naturales 18*(2), 147-187

Tonni, E. (2011). *Ameghino y la estratigrafía pampeana un siglo después. Asociación Paleontológica Argentina,* (12), 69-79.

———. (2021). *Los Parodi: un siglo de protagonismo en la paleontología de los vertebrados. Fundación de Historia Natural Félix de Azara.*

Tonni, E., Pasquali, R., Laza, J. (2006). *Auguste Bravard en la Argentina: su contribución al conocimiento geológico y paleontológico. MUSEO, 3*(20), 20-75. Recuperado de: http://sedici.unlp.edu.ar/handle/10915/79887

Tonni, P., Zampatti, L. (2011). *El "Hombre fósil" de Miramar. Comentarios sobre la correspondencia de Carlos Ameghino a Lorenzo Parodi. Revista de* la *Asociación Geológica Argentina, 68*(3), 436-444. Recuperado de: https://revista.geologica.org.ar/raga/article/view/591

Torreblanca, M. (2014). *El árbol de Ameghino. Concepciones evolutivas explícitas e implícitas en la obra de Florentino Ameghino.* En F. A. fallecimiento, *Acuña Suárez, G. (pp. 91-110). Mercedes: MCA Libros.*

Torres, L. (1935). *Los tiempo prehistóricos y protohistóricos de la República Argentina. Kapeluz & Cia.*

Torres, L., Ameghino, C. (1913). *Informe preliminar sobre las investigaciones geológicas y antropológicas en el litoral marítimo sur de la provincia de Buenos Aires. Revista del Museo de La Plata,* (20), 153-167.

———. (1913). *Investigaciones antropológicas y geológicas en el litoral marítimo sur de la provincia de Buenos Aires, PHYSIS,* (1), 261-264.

Tournouer, A. (1903). *Note sur la géologie et la paleontologie de la Patagonie. Bulletin de la Societé Géologique de France,* (3), 463-473.

Trigger, B. (1981). *La arqueología como ciencia histórica. Boletín de Antropología Americana,* (4), 55-89. Recuperado de: https://www.jstor.org/stable/40976969

———. (1996a). *Alternative Archaeologies: Nationalist, Colonialist, Imperialist.* En R. H. Preucel, *Contemporary Archaeology in Theory: A Reader* (pp. 616-631). Oxford: Blackwell Press.

———. (1996b). *The Cambridge History of the Native Peoples of the Americas.* Cambridge: Wilcomb E. Washburn - Cambridge University Press.

Tuomi, J. (1981). Structure and Dynamics of Darwinian Evolutionary Theory. *Systematic Zoology, 30*(2), 22-31. https://doi.org/10.2307/2992299

Tuomi, J. Haukioja, E. (1979). Predictability of the Theory of Natural Selection: An Analysis of the Structure of the Darwinian Theory. *Savonia,* (3), 1-7. https://doi.org/10.2307/2992299

Turner, D. (2007). *Making Prehistory: Historical Science and the Scientific Realism Debate.* Cambridge: Cambridge University Press.

Underwood, A. (1913). *The Piltdown skull. British Journal of Dental Science,* (56), 650-652.

UNLP. (1998). *La Universidad Nacional de La Plata en su centenario (1897-1997).* Universidad Nacional de La Plata.

Vallverdú, J. (2005a). *¿Cómo finalizan las controversias? Un nuevo modelo de análisis: la controvertida historia de la sacarina. Revista Iberoamericana de Ciencia, Tecnología y Sociedad,* (2), 19-50.

———. (2005b). *¿Cómo finalizan las controversias? Un nuevo modelo de análisis: la controvertida historia de la sacarina. Revista Iberoamericana de Ciencia, Tecnología y Sociedad, 2*(5), 19-50. Recuperado de: https://www.redalyc.org/articulo.oa?id=92420502

Varetto, J. (1921). *Las fantasías de Ameghino.* Buenos Aires: Junta de Publicaciones de la Convención Evangélica Bautista.

Vignati, M. (1918). *Cuestiones de paleoantropología argentina. Refutación a un trabajo del P. Blanco. Nosotros,* (106), 237-254.

———. (1920). *Cuestiones de paleoantropología argentina.* Buenos Aires: Oceana.

———. (1922). *Nota preliminar sobre el hombre fósil de Miramar. PHYSIS,* (20), 215-223.

———. (1923). *A propos du Diprothomo Platensis. Une observation á la critique du professeur Schwalbe. Anales del Museo Nacional de Historia Natural,* (31), 25-30.

———. (1934a). *El hombre fósil de Esperanza.* Buenos Aires: Imprenta y Casa Editora CONI.

———. (1934b) El problema de la antigüedad del hombre en la Argentina: el material antropológico y arqueológico. *XXV Congreso Internacional de Americanistas* (pp. 1-22). La Plata: Universidad Nacional de La Plata.

———. (1936). *Los restos humanos y los restos industriales.* En Levene, R., *Historia de la Nación Argentina: desde los orígenes hasta la organización definitiva en 1862* (Vol. I, pp. 19-53). Academia Nacional de la Historia de Buenos Aires.

———. (1941). *Molares humanos fósiles de Miramar. Revista del Museo de La Plata, 1*(8), 271-358.

———. (1942). *La obra de Florentino Ameghino. Boletín de la Academia Nacional de la Historia,* (16), 197-212.

———. (1963). Estudios de paleontología humana argentina I-VII. *Acta Geológica Lilloana,* 4, 65-101.

Vram, U. (1913). *Le reconstruzioni dell' Eoanthropus Dawsoni, Woodward. Bollettino della Societá Zoologica Italiana,* (2), 195-198.

Walkhoff, O. (1913). *Entstehung und Verlauf der phylogenetischen Umformung der menschlichen Kiefer seit dem Tertiär und ihre Bedeutung für die Pathologie der Zähne. Deutsche Monatsschrift für Zahnheilkunde,* (31), 947-979.

Waterston, D. (1913). The Piltdown mandible. *Nature,* (92), 319.

Weitzel, C., Mazzia, N., Hermo, D., Bozzuto, D., Marchionni, L., Motti, J. (2020). *Editorial: ocupaciones tempranas en América: voces desde el Cono Sur. Revista del Museo de La Plata, 5*(1), 46-50. Recuperado de: https://publicaciones.fcnym.unlp.edu.ar/rmlp/article/view/2435

Wheeler, M. (1954). *Archaeology from the Earth.* Londres: Oxford University Press.

White, T. F. (2005). *The Human Bone Manual.* Nueva York: ELSEVIER.

Whright, E., Fenner, C. (1912). Petrographic study of the specimens of loess, tierra cocida, and scoria. En A. Hrdlicka, W.H. Holmes, B. Willis, F. E. Whright, C. Fenner: *Early Man in South America,* pp. 153-269. Washington: Smithsonian Institution

Wilckens, O. (1905). *Die Meeresablagerungen der Kreide-und Tertiär Formation in Patagonien. Neus Jahrb,* (21), 98-195.

Willey, G. (1974). *A History of American archaeology*. San Francisco: W.H. Freeman.

———. (1958). *Method and Theory in American Archaeology*. Chicago: University of Chicago Press.

Willey, G., Philip, P. (1958). *Method and Theory in American Archaeology*. Chicago: University of Chicago Press.

Willey, G., Sabloff, J. (1980). *A History of American Archaeology*. San Francisco: Freeman & Company.

Willis, B. (1912). General geologic notes. En A. Hrdlicka, W.H. Holmes, B. Willis, F. E. Whright, C. Fenner: *Early Man in South America*, pp. 11-49. Washington: Smithsonian Institution

Winch, P. (1958). *The Idea of a Social Science and Its Relation to Philosophy*. Londres: Routledge & Kegan Paul.

Windhausen, A. (1931). *Geología Argentina*. Buenos Aires: Jacobo Peuser.

———. (s.f.). *The problem of the Cretaceous-Tertiary Boundary in South America and the Stratigraphic Position of the San Jorge-Formation in Patagonia*. *America Journal of Science*, (65), 1-53.

———. (1945). *Diccionario y nomenclatura geológica, en castellano, alemán e inglés. Museo de La Plata. Publicaciones Didácticas y de Divulgación Científica*, (3), 1-200.

Wittgenstein, L. (2001). *Philosophical Investigations*. Oxford: Blackwell.

Wood, B. (2005). *Human Evolution*. Oxford: Oxford University Press.

Woolley, L. (1930). *Digging up the Past*. Londres: Ernest Benn.

Worsaae, J. (1849). *The primeval antiquities of Denmark*. Londres: John Henry Parker. (Obra original publicada en 1843)

Ynoub, R. (2015). *Cuestión de método. Aportes para una metodología crítica*. México: Cengage Learning.

Zambrana, R. (2017). *Bernstein's Hegel*. En M. M. Craig, Richard J. Bernstein and the Expansion of American Philosophy (pp. 123-140). Lanham: Lexington Books.

Zárate, M., Podgorny, I. (2011). *Apuntes para una biografía científica de las escorias y "tierras cocidas" de las pampas. Asociación Paleontológica Argentina*, (12), 19-27. Recuperado de: https://ri.conicet.gov.ar/bitstream/handle/11336/82458/CONICET_D igital_Nro.4d7f3b83-36e5-409b-8c70-c98924c6eaab_A.pdf?sequence=2&isAllowed=y

Zubiaur, B. (1912). *Ameghino: su vida y su obra*. Juan Perrotti.